7

中文社会科学引文索引(CSSCI)来源集刊

民俗典籍文字研究

第二十七辑

北京师范大学民俗典籍文字研究中心 编

图书在版编目(CIP)数据

民俗典籍文字研究.第 27 辑/北京师范大学民俗典籍文字研究中心编.—北京:商务印书馆,2021
ISBN 978-7-100-19853-0

Ⅰ.①民… Ⅱ.①北… Ⅲ.①民俗学—研究—中国 ②汉语—语言学—研究 Ⅳ.①K892②H1

中国版本图书馆 CIP 数据核字(2021)第 069555 号

权利保留,侵权必究。

MÍNSÚ DIǍNJÍ WÉNZÌ YÁNJIŪ
民俗典籍文字研究
第二十七辑
北京师范大学民俗典籍文字研究中心 编

商 务 印 书 馆 出 版
(北京王府井大街 36 号 邮政编码 100710)
商 务 印 书 馆 发 行
北京艺辉伊航图文有限公司印刷
ISBN 978-7-100-19853-0

| 2021 年 6 月第 1 版 | 开本 787×1092 1/16 |
| 2021 年 6 月北京第 1 次印刷 | 印张 17½ |

定价:96.00 元

《民俗典籍文字研究》学术指导委员会

主　任：董　琨

委　员（音序排列）：

安平秋　郭锡良　何九盈　黄天树　江蓝生　李　强
刘魁立　鲁国尧　王邦维　张　博　赵　诚

主　编：王　宁

副主编：董晓萍

编　务：黄易青

目　录

● 特稿

论古代通语与现代汉语方言的关系 …………………………………… 张光宇　1

● 民俗学

鲁迅研究与民俗研究 …………………………………………………… 董晓萍　29
语境理论视野下民俗志书写范式的适度革新 ………………………… 黄　涛　36

● 文献学

阴时夫《韵府群玉》版本源流与流变考（上） ………………………… 张民权　52
罗常培未刊稿及其价值 ………………………………………………… 高永安　72
论时令类典籍的目录学流变 …………………………… 刘全波　代金通　83
《经典释文》"标举异文"类术语考辨
　　——兼谈《经典释文》基础研究中的层次问题 ………………… 陈　菡　94

● 方言学

演化视野中的胶辽声调类型 …………………………… 魏　阳　朱晓农　107

● 文字学

当代大型字书《扌部》疑难字新考（下） ……………………………… 杨宝忠　138
《说文解字》"一曰"例中的言形研究 ………… 王碧海　林彦成　胡佳佳　152
战国秦汉间"谷""欲""俗"分流中的文本用字变迁
　　——以简本、传本《缁衣》为中心的考察 …………………… 李丹凤　162

● 音韵学

《福州藏》五种经本随函音义所注直音反映的北宋音韵演变现象 …… 丁　锋　171

"支微入鱼"补正 …………………………………………… 李华斌 189

● 训诂研究

"内朝""外朝"考辨 ………………………………………… 卢烈红 194
汉简所见秦赵高《爰历》开篇语疏证 ………… 路 炜 张显成 203
隋唐墓志典故辨误举隅 …………………………………… 张永惠 218

● 民族语言文字研究

纳西语表"世代"义词族 ………………………… 曾小鹏 武晓丽 228
水书"反书"新探 …………………………………………… 韦荣平 239

● 学术信息

王宁教授捐资100万元设立北京师范大学颖民文化教育基金 ………… 105
第四届国际汉字汉语文化研讨会学术综述 ……… 李 聪 刘元杰 胡佳佳 249
简评《朱子语录文献语言研究》………………………………… 白兆麟 256

英文提要 …………………………………………………………… 260
《民俗典籍文字研究》征稿启事 …………………………………… 270

(《民俗典籍文字研究》实行双向匿名审稿制度)

论古代通语与现代汉语方言的关系

张光宇

提要： 中国历朝历代的首都语言多少都曾以通语地位起过作用。两汉时期,长安代表的秦晋方言风行帝国辖境,其特色后来随永嘉移民散布南方;中唐以后,洛阳代表的中州通语开始崛起,成为日后官话的源头。太原型在先秦分布于两河之间至东齐故地,由于长安型与洛阳型先后扩张之故,其辖地被蚕食鲸吞。汉字音原来都出自中央王朝规范推广的雅言,但是雅言离开中央文教机构到了地方,自然随各地语言习惯发展出类型特点;在幅员辽阔的中国,绝大多数百姓传习汉字音主要是透过几个通语中心,而不是直接到中央文教机构学习雅言。

关键词： 雅言　通语　长安　太原　洛阳

一　引言:统一与分化

汉语发展史是统一(centripetal)与分化(centrifugal)两股力量交相运作的结果。大体言之,文教推广代表统一的力量,而移民运动和底层影响代表分化的力量。

两千年来,移民常随政治、社会动荡而起,大规模运动在汉语发展史上留下深刻烙印的分为前后两次。较早的一次是西晋末年(公元 317)永嘉乱后的移民,其场景如用唐代诗人张籍的话来概括就是:"北人避胡皆在南,南人至今能晋语。"[1]较晚的一次是北宋末年(1127)靖康之难的移民,其境况在诗人韩淲和韦庄笔下栩栩如生:"莫道吴中非乐土,南人多是北人来","楚地不知秦地乱,南人空怪北人多"。[2]就语言的空间扩散(spatial diffusion)而言,移民把故乡的语言带到他乡起初也是一种统一运动,永嘉移民在南方经过几百年的生活之后还"能晋语"就是表征。问题就在南人继续使用晋语的时候,北人已改口说唐语。所谓分化,那是因为这两次历史事

---

* 本文承台湾大学中文系李存智教授费心审稿,多所指正。特此致谢!

[1] 张籍《永嘉行》,张籍著,李冬生注《张籍集注》,第 42 页,黄山书社,1989 年。

[2] 韩淲《涧泉集》卷 17《次韵》,《景印文渊阁四库全书》1180 册,台湾商务印书馆,1983 年;韦庄《湘中作》,载周振甫《唐诗宋词元曲全集・全唐诗》第 13 册,第 5187 页,黄山书社,1999 年。

件之后,南北长期分治,终于渐行渐远。其差异可以总括为:移民的语言保守而北方故土持续创新。

底层影响用颜之推的话来说就是:"南染吴越,北杂夷虏。"这样的过程在汉语史上从来不曾停歇。因为汉语史的发展模式一如中国历史政治、文化的扩张运动,也就是中心征服、同化周边的模式。历史语言学的经验显示,语言接触会加速语言变化——北方在少数民族大量加入汉语社团的情况下加速了汉语的变化;南方的移民如果像孤臣孽子那样谨守祖宗世代传承而下的语言自然倾向保守,但是另一方面,出于日常生活的需要或经由通婚,语言接触在南方也同样势不可免,"南染吴越"说的就是这种状况。从中心看周边,少数民族汉化可以视为语言统一运动的成就,但是如同世界各地的语言习得过程一样,底层影响很难避免。因此,一个角度下的统一运动实际上也种下或寓含分化的因素。语言地理类型学家着重底层因素,就难免把汉语现代所见差异都归因于少数民族语言底层起的作用。[3]

文教推广代表统一的力量,这一点从现代教育普及的情况看起来,天经地义,几乎不言自明,无须争辩。然而,如果拉长历史镜头、扩大视野,文教推广实际上也隐含分化的因素。底下,我们分从三个方面来说。

(一)首都的语言 西方语言发展史显示,拉丁话原来出自罗马,希腊话原来出自雅典,由于政治、文化的优势地位,两个原来分布狭隘的地区方言逐渐对外扩散其影响力,覆盖、取代了四周的语言或方言,最终跃升成为共同语的标准代表。这样的发展模式后来再度见于英语和法语,伦敦和巴黎在其中都扮演关键的角色。[4] 用法国语言学家房德里耶斯(J. Vendryes)的话来做比喻,帝国首都的语言叫城里话(sermo urbanus),四邻乡下的语言或方言叫乡下话(sermo rusticus),上述几个语言共同语(koine)的形成就是城里话扩张、同化乡下话的过程。[5]

(二)学在官府 中国语言的发展不能不看一下学在官府的角色。关于这一点,清末黄绍箕在《中国教育史》中有段话说:"古者惟官有学,而民无学。惟官有书,而民无书也。士子欲学者,不知本朝之家法,及历代之典制,则就典书之官而读之。秘府之书,既不刊布,则非身入清秘,不能窥见,此学术之所以多在官府也。"[6]这里所说的古者也许

---

[3] 参看[日]桥本万太郎《言语类型地理论》,弘文堂,1978年;[日]桥本万太郎著,余志鸿译《语言地理类型学》,北京大学出版社,1985年。

[4] 参看 Janson: Tore *The History of Languages: An Introduction*, Oxford University Press, 2012.

[5] 参看[法]约瑟夫·房德里耶斯著,岑麒祥、叶蜚声译《语言》,商务印书馆,2011年。

[6] 参看丁钢、刘琪《书院与中国文化》,上海教育出版社,1992年。

不只限于纸张发明以前的中国,可能在纸张发明以后的很长时间内也是这样,也就是说,学术教育掌控在政府手里。这个历史背景说明,汉字音原来都是学校教出来的,普及于民间之后才慢慢分化。秦朝的"语同音"政策就是为因应春秋战国以来私学发达,各地方言趋于分歧所提出的对策,此后历朝历代的中央政府莫不尽力执行,试图让臣民沟通无碍。

(三)官学的层级　唐代官学分为中央与地方,中央官学设在京畿,地方官学依行政单位大小分为京都学、都督府学、州学、县学、市镇学、里学。[7] 这样完备的学校教育体系就是"语同音"的传播机构,好比中央电台之外,还有层级组织完备的地方电台。唐代京都学三大中心的所在是:北京太原、西京长安、东京洛阳。为什么地方官学的最高单位会设在这三个地方?不用说,那是因为它们长期在中国历史舞台的重要地位决定的,具有深厚的政治、文化底蕴,也就是符合传统知识分子的人文心理和语言文化的畛域观念——长安代表关西,洛阳代表关东,太原代表唐室龙兴之地。从语言发展史透视的眼光看,这三个京都学所在是三大演变类型的辐射中心,因此也就成为统一运动中的分化起点。

唐代三大京都学中心的选定实际上照顾了上文所说首都语言的角色。长安与洛阳在中国历史上各曾充当千年帝都,而太原的历史可以追溯到春秋的晋定公十五年(公元前497)。长期作为四邻方言景仰、学习对象,这三大首都语言的演变类型必定从很早的时候就开始扩散开来。它们彼此之间的一个明显差异就是全浊声母的演变:

浊音清化	平声	仄声
太原型	不送气	不送气
长安型	送气	送气
洛阳型	送气	不送气

这三大类型在北方的分布很广,太原型在晋中盆地方言,长安型在秦晋方言(含陕西关中平原和山西汾河流域),洛阳型在一般官话方言——后两个也可以分称为关西语和关东语。如此说来,它们在唐代充当文教传播中心并非出于偶然,更早以前的年代应该也是如此。多早?至少在公元前后的四百年大汉帝国时期已有迹象,虽然洛阳型在较晚的时期才充分展现其威力——这一点后文再说。

从秦始皇制定书同文、语同音的统一政策开始,历朝历代的中央文教机构都负有与现代推普工作意义相当的使命。秦朝以前,其教学工作内容大约就是孔子所提到过的雅言。中央文教机构应该就是培护雅言的专责单位,也是地方各级学校马首是瞻、共同

---

[7] 参看赵文润主编《隋唐文化史》,陕西师范大学出版社,1992年。

推尊的对象。如果是按中央—地方这样彻底执行下去,汉字发音教学经过两千年努力早就应该成效显著,四海归一,实现"语同音"的理想。然而直到今天,南腔北调,犹如往昔,可见分化的力量无处不在,无时或已。其中最大的一种力量就是上面提到的代表地方原有势力的三大通语。换言之,雅言对外传播到了这三大通语中心,难免要通过原有语言文化的洗礼或过滤,经过这样的调节过程,原来输进的同一个语音内容会变化出三种形貌。关于这一点,我们不能不从古老与保守的闽语出发进行思辨。

二　闽语的启示

闽语在现代汉语方言的突出色彩是:古代全浊声母清化,既有平仄皆送气的,也有平仄皆不送气的,其中又以不送气为多。这是汉语方言学家都知道的分区特点,底下是厦门方言的例证:

浊音清化	平声		仄声	
送　气	头₌thau	皮₌phe	簿 phɔ⁼	白 khu⁼　席 tshioʔ⁼
不送气	投₌tau	爬₌pe	部 pɔ⁼	舅 ku⁼　石 tsioʔ⁼

这些形式都是所谓白读,所以就平面分析说,正确的概括应该说是:那是现代闽方言的白读特色,有别于其他汉语方言。换言之,当汉语方言学者用统计数字指证历历去界定闽语的时候,那种工作性质是静态的描写与分类。历史语言学家面对这样没有规律的现象感到好奇,他们在规律性假设的前提下,尝试提出动态的演变与解释。历史语言学家的工作分为两种:

比较重建论:根据比较法操作守则,两音之间只要看不出分化条件的就应视为原来就是对立的,有几种对应关系就必须建立几种重建形式。"头"和"投"既然都读阳平调,其差别原来就应该是送气和不送气之别,例如"头"来自*dh 而"投"来自*d。这样机械的重建工作,其实也只是描写与分类,也就是用一个高级抽象形式去概括同类事实。

历史人文论:但是,历史语言学家也早就了解到,在重建过程中必须把借词区隔开来。借词的来源多种多样,有不同语系来源的,也有同语系其他语言或方言来的。如果是后者,那就有必要区分来自文教推广的表层(superstratum)影响和来自邻近方言的邻层(adstratum)影响。因为,这两类影响都会使对应关系趋于复杂,从而导致复杂的重建结果。这方面的认识多半仰赖历史人文背景的追探,也就是历史语言学家所说的超语言因素(extra-linguistic factor)。带着这样的了解,我们来看闽语的层次应该如何分析。

层次分析可以分为"点、线、面"三重工序,"点"是单字,"线"是单一音类,"面"是相关音类的整体观察。底下所举厦门方言的层次分析就是点、线、面兼顾的具体而微的例子，来自昔韵 B 类：

昔韵	席	石	词例
西汉	tshioʔ₋	tsioʔ₋	席子；石头
东汉	siaʔ₋	siaʔ₋	宴席；石砚
宋代	sik₋	sik₋	主席；石刻

雅言：这三种韵母形式原来都出自雅言，是雅言不同阶段的反映。关于这一点，只要看下列连续性发展就可以看得很清楚：

"石"

连续发展	*iok	>	*iak	>	*iek	>	*ik	>	*iʔ	>	*i	>	*ɿ~ɿ
历史年代	西汉		东汉		隋唐		宋		金		元		明清
阶段代表	闽语		客赣		粤语		闽南(文)		(仙游)		烟台		北京

关于时代问题，汉代诗文押韵显示，"石"字归在铎药韵部可与略、惜、药相押[8]，其共同韵母形式 *iok 在闽南的反映是：略 lioʔ/惜 sioʔ/药 ioʔ。魏晋时期，"石"字归在锡部可与益、迹、壁相押[9]，其共同的韵母形式 *iak 在闽南的反映是：益 iaʔ/迹 tsiaʔ/壁 piaʔ。由于雅言的推广、普及需要时间，而文献反映必然落后于事发时间，因此，我们把语音事件的年代略往前推，汉代所见也许反映的是从西汉雅言推广出来的，魏晋所见的变化也可能早在东汉已经发生。这项推论的根据是庚₃，换言之，如果入声的昔 B 与舒声的庚₃平行发展，那么其时代可以推到两汉。[10] 隋唐时期的推论是根据广东移民的历史，也就是唐代张九龄（678—740）开通大庾岭之后，大批河南（洛中脊）人口移入五岭之南。宋代的推论根据是闽南文教推广过程，也就是南宋政府所推行的北宋音。元代是据《中原音韵》的齐微韵，明清则有李汝珍的《李氏音鉴》可供参考。其中只有金代没有文献可稽，但从连续发展过程上看，合情合理；至于仙游的读法 4iʔ 其实来自厦门 sik，这是有必要说明的。

通语：上述七个阶段是从单字音的连续发展分析所得，代表七个时代层次。从中不难看见，闽语的白读来自两汉的雅言，而文读源自宋代雅言。都是雅言，为什么早期的雅言叫白读，晚期的雅言叫文读？那是因为，早期的雅言普及于庶民大众成为日常口语之时，晚期的雅言还只在学堂传习并未成为全民语言——就是直到今天，闽南方言人民

---

[8] 王力《汉语语音史》，商务印书馆，2008 年。
[9] 周祖谟《齐梁陈隋时期诗文韵部研究》，《语言文史论集》，五南出版社，1992 年。
[10] 关于庚₃的变动时代，可以参看王显《古阳部到汉代所起的变化》，《音韵学研究》第一辑（1984 年），第 131—155 页。

未必全都能用文读读出正确的汉字音。以上说的是文白异读的成因。

如果扩大比较范围,把相关音类合并在一起观察,那么很显然,上述层次分析似有所不足。我们看第一个阶段里的"席、石"两字,为什么前者送气而后者不送气?韵母相同算作一个层次,声母不相同到底该算一个层次还是两个层次?

首先,我们从逻辑过程看。席,祥易切,邪母;石,常隻切,禅母。这两个反切上字反映的声母读法都指向浊擦音:*z 和 *ʐ。反切下字反映的是东汉—魏晋时期的 *iak,闽南方言读为:易 iaʔ、隻 tsiaʔ。换言之,祥易切和常隻切反映的是东汉以来的雅言传统,不能代表闽南最早的西汉层次。西汉雅言的读法无论在声母上还是韵母上都更为古老,席字的反切上字应是从母,石字的反切上字应作船母,韵母与药相同。两字的重建形式是:席 *dziok,石 *dʑiok。雅言从西汉到东汉的变化是:

席　西汉雅言 *dziok＞东汉雅言 *dziak～*ziak
石　西汉雅言 *dʑiok＞东汉雅言 *dʑiak～*ʑiak

声母相近发生合流,这一点容易理解。但是为什么清化之后,一个送气,另一个不送气,令人百思不得其解。如果,我们把传播过程的通语角色纳入考虑,问题就变得明朗起来。底下,我们从西汉雅言形式出发:

席　西汉雅言 *dziok＞长安型 tshiok＞闽南 tshioʔ
石　西汉雅言 *dʑiok＞太原型 tɕiok＞闽南 tsioʔ

如果说,反切反映的是东汉以来的雅言音读传统,那么早于反切的发音极有可能来自西汉的雅言。底下两个例字强化了这样的认识:

环　胡关切,匣母。闽南读同群母:*guan＞khuan
柿　鉏里切,崇母。闽南读同群母:*gi＞khi

这两字原来都是舌根浊塞音,清化后不管原来是平是仄都变为送气。换言之,古全浊声母只要经过长安型调节,输出端都是规律的送气。反切反映的变化是:*g＞ɣ(匣母),*g＞dʑ＞dʒ(崇母)。

总起来说,闽人南下以前,口中的汉字发音既有太原型的特色,又有长安型的特色,两者都经由通语中心传入,其中太原型是中原偏东固有的,而长安型是从帝国当代通语扩散而来,源自关中平原。

三　长安的角色

作为帝国首都,长安在西汉时代不只在中央文教机构继续培护和传授雅言,同时也大力推展秦晋方言作为全国通语。东汉时期,帝都迁到洛阳,中央文教机构虽然也随之东迁,但是秦晋通语的扩散并未稍减,其影响遍及帝国辖境。底下,仍以"石、席"为例看东汉雅言与通语的扩散运动。

  石 东汉雅言＊dziak＞浙江常山 dziaʔ

  席 东汉雅言＊dziak＞长安型 tshiak＞南昌、梅县 tshiak

为什么起点形式同为浊塞擦音,输出端却一个保留浊音,一个变为送气清音？合理的解释应该从传播中心着眼:常山的读法出自浊音保留较佳的地区如苏州,南昌与梅县的读法出自清化送气的传播中心——在北方,其总源头就是长安。西汉时期,长安型会扩散到山东海边(闽人南下前的故乡之一),这个事实说明夹在陕西和山东中间的河南也同样不能幸免。因为这样,永嘉之后,南人所说的晋语其实都是受过两汉长安型洗礼的北方方言。继续举例说明以前,我们先看文献上的蛛丝马迹。

  踏 他合切,透母。现代官话方言的读法分作两派,中原核心的河南、山东、河北是一派,中原外围的陕西、山西、甘肃、青海是一派,如下：

  踏 ₋tʻa:洛阳、开封、济南、北京

     ₌tʻa:西安、运城、兰州、西宁

两派都作送气,但声调显示,一派是从清入来的,一派是从浊入来的。如果是后者,其反切应作达合切。东南方言吴、闽、客、粤的读法都是全浊入一派：

东南方言	苏州	厦门	梅县	广州
踏	daʔ₌	taʔ₌	tʻap₌	tap₌

山西太原和江西南昌两派并见。南昌白读阳入,文读阴入；太原不分文白,但两派与南昌文白若合符契。比较如下：

踏	南昌	太原[11]
他合切	tʻat₌	tʻaʔ₌
达合切	tʻat₌	tʻaʔ₌

  如依传统语文学的思维,上列两派读法叫作各有来历。从比较法的观点看,我们有必要进行重建并提出演变的解释。底下是一个尝试。"踏"原来是一个全浊入声,反切"达合切"反映的就是＊dap,清化变为 tʻap 时照理它应该读为阳调,为什么中原核心方言读为阴调？那是因为浊音清化在秦晋通语发生之时,雅言的入声还没有发生分化。长安型方言口语,"踏"字从定母变为透母,声调上也随之变为阳调,并没有与原来的透母字(榻,吐盍切)合流。韵书作者依所闻见把清化送气的读法(他合切)定为正音加以

---

  [11] 太原方言如据沈明(《太原方言词典》,江苏教育出版社,1994年),只有阴入;如据王福堂(《汉语方音字汇》,语文出版社,2003年),只有阳入;在《临县方言志》里,两派都见。

收录,后人据韵书"他合切"的注音读之,以为这就是雅言传统,而有清入一派的读法,哪里知道它原来是个浊入字。换言之,"踏"字从"达合切"变"他合切",变项其实有两个(声母和声调),但在诗文押韵只要知道平上去入或平仄的传统下,入声无须分阴阳,久而久之,后人(可能是唐代中央文教机构)"忠实地"把"他合切"视为正音推广出去,他们绝难想象,中国大地上直到今天还有三分之二以上的方言仍旧依"达合切"的读法呈现"踏"字。"他合切"被收录在《切韵》具体而微地说明了:在长安型的长期影响下,通语形式被后人误作雅言正宗纳入韵书——后出的《集韵》用"达合切"标音才把错误更正了。

桶 他孔切,透母。吴方言读为定母,例如:苏州 doŋ²,吴江 doŋ²,常熟 ⁼doŋ,无锡 ⁼doŋ,海门 ⁼doŋ。如同上文的"踏"字一样,这是不合反切注音的例外,但是,从语音演变的规律来看,却是例内,只不过必须倒过来解释。也就是说,吴语的浊音读法是比较古老的,反切的注音是经过变化的,其规律是:浊音清化,上声归上。这条规律曾经广泛见于汉语方言,秦晋方言的"稻讨同音",湖北方言的"皖款同音",及涵盖面跨越几省的"跪傀同音"等都是同一条规律运作下的结果。

稻讨同音 稻,徒皓切,定母上声。讨,他浩切,透母上声。两字读为同音的现象在陕西和山西方言分布很广。底下分别举例:

陕西	西安	户县	铜川	合阳	岐山
稻	⁼t'ɑu	⁼t'au	⁼t'ao	⁼t'ɔ	⁼t'ɔ
讨	⁼t'ɑu	⁼t'au	⁼t'ao	⁼t'ɔ	⁼t'ɔ

山西	平遥	临县	吉县	新绛	洪洞	万荣	永济	介休	清徐	晋源	古交
稻	⁼t'ɔ	⁼t'ou	⁼t'au	⁼t'ao	⁼t'ɑɔ	⁼t'uɛ	⁼t'uɛ	⁼t'uɛ	⁼t'uɛ	⁼t'uɛ	⁼t'uɑ
讨	⁼t'ɔ	⁼t'ou	⁼t'au	⁼t'ao	⁼t'ɑɔ	⁼t'uɛ	⁼t'uɛ	⁼t'uɛ	⁼t'uɛ	⁼t'uɛ	⁼t'uɑ

这项语音事实的较早记录见于唐李肇《国史补》:"关中人呼稻为讨,……皆讹谬所习,亦曰坊中语也。"此书成于唐宪宗元和年间(806—820),据此可知,早在 1200 年前,关中一带的百姓已把"稻"字读成讨音。但是,我们有理由相信,语音事件出现的时间一定更早,不会是一发生就获得记录,多早? 应该是在秦晋方言作为通语席卷中国的时候——两汉。这一点可以从湖北的同类现象推知。

皖款同音 皖,胡管切,匣母上声。款,苦管切,溪母上声。湖北方言"皖"读同"款"的现象分布很广,底下是所见两字同音的县市[12]:

湖北:皖 ⁼k'uan

武昌 汉口 汉川 天门 荆门 当阳 枝江 宜都 黄冈 鄂城

---

[12] 据赵元任等《湖北方言调查报告》,中央研究院历史语言研究所,1948 年。

麻城　宜昌　长阳　兴山　秭归　恩施　宣恩　来凤　利川　竹溪
竹山　房县　保康　南漳　襄阳　枣阳　随县　应山　安陆　应城
云梦　孝感　礼山　黄陂　黄安　罗田　浠水　大冶　嘉鱼　咸宁
通山　石首　公安　松滋　鹤峰

这样的音读模式在湖南也不乏其例，长沙、吉首也都显示"皖"读同"款"。

上文说过，魏晋韵书反切所记录的字音应是东汉以来雅言的传统。"皖"字的匣母读法较早也应来自东汉，那么更早的雅言应该出自西汉的群母，经由长安型推广出去，原来的浊舌根音就变为清音送气（*g＞kh），上声归上。换言之，"稻讨同音"和"皖款同音"都来自同一条语音演变规律：浊上变清送气上声。因为这样，我们可以知道，"稻讨同音"虽然在唐代才受到学士大夫的注意，但是从"皖、款"声母合流的逻辑过程推论，其出现年代一定更早。底下，我们用规律来概括：

皖　　西汉雅言 *g＞长安型　*kh＞现代湖北 kh
　　　西汉雅言 *g＞东汉雅言 *ɣ＞现代北京 ∅

跪傀同音　跪，宋本《广韵》有"去委切"和"渠委切"两个反切注音，前者是正切，后者是又切。这两个反切在现代汉语方言都有广大分布，例如：

跪　　渠委切　　　　　　去委切
　　北京　kuei⁼　　　　长沙　ˉkʻuei
　　西安　kuei⁼　　　　南昌　ˉkʻui
　　厦门　kui⁼　　　　　梅县　ˉkʻui
　　双峰(文) gui⁼　　　　双峰(白) ˉkʻui
　　福州(文) kuei⁼　　　福州(白) ˉkʻuei

其中去委切一读就和苦猥切的"傀"字同音。这个字的注音和上文说过的"踏"字一样，原来是个浊母字，只因透过长安型的演变才变为送气清音，再次见证了通语普及之后，影响后代学者的审音判断，把它视为雅言录进韵书。

如上所示，去委切一读多见于东南方言，包括湘语、赣语、客家话、闽语都在其内。徽语不在其内，其实也如出一辙：绩溪ˉkʻuei、屯溪、休宁、祁门等都读ˉtɕʻy。吴语不管是白读或文读都显示"跪"字原为群母，例如苏州：白读ˉdʑy/文读ˉguɛ——这方面，吴语是所有汉语方言最保守的。东南方言里，粤语的读法如同北京一派，相对突出，为什么这样，后文再做说明。双峰文白异读代表的意义，也等后文再说。

族、特　族，昨木切，从母入声。特，徒得切，定母入声。北京话今读，前者不送气，后者送气，但是在大华北地区常见相反的情况。底下，我们先看送气一派的分布：

族	陕西	合阳 ₌ts'ou	岐山 ₌ts'u	韩城 ₌ts'ɤu
	山西	和顺 tsʅʔ₌	文水 tɕy₌	阳曲 tsʅʔ₌
	河南	固始 ₌tsu	淮滨 ₌tsu	信阳 tsou₌
	山东	荣成 ₌tsʅ	牟平 ₌tsʅ	蓬莱 ₌tsʅ
	安徽	六安 tsuəʔ₌	滁州 tsuʔ₌	含山 tsʅʔ₌
	江苏	南京 tsuʔ₌	扬州 tsʅʔ₌	赣榆 ₌tsʅ

特	陕西	平利 ₌t'ɛ	岐山 ₌t'ei	韩城 ₌t'ei
	山西	文水 t'əʔ₌	阳曲 t'əʔ₌	中阳 t'əʔ₌
	河南	洛阳 ₌t'ai	开封 ₌t'ɛ	商丘 ₌t'ei

每省各举三地读法为例,代表大华北无以数计同类型的方言。就浊音清化的三大类型来说,这两个字有三分之二的机会读为不送气,为什么偏偏不然?如果,我们把这两个"例外"送气拿来与前文说过的"席"和"踏"一起看,答案昭然若揭。山西文水等三个方言语音系统都有阴入、阳入之分,"特"字都读阴入不读阳入。为什么这样?不用说,那是因为在入声分化以前,特字就已发生浊音清化,后来就以清入的音韵地位规律地转读为阴入,入声尾消失后又随大趋势变入阴平——陕西平利,河南洛阳、开封的阴平就是这样来的。韩城与商丘的阳平读法表明,尽管声母变成清送气,原来伴随浊母一起出现的声调读法没有受到影响,仍然留在阳调。入声调的分化在不同方言之间有早有晚,这一点从现代官话方言的几种分区可以取得理解,早期官话(如江淮和西南)没有阴阳入之分;晚期的官话(如中原官话等)都有阴阳之分,后来入声尾消失就依此派入三声。如同"踏"字一样,"特"字的声母清化发生得很早,很可能在西汉秦晋通语广布时期已然如此,与闽南"席"字送气现象一样久远,所以后人早已把它视为一个清声母,读为阴入或阴平。

山东和江苏境内,"特"字常有两读或甚至三读现象。底下每省各举五例:

山东	青岛	荣成	德州	博山	曲阜
特~务	t'ə₌	₌t'ɛ	t'ə₌	t'ə₌	₌t'ei
特~为	te₌	₌tɛ	₌tei	₌tei	₌tei

江苏	徐州	赣榆	东海	泗洪	镇江
文读	₌t'e	₌t'ei	₌t'ei	₌t'əʔ	₌t'əʔ
白读	₌te	₌te	₌te	₌te	təʔ₌

山东的两读不分文白,但是从词例看,送气一读应是文读,而不送气的一读应是白读。这样说来,山东和江苏的情况应该是一致的。从浊音清化三大类型看,白读不送气是太

原型和洛阳型的规律,很可能是雅言经过洛阳型通语推广之后的产物,这一点可以从闽方言文读和粤语的读法得到映照:

特	闽语	厦门 tɪk₋	潮州 tek₋	福州 teiʔ₋
	粤语	广州 tɐk₋	阳江 tɐk₋	新会 tak₋

除此之外,汉语方言之间还有另一种文白异读,声母都是送气一派,南北各举一例:

特	山西太原	湖南双峰
文读	t'əʔ₋	₋t'e
白读	t'aʔ₋	₋t'ia

作为浊音清化三大类型之一的代表,山西太原"特"字如照本身的演变规律,文白都有机会读为不送气,但是事实上,不管文读还是白读都做送气。为什么这样?其原因可能是因为自从西汉秦晋方言推广以来,"特"字早就以清化送气的音读模式深入知识分子的发音习惯,由于积习难改,虽然明知其为定母,仍然沿袭前人传下的发音标准不加更改。这一点,只要看看前后四个帝国首都的发音自然心领神会:

帝国首都 "特":西安 ₋t'ei 洛阳 ₋t'ai 开封 ₋t'ɛ 北京 t'ɤ˥

总结言之,汉代的通语是秦晋方言,其特色有两个:一个是浊音清化平仄皆送气,另一个是浊上变清送气上声。这两个特色曾随文教推广普及于帝国辖境,后来随永嘉移民被带到南方。陕西、山西所见"稻讨同音"与湖北所见"皖款同音"、东南方言所见"跪傀同音"都循同一条语音演变规律而来。在北方,这些特色被后起的演变类型所大量取代,已成残迹。

四　洛阳的角色

作为帝王都邑,西京长安与东京洛阳各有千年历史位居中枢,雄视寰宇。但是在汉语发展史上的地位,长安所代表的秦音屡遭鄙薄,洛阳话则备受尊崇。例如上文提到过的"稻讨同音",唐代的李肇语带轻蔑地指为坊中语(street talk/town square speech),而宋代的《集韵》指为具有地方色彩(localism)的关西语。可是,一谈到洛阳话,学士大夫无不表现推崇和景仰,这样的传统起源很早,从南朝一直到南宋相继不绝。底下,我们看几则相关的言谈。

1.《南齐书·张融传》:张融,吴郡吴人也。出为封溪令。广越嶂崄,獠贼执融,将杀食之,融神色不动,方作洛生咏,贼异之而不害也。

2.《颜氏家训·音辞篇》:自兹厥后,音韵锋出,各有土风,递相非笑,指马之谕,未知孰是。共以帝王都邑,参校方俗,考覈古今,为之折衷,摧而量之,独金陵与洛下耳。

3.唐李涪《切韵刊误》:凡中华音切,莫过东都,盖居天地之中,秉气特正。

4. 宋陆游《老学庵笔记》：四方之音有讹者，则一韵皆讹……中原，唯洛阳得天地之中，语音最正。

南宋的陆游不说开封语音最正，唐代的李涪不说长安秉气特正，反映了文人雅士心目中洛阳话的崇高地位。颜之推在南北朝结束之后指认南方的南京话与北方的洛阳话最具标准语的资格，其他地方不是"南染吴越"，就是"北杂夷虏"，他所指的标准语内容是什么呢？不用说，就是东汉太学传承而下的洛下书生咏——这是西晋陷落之时洛阳官员带到金陵的读书音系统，推广到南方之后，南方士人也都热衷学习。颜之推所说唯有金陵与洛下才算南北正宗，其实追源复始也就是洛阳话为正宗。那时的洛阳有没有雅言与通语之分？很可能是有，但差别不大。怎么知道呢？因为，如颜之推所观察，那时侨居南方的北方人说起话来，人们听不出文人雅士与平民百姓有什么区别，也就是"隔垣而听其语，北方朝野，终日难分"。洛阳在汉语史的角色可以分为两方面来说，其一是雅言的圣地，其二是官话的源头。

（一）雅言的圣地

别人推崇洛阳也许只是随口说说，人云亦云。出自颜之推的笔下，意义非凡。因为，颜之推点评扬雄《方言》时说："然皆考名物之异同，不显声读之是非。"他是以一个"知音人"的身份，海选四方，经过斟酌，才终于标举南京与洛阳的。这两个地方如有什么共同之处，那就是较好地保存了古全浊声母——这一点，我们可以从闽语的启示获得理解。换言之，当长安型、太原型已发生浊音清化读为送气或不送气的时候，洛阳仍然保存浊音系统；当中原偏东仍旧读西汉韵母的时候，他认为赶不上东汉以来早已普及的新标准而加以非议——他对吕静"为奇益石分作四章"表示不满，就是这个意思。所谓"天地之中，语音最正"，如果有什么语言学上的意义，指的应该是在保守与创新方面"允执厥中"，既不迂腐守旧也不太过于演变剧烈，因为这样，洛阳音才能以最大公约数获得四方学子服膺。

反切的注音　反切的起源，依颜之推的说法，当在东汉末年反语流行以后。所谓反语，是利用双声叠韵的概念去组合音节的语言游戏[13]，人们从中体悟，这样的办法可以

---

[13] 反语较早的文献见于《三国志·诸葛恪传》："成子阁者，反语石子冈也。"这里记载的是东吴一首诅咒诸葛恪的童谣，暗示他这种人死了只会被埋在石子冈这个乱葬岗，说者谓："要在哪里才能找到他这个家伙呢？在成子阁！"记载的人接着补充说明："成子阁者，反语石子冈也。"底下，我们用梅县客家话今读说明何谓反语：

正反　　成 s(aŋ)＋阁(k)ɔk＝石 sɔk
倒反　　阁 k(ɔk)＋成(s)aŋ＝冈 kaŋ

这种民间的语言游戏，后来发展成学士大夫的注音方法。参看殷焕先《反切释要》，齐鲁书社，1979 年；傅定淼《反切起源考》，上海古籍出版社，2003 年。

用来标音——用两个字来切第三个字的字音,于是反语游戏演变成为后世的反切注音。魏晋时期,反切大为流行,各地学者编出许多韵书。集其大成者,就是隋初的陆法言《切韵》。魏晋去东汉不远,地方韵书的作者应该就是东汉太学生直接或间接的传人,只不过为了因应各地方言人民读书识字或作诗押韵的需要,不能不照顾方言特色而显得各有土风。那些地方色彩成何模样,已难一一考究,但是《切韵》成书的时代背景是在隋朝统一南北之后,高瞻远瞩的学士大夫感到语言统一的必要,这时他们面对的就是正音的问题,也就是如何选取精切去反映他们心目中切合新时代的标准。东汉太学极盛时期有太学生三万人,而洛生咏历经世乱可能在读书人中间仍代代相传,不绝如缕。现在所见最早反切的注音根据,应当就是东汉的雅言。这一点,可以从下列两字的例外看得很清楚。

石硕同音 《切韵》用"常隻切"作为"石、硕"两字的注音,依照这个反切拼读,"石、硕"两字应该同音——北京应该都念[ʂʅ],梅县应该都念[sak],因为,北京"隻"字读[tʂʅ]而梅县读[tsak]。我们已从"石"字的连续性发展知道, *iak 是东汉雅言的韵母形式,梅县反映的"石、硕"两字发音应该出自东汉雅言的 *ziak。但是汉语方言之间,常有例外,北京的"硕"字音[ʂuo]就像无头之水——其实,它的来历更早,其变化与福州"石"字经历了相同的逻辑过程:

    石 西汉雅言 *iok＞厦门 ioʔ＞福清 yoʔ＞福州 uoʔ

如果韵书据西汉的雅言注音,其反切应作"常惜切"或"常尺切",因为在那个时期"惜、尺"都是药韵(*iok)一类,现代厦门的反映是:惜[sioʔ]、尺[tsʻioʔ]。

剧,《切韵》奇逆切。如依这个反切的规律变化,北京今读应读[tɕi]而不应读[tɕy]。梅县方言读[kʻiak],韵母上符合反切注音,因为梅县"逆"字读-iak 韵。如同"硕"字一样,北京这个例外也是因为出自西汉,后循元音高化而来,比较:

    剧 西汉雅言 *iok＞iuk＞iuʔ＞iu＞y(北京)

      西汉雅言 *iok＞东汉雅言 iak(梅县)

其实,梅县的读法还有一个秘密——阴入调。如同"踏"字从"达合切"变"他合切"一样,梅县读的是从"奇逆切"来的"苦逆切"。这在汉字音发展史上代表什么意义呢?不管是西汉还是东汉,雅言的传播除了中央文教机构之外,各地都有转播中心。大约从西汉以来,熟习秦晋通语的博士教授分布各地,他们的浊音清化早已相沿成习,不知不觉就把旧习带进雅言推广出去,浊音清化送气使群母(奇)变成溪母(苦),原来应该读阳入的也因而读成阴入。如同"石"字一样,"剧"字原来也与"药"字一类读 *iok,这个韵母形式较佳地保存在厦门文读(kiok₌)和福州(kʻyoʔ₌),福州的送气说明秦晋通语的威力,已如上述。

总结言之，《切韵》的反切应从魏晋时期的韵书抄录整理而来，最早的音读模式可以溯及东汉雅言；秦晋通语的影子在文献上也许只有星星点点，但是从南北方言看可是汪洋一片，遍及四面八方。现代汉语方言有不少例外无法从反切索解，那是因为其音读来源比反切注音还早，主要是西汉时期雅言和通语留下的遗物，见证大一统帝国语同音运动的努力。

(二) 官话的源头

现代汉语方言分区的一条标准是入声有无，所谓官话是没有入声的方言。根据这一条标准，占地辽阔的江淮官话应该剔除在外，可是如果从另外两个标准看，江淮官话仍然应该算作官话方言，这两个标准是浊上变去与浊音清化类型——它们出现的时代都比入声消失还早，因此涵盖面积更大。

浊上变去的事实屡见于唐代大诗人的押韵行为，底下我们只看李白、杜甫和白居易三人的诗作，各举一例[14]：

　　李　白：智～义～气～视～易　　（《比干碑》）

　　杜　甫：岁～弟～势　　　　　　（《狂歌行赠四兄》）

　　白居易：树～墅～处～去　　　　（《自咏五首之五》）

其中，"视、弟、墅"都是浊声母上声字，都与去声字相押。可见当时全浊上声已变为去声。从生卒年看，李白（701—762）、杜甫（712—770）和白居易（772—846）成长于武则天当政（684—704）之后，也就是唐都东迁洛阳之后。唐昭宗时期（889—904）李涪在《切韵刊误》表示，浊上字如"很、皓、辩、舅"韵书虽然归在上声，但是根据他所知的当时洛阳音应该读为去声，并认为只有东都洛阳的发音才是正确的；李涪据此认为韵书根据的吴音读法是乖舛的，实际上，那是因为洛阳音发生了浊上变去的变化。

我们在上文见过，李肇在9世纪初叶（806—820）评论长安市井流行的是浊上归上，现在我们可以很清楚指出，他并非无的放矢，因为他所熟习的雅言读法应是浊上归去的——这是问题的一方面；另外一个差异指向声母读法，长安市井把全浊声母读为清音送气，李肇读的是浊声母——当时雅言仍旧保存的发音方法。诗作文献虽然都在中唐以后，但是现象出现应在中唐以前，产地就在洛阳。换言之，现代官话方言所见的浊上归去规律最晚在中唐时期就已出现。

浊音清化，平声送气，仄声不送气。这条规律的较早文献记录是北宋邵雍（1011—

---

[14] 史存直《汉语语音史纲要》，商务印书馆，1981年。

1077)的《皇极经世书·声音唱和图》。周祖谟说："史称雍之先世本籍范阳,幼从父徙共城,晚迁河南,高蹈不仕,居伊洛间垂三十年,是其音即洛邑之方音矣。"[15]所谓洛阳方音,依我们的了解就是有别于雅言的通语——那个时代的雅言应该仍旧保存浊音系统,这一点后文再说。北宋定都于开封,学术教育传统承自洛阳,两地的方音都是中州一派。北宋大约是中国历史上文教最发达的一个朝代,一方面是因为宋室大力倡导,另一方面是因为经济空前繁华,在这两个有利因素下,源于洛阳的浊音清化开始对外散播,影响所及,蚕食鲸吞了太原型与长安型的地理分布及辖字范围。在关中平原与太原盆地,我们就可以看到如下的文白异读状态:

浊音清化	平声	仄声	浊音清化	平声	仄声
关中平原_白	送气	送气	太原盆地_白	不送气	不送气
关中平原_文	送气	不送气	太原盆地_文	送气	不送气

文白的差异在关中平原反映在仄声字,在太原盆地反映在平声字。关中平原的浊上白读归上声,文读归去声——这去声一读就是上述洛阳浊上变去类型作为通语扩散后留下的烙印,这样的烙印在汉语方言无所不在。

舌尖元音化　官话发展史上的一个重要里程碑是元代的支思韵,这是舌尖元音化最早的正式文献记录。就历史语言学来说,支思韵的出现已近发展末端,其较早的源头应从隋唐时期的爱欧塔化说起。底下,我们分五个阶段看它的来龙去脉。

阶段一　脂部。这是隋唐时期出现的爱欧塔化,也就是止摄开口三等支、脂、之三韵已无区别读为前高元音 */i/,精庄章知四组声母后都如此。

阶段二　资思。这是晚唐时期出现的新兴韵部,也就是在上述爱欧塔元音的基础上,精组字出现了舌尖元音,其余庄章知三组字仍读为爱欧塔。

阶段三　资师。宋代的时候,止开三的舌尖元音化从精组扩展到庄组。南宋政府把这个音读模式透过文教大力推广到辖区范围,至今在南方仍处处可见:闽南的文读就有资师韵的影子,而广东南海、新会、台山等地的同类现象是北宋末年随靖康之难的移民从北方带下来的。南宋南方诗词押韵所见的支鱼通押就是支(资师韵)舌尖元音变读为圆唇元音(/u/或/y/)造成的,只见于精庄两组。

阶段四　支思。这是元代文献所见的独立韵部,舌尖元音进一部扩展到章组。这个韵部较佳地保存在山东东半,也广泛见于大华北中原外围地区,在华南偶或见于湖南境内,但其他东南方言非常罕见。

阶段五　知思。这是清初《李氏音鉴》的第七部,舌尖元音再扩及知组,辖字范围不

---

[15] 周祖谟《宋代汴洛语音考》,《问学集》,中华书局,1966年。

只限于原来的止开三,还包括《中原音韵》里的齐微韵(含新生的爱欧塔元音),细节不多说。这个韵见于冀、鲁、豫中原核心地带——包括河北大部、山东西半、河南东半。上面所说中原外围指的就是围绕这个中原核心的地方,因为文教中心在元代以后转移到北京。

这五个阶段代表语音变化的五个逻辑过程,同时也与历史年代若合符契;前三个阶段的文献根据是诗文押韵,后两个阶段有韵书加以记录。从地理分布看,这五个阶段几乎涵盖了中国全境,对汉语语音发展史的了解富于启发。

总起来说,洛阳在汉语语音发展史上所扮演的角色可分早晚两期。早期的角色是雅言的培护和传习中心,全国各地知识分子共同推尊的语音标准圣地——这样的地位有如伊斯兰教世界的麦加(Mecca),其起源也许最早可以推溯到周平王东迁,也就是公元前770年宜臼定都洛阳的时期。此后的中国进入春秋战国长达约550年的纷乱局面。孔子出生于春秋末年(公元前551),他所说的"郁郁乎文哉!吾从周",以及他所做的"子所雅言,《诗》、《书》、执礼皆雅言也",应该都与雅言的圣地洛阳有关,因为春秋以后,虽然诸侯崛起,周王室仍扮演名义上的共主。秦与西汉定都关中,秦晋方言被当作通语推广到帝国辖境,但是雅言的传习并没有中断,到了东汉首都又迁回洛阳,雅言的传习中心也跟着从关西回到关东,此时的雅言除了时代的变化之外,多少也受到关西通语的影响。晚期洛阳的角色——官话的源头——是因为科举制度下雅言普及,原来只用于学校读书的逐渐进入口语,最后成为通语;雅言与通语的界线到了宋代几乎名存实亡,尤其是中州地方,但是不能排除在一些保守的地方(文教机构或偏远地区)仍然继续传习雅言——南宋输进闽南的雅言仍保留浊音系统,因此厦门文读在浊音清化的表现上就不同于北宋通语的模式,湖南双峰文读(如"跪")也说明了这一点。

五　开封与杭州

北宋的开封上承唐代的洛阳,下启元代的北京,在官话发展史上居枢纽地位。我们在上文所谈主要是从帝国首都兼雅言中心为着眼点,因此把唐中叶以来的一些语音发展特色归在洛阳,包括爱欧塔化运动(脂部)及其后续发展资思韵和浊上归去;文献所见浊音清化(平送仄不送气)的类型时代稍晚,但也出自洛阳近旁。宋代的开封与洛阳在语言上可以视为一体,但是作为新时代的首都,开封在汉语史上承上启下的角色相当耀眼。

四声五调　当唐代发生浊上变去之时,雅言仍然保持浊音声母,声调系统仍然只有平上去入四声。但是,等到浊音清化运动开始之后,原来的平声字声母清浊之分变为声调上阴平和阳平之别,上去入仍然各自读为一调。这样的四声五调(阴平、阳平、上声、去声、入声)在现代汉语方言里大量集中见于江淮官话和山西省的北区,例如:

  山西省: 大同 天镇 怀仁 右玉 应县

  江苏省: 江宁 六合 句容 镇江 高邮

  安徽省: 合肥 安庆 桐城 巢湖 淮南

几无例外,在这些五调系统里都包含浊上归去的演变规律。底下是山西大同的五调系统(下加线的两字是古浊上):

  阴平 31 高、知、婚、初、驱

  阳平 313 陈、平、寒、鹅、龙

  上声 54 古、楚、死、老、粉

  去声 24 <u>近</u>、<u>柱</u>、盖、唱、岸

  入声 ʔ32 急、桌、入、麦、舌

  资师韵 唐末的资思韵开启了汉语史舌尖元音化的序幕,其进程是:精＞庄＞章＞知。相应的语音过程是:

  精 tsi＞tsɿ   (唐代)

  庄 tʃi＞tʃɿ＞tʂʅ (宋代)

  章 tɕi＞tʃi＞tʃɿ＞tʂʅ (元代)

  知 ţi＞tɕi＞tʃi＞tʃɿ＞tʂʅ (明代)

所谓资师韵是指止摄字里精庄两组都读为舌尖元音的现象。这样的逻辑过程合情合理,但在文献上,元明两阶段都有韵书记录可以参照,唐宋两阶段的发展是经由其他途径加以证实的。宋代的资师韵反映在南方诗文押韵里的"支鱼通押"。[16]例如严羽的七言古诗《涂山操》第三韵段就有"死、怒、士"相押的实例。严羽(1192—?)是南宋时期福建邵武人,在他之前生卒年可考的福建诗人如杨亿(974—1021)、郑侠(1041—1119)、杨时(1053—1135)、廖刚(1071—1143)、邓肃(1091—1132)也都有同样的押韵行为。换言之,这种押韵是北宋时期就已开始的——资师韵里只有精庄两组字读为舌尖元音,福建诗人支鱼通押的现象里也只有止摄精庄组字(支)能与鱼模韵字(鱼)相押;语音上,那是因为北方的舌尖元音到了福建变成鱼模:ɿ～ʅ＞y、u。[17]广东境内如南海、顺德、三

---

  [16] 邵荣芬《吴棫〈韵补〉和宋代闽北建瓯方音》,《邵荣芬音韵学论集》,首都师范大学出版社,1997年。

  [17] 刘晓南《宋代福建诗人用韵所反映的10到13世纪的闽方言若干特点》,《汉语历史方言研究》,上海人民出版社,2008年。

水、台山、恩平等地也可以见到资师韵的分布，其读法亦如福建所见以圆唇元音替代舌尖元音；整个广东只有斗门等少数地方的读法仍作舌尖元音。其实，如果我们以音类分合着眼，也就是精庄一组有别于章知一组，那么华南一大片地方都可以见到资师韵层的痕迹。[18] 资师韵在闽语是文读，而在广东南海等地无所谓文白；可见这个新的语音事件曾以雅言形式作为读书音推广，也曾以通语形式随北宋移民带到广东——不难设想，这些移民的祖先在华北早就熟习雅言并将雅言融入口语。

随着资师韵的起来，出现在舌尖元音前的塞擦音系列就有舌尖前与舌尖后两类。换言之，汉语史上声母卷舌化运动是宋代开始的，因为止摄庄组字的韵母从原来的爱欧塔变为舌尖元音之后，声韵结合上，庄组声母也已由原来一个舌叶发音状态变为卷舌声母状态。

阳韵庄组的发展　从官话方言发展史看，阳韵庄组长期以来令学界感到不解：为什么一个开口三等最后会变成如同一个合口一等？现在看来，那是因为演变初阶不见于文献记载，现代官话方言没有反映。首先，我们看由唐至今的逻辑过程：唐 *ioŋ＞宋 yoŋ＞元 uoŋ＞明清 uaŋ。前三个阶段主要是介音由前往后变，最后一个阶段是主要元音发生变化。表面上，介音的变化似乎单纯由圆唇元音引发，实际上，舌叶发音的圆唇性质也一起发生作用；*ʧioŋ＞ʧyon 的变化是从"圆—展—圆"变成"圆—圆—圆"，因为这样，阳韵庄组与同韵的章知组（如章、张）分道扬镳。

唐代的 *ioŋ 见于厦门方言"状～元"[tsioŋ⁼]。浙江南部吴语也有反映，例如"床"：遂昌[₋ʑioŋ]，庆云[₋ʑiɔ̃]，庆元[₋ɕiɔ̃]。从整个韵母形式看，上列吴闽方言的反映是所有汉语方言最保守的状态，其他东南方言的读法常见介音消失，例如"庄"：南昌[₋tsɔŋ]，梅县[₋tsɔŋ]，广州[₋tʃɔŋ]，福州[₋tsouŋ]。[19]

宋代的 *yoŋ 在华南分布很广，常见的音读模式有如下两种，以"霜"字为例：

　　　*yoŋ——浙江温州[₋ɕy]　江苏南通[yō]　江西弋阳[₋ɕyon]

　　　*yaŋ——湖南长沙[₋ɕyan]　江苏东台[₋ɕyɑŋ]　浙江杭州[₋sɥaŋ]

除了江苏所见出自江北通泰方言之外，其余都见于江南。我们在这里以介音为着眼把两类韵母放在一起，那是因为宋代的 *yoŋ 在华北后来继续变为元代的 *uoŋ 之外，在华南发展异趣由 *yoŋ 变 *yaŋ——杭州所见只不过是发生了介音的舌尖化。除此之

---

[18] 资师韵指的是止摄里精庄两组的舌尖元音，在这个阶段里章知两组字仍读爱欧塔元音，资师韵层涵盖已变和未变两类。

[19] 语音上，汉语方言舌叶音声母与伊介音的互动情况有两种：一种是伊介音强则舌叶发音变为舌面发音（如 ʃi->ɕi-），另一种是舌叶音强则伊介音弱化消失（如 ʃi->ʃʅ->ʃ-）。上列东南方言庄组声母后的伊介音消失合于第二种情况，伊介音消失后，舌叶发音才变为平舌发音。

外,长沙和弋阳的舌根尾变成舌尖尾。不管是元音变化还是介音变化或者韵尾变化,上列形式的共同起点都来自宋代的 *yoŋ。

元代的 *uoŋ 与明清的 *uaŋ 主要分布在华北,前者零星见于中原外围,后者广布于中原核心。底下以"庄"字为例:

  *uoŋ——青海西宁[ₒtʂuõ] 甘肃敦煌[ₒtʂuõ] 山西临汾[ₒtʂuoŋ]>[ₒtʂɔ]

  *uaŋ——河南开封[ₒtʂuaŋ] 山东济南[ₒtʂuaŋ] 河北平谷[ₒtʂuaŋ]

这些例子是比较清楚的分野。但是在大华北地区,更常见的韵母形式是介于两者之间的 *uɑŋ,这种形式到底应归元代的还是明清的说不清楚——从历史音系学的角度看,*uoŋ>*uɑŋ 是欧音阿化的先声;从共时音系学的角度看,*uɑŋ 是 *uaŋ 的变体。

宋代阳韵庄组的韵母形式像是一座桥梁——上承唐代,下启元代——具有枢纽地位。但是,就地理分布来说,这个韵母形式在华北早已被后起的形式所淹没和取代;今天南方所见的宋代形式原来应该出自开封,但在推广工作上,杭州的南宋政府功不可没。看看现代杭州的反映形式,多少应可抚今追昔,了解其来龙去脉。

  梗摄二等 从对比状态看,梗摄二等最早的韵母形式是一个前低元音。这一点,客赣方言显示得很清楚。底下是南昌和梅县在宕₁、梗₂、曾₁三类之间所显示的元音对立状态:

重建形式	*oŋ	*aŋ	*eŋ	唐韵	耕庚	登韵
南昌	ɔŋ	aŋ	ɛn	桑ₒsɔŋ	生ₒsaŋ	等ᶜtɛn
梅县	ɔŋ	aŋ	ɛn	桑ₒsɔŋ	生ₒsaŋ	等ᶜtɛn

虽然韵书分耕庚为两类,但现代方言看不出其间的区别,我们可以就合为一类的事实做探讨的基础。这三个韵母可以根据元音性质分为前后两类,汉语语音发展史显示:虽然历经演变,前后的对立始终存在,但是两个前元音的韵母最终走上合流。其中的关键就在梗摄二等元音越益升高或央化:

  梗摄二等 *aŋ>ɛŋ>eŋ>iŋ~əŋ

       *ak>ɛk>ek>ik~ək

历史年代上,这四个逻辑过程的时代次序是:六朝>宋>元>明清。这样的时代发展只是一个大体的概括——例如宋可以说是唐宋,而元也可以涵盖宋元,因为除了舒入发展不平行之外,方言之间的发展也不平行。有了这样的了解,我们尝试探讨开封的角色。

东南方言梗摄二等字都有文白异读现象,白读元音较低,文读元音较高,舒促都如此。常见的舒声字可以"生"字为例:

"生"	苏州	双峰	梅县	南昌	福州	广州	绩溪
文读	ₒsən	ₒsæ	ₒsɛn	ₒsɛn	ₒseiŋ	ₒʃɐŋ	ₒsēi

　　　　　白读　　 ₋saŋ　　 ₋sɒŋ　　 ₋saŋ　　 ₋saŋ　　 ₋saŋ　　 ₋ʃaŋ　　 ₋sã

这七个代表点涵盖了吴语、湘语、客家话、赣语、闽语、粤语、徽语，不但白读如出一辙，文读也显现系出同门。入声字的文白异读可以"格"字为例：

	苏州	双峰	梅县	南昌	福州	广州	绩溪
"格"							
文读	kɤʔ₎	₋ke	kɛt₎	kiɛt₎	kaiʔ₎	—	—
白读	kɒʔ₎	₋kia	kak₎	kak₎	kaʔ₎	kak₎	kɔʔ₎

　　舒入两相对照，音读模式相当清楚：东南方言梗摄二等白读的共同来源是 *aŋ/k，而文读的共同来源是 *ɛŋ/k。白读应是西晋末年随永嘉移民从北方故土带来的，文读的形式应该是南宋政府推广的北宋雅言。苏州文读与众不同，既可能出自较晚的北方（如 *əŋ＞ən），也可能因为演变较剧烈（如 *ek＞ɤʔ）；福州舒入都发生复化现象（ *ɛŋ＞ɛiŋ～eiŋ, *ɛk＞ɛʔ＞aiʔ）。其他方言不一一细说。

　　资师韵在元代发展成为支思韵，阳韵庄组的第二阶段进入元代的第三阶段以后也功成身退，两者都起于北方但是在现代北方已不复闻见，其形貌往往以变体形式反映在南方。就汉语语音发展史而言，梗摄二等的音读模式可以把南北方言关系联系起来，底下是两个具有启发意义的例子。

　　首先，引起我们注意的是陕西西安与山东济南方言的文白异读，例如：

	西安	济南
"生"		
文读	₋səŋ	₋ʂəŋ
白读	₋sē	₋ʂē

从上文的逻辑过程看，这两个方言的白读来自第三阶段的 *eŋ，时代应在宋元时期；文读来自第四阶段的 *əŋ，时代应在明清。

　　其次一个例子是河南方言梗摄二等入声字的读法，以开封、郑州和信阳为例：

河南	格	客	额
开封	₋kɛ	₋kʻɛ	⁻ɤɛ
郑州	₋kɛ	₋kʻɛ	⁻ɤɛ
信阳	₋kɛ	₋kʻɛ	⁻ŋɛ

　　这些形式在河南方言无所谓文白，显然行用已久，早已进入口语，但是从上文所列南方方言文白异读的差异看，这些汉字音读法与南方文读相当。简单地说，南方文读与北方白读相应。换言之，唐宋时期梗₋入声的韵母形式 *ɛk 在南方是较晚的文读，而在北方是较早的白读，现代汉语南北方言的分水岭应在宋代，更明确地说，是金与南宋对峙时期。北方的 *ɛk 后来演变为 *ek，在西安、济南循 *ek＞eʔ＞e＞ei 成为今日所见："格"，济南₋kei，西安₋kei。

汉语语音发展史上，宋代的开封上承唐代的洛阳，下启元明清的北京，这样的枢纽地位在几个音韵发展上可以看得很清楚，概括如下：

舌尖元音化运动	脂部	资思	资师	支思	知思
止摄声母卷舌化	—	—	庄	章	知
阳韵庄组的韵母	*-ioŋ	—	*-yoŋ	*-uoŋ	*-uaŋ
梗摄二等的元音	*-aŋ	—	*-ɛŋ	*-eŋ	*-iŋ~əŋ
	*-ak	—	*-ɛk	*-ek	*-ik~ək
历史年代的次序	唐代	唐末	宋代	元代	明清
地理分布的状态	南方	南方	南方	中原外围	中原核心

其中，除了梗摄二等元音的时间跨度不能清楚界定之外，其余相对明确。北宋的首都在开封，南宋的首都在杭州。靖康之难后，宋室驻跸临安，不管是扈从的官员还是躲避祸乱的百姓，初来乍到，在语言上必然沿袭北宋开封之旧，包括文教推广的雅言与日常交际的通语。换言之，现代南方所见宋代语言的面貌一方面是移民留下的烙印，另一方面应是南宋政府在偏安时期的约150年间推广文教的结果。北宋时期，雅言与通语在中州几乎已融为一体，但是从一些迹象看仍有必要加以区分。

六　北京与南京

北京所处的地理位置是中原的边陲，中国历史上的民族走廊。紧接在宋代的开封之后，汉语史的探讨中心就转到元代的大都，因为现代的北京与大河北方言大致可以说是从元代大都话一脉相传而来。就汉语发展史而言，北京作为帝国首都最晚，在北京话未取得全国标准语地位以前，它就像任何一个边陲地带的方言一样必须不断接受雅言的洗礼，文白异读的存在就反映这个事实；元代以前就有文白异读现象或许不令人意外，元代以后又出现新一波的文读不能不认真检讨。

元代的北京　从历史和地理的角度看，周德清把他描述的元代大都话叫作《中原音韵》有点不伦不类，也可说是大胆的创举。北京在金元两代和更早以前怎能冒称中原？指为中原边疆才恰如其分。为什么周德清会用略带僭越色彩的标签去指称当时的北京话呢？因为元代的大都是跨越欧亚大陆的蒙古帝国在中国辖区的行政中心，掌理中国在古代的说法就是入主中原，中原人所说的话不叫中原音韵，难道要叫中原边陲音韵吗？从汉语史看，原来的乡下后来跃升成为城市，用中原指称等于给它戴上皇冠，这是一种加冕典礼，合法性的象征。换言之，元代统治者决定要用当时首都的语言作为通语加以推广，沟通臣民。我们提出上述问题，主要是因为，从汉语方言的比较来看，元代的大都话一方面反映正规的（orthodox）演变，另一方面也有异军突起的（heterodox）状况。

所谓正规的演变指的是在汉语发展史上具有承上启下意义的时代特点，例如上文所列的支思韵及相关的声母卷舌化和阳韵庄组的第三阶段。这些元代大都话的特点在现代汉语方言里比较明显地保留或反映在山东东半海边烟台、牟平等地，底下以荣成方言为例：

三等	庄组	章组	知组
止摄	师 ₌ʂʅ	诗 ₌ʂʅ	知 ₌tʃi
宕摄	庄 ₌tʂuaŋ	章 ₌tʃiaŋ	丈 tʃiaŋ⁼

宋代之时，止摄庄组卷舌，章知组不卷舌。到了元代，止摄章组卷舌而知组不卷舌。止摄知组的卷舌是明清以后的事。伴随声母卷舌的就是爱欧塔元音舌尖化：宋代资师韵＞元代支思韵＞明清知思韵。元代的阳韵庄组读 *-uoŋ，但许多方言像荣成一样续变为-uaŋ——在大华北地区-uoŋ 与-uaŋ 不对立，在华南许多地方（尤其是江西）有必要区别。附此一提，《中原音韵》里知₌（茶、桌）和庄₌（沙、刷）读为卷舌，荣成也不例外。

所谓异军突起是说只此一家别无分号。这样特殊的语音事件见于《中原音韵》萧豪与皆来的古入声来源字——前者来自宕江两摄入声字，后者来自职韵庄组和陌麦两韵。底下，我们看两个河北方言反映的情况：

顺平：拖₌t'ɑu/搁₌kɑu/酌₌tʂɑu/郭₌kuɑu/鹤₌xɑu/摸₌mɑu
约₌iɑu/虐 ȵiɑu/掠 liɑu/桌₌tʂuɑu/岳 iɑu⁼/学₌ɕiɑu

大城：侧₌tsai/色₌sai/柏₌pai/拆₌tʂ'ai/责₌tsai/册₌tʂ'ai

这两种韵母形式是元代大都话的缩影，原来辖字更广；同时，比起北京，顺平与大城保守多了。换言之，早年城市时髦寄存在现代乡下。这两种语音事件为什么说是异军突起呢？因为在汉语方言极为罕见，不但南方稀缺，即便在官话方言分布区里也可说是奇葩，其来由是元音复化，如下：

宕江入声：* ɔk＞ɔʔ＞ɔ＞au

职（庄）陌麦：* ɛk＞ɛʔ＞ɛ＞ai

前中元音的复化在大华北常见，但是后中元音的复化则极为罕见——大约因为这样，宕江入声字在元代既有白读萧豪（* au）又有文读歌戈（* o）；文读的引进是因为白读偏离雅言通语的正轨。关于文读后面还将继续探讨，这里应该强调的是前后两个中元音都发生复化，并驾齐驱，这种语音事件是元代北京的特色。

元明清三代都以北京为政治文化中心，语言上的传承不绝如缕，既有延续性的一面也有连续发展的轨迹。但是，明初五十几年的首都位在南京，它在汉语发展史上是否曾经起过作用不能不引起我们的关注。

明代的南京 明神宗万历年间游历中国的意大利人利玛窦(Matteo Ricci,1552—1610)指出,当时的中国除了各省的方言土语之外,"还有一种整个帝国通用的口语,被称为官话(Guonhoa),是民用和法庭用的官方语言。这种国语的产生可能是由于这一事实,即所有的行政长官都不是他们所管辖的那个省份的人,为了使他们不必需学会那个省份的方言,就使用了这种通用的语言来处理政府的事务。官话现在在受过教育的阶级当中很流行,并且在外省人和他们所要访问的那个省份的居民之间使用。懂得这种通用的语言,我们耶稣会的会友就的确没有必要再去学他们工作所在的那个省份的方言了。各省的方言在上流社会是不说的,虽然有教养的人在他的本乡可能说方言以示亲热,或者在外省也因乡土观念而说乡音。这种官方的国语用得很普遍,就连妇孺也都听得懂"[20]。利玛窦居留中国的时间是明万历十年到三十八年(1582—1610),他所观察和知悉的应是明代社会共同认知和早已普及的事实。他所说的事实可分两点:

(1)官话的定义 早于利玛窦一百年,明代谢榛(1495—1575)的书里就提到官话,他说:"及登甲科,学说官话,便作腔子。"(《四溟诗话》卷三)也就是说,通过公务员考试录取之后,走马上任之前,准官员都有必要学会沟通臣民的语言工具——对庶民来说那就是官员说的话,而对大一统的政府来说那就是共同语或国语。[21]

(2)官话的普及 现代汉语方言地图显示,从南京到乌鲁木齐,从哈尔滨到昆明都是官话方言的分布区,纵有分歧,沟通并无大碍。这样的语言态势大约从宋代末年以来就已底定。所以,官话的名称虽然始见于明代,但是它所涵盖的语言内容包括了宋代的雅言和通语。

利玛窦所指称的官话极可能是当时的南京话,因为他说的这个官话有五个声调:阴平、阳平、上声、去声、入声,正是包括南京在内的江淮官话的共同特点,来自宋代开封推广的雅言。明代从洪武元年(1368)开始到永乐十九年(1421)为止大约54年的时间以南京为帝国首都,来自安徽的统治集团选定南京话作为通用的语言是很自然的,因为安徽首府合肥与江苏南京从宋代以来就走上官话化之路(虽然那时没有官话之名),今天同属于江淮官话。从时代上说,江淮官话是宋代中州话,而元大都所继承的也是唐宋的中州话;前者略为保守,后者续有创新,这样的差异在沟通上并不构成阻碍。

作为明朝初年的政治文化中心,南京话似乎曾经影响过当时的北京话。探讨这个问题,我们首先回顾一下元代大都话的内涵。从现代大河北方言看,一种文白异读是元

---

[20] 何高济等译《利玛窦中国札记》,中华书局,1983年。
[21] 鲁国尧《鲁国尧自选集》,河南教育出版社,1994年。

代就有的，一种文白异读为元代所无。底下列两个表以见一斑：

表一，铎药觉的文白异读：

河北顺平	落	略	桌	着	约	弱	学
白读	lau⁼	liau⁼	⁻tʂuau	⸋tʂau	⁼iau	ʐₐau⁼	⸋ɕiau
文读	luo⁼	lyɛ⁼	⁻tʂuo	⸋tʂuo	⁼yɛ	ʐₐuo⁼	⸋ɕyɛ

表二，职陌麦的文白异读（职韵只含庄组字，下同）：

河北大城	侧	色	窄	责	册	策	客
白读	⁻tʂai	⁻ʂai	⁻tʂai	⸋tʂai	⁻tʂɿai	⁻tʂɿai	⁻tɕʻiɛ
文读	tsɤ⁼	sɤ⁼	—	⸋tsɤ	tsɤ⁼	tsɤ⁼	kʻɤ⁼

表一的文白异读在《中原音韵》已成事实，白读收在萧豪韵，文读收在歌戈；前者来自唐宋，后者可能来自宋金。白读所从出的元音较开（*ɔk），文读所从出的元音较关（*ok）。文读形式与现代开封如出一辙，差异只在 *iok：开封 yo＞北京 yɛ（略、约、学），其余全都相同。

表二的白读在《中原音韵》是皆来韵或车遮韵（客）的读法，文读不见于《中原音韵》。文读形式如何而来？这个问题有必要与支思韵的特殊现象合而并观。这个特殊现象就是周德清在支思韵里的特别标注："涩、瑟音史，塞音死"。这三字如果用现代北京去读应该读为[⁻ʂɿ]和[⁻sɿ]，与此相应的读法见于河北方言与山西汾河流域，例如（元代清入作上是胶辽官话的规律，清入作阴平是中原官话的规律）：

涩[⸋sɿ]——河北：玉田、高阳、安国、肃宁、深泽、石家庄

塞[⸋sɿ]——山西：万荣、运城、吉县、临汾

北京没有延续元代的舌尖元音，上列三字在现代北京都读[sɤ⁼]，也就是文读的读法。

底下，我们不避重复把深摄的"涩"字与上列皆来韵的庄组字放在一起观察，看一下大河北方言屡见不鲜的音读模式：

例字	涩	色	责
白读	⸋sɿ	⁻ʂai	⸋tʂai
文读	sɤ⁼	sɤ⁼	⸋tsɤ

面对这个比较表，我们感到不可解的是：为什么在一个卷舌音发达的大河北方言，文读的庄组不依规律读为卷舌而读为平舌？为什么文读的韵母都是一个央化的元音？这些文读既然不见录于元代，它必定起于元代之后，就是在这样的考量之下，我们觉得极可能是明代初年从南京带进来，历经清代演变才成为今日所见的。

首先，我们看一下相关字在南京的读法：涩 sɛʔ⸋／侧 tsʻɛʔ⸋／色 sɛʔ⸋／窄 tsɛʔ⸋／责

tsɛʔ˨/册 ts'ɛʔ˨。这些庄组字的声母全都读为平舌，韵母都是前中元音带喉塞尾。

其次，《中原音韵》的车遮韵(＊iɛ)分为两类，一类延续至今没有什么变化(些、铁、谢、叶、别)，另一类经过元音央化的过程(遮、者、哲、摄、社)。后一类的字主要是章知组，也就是在声母卷舌化过程发生了介音消失，然后前中元音央化。例如：

      社　　ʃiɛ＞ʃɛ＞ʂɛ＞ʂɤ

第三，有了上述内部规律做基础，不难推知，南京话的音读模式进入北京之后，喉塞尾消失，然后随着原有的车遮韵一起发生元音央化。例如：

      色　　sɛʔ＞sɛ＞sɤ

从整合音系学(Integrative Phonology)来看，上列音系规则要求进一步的解释。底下，我们分元音央化与声母平舌两个部分来讨论。

元音央化的问题有两个：一个是条件，另一个是发生的时代。关于元音央化的条件，从大河北方言看，那就是在单韵的情况下才发生：＊ɛ＞ɤ，如果有伊介音则不变：＊iɛ＞iɛ。平行的现象见于后中元音：＊o＞ɤ，但是＊uo＞uo不变，至于＊io则循 yo＞yɛ 的规律发生变化。前中元音央化的时代可能是清初以后，因为明末万历年间徐孝(1573—1619)的《等韵图经》仍列为乜邪一类(＊ɛ)，到了乾隆道光年间李汝珍(1763—1830)的《李氏音鉴》已变为第八韵一类(＊ɤ)。

庄组平舌在北京音系发展上是不规律的，但从外而来看却是规律的。为什么呢？因为汉语语音发展史有一个先来先走(first come, first go)的演变规律，这样的规律多见于中原外围——孰先卷舌孰先平舌，庄组是最先卷舌的也因此最先变为平舌。符合这个条件的方言很多，但是在明初没有一个方言具有像南京一样的崇高地位，能以文读身份进入另一个大都会推广开来。

历史背景上，北京在洪武年间不再作为帝国首都，人口仅数万人而已。随着永乐十九年迁都，北京城的人口结构发生巨大的变化，从南京迁入北京的富户、工匠和官吏达18万人之多，迁自南京的军卫战士及其家属达54万人。这72万人远远超过北京土著的数量，当时的北京城几可说是满城都闻南京腔。[22] 在这样的语言环境下，学校教育的通用语言不能不多少受南京话的影响。

北京所在的大河北在中国历史上属于边陲位置，从汉语发展史来说，一个地方只有语音不正才会一再引进文读，就这一点而言，河北跟山西颇相类似。虽然不正的程度随地而异，但是两度引进文读就说明大河北原来不在中原核心，其语音与中州是有所偏离

---

[22]　参看曹树基《中国移民史》第五卷，第515页，福建人民出版社，1997年。

的。铎药觉的白读源自唐代的洛阳,文读应是宋代以后经由金朝从开封引进的。金灭北宋以后,金世宗大定六年(1166)置国子太学,科考所用平水韵沿袭北宋《景德韵略》[23],这可能就是北京铎药觉文读读为歌戈的来源。

从汉语语音发展史的观点看,北京话与南京话在明朝的地位并非自始至终没有变动。明初定都南京,至少在洪武和永乐主政的那五十几年间,南京话在学士大夫心中享有崇高的地位。南京话的影响除了上文所说在北京话留下烙印(职陌麦的文读)之外,也以通语的地位随军民撒播到云贵高原成为日后西南官话的源头。明朝的行政区划在永乐十九年定都北京以后行两京制,北京是北直隶,南京是南直隶。这样的行政区划在语言上自然造成"北主《中原》、南宗《洪武》"的风气;北直隶通行元代以来的北京话,南直隶通行宋代以来早已流通的江淮官话,各行其是。这样的南北语言态势在明朝可能长期不变,也许直到明末都还如此。满族入主中原之后,行政上南北直隶的界划取消了,北京话终于跃升成为帝国真正的标准语代表——正如清陈锺庆所说"国朝建都于燕,天下语音首尚京音"[24],在文教推广的努力下,南京成为北京话在江南扩散的桥头堡,迹象之一是卷舌发音大量引进,原来的资师韵层之上叠加了知思韵的特色。这一段历史真是有趣:明初南京把庄组的平舌带进北京,清初以后北京把扩大的卷舌化运动(章知组)带进南京。

七　结　语

希腊、罗马的语言统一运动出现在公元前数百年,约当中国历史上的战国时代,到了公元前3世纪,中国历史走上大一统的局面,语言统一运动也开始提上议程。秦始皇一统天下以前,中国长期处于割裂状态。春秋战国(前770—221)的550年期间,中央王朝力量薄弱,各诸侯国相对独立,周王朝的通用语"雅言"无法得到充分推展,方言的分化随诸侯国的政治、文化力量越益明显。其情况大体如许慎在《说文解字叙》所说:"其后诸国力政,不统于王,恶礼乐之害己,而皆去其典籍。分为七国,田畴异亩,车涂异轨,律令异法,衣冠异制,言语异声,文字异形。"面对这种境况,秦始皇开始了"书同文,语同音"的政策;如果小篆的推广代表书同文的努力,什么代表语同音的具体内涵?

一个明显而便捷的答案就是《论语·述而》提及的雅言。所谓雅言,就是正言,即中

---

[23] 参看忌浮《十四世纪大都方言的文白异读》,《〈中原音韵〉新论》,北京大学出版社,1991年。
[24] 语出陈锺庆《古今音韵通转汇考》,参看叶宝奎《明清官话音系》,厦门大学出版社,2001年。

央政府认可颁布的书面语标准发音系统,孔子用来读《书经》《诗经》的那套汉字发音。孔子生当春秋末叶,他所传习的雅言应该是西周国家规模粗具时期由王室规范、加以推广的,其基础是流行于中州洛邑一带的华夏通语,地理上位居天地之中,语言上比起四邻最为雅正,不但春秋时期的孔子推尊,隋初的颜之推标榜,直到宋代陆游也翘首仰望。秦汉以前,华夏是对东夷、西戎、南蛮、北狄而言;秦汉以后,所谓天地之中是对南染吴越、北杂夷虏而言。大约从周朝开始,尤其是平王东迁以来,洛阳就一直充当雅言的培护、传习中心,历经世乱,仍弦歌不辍;所谓中心同化周边的历史进程,在中国语言史上就是雅言对外扩散普及的统一运动。

中央王朝如何把雅言推广到帝国辖境? 在幅员辽阔而交通不便的古代,最简单的一个办法就是"学在官府",也就是透过学校层级组织从中央到地方可以无远弗届。从中国教育史看,学校体系在汉代分"学、校、庠、序",可以说略具规模,到了唐代才算完备。唐代学校教育体系有官学与私学之分,官学分为中央与地方,地方官学又根据行政地理大小分为六级,地方官学的最高级别京都学设在东京洛阳、西京长安、北京太原。为什么京都学设在这三个地方? 中国历史上的行政单位设置都有一定的历史渊源或文化背景,学校教育体系的成立可能更多地考虑其语言文化差异。换言之,这三个京都学的所在是当时三个方言类型的代表,更早可以溯及两汉。洛阳型在守护全浊声母方面较佳,中唐以后发生清化;长安型与太原型的清化在汉代已经展开。怎么知道呢? 移民运动透露的。

扬雄《方言》没有一语提及汉代的豫章郡(今江西),当然更没有涉及犹在化外的闽越(今福建)。这两处的汉语人口主要是西晋末年永嘉乱世从北方来的。为什么江西方言(含客家话在内)的古全浊声母变化都是长安型? 为什么闽语既有太原型又有长安型变化? 如果把时代往回推到汉代,情况就变得明朗起来。

闽语反映的浊音清化其实是规律的,一个是闽语先民的东齐故地太原型,一个是西汉文教推广而来的秦晋通语长安型。"石、席"的韵母(*iok)是西汉的雅言读法,前者循太原型浊音清化规律读为不送气,后者循长安型浊音清化规律读为送气,一个是方言固有,另一个透过文教推广而来——秦晋方言是西汉时期通语的基础方言,其影响遍及关东地区。[25] 有了这个背景认识,我们就不难了解,为什么永嘉移民都带有长安型的特点,客赣方言如此,江苏通泰地区也是如此。

粤语在现代汉语方言分区里的定义(古浊声母清化,平上送气,去入不送气),学界一般都不觉得有什么不妥,实际上浊上必须附带说明只有白读才是送气的。其实,粤语

---

[25] 刘君惠等《扬雄方言研究》,第150页,巴蜀书社,1992年。

先民出自河南,它的浊音清化是洛阳型的(平声送气,仄声不送气)[26],在洛阳型崛起以前长安型独步天下,现代粤语白读浊上读为清音送气应该是长安型留下的烙印。这一条规律涵盖范围很广,陕西、山西的"稻讨同音",湖北、湖南的"皖款同音",其他地方的"跪傀同音"和"桶统同音",都是早年长安型横扫天下的见证。总结言之,粤语先民在北方故地先是受过长安型的洗礼,后来在洛阳型的大力推广之下,其长安型特色逐渐淡化,最终成为残迹;粤语先民所说的方言主要是唐代的洛阳型,少数口语用字犹带汉代的长安型发音特色。

从学在官府的历史看,汉字音原来都是中央政府推广的雅言,起初都是文读。但是,历史上有机会在中央官学接受雅言教育的毕竟只占少数,能够在各大通语中心及其辖下的各级学校受教的人数无疑占绝对多数;在这样的背景下,不难设想,绝大多数的中国传统知识分子所掌握的雅言并非中央官学所教的原版雅言,而是经过通语中心洗礼、变造的雅言,也就是通语。唐代最高级的京都学三大中心应该是此前千百年历史文化的人文荟萃所在,雅言从中央到地方的传播中心。随着时间的推移,这三大中心也慢慢发展成通语中心,形塑了自己的特色,首先出现的是长安型和太原型,后来才出现洛阳型。汉唐两代的语言统一运动应该说是秦晋通语和中州通语的推广运动;太原型原来的分布很广(两河之间及山东——春秋战国时期的晋齐两国),在长安型与洛阳型的扩张运动下日渐萎缩。雅言是统一运动的表征,通语是分化的源头;现代汉语方言如非直接来自雅言,就是直接来自古代通语。总结言之,现代汉语方言就是历史上统一与分化两股力量交相运作的结果。

(张光宇:台湾清华大学语言学研究所,30013,台湾新竹)

---

[26] 从粤语先民的移民运动看,洛阳型的浊音清化显然比文献记录的时期早。换言之,粤语先民还未离开河南的时候,通语已经清化,时代应在唐代中叶,同一个时期雅言仍保有浊音——其清化比通语晚得多。声调上,通语依声母清浊由四声变八调的时候,雅言仍只有平上去入四声;粤语的阴入分上下,是到了岭南后才发生的,起于底层语言的影响。

鲁迅研究与民俗研究

董晓萍

提要： 跨学科的鲁迅研究是 20 世纪文学史的一个特点，其中在现代文学与民俗学两个学科内研究鲁迅又有所不同：既是文学的，也是文化的，乃至是一种跨文化的综合性研究，因而形成一种超越以往文学概念本身的、更符合中国国学特征的历史遗产。揭示这种历史遗产的价值，在于对鲁迅研究的视野和方法论的拓展，也对于拓展人文科学的研究空间不无启示意义。张恩和与钟敬文的学术交往与相关著作是这方面的一种个案。他们有很多学术对话，核心都是鲁迅研究，同时也涉猎至现代文学、民俗学、日本文学、古典文学和诗词学等多领域，打开了立足于中国国学而放眼世界的文学文化现象库和问题库，这在张恩和编《钟敬文全集》"鲁迅卷"中得到了集中体现。这方面的鲁迅研究有助于对当代学者对五四精神和中国社会文化传统研究做新的整体思考。

关键词： 张恩和　鲁迅研究　《钟敬文全集》　人文科学方法论

张恩和是知名鲁迅研究专家和作家，钟敬文是著名民俗学家、作家并兼治鲁迅研究，两人是忘年交。在近期出版的《钟敬文全集》[1]中，张恩和承担了其中"鲁迅卷"的全部编辑工作，分别是：第 17 册《鲁迅研究文存·关于鲁迅的论考与回想》和第 18 册《鲁迅研究文存·鲁迅研究札记与译著》。编辑两本书，在一般人看来，也许不值得大惊小怪，不属于"丰功伟绩"，但如果了解五四运动的百年史，了解 20 世纪 50 年代新中国初期史与 70 年代后期我国对外开放的重要历程，了解鲁迅研究对包括民俗学在内等中国特色学科建设的巨大价值，就可以更为理性地对此做出评估。这项工作的价值大体有三：一是在五四以来世界现代化进程中，认识文学文化研究对优秀人文精神建设的特殊功能；二是在对新中国初期史与对外开放历程的连续反思中，认识研究中国学术特色的途径，在对待西式的学科分类上，立足于中国国学基础，并以跨界或跨领域研究为常

---

* 本文为教育部人文社科重点研究基地重大项目"跨文化视野下的民俗文化研究"（项目号：19JJD7500003）的阶段性成果。

[1] 钟敬文《钟敬文全集》，董晓萍主编，高等教育出版社，2018 年。

态；三是重新认识鲁迅研究在中西学术交叉点上的坐标性，即从文学研究扩大至文化研究，关注多边文化研究。应该说，张恩和与《钟敬文全集》编辑团队共同建设了这笔学术文化史遗产。[2]

一 文学文化研究的背景与选择

张恩和与我并非一个专业，我们之间也没有直接的师生关系，但他与我的导师钟敬文先生的交情很深，我给钟老当助手，我们之间也就少不了来往。据我所知，张先生与钟老之间忘年学术交谊的核心是鲁迅研究。钟老无论从生活的时代、留日的经历到进步的思想，都更接近鲁迅。钟老还见过鲁迅，与鲁迅的日本弟子增田涉也很熟，还翻译过增田涉的书。钟老与日本研究鲁迅的名家竹内好保持了半个多世纪的交往，两人讨论的问题是超国界的，所以钟老研究鲁迅的特点，是一种跨文化的、社会史的、人类学体验式的、民俗学的综合性研究。钟老撰写和出版鲁迅研究的专著，如《关于鲁迅的回想与论考》，从书名上，就能看出方法论的特点。

张恩和是非常敬重钟老的，他 20 世纪 50 年代从北京师范大学毕业，在他们的老师中，颇有一批中国国学的学术大师，钟敬文先生就是其中的一位。大师们经历五四运动，又在不同程度上受到俄法德日等跨文化圈的熏陶，出国留学过，又在回国后创建中国的现代学科，学贯中西，又中国本位。广大学子被他们所强烈吸引，如青年张恩和。等他们学成毕业后，所选择的研究方向和认定的事业岗位，也几乎都与这批大师有关，张恩和选择鲁迅研究就是一个例子。在我国学术界，鲁迅研究，是五四至新中国前期高校现代文学界的前沿研究和难点研究，张恩和走上此路就注定不会轻松。而张恩和一旦选定鲁迅研究，就不曾改变，学术忠诚是他的个性。但是，张先生的鲁迅研究又如何与钟老共鸣？如何默契？我看是在对鲁迅思想的社会史意义的理解上，张先生产生了高于他的同辈人的独到见解，因而得到钟老的赏识。张恩和在《我的鲁迅研究》中写道：

> 在我看来，与封建主义的斗争，是鲁迅一生中最重要的斗争；对封建主义本质的揭露和批判，也是他最重要的功绩。我的观点是：由于中国的封建社会历史特别长，为世界所罕有，封建制度和它的思想体系发展得最完备最顽固，加之帝国主义的侵略使民族矛盾有时上升到主要地位，掩盖或冲淡了人民大众与封建主义的矛

---

[2] 作者另外发表了一篇长文回忆张恩和教授，本文是其中的一部分，但本文在鲁迅研究与民俗学的关系上增加了讨论，在部分文字上也做了一些修改。详见董晓萍《我国现代高等教育发展中的一批关键人物》，张洁宇、杨联芬编《回响——张恩和纪念文集》，第 138—170 页，中国大百科全书出版社，2020 年。

盾,致使封建主义得以保存实力、延长统治,这些因素使得中国人民的反封建斗争变得非常复杂和艰巨。特别是,长期的封建制度对于人的精神束缚和思想统治的力量是极为强大的,因此在中国数千年的封建社会的历史上,尽管有多次改朝换代,尽管有局部的调整或改变,但总体上,封建主义的思想体系始终没有很大变化,封建的意识形态总是处于统治地位。[3]

在人类学和民俗学中,研究人类社会的模式史是历久不衰的经典课题。从鲁迅作品去追溯社会史,是一个现象库和问题库,可惜研究者至今少之又少。前人的鲁迅研究,宏观也好,微观也罢,都对这个领域很少触及,张恩和却已来到这里开荒下锄。我们还能看到,他对五四精神和中国社会文化改革的整体联系也有系统思考。他的鲁迅研究,不满足于跟随,不做重复劳动,而是向前推进。

钟老跟我说:"唐弢看上他了",此指张恩和颇得唐弢先生的欣赏。张恩和还很年轻的时候,就参加了唐先生主编的《中国现代文学史》的工程,治学师从唐弢。后来钟老与张恩和先生都曾进入《鲁迅全集》编辑组,在一段时间里从事相同的专业工作。钟老与唐弢、季羡林、金克木、杨宪益诸位书信往来,讨论鲁迅使用印欧语系单词和西方文化史的词语的原意,选择最为切近的字词进行注释,张恩和在这种环境下跟大师们一起学习和工作,他的学习效果和成果质量比一般人不知要高出多少倍!

张恩和一生出版了多部鲁迅研究著作,如《鲁迅旧诗集解》(1981)、《鲁迅与郭沫若比较论》(1989)、《鲁迅·许广平》(1995)、《鲁迅诗词解析》(1999)和《踏着鲁迅的脚印》(2014),还出版了多部相关的现代文学研究著作,如《周作人散文欣赏》(1989)、《郁达夫小说欣赏》(1989)和《郭小川评传》(1993)等,都展示了见识之高和学问之富。张恩和他们这批人不肯浪得虚名,他们的学术实力源于他们的时代,他们的累累硕果源于他们的勤奋耕耘。他们实打实地干出了一片新天地。

2015年张恩和送我他的新著《踏着鲁迅的脚印》,以前他出了鲁迅研究著作都呈送钟老,钟老故去后他就送给我,实际上还是送给钟老。这是他对待前辈的规矩,他是守规矩的人。

二 为《钟敬文全集》编辑"鲁迅卷"

2010年我承担部委重大项目,组织编纂《钟敬文全集》,其中有钟老研究鲁迅研究的著作部分,王宁教授就提出最佳人选——请张恩和教授来编。但当时又出现了一个

---

[3] 张恩和《我的鲁迅研究》,《上海鲁迅研究》2019年第1期,第232页。

新情况,就是张恩和在照顾卧床不起的夫人,而且编书也很累,我就担心他能否接受。但张恩和就是张恩和,我们担心的事情什么都没有发生。张恩和爽快接受了邀请,并提前完成了任务。限于篇幅,我在这里仅谈两件与此相关的事。

一是编辑标准。开工之初,张先生写电子邮件问我:"钟老(鲁迅研究)这两册,是完全按照《钟敬文全集》的体例编?还是参考《鲁迅全集》的体例编?"我一下子就明白,他是把《钟敬文全集》重大项目与多年前参加鲁迅著作编译的重大工程历史性地连在一起认识的。没有那种举大事的学术能力,就说不出这个话,也提不出这个问题。

二是补充史料。张先生为《钟敬文全集》"鲁迅卷"写了长长的《编后记》,成为一种史料,我在这里摘录几段文字:

> 我自1954年考入北京师范大学中文系即成为钟敬文先生的学生。那时,钟先生是系里赫赫有名的三位一级教授之一(其余两位是黎锦熙先生和黄药眠先生)。钟先生教的是民间文学,好像还在学校教务方面负点责,平时见面不多。钟先生的夫人陈秋帆先生教我们"现代文选及习作",不但讲课,还批阅作业,接触就要多些。1957年,钟先生夫妇均被划为"右派",钟先生辛苦创建的全国高校唯一的民间文学教研组随即被撤并到现代文学组,"民间文学"课也被取消。我毕业后留校,分到现代文学组,就和钟先生成为同事。
>
> ……
>
> 直到"文化大革命"时期,他被打成"反动学术权威"(有意思的是当时他"当仁不让"地承认自己是"学术权威",但不承认"反动"),从原住的教授楼赶到我们青年教师住的筒子楼,我们又成了邻居,接触就更多了。
>
> ……
>
> "文化大革命"后期,毛泽东主席号召全国人民"学点鲁迅",各高校文科自然闻风而动。为落实"最高指示"推出两大举措:一是在北京成立"鲁迅研究室"(一些省市则成立"鲁迅研究组"),一是由人民文学出版社牵头重新注释出版《鲁迅全集》,注释工作分由一些高校有关教研组负责。北师大中文系立即设立有工人、学生参加的"三结合"(与"工农兵"相结合)注释小组,教师和工人、学生一道开展注释工作。其实,工人师傅有的连鲁迅是谁都不知道,一首诗连原文都读不下来,可还强调要尊重工人师傅的意见!现在看来,那真是很不严肃地在做一件很严肃的工作!当时,北师大中文系分到的是注释《鲁迅全集》第七卷,其中《集外集》收有鲁迅一些旧体诗,诗中不但有许多典故,更有一些日文以及与日本人有关的人和事。钟先生不但古文好,为年轻教师所不及,更留学过日本,懂日语,且和有些诗中的日本人熟稔,注释工作就不可避免地要倚仗他老先生。就是说,此时钟敬文正好派得上用

场,反过来也可以说正好是钟先生发挥自己专长优势的时候。但因为他的"摘帽右派"的身份,他只做具体工作,不算注释小组正式成员,对此他并不计较。别说他担任的所有注释、考证等工作都是默默奉献,就是由他独立翻译完成的增田涉《鲁迅的印象》最初出版时,译者也不能署"钟敬文"的名字,而是署名"现代文学组"译。他对此并不介意,只是实实在在埋头苦干,努力完成交给他的所有工作。

……

现在想来,钟先生之所以能在那样特定的历史时期和社会环境中对鲁迅研究作出如此贡献,我认为,除了其他一些原因,最主要,也最根本的是出于他对鲁迅的深刻认识和真挚的热爱。他说:"鲁迅,决不是什么一般的作家,学者,他是一位刚毅的战士,是中华民族的脊梁和精魂!鲁迅,是中国历史上少有的文化魁杰,也是世界上不多见的文化英雄!我从年青时代起,就是鲁迅的崇敬者,是几十年来从他的言论和行动中得到滋养和启发的学生。"(《寻找鲁迅·鲁迅印象·序》北京出版社2002年版)。

……

现在编辑而成的两册文集。这些成绩鲁迅研究界都十分重视,十分宝贵,而钟先生本人也因此跻身于包括唐弢先生、李何林先生、王瑶先生等在内的老一代鲁迅研究专家之列。

……

1986年,我所在的单位中国社会科学院研究生院为纪念鲁迅逝世50周年举办小型学术讨论会,领导让我主持并提出外请学者名单,我首先想到的就是钟敬文先生。开会那天,单位派出一辆红旗牌轿车,由我亲自接送钟先生。当时红旗轿车只供中央领导乘坐或作礼宾用车,没有进入市场,没有大众化;接送钟先生的那辆是上面换代淘汰下来划拨到我们单位的。我和钟先生坐在虽不簇新但仍华丽宽敞的车厢里,看到他很舒适、很满意的神态,心想这次能乘开会之机让他老人家也高兴一回,我心里感到十分慰藉。现在,又让我编辑《钟敬文全集》的鲁迅研究部分,我自然兢兢业业不敢稍懈,希望他老人家在天之灵感到满意。[4]

《钟敬文全集》的编纂与出版,历时8年,最终完成1200万字的鸿篇巨制。倘若没有张恩和的援手,哪怕只缺一册,全集也无法竣工。倘若没有张恩和这样高水平的专家

---

〔4〕 张恩和《〈鲁迅研究文存·关于鲁迅的论考与回想〉编后记》,钟敬文著,董晓萍主编《钟敬文全集》第17册《鲁迅研究文存·关于鲁迅的论考与回想》,第287—292页,高等教育出版社,2018年。张恩和先生这篇《编后记》落款时间为2014年11月2日。

对钟老的鲁迅研究做再研究,鲁迅研究的学术史和钟老的思想史都会多少失色。我该怎样致敬张恩和!言语无力,心碑常在。

三 鲁迅的中西坐标式思想的影响

都说学者研究什么像什么?张恩和常年研究鲁迅,他的学问特征、思维方式和生活风格也都被"鲁迅化"了。鲁迅的学问是扎根学问,把魏晋传统、明清思潮、五四改革、阶级领袖、意识形态、国际交流都化合在一起,资料系统巨大,思想体系庞大。在鲁迅身上能找到做人的信条,做中国学问的信条,借鉴外国东西的信条。张先生是领悟到鲁迅的这些信条的,并能继往开来。他有一点跟钟老很像,就是将学术研究与艺术创作融通,自己又写学术著作又写散文。他在理论研究、文艺创作和社会实践中,都在化用鲁迅的这些信条又发挥开去。我们看他自己看重的研究鲁迅的论文,都有对应的散文。他的论文《鲁迅——伟大的反对封建主义的战士》是谈鲁迅批判封建主义的深刻性的;与之对应,他的散文《叔叔的婚事》也写了新旧思想混合的复杂感情生活。他研究鲁迅的《我们现在怎样做父亲》和《我之节烈观》的论文,是谈鲁迅批评"父为子纲""夫为妻纲"的观念,讨论鲁迅如何从家庭入手观察和描写自由平等的社会生活;与之对应,他也在散文中谈家庭观和子女观,写女儿小洁的出生和成长带给他的巨大惊喜,写他与孩子相处的平等与欢乐。他的散文《我爱大公共》与鲁迅做人力车的《一件小事》心有灵通,对应描写了车厢社会。他的杂文《戴安娜之死和"帕帕拉兹"们》批评西方记者纠缠戴安娜是不尊重女性的做法,笔端扫过鄙视的冷峻疾风。我听过他在学术会议上的发言,与他在杂文《"讲话"与"发言"》中批评官僚作风[5],绝对言行一致。他悟性极高又持节不改,并把这种思想品格传下去,教给子女要学会善待别人。女儿小洁写过一篇动人故事,讲在启功爷爷家辅导弟弟章正,后来弟弟也上了大学,姐弟同乐。此文被他收入自己的书文札记中,可知他无比珍视孩子们的童真之善之乐。小洁考入北京大学,完成了硕士和博士学业,毕业后成为大学教师,走上了父母的道路,"报得三春晖",这让张先生十分欣慰。他是把鲁迅研究、学问人生和家风世训都做成了扎根学问的人,"横眉"与"俯首"是他的人生上下联。

鲁迅是一个跨文化人物,在20世纪初以来的中外思想交流史上,是一个绕不过去的坐标点,围绕鲁迅研究的中外学术话题很多,影响也大。我国改革开放后,张恩和有

---

[5] 张恩和的散文很多,发表于20世纪八九十年代和21世纪初,以上散文都被张恩和收入他的散文集《深山闻鹧鸪》中,参见张恩和《深山闻鹧鸪》,福建人民出版社,2001年。

机会出国讲学,访问了鲁迅见过或未见过的大世界。他在出国期间写下了《穿越阿尔卑斯》《在梵蒂冈上天入地》《洛桑风情》《美丽的莱芒湖》《走进历史——雪霁访新圣母公墓》等一批文章,记录了他的跨文化感受。文章写得天宽地阔,又不乏穿越意识。他后来出版的著作《踏着鲁迅的脚印》正反映了他在思想和学术上的新发展。

四 独坐敬亭山

张恩和多才多艺,书法是一绝。北京师范大学院里不少教师向他求字,有的还把他的字装裱起来,挂在墙上,尽显名士风流。2018 年 11 月,我也得到张先生的一幅字,大喜过望。说实话我不找任何前辈写字,生怕给他们增添劳累,但在《钟敬文全集》出版后,不知怎么,有一天我头脑一热,向张恩和求字,想留个纪念。张先生一口答应,次日送来书录李白五绝《独坐敬亭山》的天下名篇:"众鸟高飞尽,孤云独去闲。相看两不厌,只有敬亭山。李白诗 晓萍教授雅属 张恩和书。"张先生把要说的万千话语都写进这幅书法作品中。而在我看来,他要表达的事物至少有两件:一是把他编辑《钟敬文全集》的"鲁迅卷"比作重游"敬亭山",在悠远幽静的精神世界里与钟老再度相遇;二是他也来到人生的晚景,对钟老晚秋岁月仍为中国民俗学事业奋斗不息,有了前所未有的同感,于是他托语天边的孤云,为钟老捎信,捎去他的致敬心意和忘年友情。但我百分之百地没有想到,一年之后,这幅作品竟成绝笔。张恩和他把个人与广大后学两代人对钟老的"有情"记忆,都留在了黑白水墨之间,化作了永恒的非物质文化遗产,从此"相看两不厌"。他就是这样一个让人毕生不能忘怀的教育家和思想奉献者。当然这种奉献与牺牲也是有底线的,但这个底线是中国优秀知识分子的集体底线,故可以集体传承。

从张恩和与钟敬文的学术交往切入,研究鲁迅研究与民俗学的关系,是一个新话题,这项研究远未结束。但仅就目前掌握的资料和初步研究看,值得发掘的问题还很多。继续开展这项研究,有助于在五四以来世界现代化进程中,认识文学文化研究对优秀人文精神建设的特殊功能;在对新中国初期史与对外开放历程的连续反思中,认识研究中国学术特色的途径,在对待西式的学科分类上,立足于中国国学基础,并以跨界或跨领域研究为常态;并能重新认识鲁迅研究在中西学术交叉点上的坐标价值,促进当代学者从文学研究扩大至文化研究,关注多边文化研究。

(董晓萍:北京师范大学民俗典籍文字研究中心,100875,北京)

语境理论视野下民俗志
书写范式的适度革新

黄 涛

提要： 新时期民俗学研究逐渐由抽离语境的事象研究、文本研究转向重视语境的生活研究、整体研究。现在用语境理论来审视我们的田野调查规范和适度革新传统的民俗志书写范式就显得很有必要。以语境理论视野下的田野作业为基础，较为完善的民俗志书写应该注重以下方面：语境的时间要素与时代归属、民俗变迁，语境的空间要素与空间范围、地域特色，语境的事件要素与民俗过程、生活细节，语境的心理要素与民俗心理、民众精神，语境的功能要素与民众生活需求与民俗功用，语境的背景要素与民众解释、学者解释。

关键词： 语境理论 民俗志 田野调查 规范与创新

新时期民俗学研究逐渐由抽离语境的事象研究、文本研究转向重视语境的生活研究、整体研究。这一学术转向的大致时间在20世纪90年代中后期。[1]这一转变意义重大，意味着民俗学者看待、研究民俗的方式都发生了根本的变革。近年来，民俗学界对民俗志的基本概念、书写模式和存在的问题进行了许多反思和讨论，并且出现了"标志性文化统领式民俗志""中国节日志"等新型民俗志探索成果。但是总体而言，我国民俗志的写作还因循着以往剥离语境的事象概述模式，即传统格局的民俗志书写方式没有跟上民俗研究观念更新的步伐。因此，现在用语境理论来审视和适度革新传统的民俗志书写范式就显得很有必要。

本文尝试用语境理论来衡量我国民俗志书写的既往实践并构拟较为妥善的书写范式，但由于语境理论的主要原则与学界目前通行的关于民俗志文体的基本概念、文体特征和书写规范存在较大程度的冲突，这一尝试有很大难度。但由于既往民俗志书写模式确实存在很大问题，进行这一尝试也很有必要。本文旨在探索怎样在保持民俗志文体传统特征和基本体例的前提下尽量增加语境信息含量，寻求语境理论的主要原则与

---

[1] 刘晓春《从"民俗"到"语境中的民俗"》，《民俗研究》2009年第2期，第5页。

民俗志文体特征的妥善结合,从而进行民俗志书写范式的适度创新。

一 语境理论的"在场性"原则与民俗志文体的特殊性

如果从语境理论角度来讨论民俗志的书写规范,必须结合民俗志的内容与文体的特点来厘定与之相适合的语境要素。或者说,进行语境理论视野下的民俗志书写需要考虑写出哪些和什么样的语境要素。

关于语境由哪些要素构成,学界讨论很多,说法纷纭,笔者认为还是从创立语境理论的原初阐述来确定更为稳妥。语境理论的创立者马林诺夫斯基阐述该理论的经典论文《原始语言中的意义问题》本是为一本语义学著作所写的跋[2],是谈论语言问题的。现在我们可以说,这是一篇人类学者所写的语言研究论文。马氏认为他所见的前人的语言研究是有根本问题的,故试图在这篇论文里阐述他的语言观、理论原则和研究方法,结果就是创立了对后世人文社会科学有重大影响的语境理论。马氏在这篇论文里正式创立"语境(context)"这一术语,系统阐述了语境理论的学术思想和研究方法,并用之来解析他在西太平洋特罗布里恩德群岛(Trobriand Islands)上进行田野作业时所听到的土著人讲述的一些语言现象。他在这篇论文中并没有明确地概括地提出语境有哪些要素。而由于语境有哪些要素构成确为语境理论的重要内容,在进行语境分析时通常是需要明确的。这就为后世学者运用语境理论留下一个疑点,也为后世学者从不同学科背景或从不同研究对象出发来讨论和灵活界定语境要素留下了进一步发挥的空间,也成为语境理论不断被创新性阐释和运用的活力与张力之所在。笔者通过仔细阅读该文全篇,将马氏笔下的语境体系构成归纳为六大要素:时间要素、空间要素、事件要素、心理要素、功能要素、背景要素。[3]

用语境理论来衡量和改进民俗志写作确实是个难题。在民俗研究已发生"从民俗

---

[2] Bronislaw Malinowsky. *The Problem of Meaning in Primitive Languages*. C. K. Ogden and I. A. Richards, *The Meaning of Meaning*. New York and London: Harcount Brace Jovanovich, 1923.

[3] 由于篇幅所限,本文不对六要素的归纳结果做出论证,其依据可见马林诺夫斯基原文,或参照赵肖为、黄涛的译文《原始语言中的意义问题》(《温州大学学报》,2013年第2期,第11—31页),或另一版本的同名译文,见黄涛《中国礼俗语言与传统文化》附录,黄涛、赵肖为译,光明日报出版社,2015年。学界分析语境要素的论文很多,说法有多种,所涉及的语境要素也更多,比如人物要素(人物身份、人物关系、人物角色等)也很重要。语境要素肯定不止这六种,马氏之后学者们的后续扩展自有其道理,但本文是从马氏论文的阐述出发,只是归纳该文中着重谈到的要素。马氏论文没有着重谈到人物要素,而该要素实际上包含在事件要素和心理要素之中。

到语境中的民俗"的转型的背景下,民俗志的书写范式进行相应的转型也势在必行。但是,作为一种规范性很强的学术文体,民俗志的内容和文体是有特定要求的,这种要求与注重"何时何地何事"等在场要素的语境理论是明显不一致的,这就需要根据民俗志的特点对民俗志中民俗陈述的语境要素进行调整,并进一步探索合乎语境理论又合乎一般规范的新型民俗志是什么样的。

时间、空间、事件是语境诸要素中最基本的三种。就强调"在场性"的语境理论而言,时间要素、空间要素、事件要素一般指在具体时间、具体地点发生的具体事件。而就民俗志的根本特性而言,民俗志总是记述某个地域范围内一段时期内至少是若干年内比较稳定的民俗现象,其主体内容不会是某一天在某个场景中发生的民俗事件。就民俗学界的一般理解而言,民俗志是记述特定地域范围的民俗状况的志书,是一种以述而不议(论)为主要体裁特征的文类。钟敬文主编的《民俗学概论》对"民俗志"的解释为:"一种对全国或某一民族、某一地区的民俗事象进行综合或单项的科学记述的作品。"[4]值得注意的是,这种界定没有涉及所记述民俗的时间范围。这不是疏忽,或者只是略而不论,而是反映了过去民俗学界对民俗志内容的时间要素不大在意的状况。事实上,许多民俗志作品所描述的民俗确实看不出是哪一时期的,作者对自己所记述民俗的发生时间是忽略的,只是说那个地方有什么习俗,而不交代这些习俗的时代差异和变迁,好像自古以来即如此,而这是不可能的,这种书写方式对民俗志的科学性和可信性造成根本损害。上述对民俗志的两种界定都涉及地域范围,最大的范围是全国;最小的范围,目前我们见到的已经发表的作品是村落民俗志。而从理论上说,比村落更小的地域范围的民俗志也是可以做的,比如一个胡同、一座庙宇或祠堂、一个院落,甚至某个院落里的一个石碑或一种民俗器物,也可以写民俗志。而语境理论最典型的适用对象是围绕着某次现场活动的考察,其时间、地点、人物、事件等要素是特别具体和确定的。那么,按着语境理论,狭义民俗志所记内容的时间、地点、事件的具体程度如何确定?

与前三种基本要素相比,语境的动机、功能、背景诸要素虽然也要求"在场性",但对内容具体性程度的要求相对弱一些,而民俗志书写如何体现这几种要素也需要深入研讨。

在阐述民俗志书写如何体现语境要素之前,先看一下明显缺乏语境要素的民俗志记述的例子以做对照。

这里我们举两处旧时地方志中描写岁时节日的例子。记载景州(今河北景县)风俗

---

[4] 钟敬文主编《民俗学概论》,第9页,上海文艺出版社,1998年。

的《景州志》(清乾隆十年刻本)的"岁时民俗"部分这样记载景县中秋节:"'中秋',祭月,隆师,客户纳礼于主人。"[5]《枣强县志》(清嘉庆九年刻本)"岁时民俗"部分对河北枣强县的中秋习俗如此记载:"'中秋日',亲友以肴果、月饼相馈遗。是夕,陈瓜果祭月光,共设酒馔,宴饮玩月。"[6]在这两则条目中,作为传统节日第二大节的中秋节就这样被寥寥数语记录了。从字面上看,两县的中秋习俗颇有不同:景县的中秋习俗竟然没有家人团圆和吃月饼的习俗,主要是拜月和送礼;枣强县的中秋习俗则有拜月、宴饮、玩月、送礼、食用月饼瓜果等。这样的习俗差异是两县的中秋习俗各有特色所致吗?不是。景县、枣强同是位于河北省东南部的邻近县,中秋习俗不会有大的差异。

再看1991年版的《景县志·第五章·节日》中的"中秋节"条目:

> 农历八月十五,俗谓"团圆节"。旧时,是日晚上,家家户户以瓜果祭天,全家吃月饼。建国后,中秋节作为传统节日延续下来,赋予其新内容,成了合家团圆庆丰收的节日。[7]

按着这一现代版的地方志记述,上述《景州志》关于中秋节的条目所缺少的中秋习俗就都有了。那么为什么《景州志》关于中秋的条目会漏掉吃月饼、家人团圆这样的重要习俗呢?这就跟传统风土志的写法有关:简单、笼统、语焉不详,常凭印象勾勒,甚至只是随意地点出某种习俗的部分内容。这种写法造成的结果,或者是本来风俗近似的两地被风土志显示为风俗迥异,或者各地风土志所载习俗内容雷同、缺乏特色。即使以这样的笔法所写的民俗志内容记得较全面,如上述《枣强县志》与《景县志》关于中秋习俗的内容,这样概略记叙、缺乏细节等语境要素的内容也是粗浅记述的。按着惯常的民俗分类框架面面俱到地列出某地所有的各种民俗事项,忽略特定地方的生活特色,也只能造成简单雷同的民俗记述。

以上两种清代地方志中的民俗记述可看作古代粗浅记述的民俗志的代表。现代社会的许多民俗志大都比它们内容细致,但是基本的书写模式没有根本的改变,仍可归为缺乏必要的语境要素的浅度描写类。浅度记述的民俗志有一个明显的标志,就是其内容是脱离语境的。比如写中秋习俗的文字,显示不出在什么时代、什么地方、什么场所过中秋,也表现不出是什么身份的人过中秋,当然更不会涉及过中秋的特定主体对所参与的习俗活动的感受,如认同、拒斥、应付等心理状态。许多民俗志宣称它们所记述的民俗是传统民俗。但是"传统"时期是一个模糊的范畴。传统社会的历史时段太长了。

---

[5] 丁世良、赵放《中国地方志民俗资料汇编·华北卷》,第412页,北京图书馆出版社,1989年。
[6] 同上。
[7] 景县志编纂委员会《景县志》,第803页,天津人民出版社,1991年。

如果仅仅说明为传统时期,必然显示不出特定时代的生活特点、文化风貌。许多民俗志也显示不出特定地方特定群体的特点,所写民俗现象好像放在别的地方和社区也可以,造成许多民俗志中所写的民俗有雷同之嫌。其实,事实上不会是这样的,如果将民俗现象与具体的语境因素相结合,特定地方的民俗志肯定能写出生动鲜活、富于特色的内容。

二 语境理论视野下民俗志书写的基本原则

下面我们讨论在一般意义上的民俗志规范的限定下,前文所述的语境六要素在民俗志书写中应有怎样的体现。在下文的阐述中,语境的六种要素是笔者根据马林诺夫斯基《原始语言中的意义问题》归纳出的,而分别对应于六种要素的民俗志写作原则是笔者所做尝试。

(一)语境的时间要素与民俗的时期划分、时代变迁

对于所记述民俗的发生时间的说明是非常必要的,而这种说明却经常被许多民俗志所忽略。时间要素也是语境理论所重视的一种最基本要素之一。要写出"语境中的民俗",民俗的时间性是无法忽略的。

从民俗的根本属性来说,民俗是传承与变异的统一体,亘古不变的民俗是不存在的,没有传统内核的全新民俗也是虚造妄言。我们所见到的都是当下存留的、在一定时期内相对稳定的民俗。社会生活总在变迁,文化总在演进,民俗志应该适当体现这种真实状况。否则,民俗志的内容不仅显得笼统呆滞,而且不是诚实确切的记述。按着语境理论的要求写出"语境中的民俗",首先应写出民俗的时间性即时期归属与时代变迁。这里"时期划分"的"时期"指的是历史时期。

在一些民俗志忽视时间要素的同时,近年来一些比较严谨的民俗志也会对记述民俗的时间范围做出严格、明确的规定,比如齐涛主编的《中国民俗通志·总序》规定:"本志所记民俗事象的时间是以 20 世纪前 50 年为基点,主要记述正在发生的、行将消亡的、消亡未久的民俗事象。对于 50 年代以后所出现的民俗事象,采用慎重处理、点到为止、缺而不论的原则。这种时间维度,是在充分考虑民俗事象所具有的传承性的基础上确定的。"[8] 这种规定的出发点,实际上是要求写出"传统的民俗",而对于"传统"的界

---

[8] 齐涛《中国民俗通志·总序》,山曼《中国民俗通志·生产志》(上),第 7 页,山东教育出版社,2007 年。

定是中华人民共和国成立前50年内就已经存在的民俗。该套民俗志是20世纪90年代后期开始撰写的,其"总序"也作于这一时间。其资料来源应该是此前出现的各种相关记述,也可以由作者做田野调查获得一些第一手资料。不管怎样,这些资料所记述民俗都会有"总序"没有谈到的进一步的时间性问题:对某一种民俗的概括性记述固然在一定时段内比如50年内有一定稳定性,可以用一段文字描述其一般状况,但是在这一时段内,这种民俗也还是随着社会生活的变动而发生变迁的,所以用忽略更小时段间差异的叙述策略来概述50年左右时间范围内的民俗变迁仍有较大的不确切性。但是民俗志这种有特定规范的文本要做出来总要在一定程度上忽略较小的变迁而写出一定时段内较为稳定的民俗。问题是是否可以在满足这种文体规范的基础上最大程度地兼顾语境原则,写出一定时段内的民俗变迁,以使民俗记述更为确切。就1949年前50年的时段来说,其间经历了数次大的社会变革或动荡,可依次分为几个阶段:晚清时期、辛亥革命与新文化运动时期、抗日战争时期、解放战争时期,民俗生活肯定会不同程度地受到时代社会动荡的影响。钟敬文主编《民俗学概论》在谈论近现代民俗时说:"在近现代史上,每一次大的社会革命,都引起传统民俗的震荡。"[9]记述这段时期民俗的志书不能反映出与时代变革紧密相关的民俗变迁,必然是一种缺憾。当然民俗模式与时代变迁有一定距离,并非亦步亦趋地跟随后者,不同类型的民俗跟时代变迁的距离也大小不同,这需要针对具体民俗事象的实际情况来处理。

除此之外,还有地方性偶然因素的影响而发生的变迁。比如山曼《中国民俗通志·生产志》第二章"麦作区生产习俗"第五节"关于麦的民间信仰",谈到山东金乡县、黄县等地"旧时"有祭麦神的习俗,黄县儒林庄敬奉麦姑姑,有麦姑庙,当地常有麦姑显灵的传说,该庙香火一向很旺。但在1937年,该地麦子本来长势很好、丰收在望,四月上旬的一天,忽然刮起狂风,下起大雨和冰雹,严重毁坏麦子,导致当年麦子歉收。于是关于"麦姑姑"法力小、治不了东海龙王的传说一时盛行,"从此,麦姑庙的香火渐渐少了"。[10]该著作在记述一般的麦神信仰之后,又这样记述一地一时的民俗变迁,只会给该民俗志增色,而并不违背民俗志文体的基本规范。当然,作为以全国的生产习俗为记述对象的著作,这种关于很小局部地区的内容肯定不是关涉全局的记述,这样方式的全面记述也是为作者精力和著作篇幅所不允许的,但是作者尽其所能地加入这种关于民俗变迁的举例性内容至少在某种程度上弥补了时段性概述缺少民俗变迁记录的缺点。另外,1949年后的几十年内分别有"十七年"时期、"文革"时期、改革开放后的新时期,

---

[9] 钟敬文主编《民俗学概论》,第38页,上海文艺出版社,1998年。
[10] 山曼《中国民俗通志·生产志》(上),第87页。

社会生活变迁也很显著,民俗也在不同程度上受到影响而变迁,写出这种变迁也应是民俗志的题中之义。

在确定民俗志书写的时间范围上,民俗的时期划分是考虑到在历史悠久的民俗传承和变迁的过程中,特定民俗志的书写对象需要划定民俗具有相对稳定性的一个历史时段;书写民俗的时代变迁,是指在写出特定历史时段内具有相对稳定性的民俗事象的同时,又在某种程度上写出在更小的时期间的民俗变迁。

(二)语境的空间要素与民俗的空间分布、地域特色

语境理论强调"在场性",事件发生的地方、场所、空间是"场"的基本要素之一。在一般关于民俗志的概念中,对所记述民俗的地方或空间范围也很关注:说起民俗志,总是首先涉及是什么地方的民俗志。所以民俗志的空间问题也是需要重点讨论的。这里伤脑筋的问题在于,语境理论所说的空间要素是事件发生的具体地点或场所,而民俗志所说的民俗发生地是全国、省、市、县、村等超出事件发生具体地点的更大范围区域。从语境理论的空间要素角度来讨论民俗志的书写,也需要结合民俗志的文体特点和特定民俗志的目标区域大小来确定所记述民俗的空间属性问题。

就中国民俗的基本情况来说,一方面,中国民俗是"一国"的民俗,全国有共同的民俗,中国民俗学是"多民族的一国民俗学"[11];另一方面,我国地域广阔,各地民俗独具风貌,所谓"十里不同风,百里不同俗"。各地民俗志应写出各地的特色,不然,各地民俗志就有雷同之嫌。比如我国大部分地区都有共同的主要传统节日,如果只是记述各传统节日的基本习俗,则各地的过节方式大同小异,这部分民俗志的内容也相差无几。而实际上,不同地方的过节差异是很大的。在一省之内、一县之内都有不同地方的各具特色的过法。民俗志应该写出所记述范围内不同地方的民俗差异性和各自特色。有些民俗甚至在更小的空间范围内都有不同地方的差异。比如各地对父亲的口头称谓差异很大,甚至有在很小的区域内叫法迥异的情况。《嘉禾县图志》(三十四卷,民国二十四年刻本)记录了一乡、一村之内称谓不同的例子:位于湖南嘉禾县的富乐乡,托山村称父为"大大",而石门、瑶冲、山垛诸村称父为"哥哥"[12];该县仙人桥罗村,长房称父为"利利"(爹之去音),次房称"低低"(爹之平转);贵贤乡定里村通称父为"阿爸",但有一房称"爸

---

[11] 钟敬文《建立中国民俗学派》,第29页,黑龙江教育出版社,1999年。

[12] 古代凡男性均可称"哥",可作为一般的尊称,而且可用于不同辈分之间,可以弟称兄、兄称弟,而亦可以父称子、母称子、子称父,如《旧唐书·王琚传》:"玄宗泣曰:'四哥仁孝'",即称其父唐睿宗为"四哥";在《淳化阁帖》中,有唐太宗给高宗的信,称呼为"哥哥敕",是做父亲的以"哥哥"自称。据袁庭栋《古人称谓》,第129页,四川教育出版社,1994年。

爸"。一般来说,由于村落内部人们关系密切,生活关联度高,一村之内的民俗差异是很小的,民俗志对此基本可以忽略不计。但如果民俗志所记述的目标区域是县(区)、市、省乃至全国,如何记述各地民俗的共同性与差异性就是一个值得重视的问题。

民俗志所记述民俗的空间属性问题有两个方面:一个方面是,民俗志记述的目标区域与其他地方的民俗的共同性与差异性问题;另一个方面是,目标区域内部不同地方的民俗共同性与差异性问题。其实特别需要关注的不是其共同性方面,而是其差异性方面。因为地方文化是中华民族文化的一部分,一般读者对于各地民俗的共同性内容原本就有基本了解,更需要了解的是各地民俗的差异性。写好差异性也就写好了目标区域民俗的特色内容,写不好与别地民俗的差异性,也就写不出该民俗志的特色,就容易与别地的民俗志内容雷同,没有多少阅读和利用的价值。

刘铁梁主持的《中国民俗文化志》(县、区卷)丛书项目启动于2003年10月,在学术理念上特别注重民俗的地方性问题:"《中国民俗文化志》(县、区卷)将以地方性为着眼点,结合地方社会发展与民众生活的历史,记述特定地域中特定民族的民俗。作为具有时空背景的民俗志,应当在描述中体现出当地人群的地方认同感,反映出当地独特的历史进程。"[13]这里特别强调了特定地方的民俗的独特性,但这并不意味着否认一地民俗与他地民俗的共同性,接下来作者阐述了处理各地民俗共同性与差异性的学术理念和书写原则:"各个地方的传统生活方式都没有绝对的边界,彼此之间只有相对的区别。同样,民俗事象也是在广泛的空间和时间中传播,既具有稳定性又具有变异性,并非纯粹属于哪一个地方社会。但是,地方民俗志却应重点描述民俗事象在特定时空中的具体形态与相互联系,而不应过分强调民俗事象的标准形态以及抽象的文化意义,更不能用其他地方的调查材料来代替本地的事实。"[14]这里与我们上文所讲的意思是一致的:一地的民俗作为中华民族传统文化的一部分,固然与其他地方的民俗具有共同性,但是民俗描述的着眼点、用力点却应该在当地民俗的差异性、独特性上,因为当地民俗独特的具体形态正是中华民族共同文化的在地化表现。同理,在记述民俗志目标区域内部不同地方的民俗时,既要概述该地民俗的一般形态,也要兼顾好目标区域内不同地方民俗的独特形态,特别是不应遗漏某些地方特色显著、社会影响大的民俗事象。

显然,一地的民俗志写出该地民俗的特色是至关重要的,而要做到这一点,关键是写出该地民俗的地方性、地域特色,最终还是要落实到对该地的更小区域内(各个具体

---

[13] 刘铁梁《文化巨变时代的新式民俗志——〈中国民俗文化志〉总序》,《北京师范大学学报(哲社版)》2006年第6期,第61页。

[14] 同上。

民俗事象发生地)特色民俗的具体记述。

(三)语境的事件要素与民俗过程、生活细节

"何事"与"何时""何地"理应是语境的三种最基本要素,而且"何事"比后两种要素的内容更为丰富,要把它交代清楚需花费更大的篇幅。对于语境的事件要素,马林诺夫斯基在论文中没有直接进行理论性归纳和提出相关术语,但是对事件要素的重视明显体现于论文所进行的语义分析之中。

马氏所说的事件要素是某时某地的具体事件,而民俗志虽然也不排除这种内容,但一般并不是记述发生在某时某地的具体事件,这样民俗志的事件要素跟马氏所说会有一定差距。但是如果民俗志因此而笼统叙述,缺乏民俗事象的过程、细节的记述,就会造成内容粗略、各地雷同的弊端。民俗志也应该在有限的篇幅内尽可能写出民俗的展开过程与生活细节。[15] 虽然民俗志通常不记述特定时刻的某次事件,但照样可以细致地描述民俗的展开过程与细节。比如要写某地春节拜年习俗,可以记述作为当地一般习俗的每年重复进行的拜年过程与细节,并不是只有记述某一年的某一次拜年才能写出过程与细节。笔者有篇论文《春节拜年礼俗及其社会文化功能——以河北省景县黄庄为例》,详细记述了笔者家乡一直传承的磕头拜年的古老习俗。如果去掉这篇论文以分析和论述为主的第一和第三部分,单看完全是记叙性文字的第二部分"现代村落拜年的开展状况",可以算作一篇关于该地拜年的民俗志。该论文对拜年的参与者、对象、顺序,对拜年的动作程式、套语,对走亲戚、待客的礼节等都做了细致的描述。这些程式和细节的核心内容在几十年的时间里一直保持稳定,每年春节期间都会重复上演。对这些过程和细节的描述可以将这种民俗记述得真切和生动,也就能较大程度地展现这种民俗的独特风貌和深厚内涵。

> 供桌前打扫得很干净,以方便晚辈在这里磕头拜年……磕头前一定要大声喊叫拜年的对象,如"爸爸,拜年了!""娘,拜年了!"爸妈分别在里屋喊:"磕吧!"拜年者就向着祖灵磕头:男子拱手作揖,双腿跪下,再两手撑地,头俯下去,将触地而止;女子在喊叫以后,两手握住,在腹前右方贴身振一振,两腿跪下,身子前俯,头向下点一点,就算磕头了。女子拜年两手并不撑地,头也离地较远,看起来动作幅度较小,姿势轻柔。媳妇可随丈夫一起拜,也可以单独拜,也可以几个媳妇一起拜,但无

---

[15] 钟敬文先生生前多次称赞《河南省志·民俗志》(河南人民出版社,1995)写得好。据笔者研读,该民俗志的最大特点和长处就是写出了民俗事象的生活细节,这使得该书记述的河南民俗具有扎实的当地生活信息和浓郁的地方特色。

论怎样,必须要给爷奶公婆拜的。称呼上也不能马虎,对公婆一定要响亮地喊"爸爸""娘",而平时她很少这样实实在在地称呼。如果晚辈忘了拜年就坐到饭桌前了,别人就会提醒他,并笑话他:"光吃饺子不拜年——装傻。"[16]

当然,具体到某一次的拜年,其细节可以有局部的变化,但是相对于二三十年内大同小异的总体传承情况来说,这些无妨大局的微小调整可以忽略不计。而在更长一些的时段内的较大变迁则需要加以记载。比如在老人的记忆里,大约在五六十年以前,村民们不仅给每个同姓长辈拜年,还在拜完同姓之后,再去每个异姓长辈家拜年;过去经常有这样的场面,一群黄姓村民和一群异姓村民在大街上遇到,于是两大帮人互相作揖团拜。这种异姓间大规模拜年的情景近几十年业已不见,但可以根据老人的回忆加以补充记述,同样可以传达出其细节。以上例子可以说明,记述较长时段内重复出现的民俗事象完全可以描述其具有文化内涵的细节。在此同时,也可以对某一次有较大影响的不同以往程式的民俗事件加以特别交代。

田传江《红山峪村民俗志》是第一部村落民俗志,以其对村落民俗生活的细致扎实的记述获得业内的高度赞誉。作者就是在村里土生土长而且一直定居在这里的,他对村里生活的熟悉程度就体现在该书记述之中,这是来此居住一段时间调研的外来者所不能比拟的优势。该书最大的长处就在于其翔实周密的资料铺陈、随处可见的细节描写以及生动丰富的民间语言的引用。一个村落的民俗志写了44万字,仅从字数上就可以看出它肯定比差不多篇幅的县市级或更大区域民俗志描述得细致。但是由于它涉及村落民俗的方方面面,这么大的篇幅也不一定对所有民俗甚至所有特色民俗都做了细致到位的描述,就是说,如果作者有这种打算,有些地方他还可以写得更细致。由于前文举了春节拜年的例子,笔者就到该书里找到如下关于春节拜年的记载:

> 拜年。发纸结束后,成年男子结队拜年,先给父亲拜,接着近门,然后全村每户差不多都拜。从前本村拜完到东西两庄去拜。六七十年代,拜年范围缩小,只在四周片内拜。现在逐步恢复到全村互拜局面。
>
> 女子拜年则在吃过早饭后。
>
> 拜年是尊老敬老的最好形式。晚辈给长辈拜年,兄弟给哥嫂拜年,而且能消除原来的隔阂。因给需要拜年的逐户拜,平常互不搭理的,人家来拜年,热情迎接,以诚相待,自然而然和好如初。[17]

---

[16] 黄涛《村落拜年礼俗及其社会文化功能——以河北省景县拜年习俗为例》,收于中国民俗学会民俗博物馆专业委员会、北京民俗博物馆编《第二届东岳论坛论文集》,第191页,学苑出版社,2007年。

[17] 田传江《红山峪村民俗志》,第376页,辽宁文化艺术音像出版社,1999年。

这段对于拜年的记述很简洁，不到 200 字的篇幅介绍了拜年的范围、顺序、功能等。但是尚属于面上概述文字，没有做细部描述，比如拜年的动作、套语、场面就看不到，外村的亲戚之间拜年更是没有写到。特别是笔者很关心的该村拜年磕不磕头是看不出来的。从全国范围来讲，春节拜年采取磕头的方式是一种很大的特色，上述文字没有提到这一点看起来至少是表述不够确切，其原因，很可能是由于作者"本乡人写本土"的关系，以为磕头拜年是理所当然、司空见惯的事，没有意识到这是个很有特色的习俗，值得写明白、写细致些。

根据作为民俗志书写目标的地方或范围的实际状况来确定民俗志的记述框架或问题表，而不是根据事先确定好的民俗事象列表来面面俱到、不分轻重地来套书写目标的情况。在做民俗调查的时候我们如果以直面现实的态度来观察、探询民众生活，就会发现很多问题，也许有很多内容是现有的志书描写体例所不允许的，但有问题意识还是必要的。有好的理论视角做支撑，真诚地面对现实，不回避问题，才能有所发现和建树。

（四）语境的心理要素与民俗心理、民众精神

以上所谈的时间、空间、事件是最基本的三种语境要素，所对应的对民俗志写作的要求也是最基本的三种。下面三种语境要素是较为深层的内容，对于民俗志书写的相应要求也更高一些。

语境的心理要素，或者说精神要素、动机要素，也是马氏非常重视和不断提到的。因为语言交际说到底是说话者要表达其思想感情，听者也要理解了这些话语所传达的思想感情才能顺利完成交际，这必然指向对话者的说话心理或动机，作为语言研究者也要努力设身处地理解对话者的心理或动机。在谈到研究原始语言的基本要领时，马林诺夫斯基认为："民族学者不得不传达这种语言层面的以及隐藏在语言背后并通过它表达的心理态度的深层而微妙的差别。而这越来越多地引向关于意义的普通心理学问题。"[18]这话表现出马氏在解释原始语言意义问题时对于说话人心理分析的重视，认为这种语义分析在很大程度上是一种心理学分析："除了翻译单个单词所碰到的困难、直接引向描写民族志的困难，还有其他的与更加纯粹的语言学问题相联系的困难，然而这些困难只有在心理学分析的基础上才能得以解决。"[19]

挖掘民众活态的精神、心理、思想是很重要的，这关系到所写民俗的存活状态：如果

---

[18] ［英］布伦尼斯拉夫·马林诺夫斯基《原始语言中的意义问题》，黄涛、赵肖为译，收于黄涛《中国礼俗语言与传统文化》附录，第 228 页，光明日报出版社，2015 年。

[19] 同上书，第 230 页。

在场民众大多数对特定民俗活动很认同,说明该民俗很有活力、处于兴盛之中;如果在场民众大多数认为该民俗是"就那么回事"的东西,参与只是应付而已,那么说明该民俗已失去活力,已经落后于时代,正处于很快将被新俗代替的状态;如果在场民众大多认为该民俗是老时候的习俗,参与只是为了完成任务或获取某种好处,那么正在展示的民俗活动只是一种为某种功利目的而组织的"作秀"而已。民俗志写出参与特定习俗的人,就要求学者在田野之中对民众做深入访谈。民俗志也可以写出被访谈者的个人身份、姓名和具体言论,他是以群体的代表人被写入民俗志的。这样,学者看到的田野就不是只有物质形式和由机械动作的行为人操作的民俗程式,而重点看到的是有思想有欲望的现实社会中的人,田野工作的重心不是观察和摄录,而是深入访谈。

(五)语境的功能要素与民众生活需求、民俗功用

文化功能是马林诺夫斯基特别看重的要素。功能是民俗形式的内涵和意义。民俗志写出民俗的功能是一种深度描写。比如打招呼用语,可以说国人爱用"吃了吗"来打招呼。仅仅这样简单的记述是语焉不详甚至会做出错误的描述,还要对这一招呼语做出更详细和深入的记述,比如它在使用上的城乡差异、时代差异。对于它的解释应是记述的重要内容。常见的解释是说因为国人过去经常吃不饱肚子或者由于特别重视吃才造成人们见面爱问"吃了吗"。如果深入民众生活考察这一招呼语的使用状况则会得出科学的解释。通过田野调查,我们知道,村民并不是在任何时候任何地方打招呼都爱问"吃了吗",而是在吃饭时间前后、在家院附近才爱问。村民问这个是因为吃饭是这个时间段内村民生活最重要的事情、一般都会做的事情,以此为话题来打招呼是最自然的。问"吃了吗",一般并不是真的很关心对方是否吃过饭,只是需要见面时互相说话,以表现出双方是熟识的、关系密切的,主要是要完成一种见面问候礼仪、交往惯例。也就是说,问候语"吃了吗"的字面意义并不重要,其实际意思在于这种问候所起到的功能。

民俗志在记述一种民俗时,写出与这种民俗相关的民众生活需求、这种民俗在民众生活中的功能与作用,就为这种民俗增加了重要的语境信息,可以使读者更全面和真切地了解这种民俗事象。

(六)语境的背景要素与民众解释、学者解释

民俗志固然是一种讲究"述而不论"的文体,但这并不意味着民俗志只能停留于对民俗的表面现象的记述,而不能揭示其形成的原因,或不需要对民俗现象进行学术研究后的科学性记述。事实上,只对某些特殊的或特色的民俗现象本身进行简单的表面的

记述,不能使读者了解事情的真相,甚至会导致读者的误解。对于一些与其他地方迥异的特色民俗,民俗志写出解释性内容是很有必要的。在了解特色习俗的形成原因时,民俗学者必然首先要问当地民众。民众通常会根据自己的感性经验加以解释,有些解释是符合事实的科学解释,但有些解释则是想当然的、并非科学的。如果调查者不加辨别地按着当地人的解释来记述某种民俗现象的形成原因,很可能形成错误的内容。所以民俗学者理应对民俗现象进行调查研究,形成自己的科学解释。在写作民俗志时可以写出并标明当地民众的解释,再给出学者解释。这种学者解释并不是以学术研讨的形式出现,而是以对该习俗的相关生活背景的记述形式出现,并不违背民俗志"述而不论"的文体要求,又使读者全面深入地知晓了这种带有地方特色的习俗。写出民俗的背景要素可以对民俗做出深度描写和解释。民众的有些解释并非科学的,但这种解释反映当地人的说法和观念,本身就是民俗志值得重视和书写的内容。

比如北京朝阳区高碑店村在节俗上有一个特点:该村居民春节过得冷清,而五月节(端午节)则过得非常隆重。对这种特色习俗,如果只是像一般民俗志那样不动声色地分别粗粗描写一下当地春节有哪些习俗、五月节有哪些活动,就显示不出该地过节的特色,对这种特点也不能充分地记述,读者也不能获得对该地节俗的真正了解。在对该地节日生活及相关经济生活进行深入的田野调查之后,就会了解这种节俗特点的形成原因,将这种原因分析写出来,就是对此节俗的学者解释。如北京民俗博物馆编《高碑店村民俗文化志》没有正面写岁时节日习俗,而是写高碑店人年节期间的卖鱼活动和五月节的娘娘庙会。通过这两项活动的详细记述,带出了该村的特色节俗,也让读者基本明白了这种特色节俗的形成原因,包括当地民众的解释和学者解释。[20] 而康丽、关昕的论文《失衡与认同:从京东高碑店村的节日传统看民俗文化的地方性表现》则专门研讨了该村的特色节日习俗,给出了更为确切的学者解释。对这种特色节俗,村民们习以为常,认为这是他们过节的独特地方,但是并不能做出解释,或认为没什么可解释的。而学者通过综合分析,认为这主要是由于该村人在年节期间忙于进城卖鱼而无暇过年,造成春节过得冷清;同时五月节跟该地的娘娘庙会重合,致使五月节变成了该地的盛大节日。该特色节俗最初形成可能还跟明朝随漕运而来的南方移民重视端午节有关。[21] 这样对于同一个民俗现象的记述,恰好出现了两种性质的文体。从内容、行文的不同,可以清楚地比较出民俗志与学术论文的文体差异。作为民俗志,《高碑店村民俗文化

---

[20] 北京民俗博物馆《高碑店村民俗文化志》,第 117—151 页,民族出版社,2007 年。
[21] 中国民俗学会民俗博物馆专业委员会、北京民俗博物馆编《第二届东岳论坛论文集》,第 207 页,学苑出版社,2007 年。

志》没有做较多的解释,也不能正面分析和论述,主要在记述中显示出该特色节俗的形成原因。笔者认为,如果该民俗志以专门的篇幅写节日习俗的话,有必要正面记述当地民众的解释,并依据各种资料做出关于其形成原因的简要的学者分析。这种分析的内容也是由该地特殊状态的民俗生活信息构成,会使该习俗表达得更为清楚,与民俗志述而不议的文体要求并无冲突。

三 民俗志的深度描写应基于"语境中的民俗"视野的田野调查

由于过去大部分民俗志内容较为浮泛简单,造成相关学科的某些学者对民俗志有一种误解,认为民俗志就是一种内容简单类同的文体,可以批量生产的,只是为本学科或别的学科的研究者提供资料的。进而造成有些学者喜欢从这个角度对民族志和民俗志进行区分,认为民族志才是一种有理论追求、有深度描写的学术文体。在此情况下,学界对"民族志"与"民俗志"的区分进行了讨论。高丙中认为民族志是"我对他群"的记述,民俗志是"我对我群"的记述。[22] 从用词和翻译上说,英文"Ethnography"翻译为"民族志"其实并不很妥当,应该为"族群文化志"。"民族志"的"民族"不一定指通常意义上的民族,是族群的意思。[23] 而民俗志的记述对象虽是"我群",也属于族群的一种,从这个意义上说,民族志与民俗志又是相通的。一般人类学爱用民族志,民俗学则习惯用民俗志,其所指有所不同又有所相通。[24] 还有一种看法是,民族志要求有理论方法,不只是现象资料的罗列,而民俗志对理论建树没什么要求,只是描述一个地方、族群的现象资料就行,所以民族志不可能一个工程就可以做几千个,而民俗志就可以。这种看法就过去的民俗志写作史来讲有一定道理,但是并不能作为根本原则性的阐释,因为过去的民俗志不等于标准意义的民俗志,不能作为未来民俗志的范本。事实上过去的许多民俗志是问题很大的,主要是在理论方法上很欠缺。民俗志并不意味着现象罗列,不讲理论方法,它也完全可以有很高的理论方法的追求,或者有出于前沿的理论方法的严格操作规范,也可以而且应该对民俗文化做出深度描写。

---

[22] 高丙中《"民俗志"与"民族志"的使用对于民俗学的当下意义》,《民间文化论坛》2007年第1期,第25页。
[23] 张小军《三足鼎立,民族志的田野理论和方法》,《民间文化论坛》2007年第1期,第27页。
[24] 实际上人类学者所说的"民族志"指以田野调查为基础的学术专著,跟民俗学界讲究志书规范的民俗志不是同一类型著作,拿人类学学术著作来比较以批评成批的民俗志学术含量低不很公道,其实民俗学界也有很多以田野调查为基础的学术专著,它们跟人类学者所说的民族志才是同类著作。但人类学者对传统民俗志的批评就其存在缺陷来说还是有道理的。

前人已经积累了大量的田野调查资料和民俗志成果,是我们乐意利用引证的宝贵资料,但其中有很大一部分资料是缺乏语境信息的较为粗疏和不完整的记载,使用起来有很大的缺憾。比如关于民间文学的记载,过去关于民间文学的搜集、调查工作重点放在作品文本上,而对于民间文学的表演过程、生活背景、社会功能等体现民俗整体性的内容载录很少。近年来随着口头程式理论、表演理论的引进,注重民间文学的表演过程、社区生活情境等成为前沿性学术倾向,这也是更符合民间文学作为口头文学的根本特征的做法。但是过去的大量民俗志资料却是缺乏表演性内容的。过去这些不大好用的民俗志就可归为"浅度描写的民俗志"。造成浅度描写的原因主要是延续现代民俗学体系出现之前的传统风土志的写法,缺乏较完善的现代民俗学理论、方法的吸收和运用。这种民俗志的作者或者是凭印象信笔而作,不去田野做访谈,或者是虽进入了田野,但因调查搜集资料的学术理念所限,只是注意了一些表层的简单的现象,比如搜集谚语,只是搜集了谚语的词语,忽视了谚语的使用者身份、使用场合、社会功能、相关文化背景等情况。这种不完善的调查和写作实际上造成了调查者的精力浪费,据此写出的民俗志只能做出浅显简单的记述,是令人遗憾的。

重视民俗的语境必然重视田野调查,只是坐在书斋中凭印象和雅兴而写作肯定写不出具备充分语境要素的民俗志。但是进入田野并不等于抓住了民俗的语境。就不同调查者的学术观念而言,田野不等于语境。如果没有"语境中的民俗"的理论视野和调查方法,从田野中得到的资料仍然可能是风干的标本。"田野"只是一个表示笼统的混沌的客观存在范围的词语,而"语境"则是有系统明确的所指的术语,代表着一套精细的可操作程度很高的学术思想与方法论。具备"语境中的民俗"的理论素养下到田野,怀着明确的问题意识和理论追求来观察民俗生活和问询访谈对象,就能够收获到具备充分语境要素的田野资料,为民俗志的深度描写打下必要而坚实的基础。

最后说明,本文讨论主要针对符合传统志书规范的传统意义的民俗志,即强调特定地域范围内民俗的"面上"概括记述、讲究"述而不论"文体风格的民俗志,这种民俗志以地方政府组织编纂的地方志民俗卷为代表。本文旨在探讨民俗志书写如何做到既符合这种"传统标准"意义的民俗志的文体规范又增加其内容的语境信息。笔者近年来参加《浙江通志·民俗志》的编纂工作,得到该书主编的支持,曾将本文初稿提交编委会,并为此举办专门会议研讨[25],试图推动该书按着本文的学术原则加以尝试和探索。该书后记对此探索有所记述:"修志一直有严格的体例要求。尤其是本轮修志,从国家到省

---

[25] 会议名称为"民俗志书写范式暨《浙江通志·民俗卷》撰写学术研讨会",2015年5月9日至11日在温州大学召开,参加者为《浙江通志·民俗志》编纂人员。

级,均结合当前学术文化发展的现状,制定了更加符合学术规范的志书体例编纂要求……关于点面关系。民俗不能仅仅是概括,否则抽象的结果就是没有活态民俗。因此民俗志有别于纯工作性质卷的'点面关系',即既要有一定面上的概述,又要突出点,突出细节,这是其的特点。《民俗志》试图在某些章节采取'事项与事件'结合,选择'有特色、代表性的细节',进行'民俗志书写范式探索'试探性的创新。编纂时要尽量做到既符合传统志书体例,又适应当代学术变化的要求。关于'新民俗'。既要关注中华人民共和国成立,特别是改革开放以来出现的新的民俗活动、事项等,更要注意民俗学的基本规范。尽可能按照'先讲清传统的、再讲变迁的,最后讲一下新近发生的新现象,妥善处理……关于'述而不论'与学术性结论。志书文字以述为主,述而不论,但考虑到'民俗志'也即民俗学的特殊性,在必要的地方,可保留必要精炼的学术性论述,最好是权威的学术性结论,但必须避免过多论述。"[26]但由于这种探索必须以大量的有明确规范的田野调查为基础,而该书的编纂因为时间、经费等方面的限制,并没有为此进行足够的田野调查,最后的成书内容虽然在这种探索上有所体现,但总的说来体现不多。李松主持的《中国节日志》丛书和刘铁梁主持的《中国民俗文化志》丛书都在增强民俗记述的语境信息方面有显著的成效,并且比较成功地奠定了各自的民俗书写范式。但二者都已大规模突破了传统志书的书写体例。前者按严格的田野调查规范记录语境信息,使其成果作为民俗资料的确切性和可用性大为增强,不过虽名为"志",实际其以特定时间地点的节日活动记述为主的文体接近于田野调查报告。后者突破了因循民俗类型划分的条块分割框架,在民俗的深度描写和学者解释方面显著增强,不过对目标区域的非"标志性文化"则很难全面兼顾记述,相对于一般通行的民俗志文体而言走得较远,确已成为一种探索性的新型民俗志。二者的民俗记述文体与本文旨在探索保留其基本规范而又加以革新的传统意义的民俗志文体是不同的,但对民俗记述注重语境信息的学术追求则是一致的。

(黄涛:温州大学人文学院,325035,浙江温州)

---

[26]《浙江通志·民俗志》编辑部《编后记》,《浙江通志》编纂委员会编《浙江通志·民俗志》,第742—743页,浙江人民出版社,2020年。

阴时夫《韵府群玉》版本源流与流变考(上)

张民权

提要： 元初阴氏昆仲编纂的《韵府群玉》，为元代诗韵著作之最，既是韵书又是类书，历代传刻，经久不衰，其"以事系韵，以韵摘事"的著述体例，使得诗韵学习与历史文化有机结合，寔乃科举之资粮，五经之津筏，故学人推崇焉。自延祐中刊刻之后，历经元明清三代，再版不断，或覆刻，或改编，尔后形成多种"韵府"类诗韵著作，海外日本、朝鲜等均有刊本，朝鲜还有仿《韵府》而作的《大东韵府》，在中华文化传播史上影响极为深远。其修订规模最著名者莫如明凌以栋《五车韵瑞》和清修《佩文韵府》等。本文主要考证《韵府》历史上版本源流及其版本形态等，庶几于中国文化史研究有所裨益。同时，本文就国图等现存《韵府》的版本时代定性做了辨正，有利于《韵府》版本学的研究。

关键词：《韵府群玉》 诗韵著作 版本源流 时代定性 增修续编

绪 论

阴时夫《韵府群玉》是中国文化史和音韵学史上的一部重要典籍，其"以事系韵，以韵摘事"的著述方式，在诗韵106部的框架下，将中国历史文化和经史典故很巧妙地编织在一起，既能帮助人们学习历史文化，又能辅助士子举人科举考试，故为世人称赏。以前一些类似著作，在这些方面多有欠缺，或仅仅是搜罗历史文化典故，如南宋钱讽《回溪史韵》；或不能完全关联科举考试和识字辨音需要，如南宋胡继宗《诗韵大成》等。当时江西儒学提举滕玉霄序阴氏书曰："吾友阴君昆仲为《韵府群玉》，以事系韵，以韵摘事，经史子传，搜猎靡遗，是又能以有穷之韵而寄无穷之事，亦大奇矣！"书法家赵孟頫题

---

* 本文为国家社科基金冷门"绝学"专项"元代《礼部韵略》系韵书文献整理与研究"（项目号：19WYB033）的阶段性成果。

词曰:"上涉群经,下苞诸子,贤于《回溪史韵》多矣!"[1]其内容包罗万象,借用唐人皎然话说就是"菁华兼百氏,缛雅备三坟"[2]。在音韵学史上,元明清以来,人们一直视之为"平水韵"106韵的诗韵轨辙,明清时期很多诗韵著作,都是以此书分韵及所收韵字为底本而编辑注释的。如潘恩《诗韵辑略》、龚大器《古今诗韵释义》、关西修髯子《诗韵释义》、无名氏《诗韵便捷》、清无名氏《新镌诗韵》、余照《诗韵集成》,等等。[3]

在钱大昕等人嘉庆间发现王文郁《新刊韵略》前,《韵府群玉》始终是一部重要典籍,之后人们研究发现,《韵府群玉》在韵字收录和反切注音上与《新刊韵略》有很大的一致性,包括后来的《文场韵略》(见下)。因为《韵府》在开始撰写的时候,是以宋代《礼部韵略》为底本选录韵字的,后元统间梅溪书院再刊时重新做了整理,按照元代《礼部韵略》增加了反切,韵字顺序也做了相应的调整。而元《礼部韵略》就是借用了王文郁的《新刊韵略》,只是稍稍做了一些修订工作而已,主要是增加韵字等。增收的韵字可以从下列这些韵书的比较中看出来,如元统吕氏会文书堂刊刻的《文场备用礼部韵略》,以及《韵府》和严毅《诗学集成押韵渊海》等,这些韵书构成了元代《礼部韵略》的一个系列。[4]在声韵关系上,《韵府群玉》与《新刊韵略》是一致的。所以,研究元代《礼部韵略》,必须研究《韵府群玉》。本文暂不研究《韵府》声韵问题,而是着重研究该书编撰及其在后来的刊刻与续修问题。

《韵府》自延祐元年刊刻问世后,在社会上影响很大,尤其是在科场文化影响下,此书不断修订覆刻。最早的修订本是元统二年(1314)梅溪书院刊本,此刊本按照当时《礼部韵略》音切和韵字次序对原本进行了整理,增加反切注音,并补充缺漏的韵字。至正十六年(1357)刘氏日新堂再次刊刻,对原本韵字尽可能增加了《说文》训释,达1247字。

---

[1] 钱讽,字正初,号回溪,钱塘人,履历不详。赵希弁《郡斋读书志》卷五记曰:"《史韵》四十九卷,回溪钱讽正初所编也。依《唐韵》分四声,而以十一史之句注于下。讽,钱塘人,郑侨、钱文子为之序。"今存宛委别藏景宋钞本、故宫博物院藏本。卷首只存庆元五年(1199)四月既望郡人郑侨一序。按,是书以宋《礼部韵略》为底本收录韵字,小韵顺序依照礼部韵展开,收录词条缺乏概括力,精练不够。如东汉郑玄事马融辞归事,阴时夫《韵府》概括为"道东",而《史韵》则为"郑生今去吾道东",且注释文字繁富。故赵孟頫言《韵府》:"贤于《回溪史韵》多矣!"

[2] 唐释皎然《杼山集》卷五《奉陪颜使君修〈韵海〉毕东溪泛舟饯诸文士》:"诸侯崇鲁学,羔雁日成群。外史刊新韵,中郎定古文。菁华兼百氏,缛素备三坟。"按,此诗为表彰颜真卿《韵海镜源》韵书之作,阴时夫《韵府群玉》之著述也是如此。一般认为,《韵海镜源》为分韵隶事著述之祖,然而是书失传,故清修《四库全书提要》认为阴氏《韵府》为最古,是韵府类诗韵著述,皆以为大辂之椎轮。

[3] 邵长蘅《古今韵略例言》:潘恩《诗韵辑略》,"字则一遵阴氏《韵府》,注则采之黄氏《韵会》居多。其间缺略抵牾,盖亦不尠矣。学者承用既久,难于更变。故是刻大概仍旧"。

[4] 金末张天锡《草书韵会》为金朝《礼部韵略》韵字选录本,与王文郁《新刊韵略》一样,也可以间接反映金元《礼部韵略》的编撰情况。

这是两个非常重要的刊本,成为后来《韵府》刊本系列的两个版本系统来源,但再刊者以日新堂本为多,因为它增加了《说文》训释。或覆刻,或修订,比较有名的是明弘治刘氏安正书堂和万历王元贞校勘本。另外,还有一些没有书坊名称的刻本,如中华再造善本之底本《韵府群玉》,以及清修《四库全书》底本《韵府群玉》等。安正堂增补了日新堂本自上声到去声间缺失的《说文》训释,所谓"凡二千三百有奇"(实际增加1024字,见后)。王元贞校勘本在清代比较流行,清以后刊刻本多以王元贞校勘本为底本,如康熙文盛天堂覆刻本和乾隆二十三年菁华堂刻本等。

《韵府》除序言目录外,全书二十卷,基本上平、上、去、入各声分卷均衡,其中上平、下平各四卷,上、去、入各四卷。以后日新堂等刊修本分卷均如此,分卷繁多是后来的增修续编本。

对《韵府》进行全面增修是明弘治年之后。首先是包瑜对《韵府群玉》进行了增修和续编,著成《增续会通韵府群玉》三十八卷和《类聚古今韵府续编》四十卷两种,对后世影响很大。随后是万历间凌以栋《五车韵瑞》一百六十卷,可谓鸿篇巨制。其次是康熙敕修的《佩文韵府》一百六卷(每韵一卷)以及《御定韵府拾遗》一百十二卷等。前书《四库全书》著录时以篇页繁重编为四百四十四卷。但这些著作浩博有余而精练不足,注重事料辞藻的补充而忽略音切韵类的梳理。庞大的篇幅,成为韵府性字典,或曰诗韵辞典,缺乏阴氏《韵府》繁简得当而实用的著述原则。

至于康熙间谢瑛辑补的《增删韵府群玉定本》,以及乾隆间邓恺编《韵府约编》和嘉庆间颜懋功等编辑的《韵府一隅》之类,皆《韵府群玉》之末流者也。

朝鲜显宗时代(1660—1674),朝鲜学者权文海仿照《韵府群玉》而作《大东韵府群玉》二十卷,以高丽和朝鲜历史文化为基本史料,在诗韵106部框架下,也是"以事系韵,以韵摘事"的著述体例,其著述年代略早于康熙年间编修的《佩文韵府》。[5] 可见《韵府群玉》在中华文化传播史上的影响极为深远。

本文从辨正《韵府群玉》撰写和阴氏父子兄弟年龄履历出发,对《韵府群玉》各个时期的版本做了文献上的梳理,就其版本流变等做了深入考证。尤其是对明代凌以栋《五车韵瑞》和清康熙《佩文韵府》修撰之得失,本文做了比较详尽的分析。因篇幅关系,本文分上下两篇,上篇为《韵府》版本之源流及其时代辨正,下篇为《韵府》编撰之流变。

---

[5] 今《大东韵府群玉》前附录《海东杂录》所载洪汝河跋文一篇,作于上章阉茂(庚戌)三月,即朝鲜显宗十一年(康熙九年,1670)。《佩文韵府》编成于康熙五十年(1711)。

本文研究,既要搜集大量的文献版本,又要做音韵学材料分析,研究工作非常艰辛,暑往秋来,虽勤勉为之,难免挂一漏万,倘蒙方家赐正,幸甚!

一 《韵府群玉》编撰及阴氏昆仲年龄科举等问题

《韵府群玉》作者阴时夫,名幼遇,别号劲弦,以字行。兄中夫,名幼达,别号复春,兄弟俩在父亲阴应梦的指导下,历经三十余年编撰而后成。

该书二十卷,卷前除阴应梦、阴时夫、阴中夫序言外,还有滕宾序、姚云序和赵孟頫题语等。其中最重要的是阴家父子序,这三篇序文可综合考察《韵府》撰作问题。父亲应梦序署"大德丁未春前进士竹野倦翁八十四岁"。大德丁未春即大德十一年(1307),竹野、倦翁皆其号也。

根据序言,此书先由阴应梦定其凡例和编写大纲,而后由季子阴时夫撰笔,兄阴中夫注释。应梦序曰:"一日登书楼,季子棐几万签,问之,曰:幸父兄与岁月暇,得恣猎群籍,遇忻然与意会处笔之,将系于韵,摘其异而会诸同也。……爰授以凡例,俾勉为之,垂三十载告成。"可见父亲做了指导性工作。三十年前,应该为元忽必烈称帝之后的至正十四年(1277),其时南宋政权已被逼至琼崖海上,尚未最后灭亡。而阴家所得功名在赵宋王朝,所以阴家父子编辑《韵府群玉》,只能以宋《礼部韵略》为韵字蓝本,或参考黄公绍、熊忠《古今韵会举要》。[6] 再则,当时元朝《礼部韵略》尚未正式颁布。而"季子"阴时夫(1264—1331)当时大致为十三四岁少年,真乃聪慧有成。

阴复春序曰:"凡事必类则易见,义必释则易知也。予季以事系韵,多所摘奇,岂皆能判然无疑者?疑而不释,是犹摛填冥行而已。若龙断本如字,而或切为丁贯;夏屋本食俎,而或用为巨室。春胰、春雅、棳禁、醓滥、脾折、冻梨之类,皆载诸经,而初学讲明或未到。……愚故随字注释,以备观鉴,庶乎索韵而得事,考释而无疑,其亦有小补云。延祐改元甲寅秋乡试后五日幼达书。"

注意此序时间有个非常重要的关节点,即延祐改元乡试后五日,"乡试"就是科举考试,是年,元朝正式实行科举取士制度,而后正式颁布《礼部韵略》。

从序言可以看出,阴幼达做了些辞藻辨析和注释的工作,这点非常重要。如《韵府》卷十五去声翰韵"断"字辞藻"龙断"注曰:"丨丨而登(孟),冈垄断而高处,读为剖断之断非。"(丨线代替出现的韵字或辞藻,下同)此条注释依据是《孟子·公孙丑下》之《孟子音义》:"龙断,赵云:龙断谓堁断而高者。丁云:案龙与隆声相近,隆高也,盖古人之言耳,

---

[6] 《韵府》注释中多次引述《韵会》音义训诂问题(16次),可见阴氏《韵府》是参考过《韵会》的。

如胥须之类也。张云:断如字,或读如断割之断非也。"按照音义解释,"龙断"字应当为上声,而读如去声者非,此辨正音义。卷十七入声屋韵:"夏屋,︱︱渠渠(《诗》),古注大俎餐具也,作巨室用非。"又:"醷滥,浆水︱︱(《记·内则》)。上於纪反,梅浆也,以诸和水为︱,干桃干梅皆曰诸。"〔7〕阴复春序言所举的那些辞藻,除个别外,均可在《韵府》相应的韵部中找到,如前面即是,但所记"脾折"辞藻,《韵府》无。又"春雅"和"雅春"这两个词不易区别,根据《韵府》注释,"春雅"是周代一种乐器,而"雅春"则为历史典故,《韵府》卷一平声冬韵:"雅春:(汉)楚王戊淫暴,使白公︱︱(《汉《史》),高举杵正身而春也。"这些词一般人难以理解,所以阴复春的注释非常重要。正因为如此,今存《韵府》每卷之首署名则为:

　　　　晚学阴时夫劲弦　　编辑
　　　　新吴阴中夫复春　　编注

姓名前"晚学"(谦恭)与"新吴"(籍贯,奉新古地名)〔8〕互文取义〔9〕,兄弟分工合作,相得益彰之美,书成乃流芳千古。元统二年梅溪书院本和至正丙申刘氏日新堂刊本等皆如此题写,盖原书题名即如此。

再看阴劲弦序,曰:

　　　　是编敬遵先子凡例纂集,幸绩于成,继得二三同志者,相与雠校其是否而损益之。书成而失怙,痛哉!谨奉遗训,质正于儒林巨擘,爰锓诸梓,用广其传,惟冀先志云尔。〔10〕

这则序言要告诉我们的是,《韵府》按照父亲凡例纂集。是书虽然在大德十一年(1307)完成,但后来又做了些校正性工作,实际上至延祐元年甲寅(1314)才最后完成,所以此书著述过程前后将近四十年。而是年父亲见背,"书成而失怙",于是"爰锓诸梓"。可见,《韵府》最初版本为延祐元年刻本。

阴氏江西奉新人氏(今江西省奉新县罗市镇阴村),《同治奉新县志》记载颇详,但其中错误甚多,主要表现在阴中夫、阴时夫年龄及其登科事情上。谢先模先生曾有所指正,先后发表两篇文章纠正旧说,诸如《四库提要》、余嘉锡《四库提要辨证》和《奉新县

---

〔7〕清《佩文韵府》释"醷滥"曰:"《礼记》饮或以酏为醴,黍酏浆水。︱︱,注醷梅浆也,滥杂糗饭之属和水也。"按,酏,粥稀者之清也。

〔8〕欧阳忞《舆地广记》卷二十五《江南西路》:"奉新县,本新吴县,汉中平中置,晋以后属豫章郡,隋平陈,省入建昌,永淳元年复置,属洪州,五代时改为奉新县。"另外,李贤明《一统志》卷四十九《江西布政司》南昌府下所记甚详。

〔9〕杨守敬对此很不理解,其跋日本藏东山秀岩书堂刊本《韵府群玉》曰:"然一称后学,一称中吴,为不典矣。"见《日本访书志》卷四《跋东山秀岩书堂刊韵府群玉》。

〔10〕以上阴氏序文皆为元统梅溪书院版本。

志》等书错误说法,为《韵府》研究之功臣。[11] 如《提要》:"臣等谨案,《韵府群玉》二十卷,元阴劲弦撰,其弟复春注。黄虞稷《千顷堂书目》云:阴劲弦,一作阴时遇,字时夫,奉新人。数世同居,登宋宝祐九经科,入元不仕。"这里把阴中夫(兄)与阴时夫(弟)兄弟关系颠倒了,其次是说阴时夫"登宋宝祐九经科"不确。比较正确的材料是《阴氏家谱》,可订正县志以及明清以来种种讹误,包括《四库全书总目提要》等。

据县志,阴应梦登进士时间为宋理宗淳祐十年庚戌(1250)方逢辰榜。县志曰:

> 阴应梦,字谦甫,号竹埜,进城乡人。贾似道擅政,时事日非,应梦遂不仕,家数百口,五世同居。子幼迈、幼选、幼迪、幼达、幼适、幼遇。迪、达、遇俱中九经童科。入元后更号倦翁,筑聚德楼,殚心著述三十年,足不履地,称前进士以终。[12]

可见应梦有六子,其中幼达为阴中夫,幼遇为弟时夫,排行最小。县志记载兄弟二人俱中九经童科,不确。县志载应梦三子登科事曰:

> 阴幼达,字中夫,应梦子,景定二年(1261)辛酉九岁中九经科。
> 阴幼迪,字允夫,应梦子,景定四年(1263)癸酉九岁中九经科。
> 阴幼遇,字时夫,应梦子,登宝祐九经科,宋亡不仕,著《韵府群玉》二十卷,以事系韵,以韵摘事,经史子集搜猎靡遗,垂三十载而成。兄幼达中夫为之随字注释,以备观览。延祐初锓梓,盛行于世。[13]

按县志记载,幼达、幼遇登科事皆有误,"宝祐"在景定之前,而幼遇乃应梦最小的儿子,登科不可能在二兄之前。其实,幼遇并未登科,《阴氏家谱》未记载此事。按《家谱》,幼遇生于宋景定甲子(1264)七月初四日,殁于至顺辛未(1331)二月二十日,享年 68 岁(古人一般按虚岁计算)。兄幼达生于宋景定庚申(1260)十二月初九酉时,殁于至治辛酉(1321)十一月十一日巳时,享年 62 岁。所以幼达不可能在两岁登科,实际上,幼达亦未登科,《家谱》没有记载。《家谱》所记应为真实。又《家谱》所记阴应梦卒年岁月为:公卒于元延祐甲寅(元年,1314)二月初三卯时。而应梦为《韵府群玉》作序时年 84 岁,上推其生年时间应为宋宁宗开禧十六年(1223),其享年 92 岁。所以父子三人生卒年月应该是:

阴应梦(1223—1314),享年 92 岁,登宋理宗淳祐十年庚戌(1250)进士。

阴中夫(1260—1321),享年 62 岁,布衣。

阴时夫(1264—1331),享年 68 岁,布衣。

---

[11] 文见《〈韵府群玉〉作者阴幼遇登科之年及其生年考》,《江西师院学报》1982 年第 2 期;《〈韵府群玉〉编纂者阴幼遇父子兄弟数事辨证》,《古籍整理与研究》(第 7 期),第 278 页,中华书局,1992 年。

[12] 吕懋先修,帅方蔚纂《同治奉新县志》。

[13] 同上。

关于《韵府》著述,其《凡例》有言:

　　一　采摘事中紧切字为母,详系于平仄韵之下,一事或数出者,略载注云:详某韵。

　　一　是书本取事要字奇者载之,如诗赋押韵所刊及人所常知者,兹得以略。

　　一　寻索事实,易于指掌,不专为诗词而设,亦或考卞(辨)疑义,训释奇字,场屋或一助云。

《凡例》中所言"紧切字"者,指书中韵字而言,也就是说,选取那些与事类相关的韵字;所言"事"者,指辞藻而言,诸如"东"字韵中"道东""易东"等,而"取事要字奇者载之",诸如"从东""筼东"等皆通俗词也,不录;第三条指辨析韵字音义,此有助于场屋(科举考试)。以上三条,概括之,就是选字原则、选词原则和辨析音义,最后服从于科举考试。

是为阴氏原书编撰体例,但后来人刊刻时又做了很大的修改,详见下文。

二　《韵府群玉》最早的修订本
——梅溪书院刊本及其系列

延祐元年(1314)刊刻的《韵府群玉》今不存,现存主要版本可分为元刻本、明刻本和清刻本三类。其中现存元刻本较少,笔者所见有二:一为元统二年(1334)梅溪书院刊本,一为至正十六年(1357)刘氏日新堂刊本。其后各种版本都是从这两种本子衍生而来。

梅溪书院刊本比较接近阴氏原本,但有修正,其修正内容有四:一是根据当时《礼部韵略》增加了小韵音切,二是据《礼部韵略》增收了韵字,三是整理了原书补遗的"事料",四是规整原书"韵下类目",明确标记"活套""人名""诗篇"等类目。详见下图增修《凡例》四条。其曰:

　　一　元本字韵并无音切,而类次参差,未便检阅。今本字之先后并因礼韵次序,同音者各以类收,首字增以音切,遇圈则别是一音也。

　　一　元本字韵比礼韵阙者,今多增入。

　　一　元本续得事料,别为拾遗,今各收归本类中。

　　一　今本于各韵下,首入音切,连以散事,次用中字书系事韵料。至僧道事,则别以一圈。又其次活套、卦名等共十五类,各用黑牌表而出之。其目如左(下省列)。

《凡例》所言"礼韵"者,即元朝《礼部韵略》。以上四条非常重要。第四条所言者,"音切"为韵字注音,如"东"德红切之类,"散事"者为各个韵字训释,如:"东,德红切。《记》大明生于丨。……""中字"即为字号,韵本韵字为大号字,注释文字小号字,辞藻如

"道东""易东""乃东"等为中号字。然后是"活套""卦名"等名物典籍词类,凡十五项,皆用"黑牌表而出之",即 卦名 、姓氏 等(详见下文)。这是著述体例的整理。

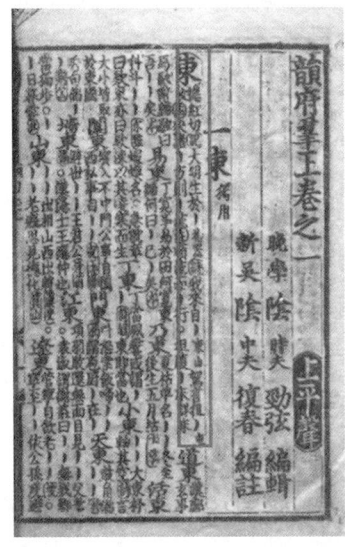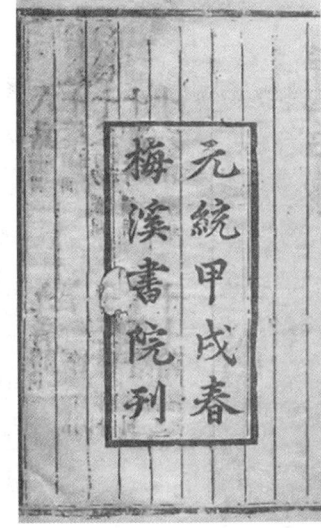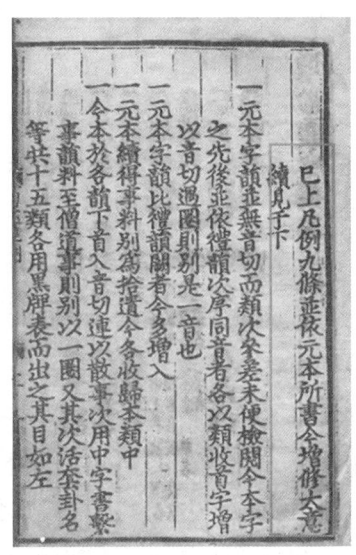

图 1　元统甲戌梅溪书院刊本(右图是增修《凡例》四条)

《凡例》第二条言:"元本字韵比礼韵阙者,今多增入。"这就修正了原书"采摘事中紧切字为母"的原则,将那些没有事类的韵字亦收录之。这些,完全可以从那些小韵中没有"系事韵料"的韵字看出来。例如同小韵一共有二十六字,如下:

　　同铜桐僮峒、筒筩童瞳侗、瞳膧絧置橦、穜潼衕犝羢、醋鮦詷鈬鮦、鲖

而实际上有韵料的韵字只有"同铜桐筒筩童瞳"七字,其余近二十字只有训诂释义而无韵料,如"同"字有词语"雷同""蚁同""子同"之类,亦有【活套】"度量丨庶言丨利害丨好恶丨……",以及【年号】大同和【姓名】卢同,等等,这些韵字虽无"韵下类目",但掌握其词义和用法也是非常重要,如"穜""犝""羢"三字,梅溪本《韵府》注曰:

　　穜,禾先种后熟。《诗》黍稷重穋,与穜同。

　　犝,无角牛,通作童。《易》童牛之牿。

　　羢,无角羊,通作童。《诗》俾出童羖。

此三字除训诂外,还说明了在经籍中的用法,说明其文字古今孳乳假借关系,可以回答人们读经时的疑问。这些韵字虽无事料词目,但也是非常重要的。

收录这些韵字,完全是从文场诗赋写作需要出发,因为如果只是选取那些有"韵料"的字入编,就会遗漏很多韵字,否则,韵字残缺不全,不符合"诗韵"之要求。这些韵字可能都是当时《礼部韵略》的韵字,譬如元统间《文场韵略》同小韵共二十四字,而《韵府》则多出《文场》"鈬詷"二字,这有可能是元代《礼部韵略》不同时间修订的结果。所以,《韵府》是一

部重要的《礼部韵略》辅助性读物,既是韵书又是类书,对当时人科举考试来说特别重要。

又按包瑜《类聚古今韵府续编》一书,其编撰方式就比《韵府》有所差的,韵字没有韵类的就不编录,所以其同小韵仅有八字:同童僮瞳铜桐筒箹。这样就变成了一部纯粹的历史文化典故辞书。

根据增修《凡例》,梅溪书院刻本对原著做了很大的修改,注音及韵字次序一依当时《礼部韵略》,这一点对当时人学习非常重要。因为延祐正式开科取士,礼部颁布了《礼部韵略》,今存《新刊韵略》最早版本就是元英宗硕德八剌时期(1321—1323)的刊本。[14] 根据我们的研究,元代《礼部韵略》实际上就是金人王文郁《新刊韵略》,它是金人《礼部韵略》的修订本。元代人科举时,仍沿用之,不过,对原书略有修订,主要是增加韵字。这种增订的元代《礼部韵略》,今存有元刻本《文场备用排字礼部韵略》和《魁本排字同并礼部韵略》,日本以及中国的大陆和台湾地区均有藏本。这里需要叙述的是,延祐元年,元朝正式实行科举取士制度[15],阴复春序言最后署名即为"延祐改元甲寅秋乡试后五日",而精明的书商从中看到商机,于是可能向奉新阴家买断了《韵府群玉》的著作版权,经过修订,正式向社会刊印发行。元统二年(1334)距延祐元年(1314)仅有二十年,正是元延科举制度蓬勃发展时期。

梅溪书院《韵府群玉》为现存最早的版本,海内外藏本甚少,今上海图书馆和黑龙江图书馆皆有藏本,上图本有"积学斋徐乃昌藏书"和"南陵徐乃昌校勘经籍记"藏书印,黑龙江图书馆为黎庶昌光绪年间从日本带来,境外韩国国立中央图书馆也有藏本。这些藏本版式文字基本一致,该书目录后镌有"元统甲戌春梅溪书院刊"牌记。版本半页十行,小字双行,行二十九字,黑口,双顺鱼尾,四周双边。版刻文字端庄大气,有颜真卿之风格,比后来明清刻本字体还要好。明刊本中,唯洪武元年戊申(1368)东山秀岩刊本和正统二年丁巳(1437)安定书堂刊本之文字,可与之媲美。该本卷前依次为滕宾序(未署年月)、至大庚戌(三年,1310)姚云序、赵孟頫题、大德丁未(十一年,1307)阴竹野序、延祐改元甲寅秋阴复春序和阴劲弦自序(未署年月,应该也是延祐元年),而后原书《凡例》九条和重修《凡例》四条,然后是106韵目录,次为韵下类目和该载事目等。后来所有的刻本均保留了这些内容。

按"韵下类目"是指书中与该韵字相关的事类,有音切、散事、事韵、活套、卦名、书篇、诗篇、年号等十八项内容,前面说过,音切为小韵反切注音,散事为韵字注释,事韵是

---

[14] 原刻本藏台湾图书馆,北京图书馆和上海图书馆有清抄本。避讳为"今上皇帝硕德八剌"。

[15] 蒙古灭金占领中原不久,即实行科举选试,时在太宗窝阔台十年(1238),所谓"戊戌选试"。但不是正规的科举取士,带有试验性质。所以,元朝科举正式应从仁宗元年开始。

与韵字相关的事类条目。除此三项外,其他多为文化典籍的名词,"书篇""诗篇"是《尚书》和《诗经》篇目及主旨,如"谟"字书篇有《大禹谟》《皋陶谟》等。这些皆在韵书中标记之以醒目。此"韵下类目"十八项应为梅溪书院刊刻时整理。因为其补充条例有云:"又其次活套、卦名等共十五类,各用黑牌表而出之,其目如左。"其左下即为"韵下类目"十八项条目。"该载事目"是韵书事类涉及的所有内容,阴氏《韵府》原书列举了"天文、地理、时令、岁名、人物、人事……"三十条,见下篇所叙。经过梅溪书院的整理加工,阴氏《韵府》如同锦上添花。现在我们看到的《韵府》,其实都是梅溪书院整理本。

后来一些翻刻本删去目录后的"元统甲戌春梅溪书院刊"牌记,但从版式和文字上仍可辨别为梅溪书院本。如明洪武元年戊申(1368)东山秀岩刊本和正统二年丁巳(1437)安定书堂刊本等,均属于梅溪书院本系统。又如国图藏善本《韵府群玉》,藏书号03211,有"季沧苇"(季振宜)印章的,虽然书内简俗字很多,但版式和注释文字与梅溪书院本一致,所以也是属于梅溪书院本系列。而另一善本书号18635的《韵府群玉》残卷,钤有清初藏书家揆叙"谦牧堂藏书记"印章和"周元亮家藏书"印,馆藏目录著为元刊本,且标写"梅溪书院"者,然而,它却不是梅溪书院本。此书上平声残卷,而其他各卷书名却为"新增说文韵府群玉",实际上属于刘氏日新书堂刊本系列。图书馆标目错误,沿用至今。

鉴定某本古籍是否与他本属于一个版本系列,只要看它们的版式和文字注释内容是否一致。如《四库全书》收录的《韵府群玉》,《提要》云:"此本为大德中刊板,犹时夫原书也。"这里犯了几个基本的错误:一是阴应梦大德十一年只是作序,其书尚未刊刻,其刊刻发行应当是延祐元年阴氏兄弟作序后,二是版式文字。如"东"字注释:

1.【《四库》本】东,德红切。《说文》東动也,从日在木中。《汉志》丨方阳气动○夹漈郑氏曰:木,若木也,日所升降,在上曰昊,在中曰东(東),在下曰杳。一曰春方也。《记》大明生于丨(礼器)。《诗》我来自丨(东山),《大雅·绵》自西徂丨。《孟》决诸丨方则丨流。《庄》顺流而丨行。○坦腹丨床(详床)。

2.【日新堂本】东,德红切。《说文》東动也,从日在木中。《汉志》丨方阳气动○夹漈郑氏曰:木,若木也,日所升降,在上曰昊,在中曰东,在下曰杳。一曰春方也。《记》大明生于丨(礼器)。《诗》我来自丨(东山),驾言徂丨(车攻),《孟》决诸丨方则丨流。《庄》顺流而丨行。○坦腹丨床(详床)。

3.【梅溪书院本】东,德红切。《记》大明生于丨(礼器),《诗》我来自丨(东山),驾言徂丨(车攻),《孟》决诸丨方则丨流,《庄》顺流而丨行○坦腹丨床(详床)。

通过比较,可以看出,《四库》本与日新堂本基本一致,书证中只有一处不同,日新堂本有"驾言徂丨(车攻)",而《四库》本则为"《大雅·绵》自西徂丨",仅此而已。而日新堂本、《四库》本与梅溪书院本注释文字迥然不同。

另外，区别重要一点，就是注释中是否引用《说文》或小篆字。因此，可以基本断定，《四库》本不是大德中本，而应当是明代翻刻的日新堂本。这种翻刻本类似明弘治七年（1494）安正堂刊刻的《新增说文韵府群玉》，其不同之处是日新堂原本缺少《说文》训诂的韵字，而补上了《说文》注释。引用《说文》与否，是我们讨论《韵府》不同时期版本的一个重要依据，参阅下文叙述。

如上声麌韵古小韵"鼓""盬""瞽""股""蛊""贾""罟""羖"等字，《四库》本有《说文》注释，而日新堂本无。又如去声部分数卷，日新堂本没有引《说文》注释，与梅溪书院同，而《四库》本却引用之。如送韵，"送""凤""贡""赣""灉""㘓""弄"等韵字，《四库》本皆引述《说文》，与明弘治安正堂本同，而日新堂本却无。如"栋""湩"二字注释：

【日新堂本】栋，《易》上｜下宇（系辞），《左》｜折榱崩。《史》诸葛亮郁为时｜。[16]

湩，乳汁也。事见上声。

【安正堂本/《四库》本】栋，<u>《说文》极也，从木东声</u>。《易》上｜下宇（系辞），《左》｜折榱崩。《史》诸葛亮郁为时｜。

湩，<u>《说文》乳汁也，从水重声</u>。事见上声。

可见，《四库全书》收录的《韵府群玉》，应为明弘治七年（1494）以后刊刻的《新增说文韵府群玉》，而非所谓的大德年间刊本。

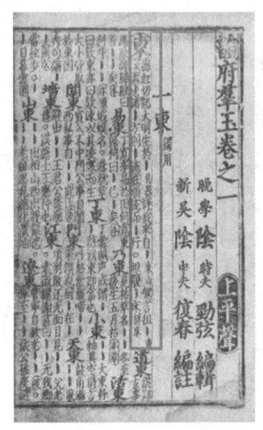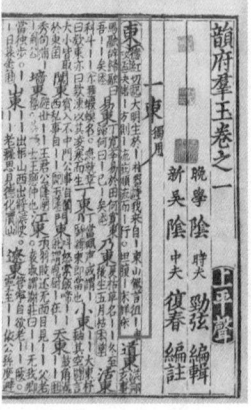

图2　明洪武元年和正统二年安定书堂《韵府群玉》（台北"故宫博物院"藏）

上面是洪武元年戊申（1368）东山秀岩刊本和正统二年丁巳（1437）安定书堂刊本书影，它们均属于梅溪书院本系统，其版式及其注释文字与梅溪书院本一致。如"东"字没

---

[16]　此典出于《晋书·袁宏传》而非《史记》，原句为袁宏文赋，《文选》卷四十七收录，题曰《三国名臣序赞》，原文曰孔明："释褐中林，郁为时栋。"

有《说文》训释等。

在韵字和辞藻注释方面,梅溪书院本注释具有概括性,总体上比较简略,后来日新堂本及明弘治安正堂本虽补充了《说文》注释,但文字仍很简略,相对于后来《五车韵瑞》和《佩文韵府》等增修本而言,注释文字繁富者很少。《韵府》中虽有注释文字繁富的,但毕竟数量很少,譬如麻韵有两个韵字注释文字较多,"茶"字有二百余字,"琵琶"四百多字。因为牵涉到茶文化和音乐史,所以文字特别多。而其余韵字或辞藻注释文字就比较概括精要。

三 至正丙申刘氏日新堂刊本系列

此系列即为《新增说文韵府群玉》,刊本甚多,其最早刊本为至正十六年丙申(1356)刘氏日新堂刊本,其书《凡例》后有牌记文字一篇,曰:

> 瑞阳阴君所编《韵府群玉》,以事系韵,以韵摘事,乃韵书而兼类书者也。检阅便益,观者无不称善。本堂今将元本重加校正,每字音切之下,续增许氏《说文》以明之,间有事未备者以补之。韵书之编,诚为尽美矣。敬刻梓行,嘉与四方学者共之。至正丙申莫(暮)春刘氏日新堂谨白。

这段文字非常重要,它交代了刻本修订内容、刊刻时间以及增修的内容等。从时间上说,日新堂本(1356)比梅溪书院刊本(1334)晚了二十余年。该版本实际上为阴氏《韵府群玉》的增修本,其增修内容主要是增加《说文》注释,所谓:"每字音切之下,续增许氏

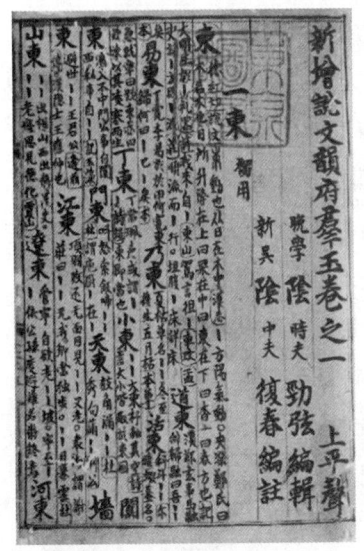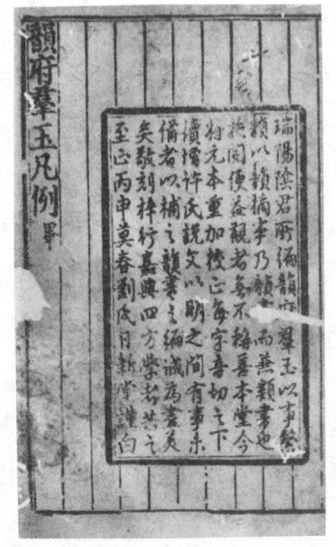

图 3 至正刘氏日新堂刊本(日本国会图书馆藏本,有抄补。右为上声麌韵古小韵"鼓""盬""瞽""股"等字,无《说文》注释,后来明弘治安正堂补加之)

《说文》以明之,间有事未备者以补之。"故名"新增说文韵府群玉"。如"东"字注释,与梅溪书院本比较,增加的文字有:"《说文》㯟动也,从日在木中。《汉志》丨方阳气动○夹漈郑氏曰:木,若木也,日所升降,在上曰杲,在中曰东(東),在下曰杳。一曰春方也。"可见,除增加《说文》训释外,还增加了《汉书·律历志》和郑樵《通志》中关于东方的解释。所以,增加《说文》注释和补充疏证是该书对先前韵本的主要修正。但是,考察原书,实际上还有很多韵部的韵字没有补充《说文》训释,如上声大部分和去声韵字,见上节文字。正因为如此,才有后来明弘治七年(1494)安正堂刊刻本补充,详见下面讨论。

日新堂本不仅补充《说文》注释,也会补充语句文献出处。如东小韵"涷蝀"二字:

【梅溪】

涷:夏暴雨。《楚辞》使丨雨兮洒尘。又泷丨,沾渍貌。

蝀:蝃丨。

【日新】

涷:《说文》水出发鸠山,入于河。《尔雅》夏暴雨谓之涷。《楚辞》使丨雨兮洒尘。又泷丨,沾渍貌。

蝀:蝃丨。《记》蝃蝀谓之虹。

"涷"字,日新堂本除补充《说文》外,还补充"夏暴雨"之文献出处《尔雅》。"蝀"字补充了《礼记·月令》"蝃蝀谓之虹"。这种补充还是有必要的。

日新堂刊本日本国会图书馆、韩国中央国立图书馆均有收藏,国内辽宁图书馆和四川师范大学图书馆亦有藏本(残卷)。本文使用的是韩国和日本图书馆藏本。

据文献资料,刘氏日新堂者,为元代福建建阳著名书坊,主人刘锦文,字叔简。刻书甚多,清修《四库全书》收录的元代典籍,其提要提及"刘锦文"或"日新堂"辑刻者,时可见之,如《提要》:"《答策秘诀》一卷,旧本首题建安刘锦文叔简辑,末有跋语,题至正己丑建安日新堂志。"又有元朱倬编《诗疑问》(附《诗辨说》)、虞集《虞伯生诗续编》三卷、刘瑾《诗传通释》二十卷等,并见于《四库全书》中,这些书版皆有"刘氏日新堂识语"及刊刻年月。叶德辉《书林清话》卷四《元时书坊刻书之盛》部分,记载日新堂书版甚夥,如上述《四库》本之外的,俞皋《春秋集传释义大成》十二卷、《汉唐事笺对策机要》前集十二卷后集八卷、汪克宽《春秋胡氏传纂疏》三十卷、元赵麟《太平金镜策》八卷、《新编方舆胜览》七十卷,等等。据嘉靖《建阳县志》:"刘文锦字叔简,博学能文,多所著述,书板磨灭,校正刊补。"[17]如此博学能文,故日新堂辑刻经籍甚多。牌记文字叙说增加《说文》训释及

---

[17] 参见张秀民《张秀民印刷史论文集》之《明代印书最多的建宁书坊》,第168页,印刷工业出版社,1988年。

补充疏证等,似乎可信。

尽管日新堂刊刻本未能全部补充《说文》训释,但在《韵府》修订上毕竟开了一个好头。后来一些刊本或覆刻之,或增加完善之,这些后来刊本,或沿袭旧名《韵府群玉》,如《四库全书》本;或用新名曰《新增说文韵府群玉》,如中华再造善本(见下图)。

这里要说的是明英宗天顺六年壬午(1462)叶氏南山堂刊本。该刊本也有一个与日新堂相同的牌记文字,但最后一句换成"天顺壬午孟冬叶氏南山堂谨白",载见于丁丙《善本书室藏书志》卷二十中。丁氏指出:"按木记之语仍本之元刻,仅易年号而已。"又如上海图书馆收藏的《韵府群玉》,后收入中华再造善本丛书者(下简称中华),虽无牌记文字,但版式文字与至正日新堂本基本一致,可确定为元末明初日新堂系翻刻本,图书馆定为元大德本,失考。

两相比较,差异最大在引用《说文》上,前面说过,日新堂本上声大部分和去声全部不引《说文》,中华本亦如此。但入声药韵陌韵引用《说文》,其余未引。中华本亦从药韵陌韵开始补录,但略有差异。[18] 然而,日新堂本锡韵以下至乏韵为止,均缺《说文》注释[19],如锡韵,中华本补录《说文》注释27字,职韵40字,缉韵20字,叶韵24字等,凡121字。从上声去声引用《说文》与否看,而入声部分中华本又补录了《说文》注释,所以,中华本早于安正堂本,如果推测的话,它成书年代应该在元末明初。

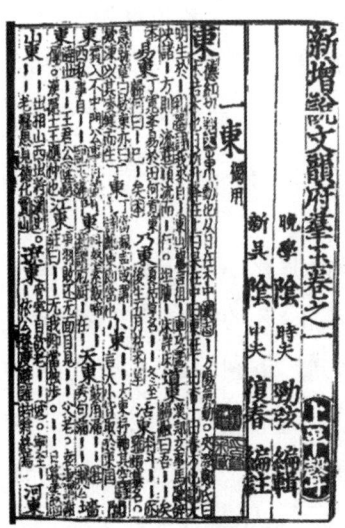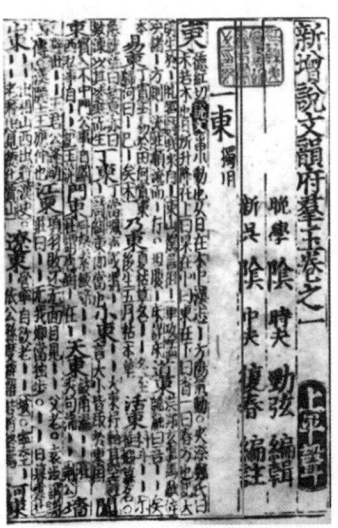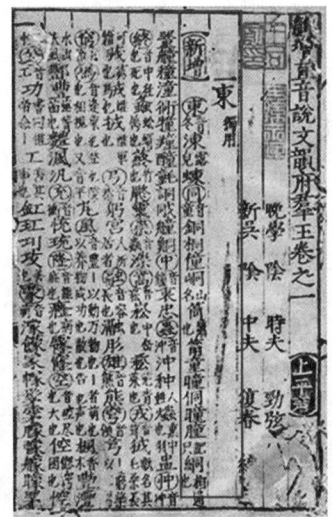

图4　1.中华再造善本;2.丁丙跋明天顺叶氏南山书堂刊本(南京图书馆藏);3.《新增直音说文韵府群玉》(它们皆为元刘氏日新堂系列本,"东"字注释文字与之相同)

---

[18] 日新堂本入声药韵引《说文》45字,中华本43字,相比之下,中华本"钥"字、"凿"字未引《说文》;入声陌韵日新堂本引《说文》74字,中华本76字,比较之下"画"字、"炙"字未引《说文》。

[19] 职韵有个"薏"字,日新堂本引用了《说文》。

国家图书馆藏有明刻本《新增直音说文韵府群玉》一种，除韵部前列写韵字目录并标明小韵直音外，其内容与日新堂本同，属于日新堂的增补本。但此书并没有严格按照106韵增补目录，或有或无，体例不够统一严谨。所注直音者，皆当时语音，如东音冬、中音钟、弓音恭之类，皆《洪武正韵》之音，而非《广韵》音（见上图）。

四　明弘治刘氏安正堂及王元贞万历校勘本

这两种刊本实际上也属于至正丙申刘氏日新堂刊本系列。

明代除天顺南山书堂本外，弘治七年（1494）刘氏安正堂刊刻的《新增说文韵府群玉》，也是一个重要版本。全书有三个牌记，除《凡例》后牌记外，卷一末有牌记，镌刻"弘治甲寅孟冬安正书堂重刊"；卷二十末有童子持荷盖莲花，上有祥云福字牌记，镌刻"弘治甲寅刘氏重刊"。该书卷首各家序言以及韵目、事类总目等沿用不改，唯增修《凡例》多出一条，曰："元本上声七麌韵内堵字韵起，至去声十七霰字韵止，并阙《说文》，今悉增入。"其《凡例》后有牌记文字云：

> 是书元大德丁未瑞阳阴先生所编，板行久矣，至于皇明正统间梁氏安定堂重刊，于各字下续增许氏《说文》，虽加详明，然中间未免差舛阙略，观者不能无憾。本堂三复加校，考至上声七麌韵内堵字韵起，至去声十七霰字韵止，凡二千三百有奇，并阙《说文》，今悉增入，幸得其全。收书君子，但将原书对校，了然悉备，总龟于斯，不烦考之他韵，敬梓以行，嘉与四方共之。弘治甲寅（七年，1494）孟夏，刘氏安正书堂谨识。

是则牌记内容详尽，叙述了《韵府群玉》一书的版刻源流及其存在的问题，按照牌记文字所说，是上声七麌韵内"堵"字韵起，至去声十七"霰"字韵止，凡韵字二千三百有奇，并阙《说文》，今悉增入。其修订底本是所谓"正统间梁氏安定堂"重刊本，但这个梁氏重刊本笔者未见，不知其详。考日新堂《韵府群玉》，确如牌记文字所说，上声麌韵"堵"字后至去声韵，均未引《说文》，而刘氏安正堂则有补正。下举麌韵"堵""鼓""鹽""蛊"四韵字注释比较之。

【日新堂本】

堵：五版为堵，版广二尺。

鼓：尹耆氏造丨，《诗》钲人伐丨，《记》入学丨箧，《庄》丨盆而歌（详盆）。含哺丨腹（详哺），祢衡击丨（详祢）。

鹽：河东盐池，又不坚固也，《诗》王事靡丨，又啑也，晋侯梦楚子丨其脑。

蛊：谷久积变为飞丨，谓蛾也，《左》皿虫为丨。又惑也。

【安正堂本】

堵：《说文》垣也，五版为堵，从土者声。五版为丨，版广二尺。

鼓：《说文》鼓郭也。春分之音，从壴支，象其手击之也。尹耆氏造丨，《诗》钲人伐丨，《记》入学丨箧，《庄》丨盆而歌（详盆），含哺丨腹（详哺），祢衡击丨（详祢）。

盬：《说文》古河东盐池，袤五十一里，广七里，周一百一十六里，从盐省古声。又不坚固也。《诗》王事靡丨。又啑也，晋侯梦楚子丨其脑。

蛊：《说文》腹中丨也，引《春秋传》皿虫为丨。晦淫之所生也，又臬桀死之，鬼亦为丨。从虫从皿，物之用也。又惑也。谷久积变为飞丨，谓蛾也。《左》皿虫为丨。

从上述四韵字注释比较中可以看出，刘氏日新堂本没有《说文》训释，且注释简略，而安正堂本引用了《说文》，且注释繁富。所以，安正堂刻本做了很大的修订工作。

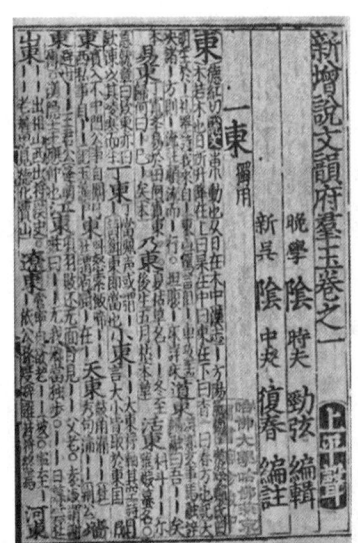
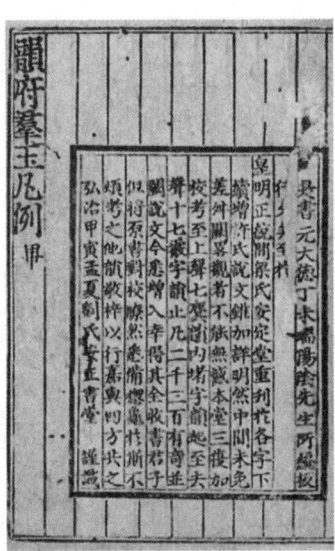
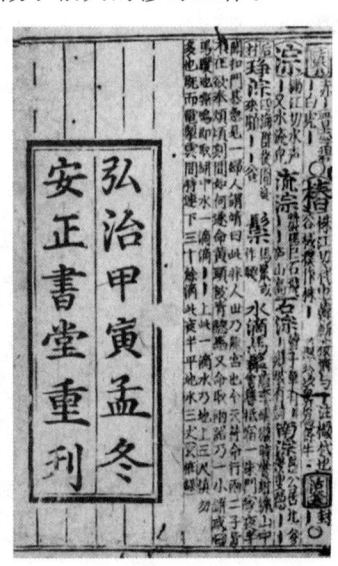

图 5 明弘治刘氏安正书堂《韵府群玉》（哈佛大学图书馆藏本）

根据我们的统计，《韵府》全书 8860 余字，日新堂本引《说文》者仅有 1247 个韵字，占七分之一弱，之后，中华本做了补正，增补 599 字，总量达 1846。以后弘治安正堂继续补正，增加了 1024 个韵字，引用《说文》总量达 2870。以后的刻本又有所补正，例如《四库全书》本《韵府》韵字引用《说文》达 3040 多个（由此可以看出《四库》本比较晚出）。下面是四种版本不同的引用《说文》情况：

	平声	上声	去声	入声	总数
日新堂本：	963	163	0	121	1247
中华善本：	1164	162	156	364	1846

安正堂本：	1121	700	667	382	2870
《四库》本：	1227	720	714	382	3045

以上数据可以看出，自日新堂之后，《韵府》引用《说文》递增，增补主要是在上声和去声上，由此可以说明《韵府群玉》在训诂上不断发展完善的情况。安正堂牌记言补充"凡二千三百有奇"，与我们实际统计不侔。尽管补充数字最后达三千多，但仍有很多字遗漏未补。当然，其中很多韵字不见载于《说文》。另外，一般情况下，韵字如非儒家经典字或偏义字，一般不引用《说文》，所以并非所有韵字都会引用《说文》。

刘氏安正堂刻本之后比较著名的是王元贞万历校勘本。该书前有万历十八年庚寅(1590)陈文烛序。正卷题《新增说文韵府群玉》，下署名除阴氏昆仲外，还有"秣陵王元贞孟起校正"字样。此书半页十一行，行二十二字，白口，左右双边。陈文烛序页脚下有"金陵徐智督刊"小字一行。所以此书又称"金陵徐智刊本"。

陈文烛(1542—1609)，字玉叔，号五岳山人，湖北沔阳人。嘉靖四十四年乙丑(1565)进士，授大理寺评事，出知淮安。万历二年(1574)升为四川提学副使，五年升为山东左参政，丁忧归。十一年复除起任为四川左参政，升福建按察使，官至南京大理寺卿。著述甚富，主要有《二酉园诗集》十二卷、《文集》十四卷、《续集》二十三卷等，《四库全书》存目。《湖广通志》卷五十七《人物志》载其生平履历较详。

王元贞，字孟起，为当时书林兼学者，校书甚多，号称精善。徐智应当为万历间金陵刻工，据考证，徐智先后刻过王元贞校订的书籍有《艺文类聚》《王氏画苑》《老子翼》《焦氏类林》以及《韵府群玉》等。[20]

该书大致以安定堂本为底本编辑，卷首除陈文烛序言外，原书诸家序言等均保留着，新增《凡例》中亦多出一条，内容与安定堂本同，即"元本上声七麌韵内堵字韵起，至去声十七霰字韵止，并阙《说文》，今悉增入"。所以说，该书大致以安定堂本为底本。但通过考察，上声麌韵"堵""鼓""鹽""蛊"等韵字注释，却不见引用《说文》，其注释与元日新堂本一致，不知王元贞校正何在？笔者颇疑书商盗用"王元贞"之名，以名人效应增加该刊本售卖亮点。

王元贞校勘时，增补了哪些内容，原书没有标注，一时难以考索。姑且不论。

王元贞校勘的《韵府群玉》颇受书林瞩目，大概当时其他刻本稀少，而此刻本比较流行，或且校刻精细，因此，清代多次覆刻，主要版本有康熙五十五年(1716)文盛天德堂翻刻本、乾隆二十三年(1758)菁华堂刊本等。

---

[20] 参见瞿冕良编著《中国古籍版刻辞典》，第717页，苏州大学出版社，2009年。

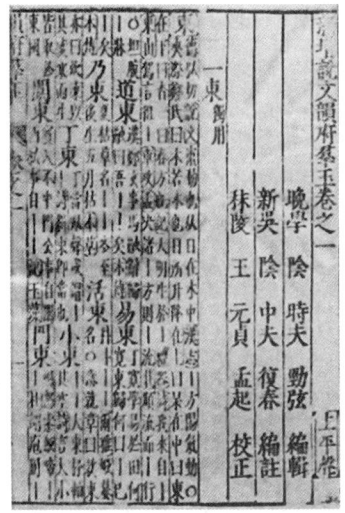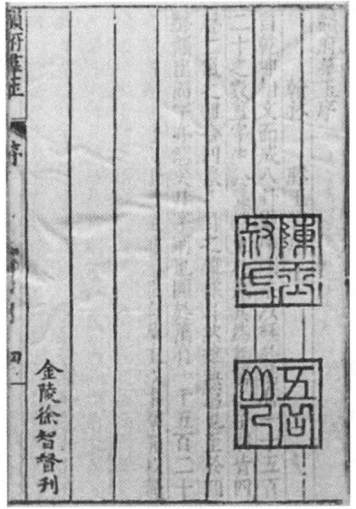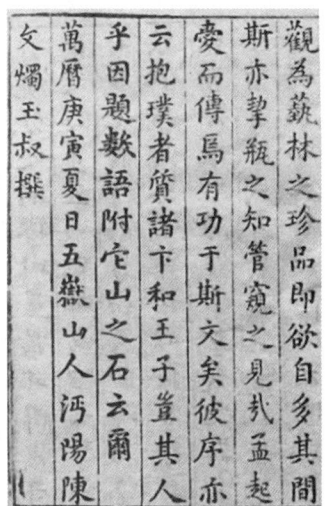

图 6 王元贞万历校订的《韵府群玉》（日本国会图书馆藏本）

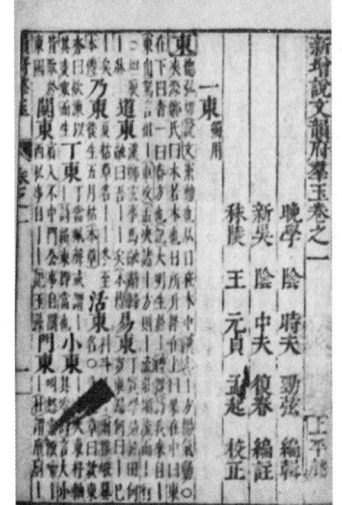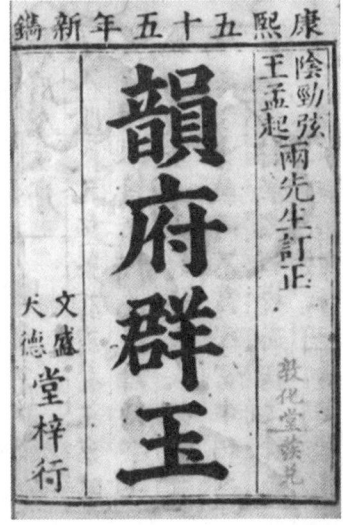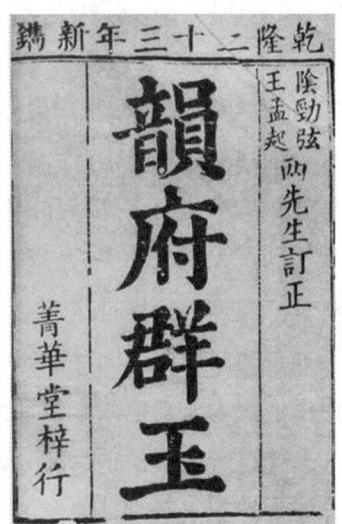

图 7 康熙文盛天堂覆刻明万历本《韵府群玉》（日本早稻田大学藏本）

五 《韵府群玉》版本韵字收录差异

《韵府》版本的注释差异，上文有较多的讨论，其差异主要是在《说文》注释的添加与否。下面，我们讨论一下《韵府》版本之间的韵字差异问题。

梅溪书院本在韵字收录上与日新堂本等略有出入。如以《四库全书》本为基准较之，梅溪书院本有而《四库》无者八：平声东韵䆉、支韵枙玭、上声尾韵炜、去声梵韵梵帆、入声黠韵朳、缉韵䩎。按之日新堂本无"䆉枙玭"三字，有"炜梵帆朳䩎"五字。明安正堂本亦无"穤柂玭"三字,后一组仅有"炜扒"二字。又梅溪书院无而《四库》有者二:江韵"鬠"和支韵"鍉",明安正堂本同,而日新堂本有"鍉"无"鬠"。

从以上四种版本比较看,《韵府》内部差异非常小,这种细小的差异是允许的,历经百年,多次刊修,其韵字数基本稳定。这里似乎可以说明一个问题:后代刊修者对《韵府》这部著作的敬畏与尊重,无论"正误"皆依从之。

以梅溪书院本计算,其全部韵字按字头计算为 8864 个,其他版本或增或减,如果加上别本多出的两个韵字"鬠鍉",则为 8866 字。

但《韵府群玉》跟《新刊》和《文场》不同点在于,《韵府》韵字头不收异体字,这些异体都在注释中说明,如庚韵"阬"注曰:"客庚切。《说文》阆也。或作坑。"(日新堂本)但正文中却没有"阬"字。这种异体字一般会同时出现在辞藻中,如"雪阬""砚阬""秦坑""沟坑"等。而《新刊》《文场》则出现两个字,后一字注"上同"。又如航之异体杭,蠟之异体蛉,磋或作砝等,《文场》皆两个字,《韵府》只有前一字。所以,如果将异体字加入,《韵府》韵字在九千以上至万字间。[21] 这种情况,在元代严毅《诗学集成押韵渊海》也是如此。是当时《礼部韵略》编排如此,还是当时《韵府》编排如此?待考。

《韵府》版本虽多,而内部差异甚少,除韵字训释后来日新堂本增加《说文》外,其余甚微。甚至错别字都一样,比如《韵府》真韵:"牲,众生并立貌。《诗》丨丨其麎。"此字本为"甡",《大雅·桑柔》九章:"瞻彼中林,甡甡其鹿。"传:"甡甡,众多也。"《释文》:"甡,所申反。"梅溪书院本讹作"牲",而后日新堂本、安正堂本以及《四库全书》本等,均作"牲"。又如鱼韵闾小韵应为"力居切",而讹作"巾居切"。又上声肿韵陇小韵缺反切"力踵切",梅溪书院本及其他版本皆如此。

甚至所缺小韵字也都一样。如梅溪书院本缺冬韵彤小韵"徒冬切"数个韵字,自后日新堂等刊本同。是梅溪刊本无意遗漏,还是有意缺省,不得而知。按之《新刊韵略》《文场韵略》以及严毅《押韵渊海》等,均有此小韵,说明当时《礼部韵略》有此小韵。其韵字如下:

《新刊》:彤(徒冬切)浵冬憕佟;

《文场》:彤(徒冬切)浵冬憕佟佟;

《押韵》:彤(徒冬切)浵冬燑憕佟。

《韵府》辑录韵字以《礼部韵略》为参照,我们只能说编辑时遗漏了。不仅如此,明代包瑜《韵府续编》和《增续韵府》、凌以栋《五车韵瑞》等均无此小韵,就连清康熙《佩文韵

---

[21] 这个数据与《新刊韵略》和《文场韵略》相仿,前者 9311 字,后者 10553 字。

府》声称补遗前人著述不足,号称"浩博",也仅仅是补了一个"彤"字。是为有疑,有待高明。

或许,我们可以这样认为:古人翻刻前人书籍,只求"守旧"保真,而不愿"改正"更新,哪怕是错误也照录不改。是古人刻书严谨呢?还是于此不知而缺乏是非判断力呢?留待读者思考。

(张民权:南昌大学文学院,330031,江西南昌)

罗常培未刊稿及其价值

高永安

提要： 罗常培保留在家里的文稿，主要是一些非出版发表目的而形成的资料。可以分为三类：笔记类、讲义类、文稿书稿类。本文介绍这些文稿的概貌，就作者的个人意见阐明文稿的价值。作者认为，罗常培未刊稿记录了很多有历史价值的资料，有些学术资料很有历久弥新的创新性；文稿的很多地方记录或显示了罗常培的研究方法，对后世有借鉴意义。

关键词： 罗常培未刊稿　语言学　文字学

罗常培先生是我国著名的语言学家，我国现代语言学的开创者之一。他在汉语音韵学、汉语方言学、语言学理论、少数民族语言学等方面都做出了开创性贡献。罗先生的著作、论文以及一些未刊稿，已经由山东教育出版社和商务印书馆出版。但是其遗稿中还是有大量的宝藏没有被发掘，本人有幸得见罗常培家人捐献给国家图书馆的罗常培未刊稿，并受命参与整理部分资料。

这些资料装成两箱，按照存放状态分为中学时代笔记、大学时代笔记、英文笔记和手稿、学习笔记、中国史谈、《经典释文》直音反切、声谱、韵谱，这么几个部分。按照文体大致可以分为笔记类、讲义类、文稿书稿类。这个分类跟内容不尽相合，比如看不出有哪些是工作笔记。打开这些笔记才可以发现，内容都很丰富。尤其是大学时代笔记，很多是罗先生的讲义。我们从中抽出一些语音学、音韵学的笔记、讲义先行整理。声谱部分实际上是一部书稿，是按照声类把《说文》各字排列而成。韵谱部分包括周秦、两汉、南北朝时期的，可能是罗先生跟周祖谟先生写《汉魏晋南北朝韵部演变研究》时使用过的。还有两包宋词的韵谱，据罗常培《我是如何走上研究语言学之路的？》里有"另外还有几件未完成的工作"，其中第三项是《唐五代宋金元词韵谱》，可推测这是罗先生计划写作的宋词韵研究的资料。目前我们根据自己的能力，先整理了第一批文稿，共计四册：语言学讲义、音韵学讲义、宋词韵谱、《说文》声谱。我们这里介绍一下文稿的整体情况。

一 笔记类

笔记类遗稿数量很大,主要可以分为中学笔记、大学笔记、会议记录、其他。情况大致如下三类:一是中学笔记。内中又分为读书笔记、上课笔记、随笔等。读书笔记如《兰台石室》《历史笔记》;上课笔记如《西洋史笔记》《文学史笔记》;随笔有《虚斋读书录》《贫粮》《识小录》。二是大学笔记。又分为读书笔记、上课笔记、手稿等。如上课笔记《西洋哲学史笔记》等。三是读书笔记和会议记录。这里举几个例子。

笔记类里有作者自署"参加各种会议记录"的,记录了一些重要会议。

例1:

五一,九,二十

民族教育会议马部长开幕词

1. 少数民族教育方针

2. 培养少数民族自己的干部

3. 关于教育内容的问题

在少数民族地区展开爱国主义教育

4. 关于建立民主教育行政机构问题

郭沫若报告

中南半岛是稻类的原产地

苗族或许是稻类的发明者(?)

"贝"的来源也产生在中南半岛,财经最初的奠基人也应该是西南民族。云南在元末明初仍在使用。

音乐、美术、建筑、雕刻等文化建设都与西北民族创造的。[1]

所以中国文化建设的历史是由各兄弟民族共同创造的。

少数民族教育应侧重成年教育。

例2:

二十日　　科学院社会科学小组讨论

范文澜主席

四所分别报告

---

[1] 原文如此。

魏建功：

计划应集合各方面的要求，集中人力分配。

字典、识字、少数民族学汉语，干部学族语，都交叉牵连。应按各方面情况作综合计划，互相补充，节省人力，工作可以经济。应重视人民的总目标，共同解决。院内院外应有通盘筹划的总计划性。

林汉达：同意魏先生，例如，工人教育，社教司与工人出版社从前分开，现在合办职工教育文员会。教育部与语言所结合起来，对于扫盲工作加以推进。

陈达：……提出劳动保险问题。

翦伯赞：科学院全面缺乏计划性，过于轻视社会科学。（一）科学院不应该不设历史研究所；（二）突击性工作是人民最需要的工作，因突击工作而不能完成计划并不紧要；（三）因学习马列主义而耽误工作更是应该的，应准备三分之一作突击工作；（四）调查全国人才，有计划地分配。

汤用彤：小问题：这个会应在东厂胡同开。大问题：赞成以前各位先生意见，请中国科学院作全国科学工作总司令，因而谈到与各大学的联系问题。社会科学虽没拉人，但联系还不太好。应该有系统地分配工作。科学院尚没有计划地作。应严密组织，有计划地分配工作。现在科学院还没建立威信。

刘春：科学院对于少数民族工作做出了很大的力量。特别是陈士林所创造的彝族的文字。这是能跟实际结合的。不过少数民族的要求还是很多的，少数民族经常反映的：

1. 语文问题。中国有六七十种民族，将近十分之一的人口。[2] 有文字的非常少，而且语汇非常不丰富。所以改进文字，丰富语言是很迫切的；

2. 其次是历史的问题。只讲汉族史会引起少数民族的悲观问题；

3. 社会经济形态的问题。应按社会实际情况进行改革。

他们的志愿：

1. 在中央领导下创造文字；

2. 确定本族的名称。

第二具体的要求：

政务院给我们任务要训练汉族干部学习民族语。现在已规定的有十五种或者人数多，或者国防的重要性。可用汇通方案使他们兼学文字。

---

〔2〕 此记录发生在1951年，当时中国的民族识别还没有结束，所以对于民族数量、民族人口，有不同看法。

这里面不仅出现了很多大名鼎鼎的名人,可以作为现代学术史的重要史料,而且涉及的都是对日后国家发展产生重大影响的问题。

二　讲义类

讲义类主要是罗先生在工作期间的备课笔记、讲演草稿等。

这次整理的主要是语音学和音韵学讲义。这批讲义很有特点:特点之一是资料性,语音学的讲义征引的多是外国名家的著作,其中英语著作最多,德语、法语的也不少。罗先生博学多能,会好多种语言,所以阅读的外语著作很多,这在其讲义中多有体现。我们发现,这些征引的外文资料,在他跟王均一起撰写的《普通语音学纲要》里并不多见。可见,讲义和著作的体例,罗先生是分得很清楚的。音韵学的资料主要征引了一些古籍和考据,还有一些方言调查资料。特点之二是创新性。我们都知道罗先生的音韵学著作主张创新,但是比起其讲义来,罗先生出版的那本音韵学小册子的创新性就不那么显著了。罗先生的音韵学讲义不一而足,而每一本都很不一样。有时候遇到问题要解决,就马上展开对汉代博士制度的考证。有时候为了爬梳音韵学资料,就大量介绍朝鲜汉字音。音韵学界首先瞩目于朝鲜语汉字音,以前以为就是胡明扬发表于20世纪60年代末的论文,现在看,罗先生在很早以前就已经开始研究了。

罗先生讲义里,有很多大段的摘抄,也有很多缜密的分析。有些资料贵在广博,还不是正式论文或者著作的形式,仅仅是教课时候的一时心得,或者是思想火花。例如有一页只有一句话:"人之声音。"可见他对这个问题做过深入思考,但是没有理出头绪来。再例如,罗先生有成系统的调查语言和方言的方法,在没有写成文章之前,他先在稿纸上列了提纲:

调查汉语的方法

a. 填选录音人

b. 预制应用表格:1. 字表　2. 声调　3. 词汇

c. 归纳音系

d. 注意连读变调

e. 制作同音字汇

f. 与同系方言比较

g. 与国语比较

h. 与古音比较

i. 提出此方言的要点①历史的②现代的

j. 方言研究之过去与未来

调查非汉语的方法

a. 调查非汉语与汉语的不同点

b. 表格法与卡片法

c. 单字法与考证法

d. 归纳音系的困难

e. 语法研究的重要

f. 几种基础语的学习——缅泰越

g. 比较方法的谨慎态度

h. 研究藏汉语系语言的必需工具

这些可能是罗先生讲座或者上课的一个提纲,或者干脆就是备课或者写文章之前的一次头脑风暴,但是记录下来,言简意赅,对实际工作很有益处。

我们一般都以为罗先生只是音韵学家,其实他的研究范围很广泛,不仅有古文字学的专著,而且对词汇、语法也有研究。这在其讲义里都有体现。这里举一例说明罗先生对语言起源的思考:

语言之缘起

a. 缘同一声类而发起。

　　右文之论

　　勾　筍,钩,

　　臤　緊,堅,賢

　　丩　纠,

　　古　枯藁,苦窳,诘簿

　　　契,切,決,缺,桀　ket

语意缘端

　　仁　人,　归　鬼

　　伸　神,　提　祇　吐　土

　　巅　天,　底　地　汎　风

b. 缘双声叠韵而发起

双声：天地,阴阳,古今,生死,疾徐,精粗,加减
　　　夫妇,公姑,文武,长短

叠韵：旦晚,老幼,好丑,聪聋,授受,祥殃,寒暖
　　　晨昏,新陈,水火

这些探索,反映出罗常培在其漫长的学术生涯中,曾经走过的学术道路。

讲义类中尚有一部分内容，按照性质应该归入笔记类。这部分主要是罗先生听课和听讲座的记录。除了下文说到的陈介石讲义之外，笔记涉及文字学、哲学、历史教育学等多种门类。罗常培曾经说到，他在广州向赵元任请教过语音学，但是具体的请教内容并没有透露。在罗常培的语音学讲义里，就记录了赵元任的语音学讲座，共五次。按讲义上记录的时间看，正好就是1927年在广州的时候。这个时期，罗常培还记录了李方桂的五次语言学讲座。这些资料是赵元任、李方桂语言学研究的重要资料。

三　文稿、书稿类

罗先生遗稿中的一些书稿，有的之前已经出版过。我们整理的时候还发现了罗先生研究《说文》的著作。这部著作名《声谱》，是把《说文》的字用古韵部排列起来。这种排列，很像是朱骏声的《说文通训定声》，唯其没有注释，仅有字头；同时分部也不同。

另外，罗先生为宋词韵谱做了很长时间的准备工作，抄录了很多宋词名家集的韵脚字，有的还查了音韵地位，归纳了韵部。这部分资料也整理在里面，加上三位音韵学研究生据此做的研究论文，放在一起作为一部著作。

先介绍《声谱》。此书按字母分卷，共有十卷：帮 非、滂 敷、泥 娘日 来、群 疑端 知照、从 床 心 邪疏、精 庄 清 初、透 彻穿 审、并 奉 明 微、见 溪、定 澄神禅、影 喻为 晓匣，共 41 个声类。卷内标明韵部。韵部的标法是阴入阳搭配的，例如第一页为歌曷寒，以下分别是灰没痕、屑先、齐锡青、模铎唐、侯屋东、萧、豪沃冬、咍德登、合覃（空）、帖添，一共是 28 个韵部。41 个声类按照古音十九纽的关系排列，可见是采用黄侃十九纽、二十八部的古音体系。

该书的每一页都分上中下三栏，分别摆放阴声韵、入声韵、阳声韵的字。每个字都先出小篆字形，然后反切注音，最后是释义。有涂改和红笔添加的痕迹。

《宋词韵谱》是另一种设计周密但是尚未完成的书。罗先生搜集到了很多宋代词作者，按照作者的籍贯略作排列。罗先生排列作者籍贯并无明言，只是我们发现他把相同籍贯的作者排放在一起。这当然不是偶然的。

从这些韵谱的状态，我们大致可以窥见罗先生研究宋词韵谱的方法。

首先，选择词人，分析作品，标注韵脚。我们看到的多数情况是转录好的韵脚字。不同的作者的韵脚字转录似乎不大一致，字体也各有出入，可能不是罗先生自己录入的，而是请了帮忙的人。在一些字旁边，有红字批注或更改，根据字体辨认，这些红字应该是罗先生自己的。

其次，给韵脚字标注音韵地位。当然是依据《广韵》来标注了。我们也看到，这些标注一般是红笔，所以大概是罗先生自己做的，但是也有不少改动的地方。

再次,归部。就是把这些不同的韵脚字按照其押韵分别归入各自的部类。

手稿的进展各不相同,大致看来最快的只做到归部这一步,下一步应该是总结分部、系联韵字、制作韵谱。但是很遗憾,罗先生当时没有来得及做到这一步。

四 罗常培未刊稿的特点

在整理罗常培未刊稿的过程中,发现这些文稿给人留下很深的印象。集中起来看,这些印象可以略述如下:

(一)眼界开阔,旁征博引

罗先生的学术视野很开阔,他讲语音学处处可见方言资料的搜集,每一个音都找到在方言里的出现情况,可以让方言区里的学生对这个音有准确和直观的把握。在介绍国际音标的时候,同时介绍林语堂的方言音标,并把两者做了详细的比较。罗先生引用的书籍范围非常广泛,中外古今,随手而来。中国的古籍他已经非常了解,外文的资料也掌握得很多。他在一个讲音韵学的讲义里列举了很多西方人研究汉语的著作,占据 11 页稿纸。

罗先生的理念也很开放,虽然他在学界已经有很高的地位,但他从来不故步自封,因循守旧,而是对新的材料、新的方法、新的尝试,都亲自体验。比如,他能够把西方的语言学理论运用到汉语实际中去,能够理解方言和通语是一种共生和转化关系,因此愿意去着手进行方言调查和古方言考订。不固守书本知识,不排斥活的方言研究。在研究材料上,除了传统的韵书、韵图,罗先生对方言资料很重视,对梵语、藏语资料也很重视,在讲义里经常出现。对于日语、朝鲜语汉字音,也很重视,常引用来作为汉语古音考订的佐证。

(二)吉光片羽,注重实际

讲义里有很多小问题,罗先生都能临时聚焦,给这个小问题一个合理的解释。例如,明代等韵学有本书叫《篇韵贯珠集》,其中的"篇韵"分别指两本书。这种"篇韵"配合的惯例是哪里来的呢?罗先生据《明成化七年九月万安重刊考订五音篇韵》做了解释:

> 篇韵沿革
> 丁度修《集韵》 司马光为《类篇》
> 李焘《类韵编》
> 金王与祕推广玉篇区其画段为《篇海》[3]

---

[3] 王与祕,应指:王太与祕祥,此乃《五音篇韵》引述之误。

荆璞取司马之法添入集韵随母取切。（大金皇统年间）

韩孝彦改玉篇归于五音,逐三十六字母取切为最妙,复述论图词颂置诸篇首以便检阅。

韩道昭"见韵中门法多杂,即声相协散在别音者,亦加改併。如以幽随尤,以添随盐,臻随真,谭随谈,啸随笑之类是已"。

重刊本"凡三缮稿俱出思宜一手。自成化丁亥上亢日为始,至辛卯午日方克就绪"。

以上均成化七年九月万安重刊考订五音篇韵总序。

罗先生学习西方语言学,不是生搬硬套的。大到一些语音规律,小到几个国际音标的练习,罗常培都能与汉语实际联系起来,语音、词汇,方音、雅言,信手拈来。例如：

  e＝紧 e,法 ete

  e＝宽 e,英"let","妹妹"

  ε＝开 e,法"mais"。上海"蛮好"的"蛮"。

  æ＝很开的 e,英文"land"（"产三"）

(《音韵学第一本》)

这里是在传授几个前元音的发音。由于汉语的前元音不丰富,所以罗先生把几个前元音都跟[e]挂上钩,然后分别用紧、宽、开、很开来区别它们。再举一些具体的发音例子,让学生有语音感受。

罗先生的讲义中有大量的外文文献,但是他的引文不是食洋不化,而是融会贯通。

  a）regressive

  1. Lat. reregrinccs"foreigner, stranger"＞Romance

   *Pelegrinccs,＞gtl. Rellegrino＞E. pilgrim

  2. Lat. quimque['kui:nkwe]"five"＞Romance[ki:nkwe]

   ＞gtl. cinque[Činkwe]＞F. cinq[s-k]

  3. 凡 bjĭwem 汕线 huam

   品 p'jĭm   乐会 t'im

   熊 xjŭiəm＞hjm＞厦门 him

罗先生在讲 regressive 的规律的时候,不仅举西方语言的例子说明历史语言学的规律,而且列举古代汉语、汉语方言,进一步跟汉语实际结合起来。

（三）经验之谈,人文流露

罗先生在教学过程中有很多经验之谈,这些在书中或者论文中是不容易见到的。

但是在他的讲义里有很多。这里举学习国际音标的几个例子：

a. 告诉学生如何记忆这些国际音标的元音

　　练习以上元音最清楚的法子是凡后元音先练习圆唇的一类，然后去其圆唇以得其相对的不圆唇的音。

　　凡前元音及中元音先练习不圆唇的一类，然后加以圆唇（同时不变舌势）自可得其相对的圆唇的音。

　　可以后元音以圆唇为主，中元音、前元音以不圆唇的为主。

（《音韵学第一本》）

b. 传授学习技巧

　　怎样学习较难的音标

　　1. 抽象学习

　　2. 由记音中陆续增补

　　3. 从已有文字的少数族语中对照

（《音韵学第一本》）

c. 总结经验、指导实践

　　一九四九，十二，六，下午记音学

　　总结记音经验

　　一、以往的缺陷

　　二、可得到的反映

　　三、第二步的训练方法

　　1. 记熟已学习的音标

　　2. 分组听音标录音

　　3. 分组练习听写

　　4. 开始用 I.P.A[4] 记音

　　5. 重新编组或换发音人

（《音韵学第一本》）

d. 一些记录可以体现罗常培宽严相济的处事风格

　　1950.1.5 语音学回答问题

　　1. I.P.A 不能注音，和普通字母不同

　　2. 联系实际不能普遍照顾

---

[4] I.P.A 是国际音标的缩写。

3. 语言学的需要已有事实证明

4. 温书时应加强联系

5. 考试不能免,方法可协商

  默写、解释音标、填注音标

  任写自己所学的一段语言

民主评定。一二理论题

(《音韵学第一本》)

  这几则记录刚好都是解放军进驻北京之后不久写的,可见当时的北京大学中文系还是在紧锣密鼓学语音。

五　更多的资料待整理

  罗常培先生早年学习速记,在袁世凯的国会做记录员,所以他的速记功夫很扎实。在做课堂笔记的时候,罗先生也是先速记,然后回家整理的。目前我们看到的手稿,没有速记稿本,都是整理好的。罗先生在他的《自传》里说:"在(北大)中国文学系三年间,……第一学年时,对钱玄同先生的音韵学感兴趣,可是也没有走对了路。……第二学年时,用功的重心放在刘师培先生的中古文学和中古文学史上面。在讲堂把他的'口义'用速记记录,回家又逐字逐句地翻译为文言。"[5]刘师培先生的《中古文学史》已经出版,所依据的就是罗先生的记录。

  罗常培的笔记还有哲学、文学、史学内容,这里仅仅介绍了语言学以及与之有关的部分,更多内容还有待继续整理。比如,大学时代笔记里有《中古史论》三册。书名"瑞安陈介石先生述,文科劄记之四,心田"。"心田"是罗常培的字,或写作"心恬"。说明这是他做的笔记。主讲老师是瑞安陈介石先生。查陈介石,名黻宸。据冯友兰《三松堂自序》:

  在我们中国哲学门里,有一位受同学尊敬的教授,叫陈黻宸(介石),他给我们讲中国哲学史、诸子哲学,还在中国历史门讲中国通史。据说,他是继承浙江永嘉派的人,讲历史为韩侂胄翻案。他说,到了南宋末年,一般人都忘了君父之仇,只有韩侂胄还想到北伐,恢复失地。他讲的是温州那一带的土话,一般人都听不懂,连浙江人也听不懂。他就以笔代口,先把讲稿印出来,当时称为发讲义。他上课时候,登上讲台,一言不发,就用粉笔在黑板上写,写得非常之快,学生们抄都来不及。

---

[5]　罗常培《罗常培文集》第十卷,第 302—303 页,山东教育出版社,2008 年。

下堂铃一响,他把粉笔一扔就走了。妙在他写的跟讲义上所写的,虽然大意相同,但是各成一套,不相重复,而且在下课铃响的时候,他恰好写到一个段落。最难得的,是他有一番诚恳之意,溢于颜色,学生感觉到,他虽不说话,却是诚心诚意地为学生讲课,真是像《庄子》所说的"目击而道存矣"的那种情况,说话倒成为多余的了。他的课我们上了一年,到1916年暑假后我再回北大的时候,听说他已经病逝了,同学都很悲伤。[6]

这里说到陈介石下世是在1916年,而罗常培考入北大是在1916年夏天。他居然记录了陈介石的三本课堂笔记!幸好这份笔记的扉页上有时间记录,第二本讲《孟子》的一部分,记录为"丁巳二月十三日"。可能罗常培在入北大以前,曾经去北大旁听?无论如何,罗常培记录的这份笔记,可能就是陈介石教授的最后著作!

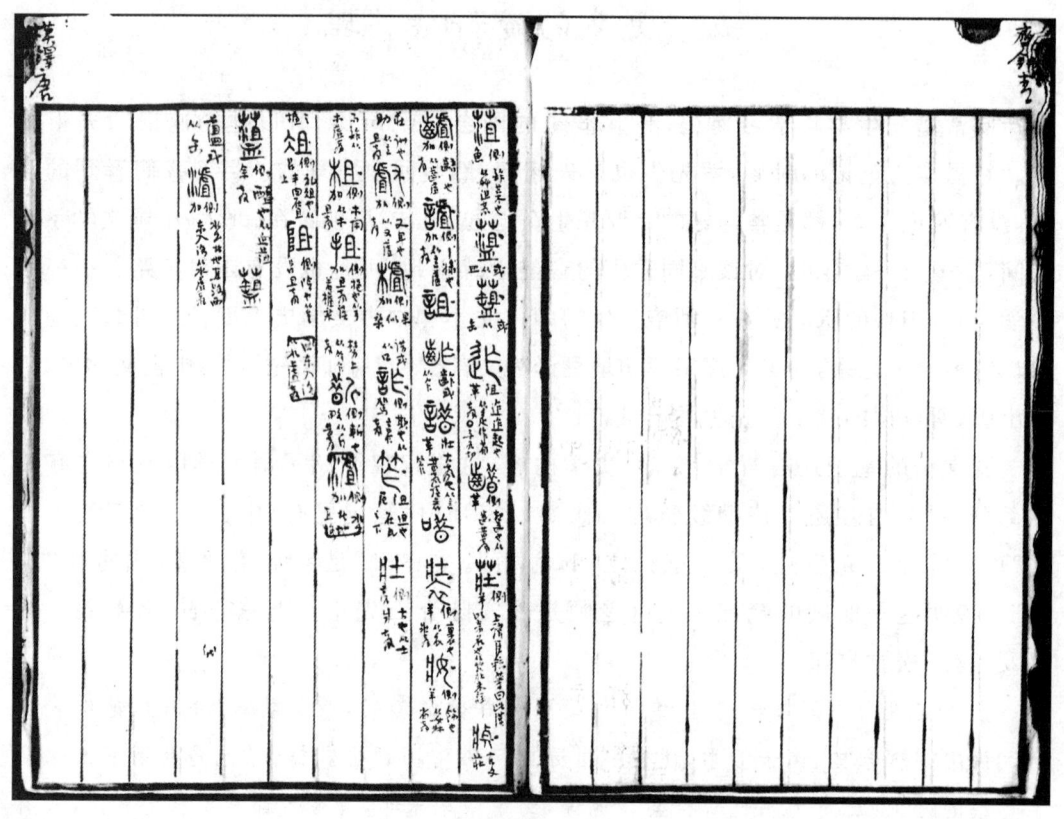

《声谱》插页

(高永安:中国人民大学文学院,100872,北京)

---

[6] 冯友兰《三松堂自序》第八章"北京大学",见《三松堂全集》第1卷,第268—269页,河南人民出版社,2001年。

论时令类典籍的目录学流变

刘全波　代金通

提要： 时令类典籍最先于《龙图阁书目》中独立门户，时令类典籍的独立主要与其自身的发展壮大有关。北宋之后，官私目录多设置时令类类目，如《崇文总目》《直斋书录解题》等，但是亦有诸多图书目录，尤其是官修目录，并未设置时令类类目，如《新唐书·艺文志》等。究其原因，主要是时令类典籍与农家类典籍之间的密切关系，使部分图书目录将时令类典籍归入了子部农家类之中，但是随着时令类典籍的发展壮大，时令类与农家类之间的距离越来越大。明清时期，时令类之独立地位渐渐不再受到质疑，时令类典籍完全摆脱了农家类的桎梏，终于彻底独立门户于史部之下。

关键词： 时令　岁时　月令　目录　流变

时令类典籍又被称为岁时类典籍，宋以后尤其是明清时期，诸图书目录中多称之为时令类典籍。北宋以前尤其是隋唐以前，时令类典籍数量较少，故在图书目录中无独立地位，不得不暂居于相近的类目之下，如子部农家类和子部杂家类。

《隋书·经籍志一》载：

《月令章句》十二卷。汉左中郎将蔡邕撰。[1]

汉末马融，遂传小戴之学。融又定《月令》一篇。[2]

《隋书·经籍志三》载：

《玉烛宝典》十二卷。著作郎杜台卿撰。[3]

《四时录》十二卷。[4]

---

[1]《隋书》卷32《经籍志一》，第922页，中华书局，1973年。
[2] 同上书，第925页。中华书局点校本随文注释〔二一〕载："融又定《月令》一篇。'定'原作'足'，据《通典·礼典序》改。"匿名审稿专家建议，此处当是"足"字。《隋书·经籍志》："戴圣又删大戴之书，为四十六篇，谓之《小戴记》。汉末马融，遂传小戴之学。融又足《月令》一篇、《明堂位》一篇、《乐记》一篇，合四十九篇。"这是说马融在四十六篇基础上补足三篇，为四十九篇。"定"则不是这个意思。然笔者认为，"定""足"皆通，"定"字更直接明了，故依旧采纳沿袭中华书局点校本，不做改动。
[3]《隋书》卷34《经籍志三》，第1008页。
[4] 同上。

《四人月令》一卷。后汉大尚书崔寔撰。[5]

《春秋济世六常拟议》五卷。杨瑾撰。梁有《陶朱公养鱼法》《卜式养羊法》《养猪法》《月政畜牧栽种法》，各一卷，亡。[6]

诚然，《隋书》中虽然已经著录了诸多岁时月令类典籍，但是由于数量少、影响弱，故岁时月令类典籍只能依附于相近的类目之中。《隋书》之后的《旧唐书》亦是如此。由此可见，虽然岁时月令类典籍在不断地向前发展，代有新书，但是直至唐代，岁时月令类典籍还没有引起图书编目人员的注意，还在不断地被附列于近似的子目中，大趋势亦有二种，即：内容偏农书的被置于子部农家类；内容偏风俗、民俗的被置于子部杂家类。

一　时令类典籍的独立

《别录》《七略》是刘向、刘歆父子编纂的最早的图书目录，其内容与体例被《汉书·艺文志》所继承，虽然《别录》《七略》已经散佚，但是我们仍然可以通过《汉书·艺文志》来了解它们。《汉书·艺文志》下有六艺略、诸子略、诗赋略、兵书略、术数略、方技略，六艺之下又分易、书、诗、礼、乐、春秋、论语、孝经、小学，诸子下分儒家、道家、阴阳家、法家、名家、墨家、纵横家、杂家、农家、小说家，诗赋分赋、杂赋、歌诗，兵书则分为兵权谋、兵形势、兵阴阳、兵技巧四类，术数分为天文、历谱、五行、蓍龟、杂占、形法六类，方技分为医经、经方、房中、神仙四类。很显然，在这个分类体系中，岁时月令类典籍是没有独立地位的。魏晋南北朝时期，官私图书目录逐渐增多，《中经》《中经新簿》《七志》《七录》等相继而出，但是纵观此时期的图书目录，仍然是没有时令类或者岁时类的地位，岁时月令类典籍继续被置于相近的子目之中。

关于时令类的设立时间，前人已有相关探讨。陈振孙认为始于《中兴馆阁书目》[7]，《宋中兴国史艺文志》从其说[8]，李致忠《三目类叙释评》亦从其说[9]。姚名达则认为岁时与时令同为一类，岁时始于《崇文总目》。[10] 张子侠、张永瑾、何发延、徐有

---

[5]　《隋书》卷34《经籍志三》，第1010页。
[6]　同上。
[7]　陈振孙撰，徐小蛮、顾美华点校《直斋书录解题》卷6《时令类》，第190页，上海古籍出版社，2015年。
[8]　马端临《文献通考》卷201《经籍考二十八·史》，第1680页，中华书局，1986年。
[9]　李致忠《三目类序释评》，第306页，北京图书馆出版社，2002年。
[10]　姚名达《中国目录学史》，第82页，商务印书馆，2014年。

富诸位先生皆因袭其说。[11] 其实,在史部设立时令类的做法,最早见于《龙图阁书目》,其史传阁下之"岁时类"即为"时令类"之权舆。

《续资治通鉴长编》载:"诏三馆写四部书二本来上,一置禁中之龙图阁,一置后苑之太清楼,以备观览。"[12] 可见,龙图阁建阁当早于咸平二年三月。龙图阁建阁目的是"以奉太宗御集"[13],但"龙图阁藏书的最大来源,应当是真宗时期的大规模写书和校书"[14]。程俱《麟台故事》载:"以馆阁官少,令吏部流内铨选幕职州县官有文学者赴馆阁校勘群书,乃择取馆陶尉刘筠、宛丘尉慎镛、鄌乡尉沈京、安丰令张正符、上蔡尉张遵、固始尉聂震、桐城主簿王昱等入馆校勘。正符未卒业而死。景德初,写校毕,进内。"[15] 经过校勘,龙图阁藏书最为精详。

对于七卷本《龙图阁书目》的完成时间,王重民在《中国目录学史论丛》中指出为"公元1007—1008年"[16],即真宗景德四年至大中祥符元年。而赵庶洋则认为《龙图阁书目》的编纂始于景德元年(1004)十月真宗以杜镐、戚纶为龙图阁待制一事,历时六个月,至景德二年(1005)四月完成。[17] 此前龙图阁藏书已编太宗御集之目录,而四部藏书也经过精校入藏,当已有分类,故而《龙图阁书目》成书较快。

《龙图阁书目》虽已亡佚,但是在《玉海》《续资治通鉴长编》等书中都有记述,其基本分类情况仍可考知。

> 景德二年四月戊戌,幸龙阁,阅太宗御书,观诸阁书画。阁藏太宗御制御书并文集总五千一百十五卷轴册。下列六阁:经典总三千三百四十一卷(目录三十卷,正经、经解、训诂、小学、仪注、乐书),史传总七千二百五十八卷(目录四百四十二卷,正史、编年、杂史、史抄、故事、职官、传记、岁时、刑法、谱牒、地理、伪史),子书总八千四百八十九卷(儒家、道书、释书、子书、类书、小说、算术、医书),文集总七千一百八卷(别集、总集),天文总二千五百六十一卷(兵书、历书、天文、占书、六壬、遁甲、太一、气神、相书、卜筮、地理、二宅、三命、选日、杂录),图画总七百一轴卷册(古

---

[11] 张子侠、张永瑾《史部类目源流商榷》,《文献》1999年第3期,第184—190页;何发延《史部目录的变与不变——从〈隋书·经籍志〉到〈四库全书总目〉》,《延安大学学报(社会科学版)》2009年第1期,第105—107页;徐有富《目录学与学术史》,第184页,中华书局,2009年。

[12] 李焘《续资治通鉴长编》卷44,宋真宗咸平二年(999)闰三月庚寅,第935页,中华书局,1995年。

[13] 高承撰、李国订,金圆、许沛藻点校《事物纪原》卷6《京邑馆阁部》,第329页,中华书局,1989年。

[14] 赵庶洋《宋景德二年〈龙图阁书目〉考》,《国家图书馆学刊》2014年第3期,第106页。

[15] 程俱撰、张富祥校证《麟台故事校证》卷2中《书籍》,第259页,中华书局,2000年。

[16] 王重民《中国目录学史论丛》,第102页,中华书局,1984年。

[17] 赵庶洋《宋景德二年〈龙图阁书目〉考》,第107页。

画上中品、新画上品。又古贤墨迹总二百六十六卷)。[18]

《龙图阁书目》采用了独特的分类法,多有创新之处,这些创新建立在唐宋社会、学术、思想急速转型的基础上,通常我们认为《崇文总目》开创的类例模式,事实上均是由《龙图阁书目》所创立,并对后世目录学产生了深远的影响。从这个角度来说,《龙图阁书目》标志着宋代目录学的开始。成书于景祐元年(1034)的《崇文总目》虽与《龙图阁书目》体例有较大的不同,但是其二级类目无疑受到了《龙图阁书目》的影响。

时令类目何以在《龙图阁书目》中立类?乔好勤认为这是与中国古代农本思想,北宋早期重视发展农业生产的政策相一致的。[19]张围东从其说。[20]徐有富认为这是宋代目录学家注意到时令类文献的史学价值的表现。[21]李致忠亦言:"这些书之内容上自国家典制,下至民间风俗,不专限于农事,隶于农家,实有不妥。故自《中兴馆阁书目》便一改前辙,于史部别立'时令类',以突现时令之书的丰富内容。"[22]姚名达有言:"分类之应用,始于事物,中于学术,终于图书。"[23]图书分类必然有其学术根源,古典目录中一个类目的确立,当有其社会根源与时代背景,岁时月令类文献能够在古典目录中获得一席之地,必与唐宋时代时令类典籍的增多息息相关。

二 时令类典籍的目录学流变

宋代流传至今的官修目录主要有《崇文总目》《秘书省续编到四库阙书目》《中兴馆阁书目》《中兴馆阁续书目》,这几部目录沿袭了《隋书·经籍志》的分类方法,除《中兴馆阁续书目》未设置时令类外,其余三部均于史部设置有时令类或岁时类,其中《崇文总目》《秘书省续编到四库阙书目》于史部第十一类设置"岁时类",而《中兴馆阁书目》则在史部第十二类设置"时令类"。《崇文总目》"岁时类"[24]与《中兴馆阁书目》"时令类"[25]各著录十五部典籍,然而比较这两个类目,可以发现两目所收书籍仅《金谷园记》《时鉴

---

[18] 王应麟撰,武秀成、赵庶洋校证《玉海艺文校证》卷18《祥符龙图四部书景德六阁图书》,第872页,凤凰出版社,2017年。
[19] 乔好勤《中国目录学史》,第186页,武汉大学出版社,1992年。
[20] 张围东《宋代〈崇文总目〉之研究》,第99页,花木兰文化工作坊,2005年。
[21] 徐有富《目录学与学术史》,第184页。
[22] 李致忠《三目类序释评》,第306—307页。
[23] 姚名达《中国目录学史》,第52页。
[24] 王尧臣等撰,钱东垣等辑释,钱侗撰附录《崇文总目》卷2《岁时类》,《丛书集成初编》第22册,第103页。
[25] 陈骙等撰,赵士炜辑考《中兴馆阁书目辑考》,《宋元明清书目题跋丛刊·宋代卷》第1册,第23页,中华书局,2006年。

新书》《岁华纪丽》《秦中岁时记》四书相同,反映出两目对于时令类典籍的理解多有不同。

宋代曾编纂四部国史艺文志,分别为太祖、太宗、真宗三朝的《三朝国史艺文志》,仁宗、英宗两朝的《两朝国史艺文志》,神宗、哲宗、徽宗、钦宗时期的《四朝国史艺文志》,南宋时期的《中兴国史艺文志》,均已亡佚。民国年间赵士炜对其进行了辑佚,据辑佚本,《三朝国史艺文志》农家类序释载:"岁时者,本于敬授平秩之义。殖物宝货著谱录者,亦佐助衣食之源,故咸见于此。"[26]可知,该志将时令类书籍并入了农家类,未设置时令类或岁时类。《中兴国史艺文志》则载:"前史时令,皆入子部农家类,惟《中兴馆阁书目》别为一类,列之史部;以诸家之所载,不专为农事故也。今从之。凡十七家,十八部,一百九十九卷。"[27]可见,该目于史部设置了时令类,共著录十八部典籍。其余两目是否设置时令类尚不能考知。

《新唐书·艺文志》编纂于嘉祐五年(1060),晚于《龙图阁书目》,然而这一目录并未设置时令类。更为重要的是,《新唐书》将时令类典籍集合后附入了子部农家类,并且不是简单的附入,而是图书编目人员经过认真考察后做出的决定。因为我们去看《新唐书》子部农家类之下的部分典籍,尤其是时令类典籍,它们在《隋书》《旧唐书》中是处于子部杂家之中的,而《新唐书》的编纂人员将之归类后,整体纳入了子部农家类。或许《新唐书》的编纂人员还会将此事作为自己的创新,因为他们从杂家等类目之中,把具有共性的时令类典籍全部抽取出来,置于与其有莫大渊源的农家之下,本身就是一个非常有意义、有价值的尝试,并且从此之后,农家类收录时令类典籍也成为一个传统,多被后世学者所继承。

宋代诸官修目录对于时令类典籍是否需要独立门户的讨论与实践,可以说是非常热烈,并且直接影响了此时代的其他目录编纂,如晁公武《郡斋读书志》、尤袤《遂初堂书目》[28]没有给时令类独立门户的机会,而陈振孙《直斋书录解题》则在史部之下设时令类,为第十一类。该目时令类共著录《夏小正传》《荆楚岁时记》《锦带》《玉烛宝典》《金谷园记》《秦中岁时记》《咸镐故事》《千金月令》《韦氏月录》《岁华纪丽》《国朝时令集解》《岁时杂记》十二部典籍。[29]

---

[26] 赵士炜辑,陈锦春、马常录整理《宋国史艺文志》,王承略、刘心明主编《二十五史艺文经籍志考补萃编》第20卷,第498页,清华大学出版社,2014年。

[27] 赵士炜辑,马常录整理《中兴国史艺文志》,王承略、刘心明主编《二十五史艺文经籍志考补萃编》第20卷,第537页,清华大学出版社,2014年。

[28] 晁公武撰,孙猛校证《郡斋读书志校证》,上海古籍出版社,2011年;尤袤《遂初堂书目》,《丛书集成初编》第32册,商务印书馆,1939年。

[29] 陈振孙撰,徐小蛮、顾美华点校《直斋书录解题》卷6《时令类》,第189—192页。

郑樵所撰《通志·艺文略》体例仿《隋志》，材料主要依据《汉书·艺文志》《隋书·经籍志》《新唐书·艺文志》等。《艺文略》首分经类、礼类、乐类、小学类、史类等十二类，其史类下未设置时令家，但是礼类下设月令家，又分古月令、续月令、时令、岁时四小家，其中"古月令"著录《夏小正》、蔡邕《月令章句》、戴颙《月令章句》《御刊定礼记月令》《月令疏》《周书月令》《月令图》七部，"续月令"著录《四民月令》《孙氏千金月令》《月令并时训诗》《复月令奏议》《月令诗》《乘舆月令》《十二月纂要》《十二月鉴》《纂要月令》《保生月录》《齐民月令》《日书》十二部，"时令"著录丁度题《国朝时令》、贾昌朝重定《国朝时令》《时鉴新书》《四序总要》《四时纂要》《四时记》《王氏四时录》《四时总要》《续时令故事》九部，"岁时"著录《荆楚岁时记》《玉烛宝典》《楚苑实录》《金谷园记》《秦中岁时记》《岁华纪丽》以及徐锴撰《岁时广记》《岁中记》《岁时杂录》九部，"凡月令四种，三十七部，二百七十四卷"[30]。

纵观宋代几部图书目录中对待时令类典籍的态度，主要分为两种，并且影响都很大：第一种是将时令类典籍独立于史部之下，如《崇文总目》《秘书省续编到四库阙书目录》《中兴馆阁书目》《中兴国史艺文志》等；第二种就是将时令类典籍汇总后附于子部农家类，如《三朝国史艺文志》《新唐书·艺文志》等。这两种分类法，在当时都是有进步意义的，都是当时的图书编目人员经过深思熟虑之后的结果，都有价值。独立门类体现了时令类典籍的特色，附入农家则体现了时令类典籍与农家类典籍之间的亲密关系，因为部分时令类典籍无疑是具有农书性质的。此外就是郑樵《通志》对时令类典籍的分类法，虽然郑樵将时令类典籍置于礼类月令家是特例，但是仍然可以看出他的良苦用心，因为如前文所言，《隋书》中的《月令章句》的确是被置于经部的，而郑樵必然是依据这个先例做出的分类，他将所有的时令类典籍汇聚起来，且进行了细致的内部分类，亦是大功一件，据此我们也知晓了郑樵时代时令类典籍的数量与规模。

元代脱脱等修撰《宋史》，史部共分十三类，未设置时令类，应是受《新唐书·艺文志》影响的缘故。马端临《文献通考·经籍考》于史部第十一类设时令类，立类缘由为援引《宋中兴国史艺文志》之观点，共著录《夏小正》《荆楚岁时记》《锦带》《玉烛宝典》《岁华纪丽》《保生月录》《金谷园记》《秦中岁时记》《咸镐故事》《辇下岁时记》《千金月令》《国朝时令》《岁时杂咏》《岁时杂记》十三部典籍。[31]

---

[30] 郑樵《通志》卷 64《艺文略第二·礼类第二·月令》，第 764—765 页，浙江古籍出版社，2000 年。

[31] 马端临《文献通考》卷 206《经籍考三十三·时令》，第 1706—1708 页。

明代的《内阁藏书目录》《行人司书目》《秘阁书目》《文渊阁书目》均未采用四部分类法，亦未设置时令类。[32]《国史经籍志》为明朝焦竑据旧目整理修撰而成，分为制书、经、史、子、集五部，时令类为史部第八类，共著录《夏小正》《四民月令》《孙氏千金月令》《月令并时训诗》《复月令奏议》等三十八部典籍。[33] 清人所编《明史·艺文志》主要著录有明一代的史籍，但未设置时令类[34]，当是受《新唐书》《宋史》影响的缘故。

《四库全书总目》是清代官修目录集大成者，对前代的古典目录有一定的继承性，在体例、分类及提要方面均受到前代的启发和影响。时令类目在《四库全书总目》史部中处于第十位，著录《岁时广记》和《御定月令辑要》两种，存目共收《四时宜忌》《四时气候集解》《月令通考》《月令广义》《节宣辑》《养余月令》《日涉编》《广月令》《古今类传岁时部》《节序同风录》《时令汇纪》十一种。[35]《四库全书总目》作为反映清朝统治正统思想的官修目录，它没有像元、明时期的官修目录一样，忽视时令类的发展，而是继承《龙图阁书目》一派的做法，在史部为时令类文献单独立类，可见时令类在清代已具有较稳定的学术地位。

民国时期编订而成的《清史稿·艺文志》应该就是受到了《四库全书总目》的影响，提升了时令类典籍的地位。《清史稿·艺文志》史部共分十六类，时令类为第十类，著录《月令辑要》《古今类传岁时部》《时令汇纪》《月日纪古》《节序同风录》《七十二候考》《月令粹编》《二十四史日月考》《古今冬至表》《四时纂要》十部。[36]

纵观宋元以至明清时期的官修目录与史志目录，时令类自《龙图阁书目》创立后，并未形成一统天下的局面，其原因是将时令类典籍附于子部农家类仍然有较大的市场，因为部分时令类的典籍的确毫无置疑地具有农书的性质，如《月令章句》《月令疏》《周书月令》《月令图》《四民月令》《孙氏千金月令》《月令并时训诗》《复月令奏议》《月令诗》《乘舆月令》《十二月纂要》《十二月鉴》《纂要月令》《保生月录》《齐民月令》《国朝时令》《四时纂要》《四时记》《王氏四时录》《四时总要》《续时令故事》等，这些典籍中多有关于农业生产的内容，被置于子部农家类是可以接受的。但是随着时令类典籍的发展，尤其是其规模与数量大幅度增长之后，继续附于子部农家类就会有喧

---

[32] 张萱《内阁藏书目录》、徐图等撰《行人司重刻书目》、钱溥录《秘阁书目》、杨士奇《文渊阁书目》，见冯惠民、李万健等选编《明代书目题跋丛刊》，书目文献出版社，1994年。

[33] 焦竑《国史经籍志》卷3《时令》，王承略、刘心明主编《二十五史艺文经籍志考补萃编》第23卷，第157—159页，清华大学出版社，2014年。

[34]《明史》卷96《艺文志一》，第2344页，中华书局，1974年。

[35] 永瑢等《四库全书总目》卷67《史部二十三·时令类》，第592—594页，中华书局，1965年。

[36]《清史稿》卷147《艺文志三》，第4335页，中华书局，1977年。

宾夺主的嫌疑,纯正的农书就会有意见,而图书编目的过程中就需要考虑是否给它们一个独立的地位,使之可以源清流晰,这也是大量图书目录不断提升时令类典籍的地位原因。而官修图书目录更多地需要考虑传统与惯例,故宋元明清时期的官修目录仍然是采取《新唐书》的模式,不给时令类以独立地位。但是清代学者在整理图书尤其是编修《四库全书》的过程中,再次发现了时令类典籍的特点与特殊之处,故在《四库全书总目》中再次确认了时令类典籍的独立地位,并被后来的图书目录所继承,而《四库全书总目》之所以如此重视时令类典籍,亦当与明清以来诸私家目录不断提升时令类典籍地位的实践与努力有关。

百川书志	玄赏斋书目	千顷堂书目	也是园藏书目录	读书敏求记
正史、编年、起居注、杂史、史钞、故事、御记、史评、传记、职官、地理、法令、时令、目录、姓谱、史咏、谱牒、文史、野史、外史、小史	正史、编年史、史学、杂史、故事职官、仪注、刑法、谥法、国玺、家礼、职掌、营建、时令、货宝、器用、酒茗、食经、种艺、豢养、传记、仙佛、列女、冥异、地理志、谱牒、书目、制书、实录、敕修、国纪、国朝传记	国史、正史、通史、编年、别史、霸史、史学、史钞、地理、职官、典故、时令、食货、仪注、政刑、传记、谱系、簿录	正史、通史、编年、史论、通历、杂史、故事、职官、仪注、谥法、国玺、家礼祭仪、射仪、执掌、营建、律令、法守、时令、货宝器用、酒茗、食经、种艺、豢养、传记、忠义、节孝、名臣、遗民、仙佛、神、列女、校书、科第、冥异、地理志、谱牒、姓氏、年谱、总目、明史部	史、时令、器用、食经、种艺、豢养、传记、谱牒、科第、地理舆图、别志

通过上表可以看出,高儒《百川书志》、董其昌《玄赏斋书目》、黄虞稷《千顷堂书目》、钱曾《也是园藏书目录》及《读书敏求记》五部目录于史部设置了时令类。[37] 此外,祁承㸁《澹生堂藏书目》虽然未在史部下的二级类目中设置时令类,但是在政实类之下设有时令、食货、刑法、官守、事宜等几个三级类目。[38] 陈第《世善堂藏书目录》将时令类设置于各家部第三类。[39]《徐氏红雨楼书目》则在经部中同时设置礼类与月令两个二级类目。[40] 仅分经史子三部的《述古堂书目》则于子部下设岁时类。[41] "时令类"的不同

---

[37] 高儒《百川书志》、董其昌《玄赏斋书目》,见冯惠民、李万健等选编《明代书目题跋丛刊》,书目文献出版社,1994年;黄虞稷撰,瞿凤起、潘景郑整理《千顷堂书目》,上海古籍出版社,2001年;钱曾《也是园藏书目录》,《丛书集成续编》第68册,上海书店,1994年;钱曾撰,丁瑜点校《读书敏求记》,书目文献出版社,1984年。

[38] 祁承㸁《澹生堂藏书目》,见冯惠民、李万健等选编《明代书目题跋丛刊》。

[39] 陈第《世善堂藏书目录》,见冯惠民、李万健等选编《明代书目题跋丛刊》。

[40] 徐燉《徐氏红雨楼书目》,上海古籍出版社,2005年。

[41] 钱曾《述古堂书目》,《丛书集成初编》第36册,商务印书馆,1939年。

归属，反映出各家对于时令类认识的不同，诸目录于不同的部类设置"时令类"，反映出时令类已成为明代私修目录类目中重要的一个类目。

孝慈堂书目	郑堂读书记	开有益斋读书志	铁琴铜剑楼藏书目录	皕宋楼藏书志	八千卷楼书目	万卷精华楼藏书记	善本书室藏书志	抱经楼藏书志
正史、通史、编年、杂史、史学、史传记、政事、职官、谥法、国玺篆刻、家礼、职掌、律令、时令、宝货器用、酒茗食品、树艺豢养、遗逸、仙佛、校书、方舆郡邑、役行、属夷、川渎、名山、陵寝、名胜、人物、文献、谱牒、姓氏、年谱、书目	正史、编年、纪事本末、别史、杂史、诏令、奏议、传记、史钞、载记、时令、职官、政书、律历、目录、史评	正史、别史、奏议、史钞、载记、时令、地理、职官、政书、目录	正史、编年、纪事本末、别史、杂史、诏令奏议、传记、史钞、载记、时令、地理、职官、政书、目录、史评	正史、编年、纪事本末、别史、杂史、诏令、奏议、传记、史钞、载记、时令、地理、职官、政书、目录、史评	正史、编年、纪事本末、别史、杂史、诏令、奏议、传记、史钞、载记、时令、地理、职官、政书、目录、史评	正史、编年、纪事本末、别史、杂史、诏令、奏议、传记、史钞、载记、时令、地理、谱牒、职官、政书、金石、目录、史评	正史、编年、纪事本末、别史、杂史、诏令、奏议、传记、史钞、载记、时令、地理、职官、目录、史评	正史、编年、纪事本末、别史、杂史、奏议、传记、史钞、载记、时令、地理、政书、职官、目录、史评

通过上表可以看出，《孝慈堂书目》《郑堂读书记》等九家于史部设置了时令类[42]，并且随着时间的推移，诸图书目录对时令类典籍的认知越来越清晰，而时令类在史部中的位置与地位也渐渐固定，这反映了当时学术界对时令类典籍的认知出现了趋同性，这是时令类典籍地位得以确立的标志。此外，金檀撰《文瑞楼藏书目录》虽未于史部设置时令类，但于子部设置，为子部第十类。[43] 总之，明代的私修目录中已经大量设置时令类类目，但归属部类较为混乱，反映出私人藏书家，多认识到时令类典籍的独特性、重要性，但对这一类目的收纳去取多无共识；而清代的私修目录对于时令类典籍的认知已经渐渐形成共识，多将之置于史部之下，排名也较为固定。

---

[42] 王闻远《孝慈堂书目》、周中孚《郑堂读书记》，见《丛书集成续编》第 68 册，上海书店出版社，1994 年；朱绪曾《开有益斋读书志》，《清人书目题跋丛刊》七，中华书局，1993 年；瞿镛《铁琴铜剑楼藏书目录》，《清人书目题跋丛刊》三，中华书局，1990 年；陆心源《皕宋楼藏书志》，《清人书目题跋丛刊》一，中华书局，1990 年；丁立中《八千卷楼书目》，钱塘丁氏聚珍仿宋本影印本；耿文光《万卷精华楼藏书记》，《清人书目题跋丛刊》九，中华书局，1993 年；丁丙《善本书室藏书志》，《清人书目题跋丛刊》二，中华书局，1990 年；沈德寿《抱经楼藏书志》，《清人书目题跋丛刊》五，中华书局，1990 年。

[43] 金檀《文瑞楼藏书目录》，《丛书集成初编》第 34 册，商务印书馆，1939 年。

三 结语

综上所述,我们大致对时令类典籍的源流有了一个较为清晰的认知,时令类典籍是月令文献的余脉,是月令体裁或模式发展的结果。但是由于时令类典籍早期数量少、规模小,无法独立门户,故常常依附于相类似的子目之中,而随着时令类典籍的发展,引起了图书编目人员的注意,独立门户与附列农家之争遂起。其实,数量的增加是一类典籍获得独立的目录学位置与学术地位的基础,且典籍的分类本来就是人为划分的,古今学者多是根据实际,不断地对典籍进行分类调整,而只有对之进行一个相对准确、相对细致的分类,才可以更加充分地发现这类典籍的特点。历代学者对时令类典籍目录学位置的探讨,对于我们今天研究时令类典籍是十分有价值的。古人做学问,编制图书目录,多重实证,基本都是亲自调查的结果,少有妄谈者,故我们完全可以根据历代目录学材料来构建时令类典籍的发展史、流传史、演变史。

中国传统农业讲究精耕细作,需要进行较为周到可行的全年生产规划和逐月安排生产,"以时系事"的"月令"文献恰适应了这种需求。王毓瑚指出:"从重视农时这个传统思想出发,过去许多农学家用月令的体裁写出了农书,最早的要推崔寔的《四民月令》,以后像《四时纂要》《农桑衣食撮要》《经世民事录》《农圃便览》等等,层出不穷。"[44]王梦鸥也提出有农家月令之类学说的看法。[45]此外,尚有一些农书,"有关时宜的部分也是用以月系事的办法,把全年的生产活动做了安排,例如大型农书的《农政全书》《授时通考》;小型农书的《沈氏农书》《三农记》等,也都参照上述月令这个体例在卷首列出一项,突出讲述有关时宜的问题。另外就是记叙某一个方面农事技艺的农书,也用这种以月系事的体例,但它已不同于把一个农家全年生产和生活加以安排的那种农家月令书了。在这类书中既有全书通用这种体裁的,如清初徐石麒撰写的《花佣月令》;也有把月令体例部分列于卷首,而后又申论有关事宜的,像元代娄元礼编撰的《田家五行》"[46]。综上,可以看出月令体裁对中国古代农书的编纂有着重要的影响,不少农学家所编纂的农书皆采用了月令体裁,加之诸多时令类文献本身也杂有农事,因而时令类典籍在四部分类中就易于被归入农家类。

时令类典籍之不能继续依附于农家类的原因就是时令类的发展壮大,已经渐渐脱

---

[44] 王毓瑚《中国农学书录》,第847页,中华书局,1958年。
[45] 王梦鸥《三礼论文集》,第261页,黎明文化事业股份有限公司,1981年。
[46] 董恺忱《试论月令体裁的中国农书》,《北京农业大学学报》1982年第1期,第85页。

离了农家类之宗旨。崔寔所著的《四民月令》无疑是完全可以继续在农家类中存留的,并且当我们研究农书时,此类典籍亦是不可或缺的。但是随着时令类典籍的发展,出现了新的体例或者发展趋势,如宗懔所著的《荆楚岁时记》,他开创了岁时民俗志的记述体例,是我国第一部地域时间民俗志。宗懔采用《礼记·月令》、崔寔《四民月令》等"以时系事"的时令书的体裁,借鉴东汉应劭《风俗通义》、晋周处《风土记》等专记风俗之书的特点,融会贯通,专记荆楚一地之岁时民俗,著成了《荆楚岁时记》一书。[47]《荆楚岁时记》主要依据"人为"节日这一社会人文节点来描述民众的时间生活,尽管人文时间点与自然时节、农业活动有着密切的关系,但它毕竟已自成系统,已成为服务民众生活的时间标示体系,而这种以人文节点为标志点的时间体制,与农书迥然不同。并且《荆楚岁时记》的体例为后世学者所认同,后世代有仿作诞生,如《秦中岁时记》《辇下岁时记》《岁华纪丽》《岁时广记》《岁时杂记》《岁华纪丽谱》等,这些仿照《荆楚岁时记》的文献形成了中国古代时令类典籍的另一个传统,即"地方岁时记",而"地方岁时记"与农书之间的关系越来越远,且当此类典籍占据了时令类典籍的半壁江山之后,时令类典籍与农家类典籍之间的距离亦是越来越远,时令类与农家类之分离就成为必然。

(刘全波:兰州大学敦煌学研究所,730000,甘肃兰州;

代金通:南京大学信息管理学院,210093,江苏南京)

---

[47] 萧放《〈荆楚岁时记〉研究——兼论传统中国民众生活中的时间观念》,第152页,北京师范大学出版社,2000年。

《经典释文》"标举异文"类术语考辨

——兼谈《经典释文》基础研究中的层次问题

陈 菡

提要： "标举异文"是《经典释文》注释术语中的重要一类，前人研究较少。本文以"二重证据法"为指导，将《经典释文·周易音义》与上博简、阜阳汉简、马王堆帛书中的《周易》内容进行对勘，统析纸上与地下之异文，综合义、音、形和文献原意等明辨各异文类型，通过对"标举异文"类各术语所标注异文类型的统计分析，反向考察各术语的性质与地位，更进一步指出《释文》基础研究中易被忽视的层次问题。

关键词： 《经典释文》 异文 "标举异文"类术语 层次

一 引 言

唐陆德明所撰《经典释文》（以下简称《释文》）是音义书的集大成之作。自来对《释文》的使用与研究多集中于其所收录的注音、释义和异文材料，而对《释文》本身的注释术语、条例等基础研究则明显欠缺。"标举异文"是《释文》注释术语中的重要一类，然今所知见仅有黄侃（字季刚）先生的一段讨论：

> 《释文》标举异文，有许多说法。季刚先生说，凡云一本作、亦作、本又作、本或作、本或有的，都是陆德明亲眼看到了有这种本子；凡是说字亦作、字又作、字或作、又作的，都是原无此本，只是陆氏根据自己的理解、印象说的。至于说本今作、今本作、今经无此字、注无此字、一作某某反的，都是宋人根据自己所见到的当时的传本校正《释文》的话。这几个条例，清代卢文弨、阮元已经注意到了，但都不如季刚先生说得详尽明晰。

此段内容见于黄焯先生《关于经典释文》[1]一文。这是截至目前为止，关于《释文》标举异文的术语条例，讲得最为系统详悉的。在《经典释文汇校》一书前言，以及《经典释文略例》（未竟之作）中，黄焯先生亦有类似阐述，此处不再迻录。

---

[1] 陆宗达主编《训诂研究》（第1辑），第221页，北京师范大学出版社，1981年。

如上所示,《释文》标举异文的术语计有"一本作""亦作""本又作""本或作""本或有""字亦作""字又作""字或作""又作""本今作""今本作"等。黄侃先生将《释文》标举异文的术语整体分为"陆德明亲眼看到了有这种本子"和"原无此本,只是陆氏根据自己的理解、印象说的"两大类,后又补充了"今作"类的情况。关于先生两分之举,笔者深为赞同;但除去所补充的"今作"类外,笔者认为"某本作"和"某作"两类尤其值得关注。《释文》集录了汉魏六朝各家及诸书的注释成果,"某本作"和"某作"所占《释文》比重甚大,很有必要考辨下这对术语;且继两分之后,笔者认为对于有"本"类和无"本"类的内部还可再作探讨。

我们认为,"标举异文"类各术语的性质与地位主要取决于它们对本字的指明情况。这里所谈的"本字"不是文字学术语上的本字,而是相对于各家各本横出的"异文"而言的本字。严格来说,一部文献是有一个原本所在的,而随着历时的流传过程,古籍会经历反复抄写刻印,且此过程中还会出现有意的修改及无意的讹误,很多异文正是由此产生的。异文来源多样,性质不同,诸如原本之本字与古今字、俗别字、音通异文、义通异文等杂汇一处,我们说,陆德明作《释文》用各类术语来标举这些异文,则术语的使用与排布应当是有切实考量的。譬如有所本的异文与无从考源的异文,标以不同的术语,序以不同的位置;与之相对,有所本的异文较之无从考源的异文,势必更与原本之本字相合或音义关系更紧密,明本字率自然也会更高。值得关注的是,《释文》之外,出土文献中还散落着大量异文材料,将之纳进来,对于研究视角和研究材料来说,无疑都是极大的丰富。

故本文的研究思路为:以"二重证据法"为指导,将《释文》所录典籍内容与出土文献对勘,统析纸上与地下之异文,综合义、音、形和文献原意等明辨各异文类型,再据各术语标注异文类型(主要是明本字率)的统计情况来反向考察其在"标举异文"类术语中的性质与作用,进一步界定术语内涵。

二 "标举异文"类术语的来源与搜集

本文采用中华书局 1983 年影印的通志堂本《释文》[2]为研究底本,"因它保存宋刻规模,又清世诸师校语都依此本为说之故"[3]。对《释文》的校勘成果甚多,综合考量,

---

[2] 陆德明撰,黄焯断句《经典释文》(据通志堂本影印),中华书局,1983 年。
[3] 同上书,前言第 5 页。

本文决定以黄焯《经典释文汇校》[4]为主要参考对象,很大原因在于《汇校》以徐乾学通志堂本为底本,并以宋本与之对校,旁及唐石经、敦煌出土唐写本、影宋本,凡清世诸师校语尽皆录存,考校甚为精备。

《释文》所录十四部文献,从可对勘出土文献的全面性和系统性考虑,当以《周易》为最:《周易》分别见于战国竹书和汉代简帛,保存内容较多,基本完整,可搜集到更为全面的异文材料以综合对勘,故本文以之为考察范围。详见下:

表 1　出土简帛可对勘《周易》内容表

《释文》篇目	出土简帛	简帛中可对勘的典籍内容
周易(一卷)	上博简(十港藏)	《周易》(共涉 34 卦)
	阜阳汉简	《周易》(共涉 52 卦)
	马王堆汉墓帛书	《周易》(64 卦皆具),《易传》(含《系辞》等)

上海博物馆藏战国楚竹书《周易》是迄今为止所发现的最早一部《周易》。1994 年春流落于香港古玩市场,后由上海博物馆收藏。共 58 简,涉及 34 卦内容,计 1806 字。另有香港中文大学中国文化研究所藏《周易》残简一枝,可与上博藏第 32 号简完全缀合。

阜阳汉简《周易》,1977 年出土于安徽阜阳双古堆西汉汝阴侯夏侯灶(卒于汉文帝十五年,即公元前 165 年)墓。多有毁损,共整理出 752 片,计 3119 字(经文 1110 字+卜辞 2009 字)。与今通行本对勘,存有卦、爻辞的 221 片,分属 52 卦。

长沙马王堆汉墓帛书《周易》(又称《六十四卦》),1973 年 12 月出土于湖南长沙马王堆三号汉墓。今学者据出土的随葬木牍判断,该墓下葬于汉文帝前元十二年(公元前 168 年),又由《周易》经传避讳之例,推其当抄写于汉文帝之前的汉初时期。帛书《周易》保存较完整,64 卦皆具,然次序与今本不一。又经文后抄有《易传》,内有《二三子问》《系辞》《易之义》《要》《缪和》《昭力》;《易传》部分多涉及经文字句,故相关异文一并考虑进来。

另有学者相继整理出今通行本与各简帛典籍的异文对照表,这些亦是重要的参校对象,如刘大钧《今、帛、竹书〈周易〉六十四卦异文对照表》[5]、陈仁仁《四种版本〈易经〉异文表》[6]等。

此外,考虑到陆德明在注释时大都只摘录了被注字段,未刊经文全句,故笔者在具

---

[4] 陆德明撰,黄焯汇校,黄延祖重辑《经典释文汇校》,中华书局,2006 年。
[5] 刘大钧《今、帛、竹书〈周易〉综考》,第 172—191 页,上海古籍出版社,2005 年。
[6] 陈仁仁《战国楚竹书〈周易〉研究》,第 356—380 页,武汉大学出版社,2010 年。

体考辨时以中华书局1980年出版的阮元校刻本《十三经注疏·周易正义》[7]为经文原文征引对象。

三 "标举异文"类术语的整体考察

就对勘情况而言,笔者共统计到251条含有"标举异文"类相关术语的材料,其中标注出本字的共39条[8],相应的异文术语所涉材料基数为216条,这也正是本文考辨"标举异文"类术语的主要研究对象。下表为216条[9]的具体分布情况:

表2 "标举异文"类术语中明本字术语的分布及占比表

分类 统计	有"本"类				小计	无"本"类			小计	合计
	本亦作	本又作	本或作	某本作		某作	某书作	并作		
明本字术语数(条)	9	5	2	6	22	13	3	1	17	39
相应术语基数(条)	19	25	4	26	74	129	12	1	142	216
明本字术语数占各类本字总数比	41%	23%	9%	27%	100%	76%	18%	6%	100%	
明本字术语数占相应术语基数比	47%	20%	50%	23%		10%	25%	100%		
各类明本字术语总数占相应术语总数比	30%					12%				
备注:"某本作""某作""某书作"之"某"非实作"某"也,而是一种总体上的概称,即实际见于《释文》的是诸如"郑本作""马作""《说文》作"这样的情况。										

(一)有"本"、无"本"

表2中有"本"、无"本"二类相别分明,这也正与黄侃先生之说相合,即陆德明所谓"本"的概念即本子也,且陆氏凡称"本"者,当其亲见也。

---

[7] 阮元校刻《十三经注疏·周易音义》(据阮元校刻本影印),中华书局,1980年。

[8] 另有标注出本字的两条:一为"亦作"1条(若据黄侃先生之说,则"亦作"亦当归为有"本"类);一为"(某云)古文作"1条。因笔者对其归类存疑,且所涉数目很小,对后续的比例计算影响亦不大,故此处将之排除在外。

[9] 按,此216条与前举251条相差有35条,不将之纳入研究,有以下两点考虑:一是明本字是本文判断"标举异文"类各术语性质与地位的重要标准,而此35条分属的不同小类,未见一条明本字的情况;二是此35条相应术语即类似于脚注[8]中的"亦作""(某云)古文作",又如"字又作""古文作"等,本身归属为有"本"类还是无"本"类就值得商榷,将之纳入,易造成数据混乱,影响最终的判定。故为保证数据的明确性和有效性,遂将之排除在外。因此表格中所分的有"本"、无"本"两大类并不能说是涵盖了所有情况,只能说是尽可能包括了可以明确归类的所有有效情况。

就表2所统计到的39条明本字的术语数中,有"本"类的占22条,相应术语基数为74;无"本"类的占17条,相应术语基数则为142。从明本字的术语条数上看,有"本"类的比无"本"类的多,又此二类相应术语基数相差较多,故有"本"类的明本字率优势是相当明显的,二倍有余。

(二)"某本作"和"某作"

"某本作"和"某作"堪称有"本"、无"本"两大类各自的代表:"某本作"共26条,明本字数6条,明本字率为23%;"某作"共129条,明本字数13条,明本字率为10%。前者的明本字率比后者的二倍还多,这与有"本"类的30%明本字率对无"本"类的12%,情形十分相似。因此,黄侃先生虽然未曾展开论述"某本作"和"某作",但据表格统计情况来看,此二术语亦是对黄侃先生有"本"、无"本"两分之说的再次证实,并且我们认为,陆德明注释时加"本"字与否有切实考量。

首先,须明确"某本作"与"某作"的区别:"某本作"当是某注解家所本所作,"某作"则是某注解家所解所作。举例来谈:

①"动"字

《易·系辞》:"言天下之至动而不可乱也"。(79b)[10]

《释文》:"至动,众家本并然。郑本作'至赜',云:'赜当为动。'九家亦作'册'。"(31260201)[11]

②"险"字

《易·习坎》:"六三:来之坎坎,险且枕,入于坎窞,勿用。"(42c)

《释文》:"险,如字。古文及郑、向本作检。郑云:木在手曰检。"(24112203)

③"刖"字

《易·困》:"九五:劓刖,困于赤绂,乃徐有说,利用祭祀。"(59c)

《释文》:"刖,徐五刮反,又音月。荀、王肃本'劓刖'作'臲卼',云:不安貌。陆同。郑云:劓刖当为倪仉。京作劓劊。案《说文》:劊,断也。"(27181203)

---

[10] 小括号内的编号意在标明字头所在的原文背景,编号依次标出页码和所处的上、中、下三栏位置,如此处的79b即表示该引文位于《十三经注疏》第79页(内页)中栏。另,引文句读依《十三经注疏》本而断,因今采用的是新式标点,故再依照《周易注校释》(中华书局,2012)酌情改换之。

[11] 小括号内的编号意在标明字头在《释文》中的位置,编号依次标出外页、内页、列位和所属字位,如此处的31260201即表示该字头是位于《经典释文》第31页《周易音义》第26页第2列第1个被注字。另,标点本欲参考北大整理本《十三经注疏·周易正义》(内含《经典释文》),然辑考时发现其中多有错讹,相较之,蔡飞舟的硕士论文《经典释文周易音义疏证》(2012)中征引的《释文》内容所注标点更为确切,故以其为主要参考对象。

例①《释文》注释中郑所云"当为"即"当作",因为"称'为'称'作'是一样的,没有区别"[12]。如此,"(郑)云……当为(作)……"应属"某作"类,并与"郑本作"相对举,可知"某本作"与"某作"并不等同;且例①《释文》注释中前有"众家本并然",后有"九家亦作",互为参照,亦可证"某本作"与"某作"截然有别。此二术语的区别例①已有显露,例②则是对例①情况的补充("郑本作"与"郑云……曰……"所出字同,即皆是"检"),故综合这两例来看能更好地理解"某本作"和"某作"的术语内涵,即:郑玄在注解《周易》时必有所本,此即"郑玄本",郑玄据之言明己说,对该本所作字,或认同之(如例②作进一步申说),或新解之(如例①云当作另一字),均属"郑玄作",如此便有了所本与所解的不同。

明确"某本作"与"某作"的区别,有助于对《释文》注释内容的剥离与提取。譬如例③,集录了各家各本注释成果,相较于例①、例②,情况更为复杂,而按照"某本作""某作"的限定来剥离,则层次分明、观点立现:荀、王肃本作"臲卼",陆作"臲卼",郑玄本作"劓刖",郑玄作"倪仉",京作"劓劊"。

还须明确的是,造成"某本作"和"某作"术语内涵不同的关键即"某本作"之"本"的概念意义。有说陆氏所注"本"字为"原本、本来"之义的,笔者不赞成此观点,原因即在于,以"某本作"和"某作"来观察,假若"本"是取"原本、本来"之义,则此二术语的对举是十分奇怪的,但若我们将之理解成本子,就很好解释通了。又,冯浩菲《中国训诂学》[13]将"校异文所用基本校语"分为七类,其中第(3)(4)两类正与本文此处所探讨的"某本作"和"某作"相对应,笔者逐录其说于此(例略之):

(3)谓"A,某本作 B"或"A,本一作 B"

此类校语表示校者所罗致的各种副本中存在的与底本不同的异文,均为校者目验。有影响的本子标明姓号,称"某本",一般本子泛称"本"而已。陆氏《释文》中多此类校语,尔后一直沿用至今。如:……

(4)谓"A,依某人作 B"或"某人作 A,某人作 B"

此类校语具体记述底本与某人用字上的歧异,也是校者亲见。如:……

区别在于,冯浩菲是从校者角度逐一而论(3)(4)两类具体为何,本文则是还原到"某"的角度,进一步辨析了"某本作"和"某作"这两类的不同。

至此,我们认为,"某本作"之"本"约是传承至陆德明时代或陆氏本人所认为的"有影响的本子",且皆为陆氏亲见。也就是说,"某本作"是陆德明当时所见到的且认为有一定道理而应加以参照的各家注解所用本子的用字情况,而"某作"则是陆德明径取所

---

[12] 冯浩菲《中国训诂学》(全两册),第 146 页,山东大学出版社,1995 年。
[13] 同上书,第 147 页。

见各家注解之说的情况。

以上对"某本作"和"某作"术语内涵的具体分析,有多重意义,最直接的是对黄侃先生之说的补充和完善,我们因之对此二术语的内涵有了更确切的把握,这也对接下来的研究提出了更多要求,即其他术语内涵的辨析工作还有待展开;另一方面,也是对黄侃先生之说的进一步证实,其中又有两个信息点:一是再次显明了有"本"、无"本"两分的基本格局,二是更加确定了将陆德明所注"本"理解成"本子"义为佳。

四 有"本"类术语的内部考察

有"本"类、无"本"类两分是《释文》"标举异文"类术语的第一层次。而在这两大类内部,同样潜藏着层次问题。

接下来,我们就有"本"类内部进行考察。为便于观察,我们截取表2中的有"本"类部分,即下表:

表3 有"本"类术语明本字的分布及占比表

分类 统计	有"本"类				小计
	本亦作	本又作	本或作	某本作	
明本字术语数(条)	9	5	2	6	22
相应术语基数(条)	19	25	4	26	74
明本字术语数占各类本字总数比例	41%	23%	9%	27%	100%
明本字术语数占相应术语基数比例	47%	20%	50%	23%	

据表可知,在有"本"类的术语中,除去"本或作"外,其他三种术语总数较为接近,皆是 20 左右,且"本又作"与"某本作"的明本字率一为 20%,一为 23%,大致持平。相较之,"本亦作"的明本字率最高,为 47%,比率远超"本又作"与"某本作",这一情况不得不引起我们的重视。

就"本亦作"内部而言,这 19 条术语情况如下表:

表4 "本亦作"标举异文的详情表

《十三经·周易》	字头	《释文·周易音义》	简帛异文	异文定性	《释文》术语类型
小畜:九三,舆说辐。夫妻反目。(27a)	辐	輻,音福,本亦作輹,音服。马云:车下缚也。郑云:伏菟。(21050304)	帛本作"緮"	緮:本字。 緮—輹:通假—音近(旁纽同部)义近。 辐—緮:通假—音近(同组旁转)义近。 輹—輹:通假—音近(旁纽旁转)义近。	本亦作→本字(由帛本推知)。

续表

泰:九二,包荒,用冯河,不遐遗,朋亡。(28b)	荒	荒,本亦作巟,音同。郑注《礼》云:秽也。《说文》:水广也,又大也。郑读为康,云:虚也。(21051802)	帛本作"妧"	巟:本字。荒—巟:通假—音同。妧(妄)—巟:通假—音近(同部)。康—荒:通假—音近(喉音同部)义近。	本亦作→本字(荒行而巟废也)。
观:六二,阚观,利女贞。(36c)	阚	阚,苦规反,本亦作窥。(22080803)	帛本作"挽"	窥:本字。阚—窥:异体/通用/通假—音同义近形近。挽(规)—窥、阚:通假—音近(旁纽同部)。	本亦作→本字。
睽:上九,睽孤。见豕负涂,载鬼一车,先张之弧,后说之弧。匪寇婚媾,往,遇雨则吉。(51b)	弧	下弧,本亦作壶。京、马、郑、王肃、翟子玄作壶。(26150704)	竹本、帛本均作"壶"	壶:本字。弧:讹文—受上弧字影响/通假—音同。	本亦作→本字(竹帛为证)。
夬:九四,臀无肤,其行次且。牵羊悔亡,闻言不信。(57a)	次	次,本亦作趑,或作跜,《说文》及郑作趀,同七私反,注下同。马云:却行不前也。《说文》:仓卒也。下卦放此。(26162204)	竹本作"縥",帛本作"郪"	趀:本字。次—趀:省文/通假—音近(旁纽同部)。跜—趀:俗体。趑、縥、郪—趀:通假—音同。	本亦作→本字。
夬:九四,臀无肤,其行次且。牵羊悔亡,闻言不信。(57a)	且	且,本亦作趄,或作跙,同七余反,注下同。马云:语助也。王肃云:趑趄,行止之碍也。下卦放此。(27170101)	竹本作"疋",帛本作"胥"	趄:本字。且—趄:省文/通假—音近(旁纽同部)。跙—趄:俗体。胥—趄:通假—音近(旁纽同部)。疋—趄:通假—音近(齿音同部)。	本亦作→本字。
姤:姤,女壮,勿用取(释文作娶)女。(57b)	娶	娶,七喻反。本亦作取,音同,注及下同。(27170602)	竹本、帛本均作"取"	取:本字。娶:后起分别文。	本亦作→本字。
姤:九二,包有鱼,无咎,不利宾。(57c)	包	包,本亦作庖,同白交反。下同。郑百交反。虞云:白茅苞之。荀作胞。(27171003)	竹本作"囊",帛本作"枹"	庖:本字。包、胞、枹、囊—庖:通假—音近(旁纽同部)。	本亦作→本字。

续表

系辞：子曰：苟错诸地而可矣。(79c)	错	错，七故反。本亦作措。(31260901)	帛书作"足"	措：本字。错—措：通假—音同。足—错：通假—音近（旁纽旁转）。	本亦作→本字。
比：初六，有孚比之，无咎。有孚盈缶，终来，有它吉。(26a)	它	它，敕多反，本亦作他。(20042101)	竹本作"它"，帛本作"池/沱"	它：古今—今字。他：古今—古字。池/沱—它：通假—音近（旁纽同部）。	本亦作→古今之今字。
噬嗑：初九，履校灭趾（释文作止），无咎。(37a)	止	止，本亦作趾。趾，足也。(22082003)	帛本作"趾"，帛书《系辞》引作"止"	止：古今—古字。趾：古今—今字。	本亦作→古今之今字/后起分化字。
噬嗑：上九，何校灭耳，凶。(37b)	何	何，何可反，又音河，本亦作荷，音同，下同。王肃云：荷担。(23090202)	阜本作"何"，帛本作"荷"，帛书《易之义》引作"何"	何：古今—古字。荷：通假—音同→古今—今字。	本亦作→古今之今字。
习坎：习坎，有孚，维心亨，行有尚。(42a)	坎	坎，徐苦感反。本亦作埳。京、刘作欿。险也，陷也。(24111802)	帛本作"贛"，丁四新称帛书《易之义》作"劳"，未查见。	坎：本字。埳：俗体。欿—坎：通假—音近（喉音同部）。贛—坎：通假—音近（旁纽旁转）。	本亦作→俗体。
系辞：是以自天祐之，吉，无不利。(86c)	祐	祐，音又。本亦作佑。(32280801)	帛书作"右"	右：古今—古字。祐：古今—今字。佑：俗别字。	本亦作→俗别字。
姤：初六，系于金柅，贞吉。有攸往，见凶。羸豕孚蹢躅。(57b)	躅	躅，直录反。本亦作䠱。蹢躅，不静也。古文作䠱。(27170902)	竹本作"蜀"，帛本作"属"	躅：本字。䠱—躅：别构/通假—音近（同纽旁转）义同。䠱—躅：通用/通假—音同义同。蜀、属—躅：通假—音近（舌音同部）。	本亦作→通用。

续表

履:上九,视履,考祥其旋,元吉。(28a)	祥	祥,本亦作详。(21051301)	帛本作"翔"	祥和:本字。 详—祥:通用。 翔—祥:通假—音同。	本亦作→通用。
明夷:九三,明夷于南狩,得其大首,不可疾贞。(50a)	狩	狩,手又反。本亦作守,同。(25141501)	帛本作"守"	狩:本字。 守—狩:通假—音同。	本亦作→通假(帛本为证)。
系辞:作结绳而为罔罟,以佃以渔,盖取诸《离》。(86b)	佃	佃,音田。本亦作田。(32280301)	帛书作"田"	畋:本字。 佃、田—畋:通假—音同。	本亦作→通假(帛书为证)。
困:九五,劓刖,困于赤绂,乃徐有说,利用祭祀。(59c)	祭	祭祀,本亦作"享祀"。(27181301)	竹本作"祭",帛本作"芳"	祭:本字(竹本为证)。 享—祭:同义换用。 芳—享:通假—音近(同部)。	本亦作→同义换用(帛本为证)。

据"本亦作"后之字所属异文类型又可制成如下表格:

表5 "本亦作"标举异文的类型及占比表

异文类型	本字	次本字			音通字	义通字	合计
	本字	古今字	俗别体	通用字	通假字	同义换用字	
计数	9(4)	3	2	2	2(2)	1(1)	19(7)
比例	47%	37%			11%	5%	100%
备注:括号里的数字表明所在异文类型中直接见于简帛或据简帛可作推证的情况,简帛异文之研究价值可窥一斑。							

表5中"本亦作"后即为"本字"的情况达47%,所占比例最大;再就是另一大情况,笔者将这37%称为"次本字",是说它们的地位仅次于本字,因其与本字音义俱同,仅字形有异,且从某种程度上讲,它们中的一些往往因时代、书写习惯等影响,较之本字反而更通行于一时;接下来是"音通字"和"义通字",顾名思义,前者与本字是音同或音近的关系(也就是我们常说的通假异文),后者与本字则是义通的关系,这两部分较之"次本字"与"本字"的距离更远些,所占比例也相应减少。

整体来看,"本亦作"内部各异文类型情况渐次相别,随着"作"后之字与"本字"的异文关系渐远,其所占比例也渐而小之。这可以说是"本亦作"情况之独特的又一体现。

据笔者考察,其他术语中"作"后之字多是通假异文占据了绝对优势,以"本又作"来看,25条术语情况中"本字"数为5,而"音通字"数则为11,情况完全不同于"本亦作"。两个术语所统计情况的不同说明"本亦作"之"亦"与"本又作"之"又"以及"本或作"之"或"都切实含有陆氏的不同用意,另外在前面所考察的明本字的异文术语分布情况中,只有"亦作"术语有1例明本字的情况,"又作""或作"皆无,但后两个相应术语基数却是多于"亦作"的,这也是一证。因此,我们认为,"本亦作""亦作"之"亦"是不可与"又""或"画上等号的,具体再辨之,则"本亦作"当是陆德明认为两可的情况,如果说陆德明在取字上有纠结的话,那"本亦作"一定是最让他头疼的,故而才会有前后反复不一致的情况。我们就发现有这样的现象,即陆氏此处注"本亦作"的用字,在别处则是作为字头来注解的,比如《易·系辞》"揅木为楫",《释文》:"揅,以冉反。本亦作剡。"下文又出"剡木为矢",《释文》注:"剡,以冉反。《字林》云:锐也,因冉反。"又比如"取""娶"之类。这种现象恰恰是合乎实际的,我们知道语言文字的发展是动态的、连续的,在一段时期内,一个字有两种或以上字形并行的现象是完全可能的,陆德明注释时就难以取舍,再有其于《释文·条例》中所提及的对"勅—倈""渴—竭"之类的态度,可知,无论是注音释义还是标注异文,"典籍常用,会理合时"始终是陆氏所奉之准。

故我们可得出:有"本"类各术语中尤以"本亦作"最为独特,这里的独特主要是指其最能反映出陆德明的取字用意;"本亦作"内部又有"本字""次本字""音通字""义通字"等层次之别。

五　结语

本文立足于黄侃先生之说对《释文》"标举异文"类术语重作考察。考察结果可归纳如下:一是证实了黄侃先生有"本"、无"本"二分的做法;二是重点关注了黄侃先生未及展开的"某本作"和"某作"术语内涵,明辨了所本与所解的不同,同时也再次证实了黄侃先生的二分之举及释"本"为"本子"义之说;三是着重讨论了有"本"类中"本亦作"之独特,并注意到其内部的层次之别。

学界目前对《释文》注释术语的关注较少,作为一部重要的音义书,对《释文》的基础研究直接决定了对《释文》的取用。本文所考辨的仅是"标举异文"这一类术语,考察材料对象亦仅限于《周易音义》一书,而其间潜藏的层次问题已然显露,这也进一步表明了《释文》整个注释术语体系之繁杂,同时也要求我们在分析、处理和使用《释文》材料时,必须仔细辨析。

(陈菡:南开大学文学院,300071,天津)

王宁教授捐资 100 万元
设立北京师范大学颖民文化教育基金

　　2020 年 12 月 28 日,北京师范大学资深教授王宁先生捐资 100 万元设立了北京师范大学颖民文化教育基金。"颖民"是已故著名传统语言文字学家陆宗达先生的字,该基金的设立,是为了纪念陆宗达先生的学术贡献,同时取"颖民"启人聪慧之义,支持学科发展,培育专业人才。

　　王宁先生特别要求:不举行专门的捐赠仪式,在自己的办公室签署协议即可。12 月 28 日上午,在颖民文化教育基金第一届管理委员会的见证下,王宁先生签署了基金捐资协议。

王宁先生签署捐赠协议

　　完成协议签署后,王宁先生同管理委员会举行了管委会第一次全体会议,会议围绕基金章程、运作方式、年度资助计划、筹资办法、日常管理及未来发展等议题展开了热烈的讨论。

　　颖民文化教育基金设立的宗旨是弘扬传统文化,支持汉字汉语教育,推动学科建设发展。基金的用途主要包括:支持学科领域的相关理论、实践研究;奖励优秀教师、优秀学生、优秀团队;开展学术交流活动;购买科研资料、设备等。基金将纳入北京师范大学教育基金会统一财务管理,依法进行会计核算。

颖民文化教育基金管委会是基金的决策机构,负责审议基金的年度工作报告和财务报告;制定资金的募集、管理、宣传和使用计划;制定基金内部管理制度;决定基金的其他重大事项。未来,基金的管理均参照章程相关条例执行。

王宁先生同第一届管委会合影

颖民文化教育基金第一届管委会成员有:北京师范大学民俗典籍文字研究中心主任王立军,副主任齐元涛,研究员卜师霞、胡佳佳、柯永红。

为保持基金持续健康运作,颖民文化教育基金接受社会各界机构、广大校友和热心人士的捐赠。

演化视野中的胶辽声调类型*

魏 阳 朱晓农[1]

提要： 本文采集并描写了胶辽官话56个点的声调的一手声学材料,确定它们的音法类型学地位,并用演化比较法重建胶辽声调的演化和胶辽方言的形成过程。跟传统方言分区把胶辽官话分为登连、青莱、盖桓三片在方法论上有所不同的是,本文按声调类型和演化轨迹把胶辽官话分为登州、莱州、蓬龙、辽东四个片区。登、莱是基本片,后两片是由登、莱往辽东移民过程中融混而成。胶辽方言的形成是一个谱系分裂、接触融合、自然演化交替或混合进行的过程。

关键词： 声调 调型 声调类型学 调型演化 胶辽官话 三调系统 降调对立

一 引 言

1.1 研究对象

本文探讨胶辽官话的声调类型及其演化。胶辽声调看似简单,但它的类型和演化含有很多有趣的现象。胶辽官话分布于山东、辽宁,以及黑龙江个别点,共计44个区县市(张树铮2007)。本文所使用的声学材料录自山东和辽宁共56个采样点(具体见附录1)。

录音材料用 Praat 软件在电脑上直接录入。录音、测量、数据处理、音法分析使用了统一的标准。具体做法是:先用 Praat 软件和脚本[2]提取单字调基频和时长数据,再用 LogZ-score 方法将数据归一整理,方法详见朱晓农(2010:278—291),然后在通用调型库(朱晓农2018)中确定各点声调的类型学地位。文中方言点用区县名指称,若一个区县内有两个点,则加数字区别,如"高密1"指高密城区,"高密2"指高密康庄镇康一

---

* 本文撰写过程中得到王海波、王文敏、焦磊、牟振等专家的协助,谨致谢意。
[1] 通讯作者:朱晓农。
[2] 脚本由熊子瑜2004年编译,2010年修订,由 Arthur Y.,ZOU 2016年修订为 Mac 版。

村等,具体见附录1。

1.2 调型定位

从工作程序看,应该先描写胶辽官话各点的声调,然后总结它们的声调格局和类型身份。但为了清楚起见,我们先介绍"通用调型库",并标明出现于胶辽方言的各种调型。这样做的好处是,先给出理论框架,为下文的细节描写和演化探讨奠定一个话语基础。下表是通用调型库(朱晓农 2018)中的常域 18 种长调型和 1 种央降(其余中短长度的央调型和短调型不出现于胶辽官话)。胶辽声调仅在常域出现,所以下表不包括上域和下域的调型。竖线内是调型代码(在表格内可酌情省略),花括号内是调型的语音实现,即分域四度制调值[3],如|22|是纯低型代码,语音实现为{32/22/23/323}等拱形;又如高降型|52|除了{52},还可实现为{53},在没有对立的情况下,也可实现为{42}。

表 1 通用调型库:常域调型[4]

拱度	调型及代码	调值	央	拱度	调型及代码	调值
降	高降|52|	{53/42}	|52|	非拱	纯低|22|	{32/23/323}
	中降|42|	{42/52}		升	高升|35|	{25/24}
	高微降|54|	{43}			中升|24|	{35}
	中微降|43|	{54}			微升|45|	{34}
	高弯降|₅52|	{₅52/₄42}			凸升|35₄|	{24₃/25₄}
	中弯降|₃42|[5]	{₄43}		凹	前凹|324|	{325}
平	高平|55|	{44}			低凹|323|[6]	{434/424}
	中平|44|	{55/33}			后凹|523|	{423/403}
	低平|33|	{44}			两折|4343|	{3232/4242}

出现于胶辽官话的声调可以据此表进行调型定位。后文可以看到,这 18 种长调型除了点灰处 3 种,其余 15 种都出现于胶辽官话,再加央高降|52|。

1.3 方言片和声调片

方言片在下文指《中国语言地图集(第 2 版)·汉语方言卷》(以下简称《地图集》)对

---

[3] 如有引用五度制记音,则放在方括号[ ]里。
[4] 表中"拱度"指降、平、低、升、凹五种拱形。"高中低"是三种高度。拱度和高度统摄于音高。"长央短"指三种长度。"调型"狭义指音高类型,广义还包括域度和长度信息。"型类对应"指调型与调类或调类与调型的对应关系。
[5] 弯降{₃42}、凸升{24₃}等根据需要也可标为{342/243},前者显示"异",后者显示"同"。
[6] 低凹{323}类型学上有两个身份,一是凹型,另一是纯低型的语音实现。作为凹型,它与前/后凹或高凹形成对立,与高凹的对立刚发现(衣莉、朱晓农,即出),与前/后凹对立时即为"央凹"。文中统一用"低凹"。

胶辽官话的三分:青莱片、登连片、盖桓片。盖桓片主要分布在辽东。青莱片再分青临、胶莲、莱昌三小片,主要分布在潍坊和青岛。登连片下分烟威、蓬龙、大岫三个小片。烟威小片主要分布在烟台和威海,还有辽东大连的金州区、普兰店、庄河和长海。

我们的声调片根据型类对应模式划分,所分区片大致跟古州府辖地相合,因以命名:登州调片、莱州调片、辽东调片,以及登辽之间的蓬龙调片(再往下分小片我们用"群",免得跟方言小片混淆)。本文 56 个采样点在各调片中的分布数为:登州片 12 个,辽东片 12 个,蓬龙片 3 个,莱州片 29 个。下文第二部分按调片报告测量结果,调片跟方言片有纠葛处会加以说明。第三部分讨论大连两个降调的共时对立问题。第四至第六部分讨论测量数据所蕴涵的演化问题。第七部分总结。

有一点预先说明一下,下文所划分的是声调片,如果与已有的方言分片吻合,那皆大欢喜;如果不吻合(边界地带有些小出入),不过说明不同点或不同语言成分变化有快慢,请勿以声韵母情况不同而质疑声调片。

二 胶辽声调类型

2.1 莱州片

莱州调片大致对应青莱方言片,包括青岛所辖区县、潍坊大部分区县,属于日照市的五莲、临沂市的沂水、烟台市的莱州(此三点属青莱方言片),以及政区属于烟台市、方言属于烟威小片的招远和莱阳。莱州片有 29 个采样点,其中 21 个点(72%)是四调系统,8 个点(28%)是三调系统。三调系中有 7 个点政区上属于青岛市,还有一个政区属烟台市、方言属青莱片的莱州。青岛市辖区县中胶州和胶南仍是四调系。三调系分布在莱州片北部,包括青岛城区和所有北接登州调片的区县。据此可把莱州片分为两个群:南部的四调系潍坊群和北部三调系的青岛群。三调系青岛群北接登州片中的三调系烟台群,所以三调系跨调片在地理上连片。

2.1.1 四调系统:阴阳上去

莱州四调系统包括 21 个点(基频曲线见图 1,类型定位见附录 2),调型相当一致。只有沂水两个点稍有不同,下文有说明。

图 1 显示莱州四调系统中有两个降调:阳平高降{52},去声中降{42}。上声中或高平{44/55}(部分点如潍坊 1、胶州、五莲、招远等是高平或介于中高之间)。阴平凹调{323/324}。胶南 2 是唯一一个去声不是中降的(不算最后两个来自烟威方言的点),它是个带嘎裂的后凹调{402}(约六成例字),另有一个低凹变体{303}(图中圆头曲线)。

后凹{402}显然来自中降{42},只是调尾上翘了一下。这是演化链上常见的变化,下文蓬龙片也会见到。最后两个莱阳和招远,政区属于烟台、方言属于烟威小片,但调型格局接近莱州片的调系,详后§5。

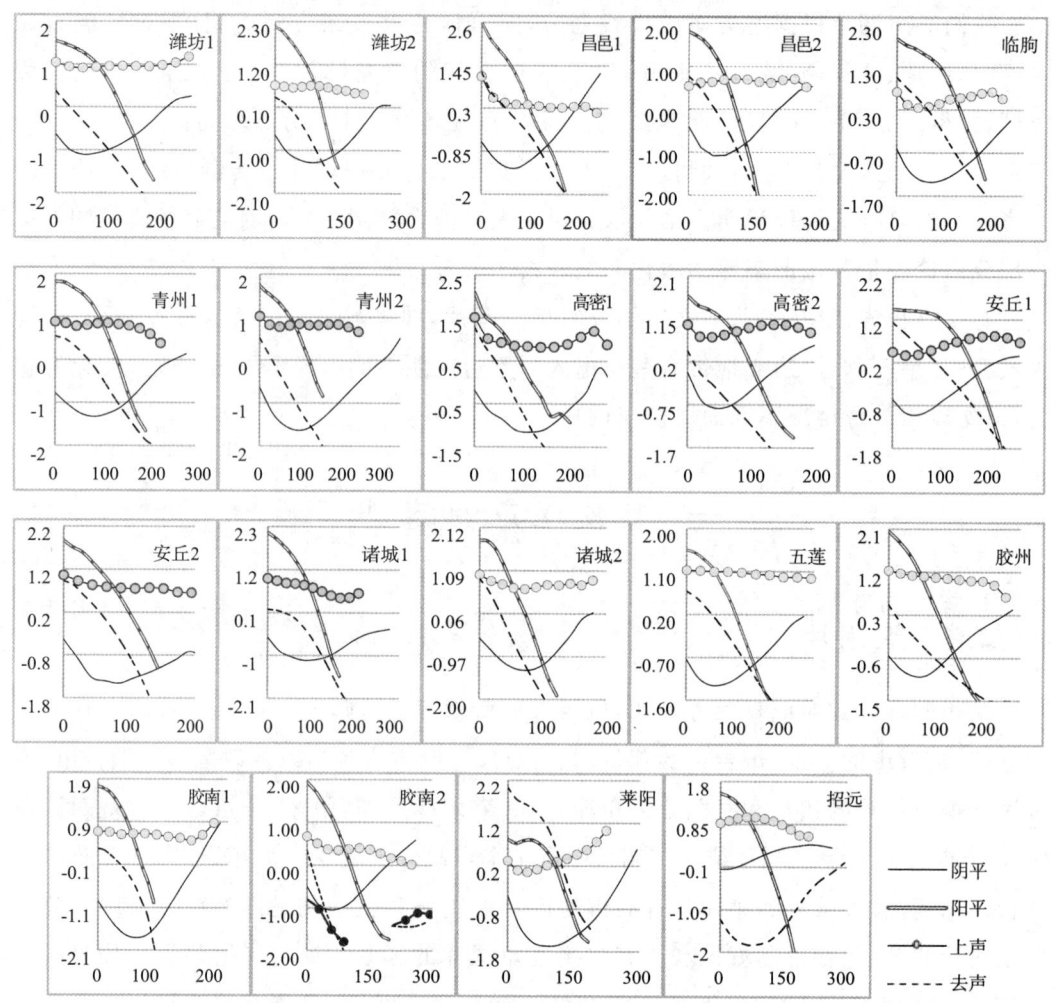

图 1　莱州片潍坊群 19 个四调系统的基频曲线

(图例:阴平单线,阳平浅色双线,上声加小圈,去声断线。后同)

四调系统还包括处于青莱方言片和莱州调片南缘,但政区另属临沂市的两个沂水点。与莱州片其他点相比,除了去声都是中降{42},其他都有些不同:(1)阴平莱州片为凹调,沂水是个有多种变体的纯低调,沂水 1 发音人实现为低凹{323};沂水 2 发音人实现为最低平{322}或低降{32}。(2)阳平莱州片是高降{52},沂水听感也是高降,但基频曲线看上去像是高平或高微降,那是因为沂水 1 发音人大部分例字调尾段有漏气,沂水 2 发音人调尾有喉堵,造成基频急跌,曲线不规则或不完整,见图 2 右边例字的语图。

(3)上声莱州片为中平{44},沂水为微升{34};不过这个小差异仍在中平辐射[7]的自然变异范围内。

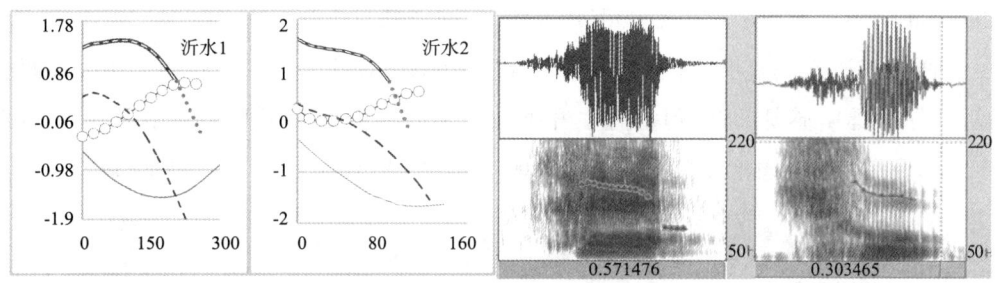

图 2 [左起 1—2]沂水两个点 4 个声调的曲线,[3—4]阳平例字:
沂水 1"才"tsʰai53,沂水 2"球"tɕʰiu53

沂水的上声微升与西邻同属临沂市的沂源上声{35}相同。沂源属于冀鲁官话区,沂水上声是否受到沂源的影响?再扩大点范围,周边同属冀鲁官话的沂南、莒南、莒县、蒙阴、日照、寿光、昌乐等地的上声[55](钱曾怡 2001:92)又与莱州片其他点的上声中/高平类同,所以需要考虑把莱州片与冀鲁官话放在一个更大的背景中做统一处理。

2.1.2 三调系统:阴阳上

莱州片还有 8 个阴阳上三调系统(图 3),由两个降调合并而来,调型相当一致:阴平凹调{323/324},阳平高降{52},上声中或高平{44/55}。

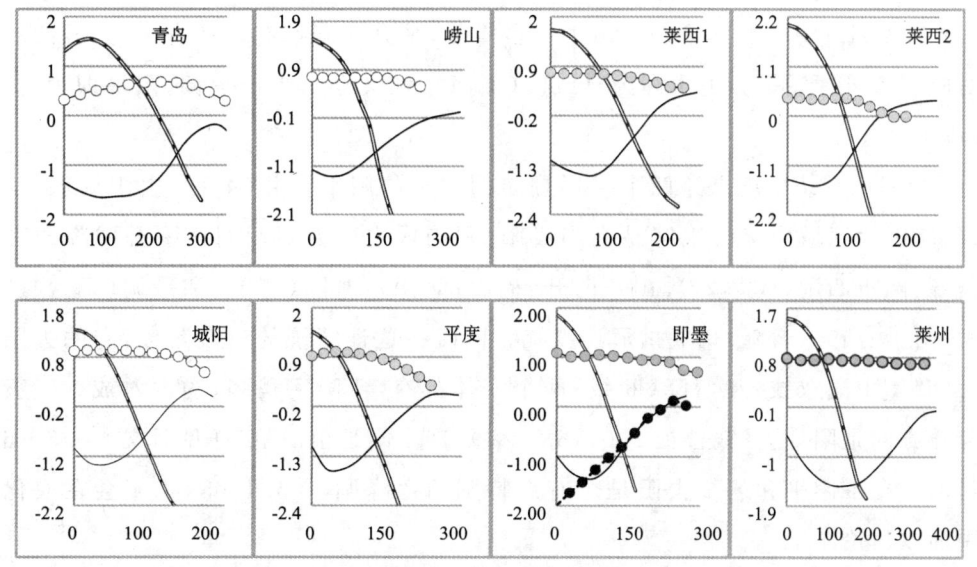

图 3 莱州片青岛群 8 个三调系统的基频曲线

---

[7] 中平辐射是一条声调演化律,见朱晓农(2018)。

图 3 上排 4 个调系都是去声并入阳平。下排 4 个靠近烟威小片的调系,去声分化归入阳平和阴平,没有严格的分化条件(见§5.2)。正是由于去声在这四个点上的分化归并,使我们确定前四个点也是去声并入阳平,而非相反。

莱西方言属于烟威小片,但声调格局是莱州型。有几个点,如即墨、崂山、莱西 2、平度,阴平整体听感是凹调,但也有中升拱变体。即墨图中阴平画了两条曲线,一条凹拱{214},另一条圆头虚线(少数几个例字的均线)是中升拱,如果取总平均,就会是一条升拱。

2.2 登州片

登州调片分布在威海市全部辖区,以及烟台市所辖大部分区县。它不包括蓬龙片(见§2.3)以及莱阳、招远、莱西三县市(见§5),所以要比烟威方言片(即使不算辽东部分)小得多。本文 12 个登州采样点中有 5 个四调系统,其中 4 个在威海地区,第 5 个牟平属烟台市。三调系统 7 个,其中 5 个在烟台地区,2 个在威海地区。从以上数字看(7/12≈58.3%),登州近六成调系已简化为三调系统。阴平高降和上声凹调,是登州片的共同点。从调类数和凹调是否带嘎裂这两点来看,登州内部可分威海和烟台两个群:(1)强制性嘎裂凹调出现于威海群(详§6.2),烟台群嘎裂是可选特征;(2)四调系统主要保留在威海群,烟台群倾向于三调系统。

5 个四调系统中的阳平和去声拱形多样化,平升凹降都有。还有平与升/凹的翻转对应现象:阳平平调,去声即为升或凹(威海 1 和文登);去声平调,阳平即为升/凹(荣成 1/2)。

7 个三调系统中就是这两个拱形翻转的去声与阳平合并(合称"去阳调"),这容易理解,因为区域内交流很容易去当成阳、阳当成去。去阳调同样平升凹降四种拱形具备:两折凹调(威海 2、乳山)、凸升(福山、海阳)、弯降(芝罘)和平调(烟台)。前三种(两折、凸升、弯降)构成拱形连续统。栖霞在这连续统的过渡阶段,它的去阳调凸升(图 4 中浅双线)和弯降(断线)两个变体都有,弯降字稍多,约占六成。一般认为合并方向是阳变去(钱曾怡 2001:83—84),理由不是很清楚,详见后文§6.3—6.4 的讨论。牟平阳平和芝罘去阳是个有点特别的弯降调,§5.1 和§6.4 会在演化背景中加以讨论。

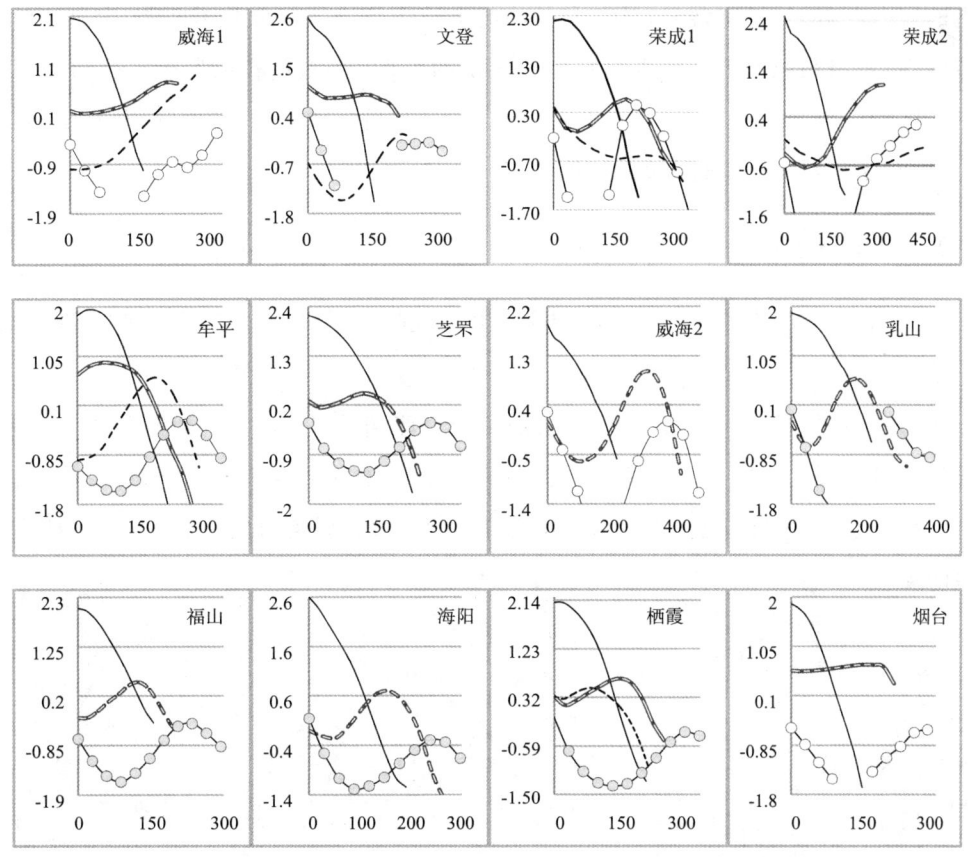

图 4　登州片 5 个四调系统和 7 个三调系统的基频曲线

2.3 蓬龙片

蓬龙片分布在蓬莱、龙口以及胶辽间的庙岛链上。蓬龙片是个混杂型,型类对应介于登、莱之间。其定义性特征即排他性共同点是:阴平和上声都是凹调;两者的来源见§4 的演化讨论。

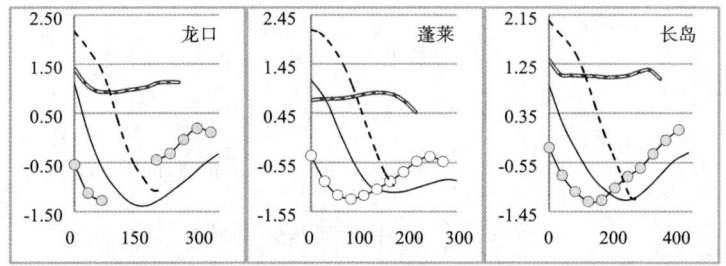

图 5　蓬龙片声调的基频曲线

本文有 3 个蓬龙采样点,型类对应相同:阴平后凹{423},阳平中平{44},上声低凹{323},去声高降{52}。但两个凹调有些片内差异:(1)龙口上声绝大部分例字是以嘎裂为主的僵声凹调,个别字常声;蓬莱和长岛的上声则是绝大部分常声凹调,个别字嘎裂。(2)这说明龙口跟威海群一样以嘎裂为主区别两个凹调,蓬莱和长岛则失去嘎裂,纯以调拱来区别。(3)蓬莱的后凹调在凹点处顿一下的"后顿效应"听感明显,长岛的后顿感稍弱,也许这是两个凹调合并的预兆。

2.4 辽东片

从声调上看,辽东自成一片,其定义性特征是:阴平和去声都是降调。两者来源见§4。

辽东片主要在辽东,另有两个黑龙江移民点(张树铮2007)。它对应的方言区片是盖桓片,登连片的大岫小片、烟威小片的辽东部分。本文一共有12个辽东点,其中10个四调系统,2个三调。辽东片不管四调还是三调系统,型类对应一致,可以概括为"降(升)凹降"。

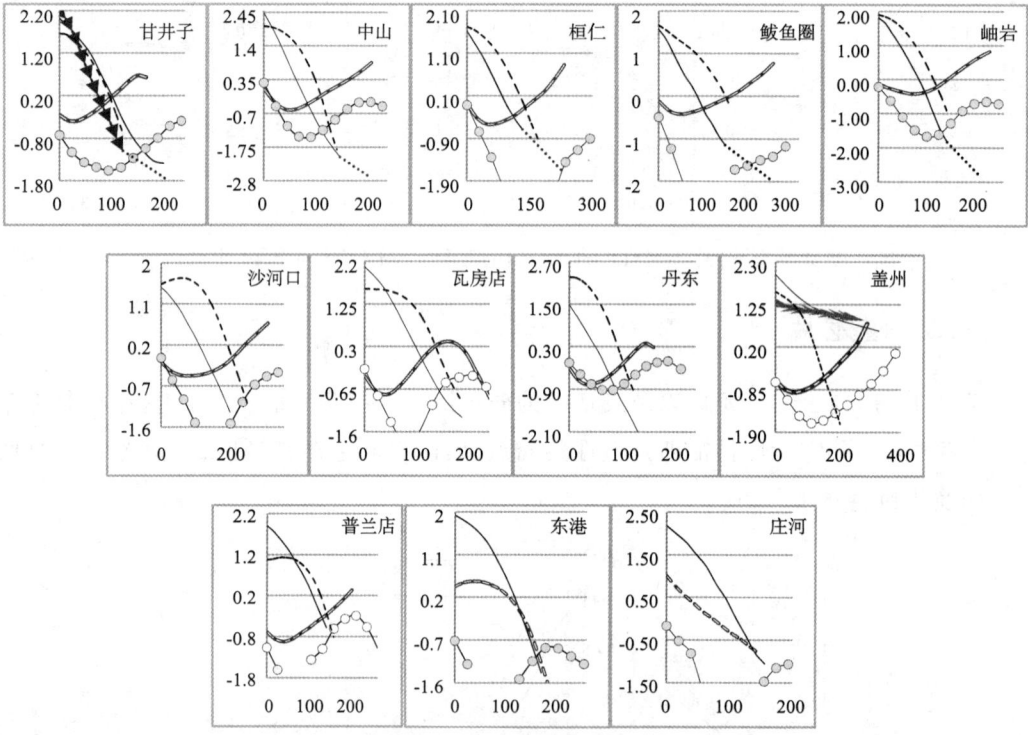

图 6 辽东片声调基频曲线

辽东阳平大多是微升调{34},普兰店和盖州为中升调{24},沙河口有凹调{324}变体。瓦房店为后凸升{342}和两折调{3434}的连续统。上声全部凹型|323|,僵声含量不等:(1)有全部僵声的,如沙河口、瓦房店、鲅鱼圈、桓仁、普兰店、庄河、东港。其凹调全部或

大部分例字嘎裂,少量弱僵。(2)一半多僵声,一半不到常声,如甘井子、中山、岫岩,图中曲线是以常声例字画的。(3)大部分常声,小部分僵声,如丹东、盖州。阴平和去声是两个降调,初步听记有长度或弯度的区别,详下§2.5。

盖州发音人受普通话影响,阴平整体变为高平。如果把例字按斜率区分,可得两个变体,一个是微降{54}(三分之一例字),另一为中平{44}。

辽东材料中有庄河和东港 2 个三调系统,阳平归去声,阴上去对应"降凹降"。庄河和东港方言归类上属于跨海的登连片烟威小片。东港在《地图集》图 B1—4 中属于盖桓片,文字说明部分盖桓、烟威两个片中都提到它。东港全境有不同方言归属的点,有此可能。本文采样点是龙王庙镇马堡村,在东港西部靠近庄河处;它的声调格局与庄河相同,都是三调,阳平并入去声。

普兰店几十年前是阴上去三调(宋学 1963)。最新的调查是老派三调,新派四调,新增阳平是受普通话和/或大连话的影响(牟振 2019),所以普兰店与庄河、东港调型格局相同。这不奇怪,因为这三个点是辽东片中仅有的属于跨海烟威小片的方言。它们的声调在类型上、演化上(§4.3)、两降对立模式上(§3.3)自成一个"辽东小群",与主流"辽东大群"不同。

2.5 小结

2.5.1 分片与对应

根据声调特征,可以把胶辽方言分为四片:莱州、登州、蓬龙、辽东。这四个声调片的型类对应及与《地图集》方言片的对应关系见下表。

表 2 胶辽分片型类对应

早期胶东	早期胶辽	现代胶辽	阴	阳	上	去	对应的方言片—小片
登州	登州	登州片	降	平/升	凹	升/平	登连—烟威
	*蓬辽	蓬龙片	凹后	平	凹	降	登连—蓬龙
莱州		辽东片	降	升	凹	降	盖桓;登连—大岫/烟威
	莱州	莱州片	凹	降	平	降	青莱

对表 2 有如下几点说明:

(1)莱州片:定义特征为阳平和去声两个降调,主要分布在青岛和潍坊。对应的方言主要是青莱片。根据四调还是三调可分青岛和潍坊两个群。

(2)辽东片:定义特征为阴平和去声两个降调,主要分布在辽东。下分大小两个群:"辽大"群包括大部分辽东点,对应方言分区的盖桓片、登连片大岫小片;"辽小"群对应登连片烟威小片在辽东的三个点。后文说"辽东"时根据上下文可能是辽东整片,也可能是"辽大";对举时则明确用:辽大 vs 辽小。

(3)蓬龙片:定义特征为阴平和上声两个凹调;分布在蓬莱龙口一带。对应登连方言片中的蓬龙小片。

(4)登州片:阴降上凹,并且阳平变异复杂;分布在烟台和威海;根据四/三调系和嘎裂凹调可分威海和烟台两个群。对应的方言是烟威片。登州调片很难用一条排他性特征来定义。它内部一致的是阴—降和上—凹,但这辽东片也是。或可使用归入剩余的"归余标准"来定义,排除了两凹的蓬龙片,以及两降的莱州和辽东片,剩下就它了。

有两个片群,蓬龙片和辽小群,规模最小,却是开启理解胶辽演化的钥匙,详下。

2.5.2 调类简化

在本文56个采样点中,有39个是官话中最常见的"阴阳上去"四调系统,其余17点是三调系统,占总数30%。登州片简化最多,三调系占了多数(58%),其次是莱州(28%),辽东较少(17%),蓬龙没有。

表3 胶辽各片四调系和三调系的频数和比例

调查点	四调	三调	四调%	三调%
登州	12	5	7	41.7%	58.3%
辽东	12	10	2	83.3%	16.7%
蓬龙	3	3	0	100.0%	0.0%
莱州	29	21	8	72.4%	27.6%
胶辽	56	39	17	69.6%	30.4%

三调系从青岛群到烟台群地理上连片,集中在除了东端的威海地区和北端的蓬龙地区以外的胶东半岛上。简化全都是去声和阳平合并,但合并方向和所占比重各片不一:莱州一半去变阳,一半分化归入阴阳;辽东是阳变去;登州5个点阳变去,2个点去变阳(论证见§6.3)。

2.5.3 拱形比例

降调是各方言中最常见的拱形,例如,在中原官话中它占43%(朱晓农、张瀛月2016),西北官话30%(朱晓农、衣莉2015),秦晋官话39%(魏阳、朱晓农2020),西南官话39%(寸熙、朱晓农2013),客家话48%(朱晓农、李菲2016),吴语32%(衣莉、朱晓农,即出)。同样,胶辽官话中也是降调最多。在56个调系207个声调中,降调有88个,占总数42.5%。

表4 胶辽声调拱形的出现频数和比例

降	平	升	凹/纯低	总
88	35	20	64	207
42.5%	16.9%	9.7%	30.9%	100%

三 辽东两个降调的区别特征

3.1 背景介绍

辽东片的阴平和去声两个降调是合并了还是有区别,如有区别,是什么区别,是语音学和方言学中的未解之谜。从我们看到的几项听感研究中,主要意见是在合并中。

（1）合并中——高玉娟(2007:61)认为阴平和去声的基频非常接近,听辨实验结果表明,"二者存在合流的趋势……阴平合入去声的势头更大"。张滢、曹文(2010)认为阴平与去声声学和感知上相似并发生混淆,"预测了两调合并的趋势"[8]。Bi(2019)的实验部分还未公开,结论是合并在进行中。Liu(2012)认为阴平比去声声学上时长稍长,但听感无区别。由于连调不同,Liu认为阴平并于去声的过程还未最后完成。

有几点可评论的:1)Liu的理由不成立,因为第一,单字调和连调各有自己的生命力和演化路径;第二,单字调本来就是共时平面上单念形式的声调,从连调推断单字调是一种历时构拟;第三,反过来要是连调有两种形式(比如普通话上声和去声),是不是要据此确定单字调分化为二? 2)持合并中意见的,听感都没有区别,所以这种未合并不是音位意义上的未合并。3)"合并中"这一判断需要量化,可落实到具体哪个人以至哪个字已或未合并,所以现有的实验规模不够,要把阴平和去声类中所有常用字都拿出来测试,并且一个地点一个年龄层至少随机取样三五十甚至更多的发音人,听感测试也需要更多的被试。4)声调不仅仅是音高区别,这已经是老生常谈了。大连声调还有长度和发声态区别,合成实验需加考虑。5)其实,听感实验的参数选择、判断标准都有改进余地(章婷、朱晓农,即出)。

（2）有区别——朱晓农、张瀛月(2016)认为是音位对立,属于音法学的长度类型"长降 vs 央降"的区别,调查当场对发音人的听感测试也表明能区分。牟振(2019)认为大连普兰店区是直降对弯降的区别:阴平[51/52],去声[551/441]。

这次我们在整个辽东片内考察这两个降调,发现结论不是一句话那么简单。

3.2 听感测试结果

首先要确定这两个降调是否确有对立,还是已经合并。为此我们从我们的录音材

---

[8] 秋鸣宇(2014)根据张/曹预测做听辨实验,结论是"实验尚未完成"。

料中选取 8 对最小对立字(东冻、低帝、乡向等)并打乱次序,请两位 20 多岁的男性研究生做听感测试,一位大连人 Y,一位是普兰店人 M。下面是他们对辽东 9 个地点降调听感判断的结果。

表 5 辽东 9 个点降调区分的听辨正确率(%)

方言片	盖桓	大岫	盖桓	大岫	大岫	大岫	烟威	大岫	盖桓
声调点	桓仁	瓦房店	鲅鱼圈	甘井子	沙河口	中山	普兰店	岫岩	丹东
M	100.0	100.0	93.8	87.5	87.5	93.8	100.0	81.3	75.0
Y	100.0	93.8	93.8	81.3	75.0	56.3	62.5	62.5	68.8
均	100.0	96.9	93.8	84.4	81.3	75.0	81.3	71.9	71.9

平均来说,每个点的辨准率都在 70% 以上,说明总体都有区别。被试 M 对这 9 个点降调的区别很有把握,听对率有 5 处达到 93%—100%,3 处 80% 多,最差的丹东也有 75%。被试 Y 听对率有 6 处在 2/3 以上,另 3 处(普兰店、岫岩、丹东)听对率较低,在 56%—63% 之间,不过肯定在误差范围之外。由于被试人和测试字数都有限,所以不进一步做统计分析。其实,有一个人听对,就说明发音和听音的区别都还存在。个别人说听不能区分,那是个人情况。如果有一批人不能,那表示"合并中",需要普查才能了解全面情况。

3.3 三种对立模式

长降 vs 央降——甘井子和中山是长度类型对立:阴平长降 vs 去声央降(声学上是斜率不同)。甘井子阴平 207 毫秒 vs 去声 124 毫秒,有 3∶2 的"长~央"对立。阴平另有一个变体(图 6 中箭头线),其正常基频只有 120 多毫秒,跟去声等长,但它后尾还有一段较长的漏气段(约前段的一半,例见图 7[左 1]),听感上有延长感。中山也有类似情况,阴平正常基频(均长 149 毫秒)只比去声(140 毫秒)稍长,但后尾有一很长的漏气段(例见[左 2]),或有几下不规则振动的嘎裂。与此相反的是,去声截断的原因是调尾喉堵态(例见[右]),听感急促。

桓仁、鲅鱼圈、岫岩是同样的"阴上去央"长度对立,长降调尾处也有漏气或嘎裂。

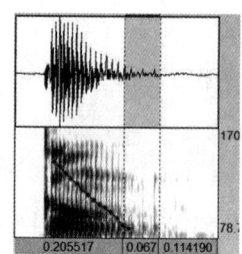 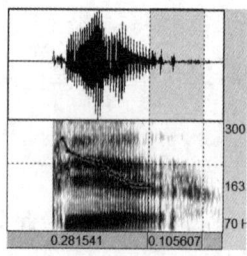 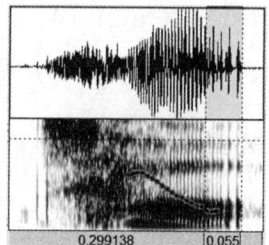 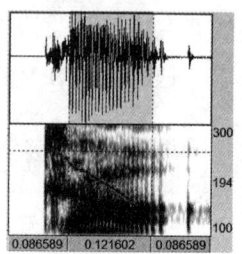

图 7 [左 1]甘井子阴平"灯",调尾有漏气。中山:[左 2]阴平"边",调尾有漏气;[左 3]阴平"超",调尾有嘎裂;[右]去声"账",121 毫秒,调尾有喉堵态

直降 vs 弯降——沙河口、瓦房店、普兰店三处的阴平和去声是直弯类型对立:高(直)降 vs 高弯降(曲率不同)。丹东的阴平和去声也是直降 vs 弯降,还可能有中降 vs 高降的伴随特征。

高降 vs 中降——同属烟威方言小片的普兰店、庄河、东港(后两处是三调系,阳变去)的两个降调,都是阴平高降 vs 去声中降。普兰店和东港同时有直接 vs 弯降区别。

3.4 讨论

辽东阴平和去声两个降调有时长(斜率)、曲率、音高三项声学区别,可以音法化为表 1 中的类型学范畴:长降 vs 央降,直降 vs 弯降,高降 vs 中降。它们在辽东各点所起的作用见表 6。

表 6　辽东两个降调的类型范畴区别

方言片		盖桓/大岫		烟威		
阴平	去声	桓/鲅/中/甘/岫	沙河口/瓦房店	丹东	普兰店	东港	庄河
长降	央降	√					
直降	弯降		√	√	√	√	
(中降	高降			√()			
高降	中降				√	√	√

甘井子和中山是长央对立,但图 6 显示它们的去声调头稍弯,直弯这个维度在这两处的长央对立中是否起到伴随特征的作用,作用多大,需要进一步考察。

有调头高度区别的四个点中,丹东首先是直降对弯降,调头高度阴中去高可能是伴随特征,表中用括号标注。去声高(弯)降是辽东一般情况,丹东阴平中降可能是从后凹变来时调头变得稍低。最后三个属于烟威方言的普兰店、庄河和东港是阴高去中,阴平高降 vs 去声中降的对立模式,以及演化来源(见§4.3)都有所不同。

有一点需要指出,部分字的混淆现象在大多数方言点中都存在,例如弯降去声类的部分例字念成直降,直降阴平类也有个别例字念成弯降。又如长降和央降及其调尾喉堵态,也有交错之处。受环境如声母干扰、个人特点等情况影响的例外总是存在的,关键在于对立!当有对立的例字放给被试听时,哪怕不是成对同时放,而是随机打乱次序,他们也能以很大的把握区分开。而如果一对一对对比着放给被试听的话,那就基本上都能听对,这种情况我们以前在测试两个微降调时就碰到过(沈瑞清等 2016)。

四　大接触形成片区:整体融合

上文表 2 给出胶辽官话各片的型类对应,表左端两栏是重建的历时信息。第一栏"早期胶东"指 1860 年东北开禁时的胶辽两大基础方言。"早期胶辽"指清末民初时初步成型的胶辽官话,过程中可能有一个过渡性的蓬辽片。表中辽东片型类对应看似全片一致,但内部的辽小群跟辽大群到达这对应的过程很不一样。本节内就来论证这些过程。

4.1 从移民看胶辽形成的两种可能的过程

辽东汉人在明代晚期达到 300 万,但明末战乱少量死亡,大半迁出(250 万),到清初"辽东的土著人口大约只有 15 万"(曹树基 1997:47)。胶辽官话的形成与清末移民激增有关。19 世纪因黄患旱灾,冀鲁等地大批农民不顾清廷禁关令,"闯"入关东。清廷于 1860 年在关东局部弛禁放荒,此时东北人口达 370 万(赵英兰 2004)。1897 年全部开禁(张善余 2003:358)。[9] 山东人闯关东有东西两条路线。清代中前期为数不多的移民受政府控制,由西线陆路至山海关,有司造册报送,分地安置(曹树基 1997:478)。东路成规模的移民走海路是在 1860 年开禁后,主要是坐帆船从龙口,以及蓬莱的蓝家口、刘家旺、蓬莱城等渡口下海,另也有从烟台出海。20 世纪后有坐火轮船从烟台、威海、青岛出发的(路遇 1987:60)。[10] 从蓬龙出海是内海航线沿岛链北上,路近时短、安全方便,因而这一带成为登莱渡海移民的汇聚点。登莱移民进入辽东的主要登岸口,先是营口和丹东,后来是大连,这三点连成的三角形是辽东片的核心地域。

至 1911 年东北三省的人口近 2000 万(赵英兰 2004)。据路遇(1987:20)估算,至清末来自鲁冀豫三省的 1000 万移民中,山东人"约占百分之七十至八十"。其中"以山东半岛旧时之登州、莱州二府为最多"(滕泽之 1991:230)。登莱两府当时是山东人口最稠密之地,且最接近辽东,是最先经海路移民辽东。后期来自山东其他地区的移民,从辽东上岸后,多继续迁徙到辽东半岛以北、吉林和黑龙江各地(钱曾怡 2010:98)。从开禁后的半个多世纪中,由数百万登莱移民的方言为主融成的辽东官话,到民国初年大致成型(最近二三十年来的普通话影响让我们看到,深度接触的话,一代人就足以形成一个新"地普")。当时到辽东的山东移民中,主要是说登莱两府方言,以及由登莱混杂而新形成的蓬龙语。由移民情况可以推测蓬龙、辽东方言的形成有两种可能性。可能性一,考虑到蓬龙一带是移民聚集和胶辽融混的枢纽,登、莱方言在移民主干线上,即从

---

[9] 另有 1904 年全部开禁一说(曹树基 1997:496)。

[10] 赵英兰(2011:87—88)引 Gottschang(1982:91—92)估算 1891—1911 年间关内人口经各海关移入东北人数,烟台最多,龙口次之,青岛极少,缺威海数据。不过海关登记数烟台每年都不过几万人,绝大部分坐帆船的并不报关。据《山东通史》现代卷(安作璋 1994:595—597),1901 年烟台始有一家拥 5 条机船公司来往辽东、天津、海参崴。船少班次少价贵,不是闯关东的航运工具。民国年间航运规模才有所增大。到 20 世纪 20 年代,青岛超越烟台,成为山东第一大港,海路移民中,从青岛启程人数跃居首位(范立君 2005:69—70)。

蓬龙经庙岛链到辽东的跨海区域内,互相竞争互相融合,逐渐形成一个混合型"蓬辽片"。可能性二,蓬、辽分别由登、莱方言融成。

下面从声调角度来看这两种可能性,相应地,也有两个融混假设。

4.2 假设 A:蓬辽片

4.2.1 两个理由

考虑到移民资料,由蓬龙地区是半个多世纪移民干线的聚集起点,进一步假设移民混杂的新方言形成于移民干线沿途便是很自然的想法。除此旁证之外,还有一个更重要的、语言学本身的理由支持蓬辽片假设,那就是现代蓬龙跟半个世纪前的辽东声调的相似性,把它们放到一起来考虑更合适更简明,也与移民观可能性一相符。

假设 A:登、莱方言在移民过程中从蓬龙经岛链到辽东作为整体融成一个跨海"蓬辽片"。

4.2.2 辽东片的阴平

上文表 2 显示蓬龙(凹平凹降)和辽东片(降升凹降)区别有二:阳平一平一升是个小区别,且可得来源片登州片阳平(平或升)的解释。大区别在于阴平:蓬龙后凹、辽东降调。不过这是现代形式的对应,它们可能经历了一些难以直接窥测的早期变化。

最早能见到的系统的辽东材料是 1957 年调查的(宋学 1963),阴平记为后凹调[312],与上声低凹[213]对立。"后凹/低凹"是我们把他的五度制记音放到调型库里去定的位。除了阳平微升[34]vs 中平{44}的小差别,其余跟与本文蓬龙片调型都一样。这说明辽东和蓬龙经历了相同的语音演化,可能是从一个共同的蓬辽片(假设 A)中演化而来,也可能是独自从登莱混杂出相同的结果(假设 B,见§4.3)。

表 7 辽东片早期记音及调型定位

	阴平	阳平	上声	去声	出处/根据
辽东 1957记音	[312	(34/35)	213	53/52/42]	宋学 [11]
辽东调型	后凹	升微/高	凹	降高/中	表1
蓬龙调型	后凹	平中	凹	降高	§2.3
大连老 1920—30出生	[411]凹感	[344]	[214]	[52]凸感	高玉娟
老派调型	后凹{423}	升微/平中	凹	降高弯{552}	表1
大连中/新	[51	24	213/212	51]	高玉娟
中新派调型	降高	升中	凹	降高	表1

---

[11] 这是 1957 年的记音,共调查 12 个点,其中 8 个四调系:大连(旅大)、丹东(安东市)、宽甸、营口、盖州(盖平)、桓仁、瓦房店(复县)、岫岩;4 个三调系:长海、普兰店(新金)、庄河、东港(安东县)。三调系都是阳平并入去声,个别次浊字归阴平。

高玉娟(2007)所记的20世纪二三十年代出生、至五十年代二三十岁的老派发音人的调型,与宋学(1957)所记几乎相同。阳平[344]表示的是微升或中平拱形,后者与蓬龙片相同。高玉娟的中派(20世纪五六十年代出生)和新派(20世纪八九十年代出生)阴平是高降,与去声在合并中(见上§3)。

4.2.3 重建形成过程:两条路径

假设A在过程中有两条可能的路径。图8是重建沿第一条"莱州阴平胜出"路径的胶辽声调三阶段演化图,每个阶段各占约半个世纪:第1阶段1860—1910,第2阶段1910—1970,第3阶段1970—2020。这些个年代指的是成人语言表现出来的读音,不是生年。第1阶段早期胶东话指1860年前后登莱两大基础方言。它们的型类对应(登州"降{平升}凹{升平}[12]"和莱州"凹降平降")至今总体未变,只是某些点的某些对应有所变动。

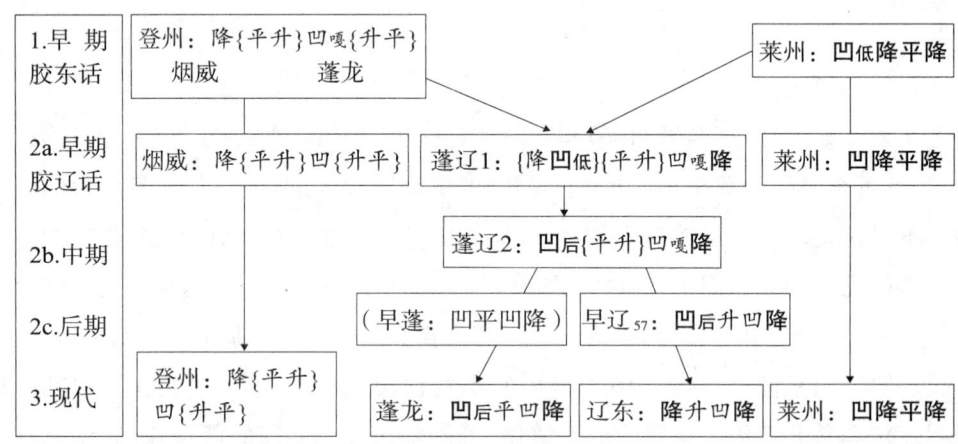

图8 胶辽声调"莱阴胜出"的演化路径(楷体/黑体分别是登州/莱州特征)

第2阶段分三个小阶段,2a表示早期胶辽话,指清末民初初步成型的胶辽官话。早期登州话分化为烟威和蓬龙两个群。前者是早期登州话的主体,为现代登州片前身。后者与来到蓬龙地区的莱州移民的方言,混杂而成一个新的蓬辽话1,型类对应为:{降凹低}{平升}凹嘎降。其中阴平有{降凹}异读,表示来自登州的降拱和来自莱州的低凹拱在蓬辽片竞争。它的去—降来自莱州。阳平{平升}异读和上声凹调来自登州;上声凹调可能类似登州—威海型的嘎裂凹调,这么假定是为下一步的阴平后凹留出对比空间。此后上—凹和去—降一直未变;阳平{平升}也无变动,平调一读为现代蓬龙继承,升调一读为现代辽东继承。下面的阶段是阴平的变化。

第2b阶段为中期胶辽话,蓬辽2的阴平{降凹}异读以"后凹型凹调"胜出。

---

[12] 花括号表示选择,如{平升}意为可平可升。

第 2c 阶段是后期胶辽话。蓬辽片分化出早期辽东群（宋学 1957 年调查、1963 年发表的材料），阳平{平升}异读以升拱胜出。蓬龙群的阳平可能在此时、也可能到下一阶段才从异读中确定以平调为主。

第 3 阶段即现代胶辽方言的四个声调片。登、莱两片百年来的总体型类对应保持不变，只是个别调系有变动。蓬龙片阴—凹、去—降来自莱州；阳—平、上—凹来自登州。辽东片再多一步阴平由后凹变为降调，由此造成与去—降的对立（见上 §3）。

以上对于蓬龙和辽东的阴平的处理好处是简单明了，缺点是莱州的低凹变为蓬辽的后凹有点少见。这个音变一个可能是一种"低凹＋高降"的拼接结果（见 §4.2 假设 2c）；也可能是蓬辽上声是跟威海群一样是嘎裂凹调，于是为阴平凹调留出对立的空间，为凸显对立，阴平凹调提高调头成后凹。

阴平还可能有第二条"登州阴平胜出"的演化路径（图 9）。这条路径以 2b 阶段阴平异读{降凹}登州降调胜出为出发点。第 2c 阶段"高降＞高调头后凹"是一种自然音变，降调在调尾处稍带点喉塞，形成一个微微上挑的调尾（拱形与后凹调相同），是极为常见的共时变异现象。只要这个有上挑尾的降调在凹点处强调一下，显出"后顿"的感觉，后凹调就形成了。问题是第 3 阶段辽东的阴—降是哪儿来的，一种可能是罕见的音变直接走回头路，变回第 2b 阶段的降调。另一种可能是 2c 阶段的辽东$_{57}$阴平以后凹为主，但仍保留降调异读。然后到第 3 阶段这个降调异读占据了上风（同时可能还有来自登州新移民的强化）。这种处理前几步可以说优于"莱阴胜出"处理，只是辽东最后一步有点把握不定。

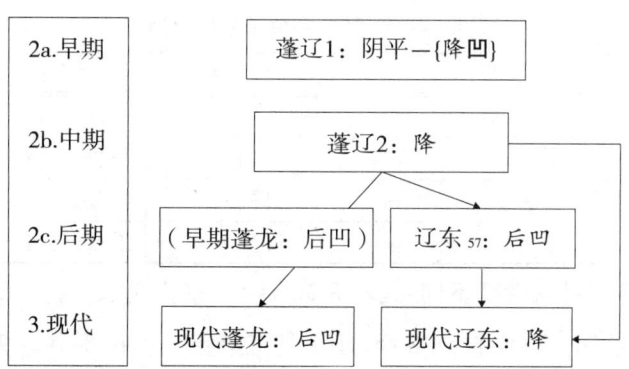

图 9 胶辽话"登阴胜出"的演化路径（楷体/黑体分别是登州/莱州特征）

4.3 假设 B：辽、蓬分别融合

假设 B：辽东片和蓬龙片是分别独自融混而成（与上移民观可能性二相符），那么：

B1.辽东是以登州为主的融混:阴—降、阳—升、上—凹来自登州,去—降来自莱州。

B2.蓬龙是均衡融混:阳—平、上—凹来自登州,阴—凹、去—降来自莱州。

辽东两个降调分别来自登、莱。登州只有一个降调,是阴平;莱州也是一个降调,是去声。由此推测辽东阴平降调来自登州,去声降调来自莱州。

蓬龙去声降调来自莱州。蓬龙在方言归属上与烟威片相同,而烟威片去声是平或升。而莱州的去声是降调,所以推测蓬龙的去—降对应是莱州移民带来的。

蓬龙两个凹调分别来自登、莱。登州片只有一个凹调,是上声,莱州片也只有一个凹调,是阴平。由此推测蓬龙的上声凹调来自登州,阴平凹调来自莱州。

蓬龙的两个凹调中,上声低凹很普通,但阴平的后凹调拱{423}未见于登莱各点,因此假定这个后凹是登莱拱形混搭的结果:

B3.蓬龙片阴平后凹调的语音拼接假设("X"表示相互作用):

低凹{323}_{莱州阴平} X 高降{52}_{登州阴平} ＞ 高调头凹调即后凹{423}_{蓬莱阴平}

假设 B2 的可质疑之处是蓬龙阴平后凹的来源。莱州阴平是低凹调,借入蓬龙后应该也是低凹调。从低凹调变为后凹调不多见,所以辅以假设 B3,但这种拼接机制也未见先例。总之,B2 和 B3 都是小概率事件。

但假设 B1 仍有可能在"辽小"群(见§3)的普兰店、庄河、东港成立。辽小的型类对应初看与辽大一样,都是"降升凹降"(表8),但细察之下,除了上—凹,其余三个都不同。

表 8 辽小与登、莱型类对应对照

现代胶辽	阴	阳	上	去	对应的方言片—小片
登州片	降_高	平/升	凹_喉	升/平	登连—烟威
辽小	降_高		凹_喉	降_中	登连—烟威
莱州片	凹	降	平	降_中	青莱
辽大	降_{长/直}	升	凹	降_{央/弯}	盖桓;登连—大岫

首先是两个降调对立特征不同:辽小是高 vs 中,辽大是长/直 vs 央/弯(详§3.3)。其次是阳平:辽大的阳—升来自登州片,辽小是三调系[13],阳平并入去声,可见早先阳平也应该是降调,可能来自莱州。

在早期胶辽话阶段(图8的2a阶段)辽小1以阳平来自莱州高降而与蓬辽分离,后

---

[13] 普兰店老派三调,新派四调,新增的阳平是学普通话或大连话而来(宋学 1963;牟振 2019)。

者阳平来自登州。

到下一个 2b 阶段,辽小 2 的阴平有两种可能:或与蓬辽 2 一样全部变为后凹调,或仍保留高降异读(前面说过,高降与后凹是共时变异)。然后到 2c 阶段,辽小 3 的阴平仍有两种可能,但高降异读把原来的高降阳平推链出去并入去声。最后到第 3 阶段现代辽小群,降高在阴平异读中胜出,或后凹与辽大一样变为降调而与原来的异读高降合流。

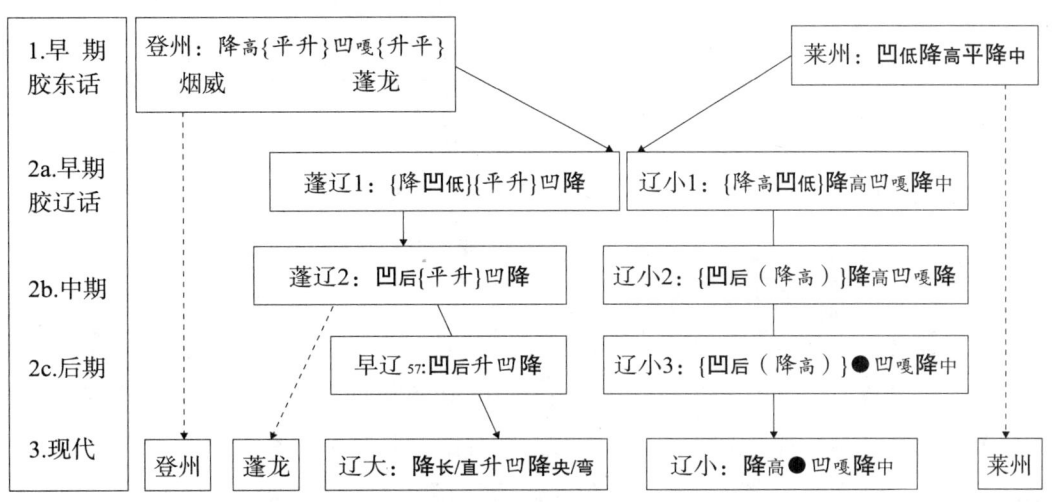

图 10　辽小群"莱阴胜出"的演化路径

(楷/黑体是登/莱特征;●表示并掉了的阳平)

以上是从图 8 出发来讨论的。如果以图 9 的 2b 阶段出发,辽小 2 与蓬辽 2 一样,阴平继承登州的高降,然后到现代辽小群的阴平高降,与来自莱州的去声中降对立,似乎很简明,但一个绕不过的障碍是宋学(1957)所记的普兰店、庄河是后凹调[312],除非假定当时有高降异读,但被忽略失记。

4.4　小结

胶辽方言是由胶东登、莱话从清末到民初向辽东传播的过程中形成的一个方言区。这是一个谱系分裂、接触、自然音变交替或混合进行的过程:首先,辽东次方言是胶东方言谱系分裂出去的;其次,辽东和蓬龙次方言是由胶东两个次方言登州话和莱州话接触融合而成的;第三,阴平辽东降调和蓬龙后凹调是自然音变的结果。

蓬辽片假设 A 和辽、蓬分别融合的假设 B 并不对立,两者可以同时分头进行。如上所述,蓬辽片涵盖了从蓬龙到辽大群绝大部分后起胶辽方言,而假设 B 对于一个较小的辽小群"例外"比较有说服力。

五 小接触造成例外：特征混杂

5.1 五个烟威方言的调系

有 5 个烟威方言片的调系，其中 4 个行政上属于烟台市，第 5 个莱西[14]属于青岛市。它们跟对应烟威方言的登州型声调模式不合群，型类对应带有莱州特征。

表 9 莱阳招远牟平与登莱特征比较

	政区	调片	方言点	阴	阳	上	去
参照系	潍坊/青岛	莱州	青州1/青岛	凹	降高	平中	降中/＞阳
	青岛	莱州	莱西	凹	降高	平中	＞阳
	烟台	似莱州	莱阳	凹	降中	升微	降高
	烟台	似莱州	招远	升微	降高	平高	凹
	烟台	登州	牟平	降高	降中	凹	升凸
	烟台	登州	芝罘	降高	降中	凹	＞阳
参照系	威海	登州	威海1	降高	平中	凹	升中

这 5 个烟威方言点中有 3 个——莱西、莱阳、招远（见§2.1），与莱州片接壤，较易理解有莱州片声调特征。莱西是三调系统，与用作参照的莱州片青州 1 或青岛（四调系/三调系）的型类对应完全一致。莱阳四调的"凹降升降"对应跟莱州片类似。不过奇怪的是，莱阳的阳平和去声两个降调是"中降 vs 高降"，而莱州片正好反过来，是"高降 vs 中降"，原因不清楚。招远有记为莱州型三调系的：阴上去—凹平降（钱曾怡 2001：91）。本文发音人是四调"升降平凹"格局：阴阳上对应升降平，与莱州片类同。去声凹调与登州片的凹调/凸升同属 U 调系列。这三个调系归入莱州声调片更合适。

后两个，芝罘和牟平（§2.2）处于登州片核心地带，它的阳—降却是莱州片特征。牟平四调对应"降高降中凹升凸"，阴上去与登州威海 1 相同，但阳—降与莱州相同。芝罘类似，只不过它是三调系统，去归阳。这两处仍归登州片。

5.2 莱州去声分化：接触还是别的？

莱州片青岛群中有 8 个三调系统，其中 4 个是去变阳，另 4 个（城阳、平度、即墨、莱州）去声分归阳平和阴平。比如平度话中清去归阴平，浊去归阳平，但这不严格，相当一部分字如"卦裤快句"等有两读（于克仁 1992：21—22）。造成分化的原因不是很清楚，可能出于接触，因为它们都处于政区（烟台 vs 青岛）和方言片区（烟威方言 vs 青莱方

---

[14] 莱西有两个声调表现一样的采样点，此处按一个算，免得权重超过其他县区。

言)的交界地带。

莱州去声分归阴阳"很不稳定"(钱曾怡等 2005:9)。它的去声还有个特殊情况,我们的录音中有四个去声字"样爱唱害"读成平调,归上声。莱州所处位置是四个去声分化方言中最错综的,它政区属于烟台市(烟台地区基本上都是烟威方言,声调属于登州片),但方言片区归青莱片,声调片属莱州片。即使如此,这四个去归上的例外读音可能并非出于接触,而是出于连调。我们的录音中有"样子"和"样本"两个两字组,前一个是"去声+轻声"组合,后一个是"去声+上声",连调形式不同,见下图。"样"在轻声前变为中到高平调,而与上声组合便成为"低高"型。去声字"样"单念读为平调而与上声单字调{44}相同,是否受到连字调影响?由于本项研究是从大处着眼,考察调类与调型的对应,所以个别字的分化,只要不出现新调类,便不是我们关注的对象。有关莱州片去声分化的详情,需要逐点进行社会语言学专项研究。

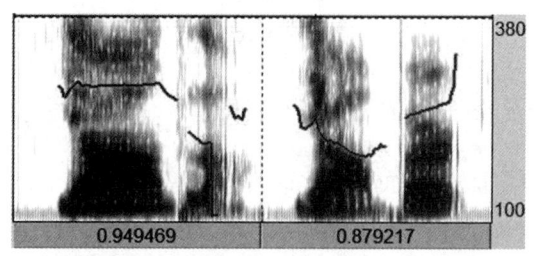

图 11　莱州"样子"和"样本"的语图

5.3　普兰店阳平增生:接触引发

辽东片普兰店按本文材料是四调系统。牟振(2019)按年龄调查发现,老派是三调,缺阳平;新派是四调,跟我们的年轻发音人一样。普兰店跟庄河、东港同属跨海的烟威方言。庄河东港跟登州片烟台群一样,是三调系统,普兰店老派也是如此,新派的阳平中升{24}是因接触而增生的,牟振(2019)认为一定是同时受到区域强势方言大连话和普通话的双重影响。

六　自然演化的几个方面

6.1　三调系统:自然演变而非接触变化

三调系统主要分布在胶东和西北两大区域,另外冀东也有一些点如滦县、滦南。西北声调简化严重,三调和二调系统共占全部受考察的调系的 53%(朱晓农、衣莉 2015)。一般认为这是接触的结果。这对西北的官话来说貌似合理,因为它周边有很多没有声调的阿尔泰语言,内部也有阿尔泰语者混居,但对胶东和冀东来说说不通。

从演化音法学角度来看,这事很简单,如果某种变化在演化链环上,它就是自然音变。如果同时有接触助力,推动它变得快点;如果有阻力(社会因素阻力、竞争音变等)就变得慢点,或给阻断,或导向另一音变轨道。

三调系统是自然演化的结果,是一种一增一减的伴随现象:一方面是北方话多音节词增多,同时重音系统逐渐成型,与此相对的另一方面则是声调功能衰减,调系简化。重音和声调本质上是两种互补的音法现象(Zhu & Wang 2015),此消彼长。典型的声调语如粤语以单音节词为主,同时没有重音。北京话则以双音节词为主,即使常用动词中单音节居多,但在句子中跟前后成分会组成一个音步,如"吃了吗","了/吗"两个助词都附着于单音节动词"吃"上。三个语素构成一个音步,形成"重轻轻"的韵律结构。严格说起来,被当成普通话"第五声"的轻声,实际上不是声调,而是轻重音中弱读的"轻音"。西北官话跟阿尔泰语接触多,声调简化这一自然演化过程比东部官话更快,这很容易理解。但接触并非必要条件,胶东、冀东没有阿尔泰语说者,照样自己在简化。

6.2 必备特征:一个新的音法概念

嘎裂声可以作为区别特征,如江淮官话寿县王安村话和中原官话铜山方言都有两个低凹调,一个常声,一个嘎裂声(朱晓农、章婷、衣莉 2012)。但更多的时候是作为一个伴随特征,如北京上声大概有一半机会发成嘎裂凹调。登州片中存在第三种情况,威海群的 6 个采样点的发音人,把唯一的凹调(上声)都发成带有强嘎裂的凹调,甚至是喉堵态(即声调中段是静波)。辽东片的多数点中也是如此。

这种唯一凹调强制性带有强烈嘎裂声的情况,最早是我们在荣成崖头镇与虎山镇调系中发现的(赖玮等 2014)。按说既然没有对立的常声凹调,这个嘎裂声就是个不起区别作用的伴随特征,那么就该是个可有可无的可选项。但现在嘎裂几乎在所有例字中都出现,所以在"区别特征"和"伴随特征"之间可能还有第三个概念:不起区别作用的"必备特征"。提出这个概念有两方面的理由:

第一,威海群的嘎裂声不像北京话,后者是在人、字、场合三方面都是随机出现的。荣成的上声凹调几乎每个字都带有嘎裂声。当时只有 2 个点 2 个发音人,现在扩大到威海群 6 个点 6 个发音人。看上去好像不算多,但恰好每个人几乎每个凹调字都有嘎裂,这个必备特征的可能性就极大了。[15]

---

[15] 这个概率可以计算。如果是伴随特征,假定每个人和每个凹调字带嘎裂的可能性都是 50%,现随机选出 6 个人,正好都是嘎裂凹调的可能性是 1.56%(=0.5^6,即 5 的 6 次方)。每人发 20 个凹调字,正好都带嘎裂的可能性为 0.000095%(=0.5^20,即 5 的 20 次方)。两者同时发生的可能性不到千万分之一。这是个概率极小的不可能事件,即嘎裂声不是随机的伴随特征,而是有意为之。

第二,在调域演化上,赖玮等(2014)考察了冀鲁、胶辽官话 11 个方言点中常声凹调与僵声凹调交替的状况,发现荣成和大部分胶辽官话处于北京单域单凹调系和鲁苏徽一带官话(如铜山、寿县等)的双域两凹调系演化的中间阶段。在北京、东北、冀鲁官话中,单个凹调的僵声态只是作为可选伴随特征,声调系统也属于单域调系。而鲁苏徽一带官话中存在下域僵声凹调与常域常声凹调的对立。威海群只有一个凹调,但它的僵声态是凹调的必备特征。

必备僵声凹调的发现衔接了北京、东北、冀鲁官话的单域单凹调系到中原—江淮的双域两凹调系,显示出两种调系在演化过程中的过渡阶段。而且,一旦唯一的凹调成为嘎裂凹调后,就为新产生低凹等"U 调"或拐调腾出了位置(见§6.4)。

这个预言马上在登州片中得到证实。下表显示登州有 7 处上声是嘎裂凹调,其中 4 处滋生第二个凹调与之对立:荣成 1 是阳平两折凹调,乳山、威海 2 是去声两折凹调,文登是去声低凹调与之对立——比例超过 50%。另外 5 个登州点的上声是常声凹调,没有第二个凹调出现。

表 10　登州片 7 处嘎裂凹调中有 4 处滋生第二个凹调

	阴	阳	上	去
文登	降高	平中	凹嘎	凹低
乳山/威海 2	降高	>去	凹嘎	凹两折
荣成 1	降高	凹两折	凹嘎	平低
荣成 2/威海 1/烟台	降高	升中/平中/(平中)	凹嘎	平低/升中/(平中)

6.3　去变阳:演化比较法构拟

登州片有 7 处"去阳合流"的三调系统,合并方向一般认为(钱曾怡 2001:91;张树铮 2007)是阳变去。从本小节和下一小节来看,变化也许不是单一方向。这 7 处三调系统中烟台与另 6 处不同,它合流后的去阳调是个中平{44}。下表列出烟台等沿海 8 县区烟威方言的调型(另 6 处涉及 U 调的三调系统见下节;荣成二点取一,以免权重超过其他县区)。

表 11　登州蓬龙沿海方言的阳平表现

	阴	阳	上	去
烟台	降高	平中	凹嘎	(平中)
威海 1	降高	平中	凹嘎	升中
文登	降高	平中	凹嘎	凹低
龙口	凹后	平中	凹嘎	降高
蓬莱/长岛	凹后	平中	凹	降高
牟平/荣成 1	降高	降中/凹两折	凹	升凸/平低

表 11 表明登州、蓬龙沿海一带的四调系统中,阳平是以中平调作为优势调型,那么把烟台的去阳合流解读为阳平中平保持不动,去声变入阳平似更合理。反过来如果是阳变去,那么去声一个孤零零的中平调显得太不合群,还得费劲去解释这个去声中平调是从哪儿来的。所以,从演化比较法或历史比较法的角度,可以认为烟台的三调系统是由去变阳形成的。

6.4 U 调转化:双向可能性

登州 7 个去阳合流的三调系统中有 6 处涉及 U 调,表 12 列出这 6 处声调和一个用以比较的有三个 U 调的四调系统(牟平)。U 调指有拐点的调,包括前、低、后、两折四种凹调、两种弯降调、高低两种凸升和有降头的升调。这是我们新近提出的一个听感和基频上相似的声调自然类(衣莉、朱晓农,即出),是打通演化的拐形调连续统。

表 12 凸升与弯降的双向转化

	阴	阳	上	去
牟平	降高	降中弯	凹	升凸
芝罘	降高	降中弯	凹	(降中弯)
福山/栖霞/海阳	降高	(升凸)	凹	升凸
威海2/乳山	降高	(凹两折)	凹嘎	凹两折

中弯降{342}与后凸升{243}的拱形区别在于凸点的位置,凸点在整个曲拱 50% 前的是弯降,50% 后的是凸升,两者很容易互相转化。中古浊上变去就是凸升变弯降的一个典型例子(朱晓农 2010:14 注 1;李德超 2015)。乳山、威海 2 的去阳调是两折调,两折拱{4343}天然包含凸升拱{343},前者调头衰减就变成了后者。弯降、凸升、两折构成拱形连续的演化环,它们在演化过程中处于相邻的阶段(见朱晓农 2018 的凹调演化网):

中弯降调 342 ←→ 凸升调 243 ←→ 两折调 3434 ←→ 中弯降调 342

如果没有历史记载、连调、借贷等其他材料,单从表 12 来看有去阳合并的方向两种可能性都存在。先来看有点特别的牟平,它的阳平降调、去声凸升在以往的记音(罗福腾(1992)分别记为[53,131])中,都是登州独一份。比较表 12 的拱形,去声凸升以及它的自然变异凹调和中升,应该是登州去声的主流调型(9/11,为保持权重平衡,荣成以一个点计算),所以从外部演化比较法来看,早期登州去声可重建为凸升调。然后芝罘的凸升变为演化链上相邻的中弯降,即去变阳。这个假设在演化上合音理,在类型格局上也合理,否则会出现两个找不到接触来源的孤零零的特例:芝罘去声降调和牟平阳平降调,在整个登州片都仅此一见。

芝罘去变阳,并不自动导出福山等 5 处也是去变阳的结论。相反,如果假定早期福山等地的阳平/去声跟牟平芝罘一样对应"弯降/凸升",而现在它们的"去阳调"是凸升,那么,大概率当然是阳变去,而不是去变阳,否则中间步骤会变得解释任意而不可理解。

综上两小节,登州 7 个三调系统中,烟台和芝罘是去变阳,福山、海阳、栖霞、威海、乳山 5 处是阳变去。

七　讨论与总结

本项研究的主要发现有:(1)胶辽声调类型由谱系分裂加接触加自然音变而形成。(2)胶辽调系的简化出于自然演变。(3)辽东的两个降调的区别方式有三种。另外提出了胶辽方言形成的两个假设:从蓬龙庙岛链到辽东共同融合的蓬辽片假设,以及独自融合的辽小群假设。

7.1　胶辽声调区片形成过程

先看第一项,本项研究把谱系分裂和接触因素自然而合理地包容进音法演化,这个发现是从最不起眼的小地方蓬龙片三个点型类对应确定入手,并由此发现历时演化的轨迹:胶东官话谱系分裂到辽东是在 1860 年开禁以后。早期胶辽官话在民初由登、莱方言为主混杂而大致成型。融混过程有二:或从蓬龙经岛链到辽东跨海融成一个蓬辽片,或分别在辽东和蓬龙融成。两种过程可以同时进行,结果也可能一致,但第一种有个过渡期的蓬龙片影响范围更大,也更容易说明蓬、辽之间的相似性。现代蓬龙片和辽东片因阴平演化不同而从蓬辽片中分化为二。小接触造成例外,在烟台市辖部分区县、莱州、普兰店、盖州都可看到特征混杂的迹象。

7.2　胶辽调系简化的原因

胶辽调系属最简单的一种,按本文数据,70% 是四调系统,30% 简化为三调系统。调类合并的方向并不一致,说明引发因素各不相同。胶辽近邻冀东一带也有些三调系统。胶东、辽东、冀东地理上不相接,周边方言因素各不相同,这种大规模各自独立发生的调系简化,有些个案可看到接触因素,但整体而言是自然演化的结果,主要与多音节词增多,轻声即重音系统的权重增加相反相成。这个结论增强了我们对西北声调自然简化观点的可靠度。考虑到西北官话接触无声调语言的因素,所以西北调类简化速度更快。这种以内因自然演化为主,外因接触推动为辅的解释,目前看来最为合理。

7.3 方言片划分的声调标准

方言片区是按声韵调多项特征来划分的;声调片是按声调特征来划分的。两者有一定程度的吻合,但稍有出入(表2)。使用多项特征可以较全面地反映方言片貌,问题在于多条同言线必定会有交叉,特征越多,交叉情况就越繁复。到最后如果能量化当然最好,但若不能,还得回到以某项特征为主的策略。其实,《地图集》(初版A2、二版p.8)在官话内部分区时也是用单项特征的,而且是单项的声调特征:古入声字的再分配。因此,在官话大片的下位划分时使用单一的声调特征如型类对应是值得尝试的合理方法。

型类对应是一种同时涉及类型和演化的群体表现,用作分类标准应该权重较高。而入声字的再分配,如果是整体搬迁,那还好点,如果是分化归类,尤其是原因不明的分化,如莱州的4个点,用作分类标准权重不宜过高,因为这种分化很可能由特定的接触因素造成。最近二三十年来方言接触的规模前所未有,入声字分配的标准是否还适用,需要再次调查。

7.4 跨方言比较:下一步目标

在结束本文之前,提几项与本研究有关的进一步的课题。

首先是胶东官话和冀鲁官话的声调的比较研究。前文§2谈及沂水时我们看到冀鲁多地声调格局跟胶东类似,两者的类型异同和演化关系是值得进一步探讨的课题。

然后进一步扩大范围,把北京—东北官话的声调包括进来,与胶辽和冀鲁相比较。这四个官话区的关系,跟胶辽四调片一样,有着非常晚近的谱系关系及相互间的影响,当然也有自身演化路径。从声调型类对应来看,北京—东北话跟辽东就差一个阴平不同,前者平调,后者降调,其余三个调类所对应的调型都是升凹降。它们之间是什么关系?加上胶东和冀鲁又非常类似,所以,下一步要把这四个官话区合成一个"东部官话大区"进行统一处理,才能看到演化全貌。

胶辽声调的类型和演化尽管本文已给出一个框架式全貌,但对它内部变异的探索还刚开始,不管是年龄上的差异,还是看似随机差异,辽东两个降调的对立,都有待进一步的研究。所获信息都将加深我们对演化的认识。

参考文献

(1)安作璋主编《山东通史》现代卷,济南:山东人民出版社,1994年。
(2)寸熙、朱晓农《成渝官话的声调类型》,《语言研究》2013年第4期。

(3) 曹树基《中国移民史》第六卷,福州:福建教育出版社,1997年。
(4) 范立君《近代东北移民与社会变迁1860～1931》,浙江大学博士学位论文,2005年。
(5) 高玉娟《大连方言声调研究》,大连:辽宁师范大学出版社,2007年。
(6) 贺巍《东北官话的分区》(稿),《方言》1986年第3期。
(7) 赖伟、许小颖、陈丽美、朱晓农《荣成凹调:僵声作为必备特征》,《东方语言学》第16辑,上海:上海教育出版社,2016年。
(8) 李德超《凸降调作为超高升调向降调转变的过渡——以浙江金华盘前村吴语声调格局为例》,《方言》2015年第1期。
(9) 路遇《清代和民国山东移民东北史略》,上海:上海社会科学院出版社,1987年。
(10) 罗福腾《牟平方言志》,北京:语文出版社,1992年。
(11) 牟振《大连普兰店区单字调系统的声学分析》,《现代语文》2019年第1期。
(12) 钱曾怡主编《山东方言研究》,济南:齐鲁书社,2001年。
(13) 钱曾怡、太田斋、陈洪昕、杨秋泽《莱州方言志》,济南:齐鲁书社,2005年。
(14) 钱曾怡主编《汉语官话方言研究》,济南:齐鲁书社,2010年。
(15) 秋鸣宇《大连方言单字调研究》,《现代语文(语言研究版)》2014年第10期。
(16) 沈瑞清、洪英、林文芳、朱晓农《建阳方言的声调模式:兼论五条降拱的类型学意义》,*Bulletin of Chinese Linguistics*(9),2017年。
(17) 宋学《辽宁语音说略》,《中国语文》1963年第2期。
(18) 滕泽之《山东人口史》,济南:山东省新闻出版局,1991年。
(19) 魏阳、朱晓农《山西并州方言舒声调的类型与演化》,《语言研究》2020年第4期。
(20) 衣莉、朱晓农《演化观中的声调类型:西南吴语案例》,即出。
(21) 于克仁《平度方言志》,北京:语文出版社,1992年。
(22) 章婷、朱晓农《听感范畴与调型范畴的互证——兴化方言三种R调的感知实验研究》,即出。
(23) 张善余《中国人口地理》,北京:科学出版社,2003年。
(24) 张树铮《胶辽官话的分区》(稿),《方言》2007年第4期。
(25) 张滢、曹文《大连方言单字调实验研究》,《第九届中国语音学学术会议论文集》,2010年。
(26) 赵英兰《清代东北人口的统计分析》,《人口学刊》2004年第4期。
(27) 赵英兰《清代东北人口社会研究》,北京:社会科学文献出版社,2011年。
(28) 中国社科院语言所、中国社科院民族学与人类学研究所、香港城大语言资讯科学研究中心编《中国语言地图集(第2版)汉语方言卷》,北京:商务印书馆,2012年。(初版由社科院语言所和澳大利亚人文科学院编,1987年由香港朗文(远东)出版公司出版。)
(29) 朱晓农《语音学》,北京:商务印书馆,2010年。
(30) 朱晓农《演化比较法:如何进行声调演化的研究?》,《语言科学》2018年第2期。
(31) 朱晓农、李菲《梅州客方言的双向声调大链移:以演化比较法重建常观演化史一例》,《语文研究》2016年第4期。
(32) 朱晓农、衣莉《西北地区官话声调的类型》,《语文研究》2015年第3期。
(33) 朱晓农、章婷、衣莉《凹调的种类》,《中国语文》2012年第5期。
(34) 朱晓农、张瀛月《东部中原官话的声调类型》,《语言研究》2016年第3期。
(35) Bi, Yifei. 2019. *The production and perception of incomplete tonal neutralization*. 荷兰莱顿大学博士学位论文。
(36) Liu Te-hsin. 2012. The Phonology of Incomplete Tone Merger in Dalian. *Journal of Chinese Lin-*

(37) Zhu, Xiaonong & Caiyu Wang. 2015. Tone. Chapter 37, *Oxford Handbook of Chinese Linguistics* (William S.-Y. Wang and Chaofen sun eds). Oxford: Oxford University Press.

（魏阳：香港科技大学人文社科学院，香港；
朱晓农：江苏师范大学语言科学与艺术学院，221009，江苏徐州；
云南民族大学民族文化学院，650031，云南昆明）

附录一　采样点及发音人

表 13　胶辽官话 56 个采样点及发音人（姓名缩写/性别/生年）

No.	调片	名称	地市	区县	具体地点	发音人
1	登州	芝罘	烟台	芝罘		YRH 女 1988
2	登州	牟平	烟台	牟平	城区	LF 男 1986
3	登州	福山	烟台	福山	高疃镇	SCS 女 1988
4	登州	海阳	烟台	海阳	辛安镇大山所村	ZYJ 女 1988
5	登州	栖霞	烟台	栖霞	唐家泊镇刁崖后村	CYL 女 1987
6	登州	乳山	威海	乳山	午极镇下万口村	WHB 女 1980
7	登州	威海 2	威海	环翠		LX 女 1988
8	登州	文登	威海	文登	城区	SL 女 1988
9	登州	威海 1	威海	城区		XXL 女 1980
10	登州	烟台	烟台	城区		LTZ 女 1987
11	登州	荣成 2	威海	荣成	崖头镇	LJ 女 1988
12	登州	荣成 1	威海	荣成	虎山镇	RH 女 1988
13	辽东	鲅鱼圈	营口	鲅鱼圈		ZLL 女 1989
14	辽东	桓仁	本溪	桓仁	城区	XY 女 1989
15	辽东	岫岩	鞍山	岫岩	城区	MXC 女 1988
16	辽东	中山	大连	中山		YZ 女 1988
17	辽东	甘井子	大连	甘井子	辛寨子	LSB 男 1988
18	辽东	瓦房店	大连	瓦房店		ZYN 女 1989
19	辽东	沙河口	大连	沙河口		DXL 女 1989
20	辽东	普兰店	大连	普兰店	久寿街	MYW 女 1989
21	辽东	盖州	盖州	城区		DH 女 1988
22	辽东	丹东	丹东	城区		WJK 男 1988
23	辽东	庄河	大连	庄河	荷花山镇宋屯村	LCB 男 1987
24	辽东	东港	丹东	东港	龙王庙镇马堡村	MHJ 女 1987
25	蓬龙	龙口	烟台	东城	东莱街道	ZMZ 男 2000
26	蓬龙	蓬莱	烟台	蓬莱	刘家沟	HMY 男 1988
27	蓬龙	长岛	烟台	长岛	大黑山乡小浩村	LLL 女 1988
28	莱州	潍坊 1	潍坊	奎文区		WXQ 女 1988

续表

29	莱州	潍坊2	潍坊	寒亭区	高里镇空桥村	SXJ 女 1989
30	莱州	昌邑1	潍坊	昌邑	城区	MXW 男 1989
31	莱州	昌邑2	潍坊	昌邑	围子镇南金村	JMN 女 1989
32	莱州	青州1	潍坊	青州	何官镇	YPG 女 1989
33	莱州	青州2	潍坊	青州	朱良镇刘庄	LQ 女 1986
34	莱州	临朐	潍坊	临朐	冶源镇木家石河村	LCB 男 1988
35	莱州	安丘1	潍坊	安丘	城区	XM 男 1988
36	莱州	安丘2	潍坊	安丘	新安街道后朱村	ZYY 女 1988
37	莱州	高密1	潍坊	高密	城区	WXY 女 1986
38	莱州	高密2	潍坊	高密	康庄镇康一村	CY 男 1986
39	莱州	诸城1	潍坊	诸城	城区	DJF 女 1989
40	莱州	诸城2	潍坊	诸城	石桥子镇祝家楼村	ZX 女 1986
41	莱州	五莲	日照	五莲	城区	ZMC 女 1986
42	莱州	胶州	青岛	胶州	里岔镇南楼村	LZW 男 1987
43	莱州	胶南1	青岛	胶南	城区	DG 男 1988
44	莱州	胶南2	青岛	胶南	隐珠镇小兰东村	HYX 男 1988
45	莱州	沂水1	临沂	沂水	城区	YFZ 女 1989
46	莱州	沂水2	临沂	沂水	夏蔚镇上桃峪村	WJY 男 1988
47	莱州	青岛	青岛	城区		WL 女 1988
48	莱州	崂山	青岛	崂山		LY 男 1989
49	莱州	莱西1	青岛	莱西	望城街道前堤村	JRD 男 1983
50	莱州	莱西2	青岛	莱西	日庄镇前庞村	LYS 男 1987
51	莱州	城阳	青岛	城阳	惜福镇	FXJ 男 1988
52	莱州	平度	青岛	平度	田庄镇西寨村	LXN 女 1989
53	莱州	即墨	青岛	即墨	王村镇	MXY 女 1989
54	莱州	莱州	烟台	莱州	城区	LN 女 1989
55	莱州	莱阳	烟台	莱阳	城区	HHF 女 1987
56	莱州	招远	烟台	招远	玲珑镇鲁格庄村	LJJ 男 1989

附录二 调型和调值

表 14 胶辽官话四调片 56 个调系的调型和调值

编号	方言点	调型				调值				类数	政区
		阴	阳	上	去	阴	阳	上	去		
登州片											
1	芝罘	降高	降中弯	凹	＞阳	52	442	323	＞阳	3	烟台
2	牟平	降高	降中弯	凹	升凸	52	442	323	243	4	烟台
3	福山	降高	＞去	凹	升凸	53	＞去	323	343	3	烟台
4	海阳	降高	＞去	凹	升凸	52	＞去	322	342	3	烟台
5	栖霞	降高	＞去	凹	升凸	52	＞去	323	243	3	烟台

续表

6	乳山	降高	>去	凹C	凹两折	52	>去	303	3243	3	威海
7	威海2	降高	>去	凹C	凹两折	53	>去	303	3243	3	威海
8	文登	降高	平中	凹C	凹低	52	44	303	323	4	威海
9	威海1	降高	平中	凹C	升中	52	44	303	24	4	威海
10	烟台	降高	平中	凹C	>阳	52	44	303	>阳	3	烟台
11	荣成2	降高	升中	凹C	平低	53	24	304	33	4	威海
12	荣成1	降高	凹两折	凹C	平低	52	4343	303	33	4	威海
辽东片											
1	鲅鱼圈	降长高	升微	凹C	降央高	52	34	303	53	4	营口
2	桓仁	降长高	升微	凹C	降央高	52	34	303	53	4	本溪
3	岫岩	降长高	升微	凹	降央高	52	34	303	53	4	鞍山
4	中山	降高	升微	凹	降高弯	52	34	323	553	4	大连
5	甘井子	降长高	升微	凹	降央高	52	34	323	553	4	大连
6	瓦房店	降高	升凸	凹C	降高弯	52	242	303	552	4	大连
7	沙河口	降高	升微	凹C	降高弯	52	34	303	552	4	大连
8	盖州	平高	升中	凹	降高弯	55	24	324	552	4	营口
9	丹东	降中	升微	凹	降高	42	23	323	52	4	丹东
10	普兰店	降高	升中	凹C	降中弯	53	24	203	442	4	大连
11	东港	降高	>去	凹C	降中弯	52	>去	303	442	3	丹东
12	庄河	降高	>去	凹C	降中	52	>去	303	42	3	大连
蓬龙片											
1	龙口	凹后	平中	凹C	降高	423	44	303	52	4	烟台
2	蓬莱	凹后	平中	凹	降高	423	44	323	52	4	烟台
3	长岛	凹后	平中	凹	降高	423	44	323	52	4	烟台
莱州片											
1	潍坊1	凹	降高	平高	降中	324	52	44	42	4	潍坊
2	潍坊2	凹	降高	平中	降中	324	52	44	42	4	潍坊
3	昌邑1	凹	降高	平中	降中	324	52	44	42	4	潍坊
4	昌邑2	凹	降高	平中	降中	324	52	44	42	4	潍坊
5	青州1	凹	降高	平中	降中	324	52	44	42	4	潍坊
6	青州2	凹	降高	平中	降中	324	53	44	42	4	潍坊
7	临朐	凹	降高	平中	降中	323	52	44	42	4	潍坊
8	安丘1	凹	降高	平中	降中	324	52	44	42	4	潍坊
9	安丘2	凹	降高	平中	降中	323	52	44	42	4	潍坊
10	高密1	凹	降高	平中	降中	323	52	44	42	4	潍坊
11	高密2	凹	降高	平中	降中	324	52	44	42	4	潍坊
12	诸城1	凹	降高	平中	降中	323	52	44	42	4	潍坊
13	诸城2	凹	降高	平中	降中	323	52	44	42	4	潍坊
14	五莲	凹	降高	平高	降中	324	52	44	42	4	日照
15	胶州	凹	降高	平高	降中	324	52	44	42	4	青岛
16	胶南1	凹	降高	平中	降中	324	53	44	42	4	青岛

续表

17	胶南2	凹	降高	平中	凹后	324	53	44	402	4	青岛
18	沂水1	凹	降高	升微	降中	323	53	34	42	4	临沂
19	沂水2	凹	降高	升微	降中	323	53	34	42	4	临沂
20	青岛	凹	降高	平中	＞阳	223	52	44	＞阳	3	青岛
21	崂山	凹	降高	平中	＞阳	223	52	44	＞阳	3	青岛
22	莱西1	凹	降高	平中	＞阳	324	52	44	＞阳	3	青岛
23	莱西2	凹	降高	平中	＞阳	324	52	44	＞阳	3	青岛
24	城阳	凹	降高	平高	＞阴阳	324	52	44	＞阴阳	3	青岛
25	平度	凹	降高	平高	＞阴阳	324	52	44	＞阴阳	3	青岛
26	即墨	凹	降高	平高	＞阴阳	324	52	44	＞阴阳	3	青岛
27	莱州	凹	降高	平高	＞阴阳	323	52	44	＞阴阳	3	烟台
28	莱阳	凹	降中	升微	降高	324	42	34	52	4	烟台
29	招远	升微	降高	平高	凹	34	52	44	324	4	烟台

当代大型字书《扌部》疑难字新考(下)

杨宝忠

提要:《汉语大字典》无论从手还是从扌的字统归《手部》;《中华字海》从手的字归《手部》,从扌的字归《扌部》。本文利用"形用义音序五者互相求"考字方法,对《汉语大字典·手部》从扌的疑难字与《中华字海·扌部》收录的部分疑难字进行考释,包括异体字认同失误者、同形字未加别异者、俗讹字未与正字沟通者、已有考释尚可商榷者。

关键词:《汉语大字典》《中华字海》 扌部 疑难字 考释

21 捰

同"捂"。字见《龙龛》。(《字海》344C)

《丛考》:"捰"当是"捰"字误排。《集韵》去声莫韵五故切:"捂、捰(捰):斜相抵触也。或从吴。""捰"与"悟"同音。(267)

按:《丛考》谓《字海》"捰"当是"捰"字误排,所言是也。《玄应音义》卷二十《陀罗尼杂集》卷八音义出"挻捰鬼"三字,无音释(32册263b)。《可洪音义》卷二十三《陀罗尼杂集》卷八音义:"挻捰[1],上扶峰反,下五故反。《大灌顶经》作逢忤,《摩尼罗亶经》亦作逢忤。又上音奉,下音吴。应和尚未详也。"(35册414b)对应佛经大正藏本作"步行鬼、挻捰鬼";《佛说摩尼罗亶经》作"步行鬼、逢忤鬼";《佛说灌顶经》卷八作"步行魅鬼、逢忤魅鬼",元、明本"逢"作"逆";《治禅病秘要法》卷下作"步行鬼,倒行鬼"。"挻捰鬼""逢忤鬼"同词异形;与"倒行鬼"为同词异译。以文献异文求之,"捰"当是"捂"之声旁变易字,"捂""悟""忤""仵""连"古书音同通用。《万象名义·手部》:"捂,吴故反。迎也,逆也,逐也,小柱[2]也。"(57下)又《午部》:"悟,五故反。适也,逆也,裂也。"(294下)又

---

* 本文得到国家社科基金冷门"绝学"和国别史研究专项"大型字书疑难字汇考"(项目号:2018VJX082)的支持。引文及讨论中需要区别的繁体字不作简化。

[1]《可洪音义》卷二十五《一切经音义》卷二十音义字作"捰"。

[2] 今本《玉篇》训"斜拄",是也。《史记·项羽本纪》:"是时诸将皆慴服,莫敢枝梧。"裴骃集解:"如淳曰:梧,音悟。枝梧,犹枝捍也。瓒曰:小柱为枝,邪柱为梧,今屋梧邪柱是也。"盖顾野王所见《史记》"枝梧"有作"枝捂"者,故收"捂"字于《玉篇·手部》,说解即引《史记》文并臣瓒"小柱为枝,邪柱为梧"之语。《万象名义》"捂"训小柱者,即原本《玉篇》引臣瓒语之误截,《新撰字镜》误同。

《人部》:"忤,五故反。悟也。或作忤、连字,逆也。"(22下)"撞捂鬼"之"捂"、"逢忤鬼"之"忤"皆取逆义。《集韵》"捂"训斜相抵触者,出司马贞《史记索隐》。《汉书·司马迁传》:"至于采经摭传,分散数家之事,甚多疏略,或有抵捂。"颜师古注:"如淳曰:梧,读曰迕,相触迕也。师古曰:抵,触也;梧,相支拄不安也。梧,音悟。"裴骃《史记集解序》"抵捂"作"抵捂",司马贞索隐:"抵,音丁礼反。捂,音吾故反。抵者,触也。捂亦斜相抵触之名,按今屋梁上斜柱是也。斜触谓之捂,下触谓之抵。抵捂言其参差也。以言彼此二文同出一家而自相乖舛。"此《集韵》"捂"字音义之所本。《集韵》"摀"字若出《陀罗尼杂集》,则是在训逆时"摀"同"捂"。《龙龛》卷二《手部》:"撞,扶用反。《切韵》:劳(字疑有误)灼龟兆也。"(214)"撞"字当与"摀"字共出《陀罗尼杂集》,行均引《切韵》为之说解,致使《龙龛》所收"撞"字与佛经文献脱节。佛经文献"撞"字与《切韵》"撞"字同形,非一字也。

22 抧

zhì 音治。义未详。见《龙龛》。(《字海》345A)

按《龙龛》卷二《手部》:"摛、抧,二俗。乌駮反。下又竹例反。"(212)《字海》据竹例反拼读作 zhì。《可洪音义》卷二十三《陀罗尼杂集》卷七音义:"柳畔,上俱禹反。正作矩、槊(槊)二形。此是槊(槊)字变为柙,而误作柳也。或云鸠盘荼,或云究畔荼,或云矩畔挐,此译为阴囊。《江西音》作知利反,非也。应和尚未详。"(35册411b)又卷二十五《一切经音义》卷二十音义:"究畔,上俱禹反。正作矩、槊二形。亦云鸠槃荼,亦云矩畔挐,此译云形卵。应和尚未详。"(35册508b)《玄应音义》卷二十《陀罗尼杂集经》卷七音义出"究畔"二字,无音释(32册263b),故可洪谓"应和尚未详"。《慧琳音义》卷四十三同经音义作"柳畔"。对应佛经大正藏本作"柳畔荼",宋本作"矩畔荼"。"矩畔挐""究畔荼""鸠盘荼"为梵语 Kumbhaṇa 或 Kubha 的音译词。《翻译名义集》卷二:"Kubha. 鸠槃荼,亦云槃查,亦云俱槃荼。此云瓮形,旧云冬瓜。"《华严经音义》卷上:"鸠槃荼,此云阴囊,亦曰形卵,谓此之类阴囊状如冬苽,行时擎置肩上,坐时即便据之,由斯蔽状特异诸类,故从之为名。旧云冬苽者,以其猥而不显,故使人谬解耳。"(32册343a)又作"抅瓣荼""抅辯荼",《可洪音义》卷五《悲华经》卷十音义:"抅瓣,上九愚反,下步茪反。正作柳也。鬼名抅柳荼,亦云鸠槃荼鬼,此云阴囊,亦形卵,言阴囊状如冬苽,行时擎在肩上,坐即踞之。"(34册800b)对应佛经大正藏本作"抅瓣荼",宋本作"抅辯荼"。"鸠""俱""矩""抅"对应梵文"Ku"音节,《玄应音义》作"抧"、《慧琳音义》《可洪音义》作"柳",二字乃传写之异者,其字从知得声,与"Ku"读音远隔,可洪以其字为"槊"字转写之误,其说似可从;《江西经音》"枊"字知利反,当是望形生音。《龙龛》"抈"字竹例反,当亦是出自《陀罗尼杂集》卷七或《玄应音义》,而竹例反亦当是望形生音;其字又乌骇反者,盖以为"挨"字俗书。《列子·黄帝篇》:"既而狎侮欺绐,攩㧙挨抶。"殷敬顺释文:"挨,乌骇反。推也。"《广雅·释诂三》:"挨,击也。"曹宪音乌骇反。《龙龛·手部》:"挨(挨),乌皆反,倚也。又於骇反,打也。又於改反,亦击也。又俗,音族[3]。"(207)"抈"字乌骇反,与"挨"字乌骇反、於骇反读音相同;俗书尖口、方口相乱,"挨"字所从尖口变为方口,又从矢上移置矢右,因成"抈"字。虽然,佛经文献"挨"字未见有作"抈"者,亦未见有作"揃"者,文献不足,尚难遽定。

23　捬

同"搋"。见朝鲜本《龙龛》。(《字海》346A)

按:朝鲜本《龙龛》卷四《手部》上声:"搋,直尔切。以物加人。又见平声。捬,同上。拊,同上。"(146上)四卷本《龙龛》卷二《手部》上声:"拊、捬,直尔反。"(212)"捬""拊"字形稍异,《字海》字形与四卷本《龙龛》相合。"捬"字直尔反,当是"搋"字俗讹。说详上文"拊"字条。

24　揪

yǎo 音咬。①拉。②折。二义均见《直音篇》。(《字海》347B)

按:《续修四库全书》影印明万历明德书院本《重订直音篇·手部》:"拗,於巧切。手拉也,折也。"(58上)此外别无"揪"字。《直音篇》"拗"字之上为"搅"字,同"扫",《字海》所据本作"揪"者,或涉"搅"字而误。《洪武正韵·巧韵》:"拗,於巧切。手拉也,折也。《尉缭子》:拗矢折矛。"此《直音篇》所本。

25　㧊

yí 音仪。义未详。见《篇海》。(《字海》352A)

《丛考》:《篇海》卷一二《手部》引《搜真玉镜》:"㧊,音夷。"此字疑是"彝"的俗字。

---

[3]　音族之"挨"即"族"字俗书。《可洪音义》卷十二《宝行王正论》音义:"上挨,在木反。又於骇、乌改二反,非也。"(35册341c)对应佛经作"上族"。

(273)

按：《可洪音义》卷二十一《修行道地经》卷四音义："揓揌，上子慈反；下居之反，又音其。《经音义》云：此草似细荻，花(北)方多饶此草。正作兹其也。《江西音》作揓揋也。《川音》作揓揌，以芯(葱)韮替之，非也。"(35册336c)对应佛经作"假使彼髪为吾我者，如截葱薱(韮)后则复生"，宋、元、明及宫本"薱"作"薙"。"揓"字音念，疑又"揓"字省变。然"薱韮"何以变作"揓揌""揓揋""揓揌"，所未详也。《篇海》引《搜真玉镜》"揓"音夷，恐不足信。

26 搹

(二)biàn《集韵》婢善切，上狝并。真部。②不咽。《龙龛手鉴·手部》："搹，不咽也。"(《大字典》1925B/2038B)

按：《龙龛》卷二《手部》平声："搹(搹)，房连反。不呬(咽)也。"(209)此字《龙龛》收在平声字内，《大字典》将之收在第二音项下，欠妥。故宫本《王韵》平声《仙韵》房连反："楄，木，食不噎。"《广韵》平声《先韵》部田切："楄，木名，食不噎。又杜预云：楄柎，棺中笭床也。"又《仙韵》房连切："楄，木名，食之不咽。""不呬(咽)"即"不噎"。《龙龛》卷二《口部》："噎，乌结反。食不下。或作呝、饐，同。呝，同上。"(276)《山海经·中山经》："[堵山]有木焉，名曰天楄，方茎而葵状，服者不噎。"郭璞"楄"音鞭，注云："食不噎也。"《龙龛》"搹(搹)"字训不呬(咽)，是以"搹"为"楄"字俗书也。《大字典》"搹"字不与"楄"字认同，"不咽"又不转训为不噎，亦欠妥。佛经文献另有"搹"字，一为"鞭"字异构：《可洪音义》卷十《大智度论》卷三十九音义："鞭之，上卑连反。击也。正作鞭、搹二形。"(34册994b)对应佛经作"鞭之"。又卷十一《大庄严论》卷九音义："鞭挞，上卑连反，下他达反。打也。正作鞭挞。或作搹挞也，并误。"(34册1040c)对应佛经作"鞭挞"。字又作"楄"，《可洪音义》卷二十《三法度》卷下音义："梗杖，上卑连反。正作鞭、楄二形也。又古杏反，非。"(35册279b)对应佛经作"鞭杖"。又为"编"字俗讹：《可洪音义》卷十五《十诵律》卷三十八音义："搹绳，上卑连反，下市陵反。正作编绳。"(35册110b)对应佛经作"编绳"。《龙龛》"搹(搹)"字当亦出自佛经文献。

27 㧳

yuán音元。姓。(《字海》353B)

按：此字疑为"榬"字俗讹。《万姓统谱·元韵》"榬"姓有汉榬温舒、榬庆。《六艺之一录·集古印谱》收榩温舒印、榩庆私印、榩无害印。

28　搗

同"扶"。《字汇补·手部》："搗，古扶字。见《字学元元》。"(《大字典》1930B/2044B，《字海》354A 略同)

按：《字汇补·手部》："搗，古扶字。见《字学元元》。"(535 上)此《大字典》《字海》所本。《字学元元》卷七《后世俗书之变》列举唐孙愐书(当即《唐韵》)之例，有"赴俗作徒，搗俗作扶"之语(《续修四库》255 册 298 上)，是《字汇补》"搗"字所从出。据《字学元元》，"搗"是"扶"的正字，"扶"是"搗"的俗字，"搗""扶"是正俗字的关系。《字汇补》引《字学元元》谓"搗"为古"扶"字，则"搗""扶"属古今字关系，所言不确。"搗"既是正字，不应迟至明代始收入《字学元元》。以形音用求之，"搗"当是"欂(榑)"之隶定字而传刻有误者。《说文》六篇上《木部》："榑，榑桑，神木，日所出也。从木，尃声。"《淮南子·览冥篇》："朝发榑桑，日入落棠。"高诱"榑"音扶，注云："榑桑，即扶桑，神木也。落棠，山名。""榑""扶"二字读音相同，据《说文》，榑桑字正字当作"榑"，而文献多作"扶桑"，故孙愐书谓"榑俗作扶"。

29　捥

xì 音细。义未详。见朝鲜本《龙龛》。(《字海》355A)

《丛考》：此字疑为"抚(摡)"的改易声旁俗字。《集韵》去声未韵许既切："摡，《博雅》：取也。一曰拭也。或作抚。"(274)

《字典考正》：《三慧经》："有人持珠度海，失亡其珠，人便持木斗，捥水弃岸上。海神言：'汝当何时尽是水？'人言：'生死弃之不置。'海神知其意大，出珠还之。"《丛考》疑此字为"抚(摡)"的改易声旁字，其推测很有道理。慧琳以同义词"舀"字替换"捥"，可洪则以"汙""抒"替之。(58)

按："捥"字字书不收，慧琳据文意改为"舀"字；可洪音序，以为正字当作"汙""抒"；《丛考》据声旁既、氣可以替换而以之为"抚(摡)"字。可洪之说是也。《三慧经》所载故事佛经文献多见，主人公多为大施太子(又称普施、大意，后为释迦佛)，或为商主，或为波罗门，故事梗概为大施太子得珠坠海，以木斗(木杓、木魁、瓢等)抒海，海神感其志，出珠还之。《六度集经》《大意经》《佛本行集经》《贤愚经》《摩诃僧祇律》《大智度论》《经律异相》《法苑珠林》皆作"抒海""抒大海"。《止观辅行传弘决》卷七之一:"大施抒海如第三卷,抒者,除也。《苍颉篇》云:酌取也。"《玄应音义》卷九《大智度论》卷五音义:"抒大,除吕、时汝二反。《说文》:'抒,挹也。''挹,酌也。'《广疋》:'抒,渫也。'《通俗文》:'汲出谓之抒也。'"(32册121a)对应佛经作"抒大海"。《可洪音义》卷十《转法轮经优婆提舍》音义:"抒海,上徐与、神与二反。"(34册1008b)又卷二十一《贤愚经》卷十三音义:"抒海,上音序,渫水也,歃也。又直与、时与二反,除也,挹也,取也。渫音薛,歃以小反。"(35册327a)对应佛经并作"抒海"。同卷《修行道地经》卷二又云:"抒海,上音序。渫也。又伫、纾二音。"(35册335a)对应佛经宋、元、明本作"抒海",大正藏本作"耗海",宫本作"托海","耗""托"并误。《龙龛》"㨂"字当亦源出《三慧经》,行均"㨂"字许既反者,恐是望形生音,从氣得声之字多读许既反;大施抒海事无作"抚(摡)海"者,"㨂"为"抚(摡)"之改易声旁字的可能性不大。

30 撮

同"摠"。字见《篇海》。(《字海》357C)

按:《篇海》卷十二《手部》引《奚韵》:"撮,先孔切,手撮也。又先公切。"(761上)《新修玉篇》卷六《手部》引《奚韵》同。《集韵》平声《东韵》苏丛切(与"楤"字同一小韵):"摠,手进物。"又上声《董韵》祖动切"摠"为"總(總)"字或体。去声《送韵》作弄切又为"傯"字或体。"撮"字有先公切一读,与"摠"字苏丛切读音相同;《集韵》"摠"字训手进物,《奚韵》"撮"字训手撮,《字海》盖以二字音义相同,故谓"撮"同"摠"。然"手撮"训义费解,"摠"通常为"總"字俗书,其音苏丛切、训手进物,音义皆晚出,且无文献用例,《字海》以"撮"同"摠",其说恐非是。以形音求之,"撮"字疑为"楤"之俗书。《方言》卷五:"箸筩,陈楚宋魏之间谓之筲,或谓之籯,自关而西谓之桶楤。""楤"字郭璞音苏勇反。《广雅·释器》:"楤,箸筩也。"曹宪音思丛反。"怱"俗作"苍",故"楤"俗作"撮"。《万象名义·木部》:"撮,先孔反。著筩也。"(125上)《新撰字镜·木部》:"撮,先孔反。箸筩。"(391)笺注本《切韵》(斯2055)平声《东韵》:"撮,苏公反。小笼。又先孔反。"(161)故宫本《裴韵》平声《东韵》:"撮,苏公反。小笼。又先孔反。新加。"(539)俗书木、扌二旁形近相乱,故"撮"又变从手作。故宫本《裴韵》上声《董韵》先总反:"撮,著桶,又小笼也。又苏公反。"(567)故宫本《王韵》上声《董韵》先总反:"撮,箸筩。又苏公反。"(471)此"撮"为"楤"字俗书之明证。"楤"训箸筩、训小笼,《奚韵》"撮"训手撮者,当是望形生训。参看上文"挻"字条。

31　揝

同"撍"。见《龙龛》。(《字海》361A)

按:《龙龛》卷二《手部》:"揝,正;撍,今。作绀反。手撍物也。又子敢反。"(214)此《字海》所本。敦煌本《王韵》去声《勘韵》:"揝,祖绀反。针捶。"(332)故宫本《王韵·勘韵》:"揝,祖绀反。斜捶。"(505)此"揝"字之早见者。龙宇纯《全王校笺》云:"'斜'当从《王一》作'针',《唐韵》《广韵》'篸'下云'以针篸物',《集韵》收'撍'为'篸'字或体。'捶'字《王一》同,疑当作'插'。插,刺也。"(543上)龙说是也。《龙龛》"揝""撍"作绀反,并"撍"字异写。"揝(撍)"字训针插、训以针篸物,皆谓缝缀也。佛经文献有用例。字或作"篸""簪""撍"。韩小荆《可洪音义研究·生僻字辑释》"揝"字条:"揝褳(褳),上则勘反,下扶峰反。(卷15,A1105c)揝缝,上子绀反,下扶峰反。(卷15,A1117b)揝缝,上子绀反,下音逢。(卷15,A1118b)揝缝,上子绀反(,)下扶峰反。(卷15,A1125a)按:被释词目分别出自《摩诃僧祇律》第九卷音义和《十诵律》第八卷、第十二卷、第四十四卷音义,今《大正藏》对应经文分别作'篸缝''揝缝''簪缝''篸撞'……窃谓被释字'揝'乃'撍'字异写,而'撍'则又当是'篸'的异构俗字,从手,簪声。《篇海·竹部》引《玉篇》:'篸,以针篸物。'《集韵·勘韵》:'篸,缀也。''篸'正合经意。古籍中'篸缝'之义又常假借'簪'字为之,如《十诵律》卷二七:'……佛告阿难:此深摩根衣能法此田作衣不?阿难言能。即以衣与阿难,阿难受已,小却,即割截簪缝中脊衣叶,两向收襵展张还奉佛。佛赞善哉善哉,此衣割截如是作应法。'《大正藏》校记曰:'簪',宋、元、明宫本作'篸'。据此,'撍'当是在'簪'字基础上增加手旁而成的'篸'的俗字。《十诵律》卷八之'揝'则应为'撍'字讹省。"(266—267)俗又作"揝",《可洪音义》卷十八《萨婆多毗尼毗婆沙》卷七音义:"揝缘,上子绀反,下以绢反。"(35册211中)对应经文圣本同,大正藏本作"篸缘",宋、元、明本作"簪缘"。"撍"表缝缀义,字本作"鐕",《说文》十四篇上《金部》:"鐕,可以缀箸物者。从金,朁声。"《集韵》平声《覃韵》祖含切:"鐕,《说文》:可以缀箸物者。一曰钉也,一曰缀衣。通作撍。"又去声《勘韵》:"篸、鑶、撍,作绀切。缀也。或作鑶、撍。"《荀子·成相篇》:"簪以为父,管以为母,既以缝表,又以连里,夫是之谓箴理。"杨倞注:"簪形似箴而大,故曰为父。言此者,欲状其形也。管所以盛箴,故曰为母。《礼记》曰'箴管线纩'也。"《广雅·释器》:"箴谓之簪。"王念孙疏证:"簪者,连缀之名。"《万象名义·竹部》:"箴,徒故反。鑶也。"(143下)又云:"蠶(鑶),子含反。簪也,箴也。"(143下)"鐕"训缀衣,音义与"箴"相近。《说文》五篇上《竹部》:"箴,缀衣箴也。从竹,咸声。"段注:"缀衣,联缀之也,谓签之使不散。若用以缝,则从金之鍼也……古箴、鍼通用。"(196

下)《万象名义·竹部》:"箴,之深反。戒也,陈也,插[4]也,刺,谏也。"(142 上)又云:"箴[5],古斩反。竹名,缀衣竹。"(143 上)今本《玉篇·竹部》:"箴,之深切。规也,戒也,刺也。或作鍼。"古针有金制者,有竹制者,故"针"古或从竹作"箴",或从金作"鍼"。"鐕"之作"簪",犹"鍼"之作"箴";其作"篸"者,"簪"之声旁变易字;作"揝(攢)"者,"簪"之加旁字;作"揝、搢、撍(擶)"者,"鐕"或"簪"之易旁字也。缝缀以手持针,故字变从手作;"簪"之作"搢""撍",与"缝"之作"捀"[6]道理相同。行均将"揝""揩"二字收入《龙龛》,见其字从手,因训作手揝物,望形生训也。

32 摳

同"摡"。见《龙龛》。(《字海》361B)

按:续古逸丛书本《龙龛》卷二《手部》:"摳、摡,二俗;摡,或作;摡,正。居随反。裁也。"文渊阁、文津阁本同。就字形而言,"摳""摡""摡"皆"摡"字俗书。《龙龛》是一部为诵读佛经而编纂的字书,其书广搜佛经俗字异体。在众多俗字异体中,不乏同形字。行均解释来源于佛经的俗字,往往脱离该字所在佛经原文,而以与佛经俗字同形的另一字音义作解。《玄应音义》卷十一《中阿含经》卷六十音义:"为揪,又作摡,同,居随反。木名,堪作弓者也。"(56 册 982 下)《慧琳音义》卷五十二:"为揪,又作摡,同,居随反。木名,堪作弓者也。"(58 册 464 上)《可洪音义》卷十二作"揪",对应经文作"我应先知彼弓为柘、为桑、为槻、为角耶"。《龙龛》"摳""摡""摡"三字当亦是《中阿含经》"槻"字传写之异者,训裁之字正作"摡"(《方言》卷二:"摡,裁也。"),而《龙龛》以"摡"为俗者,其字右旁盖本作"頁";俗字既误作"摡",又改正字作"摡"也,"摡"字非正。参看拙著《疑难字三考》"摡"字条(224—226 页)。

33 攢

fèi 音废。义未详。见《龙龛》。(《字海》361C)

按:《龙龛》卷二《手部》:"攢,音癈。"(215)明刻本《篇海》卷十二《手部》引同。《新修

---

[4] 当作"插",《广雅·释诂二》:"箴,插也。"
[5] 今本《玉篇》作"籖",训竹名。
[6] 《玄应音义》卷五:"单缝,扶封反。《说文》:以针紩衣也。经文从手作捀,非也。"(56 册 0884b)《可洪音义》卷十五:"簪捀,上子绀反,下扶峰反。"(35 册 108a)陆德明《庄子音义》:"捀衣,本又作缝,扶恭反,徐扶公反,又音冯。"今本《庄子·盗跖》作"缝衣"。

玉篇》卷六《手部》、金刻元修本《篇海·手部》引"癈"作"廢","癈""廢"音同。以形音用求之,此字疑为"攢"字俗讹。《玄应音义》卷十五《僧祇律》卷十七音义:"木札,侧黠反。木皮也。律文有作柿(柿),敷废反。《说文》:削朴也。朴,札也。谓削木柿也。二形通用。又作攢,非也。"(56 册 1048a)《慧琳音义》卷五十八《僧祇律》卷十七音义"攢"作"攢"。《可洪音义》卷二十五《一切经音义》卷十五音义:"作攢,芳味反。"(60 册 376C)"攢""攢"皆"櫲"字俗书,"櫲"为"柿"之声旁变易字。《详校篇海·木部》:"櫲,芳未切,音费。木名。又木櫲,碎木皮也。"(185 下)训碎木皮之"櫲"亦"柿"字异构。《龙龛》"攢"字音癈,《玄应音义》"攢"字敷废反,二字形音至近。佛经另有"攢"字,相攢犹言相扑。《玄应音义》卷十八《立世阿毗昙论》卷十音义:"相攢,扶味反。南人谓相扑为相攢。"(57 册 36a)《可洪音义》卷二十《立世阿毗昙论》卷十音义:"相攢,扶味反。南人谓相扑为相攢也。《经音义》作攢,亦作勑,并同也。"(35 册 287c)对应佛经作"或歌或舞,相攢跳掷"。《可洪音义》卷十九《阿毗达磨俱舍论》卷二音义:"相攢(攢),扶沸反。南人呼相扑为相攢也。《经音义》应和尚并作扶味反。或作勑,扶味反,壮勇之皃。新《论》作相攢(攢)也。"(35 册 252b)对应佛经作"相扑"。

34 揋

同"揋"。见《龙龛》。(《字海》363A)

同"揋"。(《大字典》第二版 2076A)

按:续古逸丛书本《龙龛》卷二《手部》:"揋、揋,二俗;揋,或作;揋,正。居随反。裁也。"文渊阁、文津阁本同。《玄应音义》卷十一《中阿含经》卷六十音义:"为揋,又作揋,同,居随反。木名,堪作弓者也。"(56 册 982 下)对应经文作"我应先知彼弓为柘、为桑、为揋、为角耶"。《龙龛》"揋"字当亦是"揋"字俗讹。参看拙著《疑难字三考》"揋"字条(224—226 页)。

35 撱

bù 音布。[撱施]同"布施",施舍财物给人。见玄应《一切经音义》卷五。(《字海》364A)

《字典考正》:"撱"是"普"的增旁字,"撱"应读如"普(pǔ)",《字海》依据玄应《音义》音"撱"为"布",不当。(61—62)

按:《新修玉篇》卷六《手部》十四画引《类篇》:"撱,音拂。"崇庆本、金刻元修本《篇海》

卷十二《手部》十四画引《川篇》(当是漏刻《类篇》符号)字作"撍","音挴"作"音抨"。"撍"字右旁所从同"普",故金刻本《篇海》改作"撲";"撲"字十四画,《新修玉篇》收在《手部》十四画是也;金刻本改作"撍","撍"字十二画,仍收在《手部》十四画,则其实际笔画数与所处位置不合,故明成化本《篇海》改收其字入十二画引《搜真玉镜》字内,直音用字亦是"抨"字,正德、万历本同。《可洪音义》卷二十五《一切经音义》卷五音义:"作撍(撲),滂古反。正作普,普,大也,遍也。经意谓须赖菩萨劝波斯匿王立普施限,而书人误从扌[作]撲。应和尚乃以布施字替之,非也;郭氏作步盲反,并非。"(35 册 477c)《可洪音义》卷四《如来兴显经》卷一音义:"枰(枰)阁,上步盲反。栈也,阁也。正作棚、軿、輣三形。又平、病二音,非也。"(34 册 754b)对应佛经作"棚阁"。俗书木、扌二旁形近相乱,故同"棚"之"枰"又作"抨"。《可洪音义》卷五《持心梵天经》卷三音义:"抨阁,上步盲反。又普耕反,非也。"(34 册 813b)对应佛经大正藏本作"棚阁",圣本作"枰阁"。《篇海•手部》之"撲"、《新修玉篇•手部》之"撍"当亦是出自《须赖经》,《篇海》"撲"字音抨者,当出自郭迻(迻)音;《新修玉篇》"撍"字音挴者,当又是"抨"字传刻之误。《龙龛》卷四《木部》:"榗,布莽反。教也。见《郭迻音》。"(381)其所据当亦是郭迻为《须赖经》"撍"字所作音义。《可洪音义》引郭迻"榗(撲)"字步盲反,《龙龛》引郭迻"榗(撲)"字布莽反者,此或是郭迻"榗(撲)"字本有两读;一读步盲反,一读布莽反;或是郭迻"榗(撲)"字本音搒,"搒"字有步盲反,又有布朗反(字正作"榜")两读(俱见《可洪音义》),"布朗""布莽"切音相同。"榗(撲)"字房山石经、高丽藏、永乐南藏等诸本《须赖经》皆作"普","普"不训教,《龙龛》"榗"训教,不足信。《字典考正》考释《字海》所收"撲"字,其说信而有征;然未涉及《篇海》所收"撲"字、《新修玉篇》所收"撍"字及《龙龛》所收"榗"字,故补说如上。

36 攗

nǐ《改并四声篇海》引《川篇》音拟。雨泊船。《改并四声篇海•手部》引《川篇》:"攗,雨泊舡也。"(《大字典》1972B/2090A)

"橵"的讹字。见《正字通》。(《字海》367A)

按:《篇海》卷十二《手部》引《川篇》:"攗,音拟。雨泊舡也。"(762 上)《新修玉篇》卷六《手部》引《川篇》:"攗,音拟。雨泊舩也。""舡""舩"皆俗"船"字。《字汇•手部》:"攗,语绮切,音拟。拍船也。"(586 上)"拍"为"泊"字传刻之误。《正字通•手部》:"攗,橵字之讹。《史记》《说文》皆作橵,别作艤,俗作攗,非。"(456 上)《五音集韵》上声《旨韵》鱼纪切(与"拟"字同一小韵):"艤,整舟向岸。橵,上同。""攗"音拟,与"橵"字音同;"橵"训整舟向岸,"攗"训雨(字疑有误)泊船,二字义同;俗书木旁多作扌旁,《正字通》以"攗"为

"㩙"字俗讹,其说近是。佛经文献另有"㩙"字,乃"㩙"字俗讹,"㩙"又作"㯕""桸"。《玄应音义》卷十八《立世阿毗昙论》卷五音义:"㩙者,又作㭊、㯕(瓢)二形,同,许宜反。《方言》:蠡或谓之㩙[7]。今江南呼勺为㩙。《三苍》:'㮯,勺也。'《广雅》:'㯕,瓢也。'论文作㩙,非体也。"(57册34c)"㩙"字《可洪音义》卷二十《立世阿毗昙论》卷六音义作"㩙",对应佛经大正藏本作"㩙",宋、元、明本作"桸"。《可洪音义》卷三十《广弘明集》卷二十三音义:"㩙㭒,上许宜反,器名,即是杓也。正作桸(桸)、㩙(㯕)二形。下市斫反。别本作㭒也。《川音》作㩙,音蚁,训云整(整)也,非义也。"(35册698a)对应佛经大正藏本作"㩙㭒",宋本、宫本作"㩙㭒",元、明本作"桸㭒"。"㩙""㩙"为"㩙"字俗讹,"㩙""桸""㯕"同字异构。《川音》作㩙、音蚁、训整者,即以为"㩙"字俗书也,然可洪已指出"非义"。《大字典》《字海》皆失载"㩙"为"㩙"字俗讹之用法,故为补说如上。

37　挘

同"挘"。《龙龛手鉴·手部》:"挘,音刘。正作挘。"按:《康熙字典·手部》:"挘,按:挘字之讹。"(《大字典》1978A/2096A)

"挘"的讹字。见《康熙字典》。(《字海》368C)

按:《龙龛》卷二《手部》:"挘、挘,二俗,音刘,正作挘。木名也。"(210)其字训木名,则"正字"当从朝鲜本《龙龛》作"樛"。《龙龛》卷四《木部》:"樛,俗;挘(樛),正。音刘。木也。"(375)"挘""挘"音义相同。《玄应音义》卷五《七佛神咒经》卷四音义:"摎项,又作挘,同,居茅反。《苍颉篇》:'摎,束也。'《说文》:'摎,缚煞之也。'摎即缠缚之名。"(56册890a)《可洪音义》卷二十五《一切经音义》卷五音义:"樛(摎)挘,二同音交,又二同音留。绞缚煞也。上又居幽反。"(35册476c)《慧琳音义》卷四十三《陀罗尼杂集》卷七音义:"摎项,又作挘,同力周、居茅二反。《苍颉篇》:'摎,束也。'《说文》:'摎,缚杀之也。'摎即缠缚之名。"(42册906a)对应佛经大正藏本作"摎项",宋本作"绞项"。故宫本《裴韵》平声《尤韵》力求反亦云:"摎,缚杀。亦挘(挘)。"(560)佛经文献未见"樛"字,《龙龛》所收"挘""挘"二字疑即《玄应音义》《慧琳音义》"挘"字,而行均与"樛"字误为认同也。

38　擵

tuō《集韵》闼各切,入铎透。同"托(拓)"。用手推物。《玉篇·手部》:"托、擵,二

---

[7]《方言》卷五:"䉛(郭注:瓢勺也,音丽),陈楚宋魏之间或谓之箪,或谓之㩙(今江东通呼勺为㩙,音羲),或谓之瓢。"

同,推也。"《集韵·铎韵》:"拓,手推物。或作擡、托。"(《大字典》1982A/2100B)

tuò 音唾。同"拓",推。见《集韵》。(《字海》370C)

按:"擡"或为"檡"字俗书。故宫本《裴韵·铎韵》他各反:"㭬(柝),击~。亦檡。"(608)唐写本《唐韵》残卷《铎韵》他各反:"㭬(柝),击拓。或作擡。"(724)"擡""檡"皆"檡"字俗书。高丽藏本《慧琳音义》卷五十:"㭬(柝)色,上汤洛反。郭注《尔雅》:㭬,今江东斫物曰㭬也[8]。今或以为戒守所击为擡也。"(75册442上)其中"擡"字大正藏本作"檡"。《可洪音义》卷二十九《广弘明集》卷七音义:"击拆,他各反。板也。正作㭬、擡、拚三形。《汉书》曰:中宫卫城门击刁斗,传五更,卫上(士)周庐击拆也。"(35册671c)"擡"为"檡"字俗书,"拆""㧜""拚"并"柝"字俗书。"檡""柝"同字异构,义为古代巡夜所敲之更板。《龙龛》卷二《手部》:"拆、擡,二俗;拆,或作;拓,正。音託。手承物也,又姓。又之石反。"(217)"拆""㧜"楷正当作"拆","擡"字楷正当作"擡"。"拆""擡""拓"部分记词功能相同,并非完全异体字。其中训手承物、又训姓、又之石反之字仅作"拓";作为开拓字,文献或作"柝",俗作"拆",又或借用"托(託)",此种用法"拆(柝)""托(託)""拓"记词功能相同;击柝字或作"檡","柝"俗作"拆","檡"俗作"擡",此种用法"拆(柝)""擡(檡)"记词功能相同。《玉篇》以"托""擡"为异体,《集韵》以"托""擡""拓"为异体,训推、训手推物,其情况与《龙龛》以"拆""㧜""擡""拓"为异体相类,恐不足信。

39 攲

同"攦"。《玉篇·手部》:"攲,击也。"《集韵·支韵》:"攦,《博雅》:'击也。'或作攲。"(《大字典》1983B/2192A,《字海》371B略同)

按:《玉篇·手部》:"攲,许宜切。击也。"胡吉宣云:"攲与上攦同。此后增字,故未列为重文。羲、戲字通,如赫戲亦作赫羲、险巇亦作嶮巘、伏羲亦作伏戲,并其例。故攦击亦为攲矣。"(1302)《集韵》平声《支韵》许宜切(与"羲""巇"同一小韵):"攦、攲,《博雅》:'击也。'或作攲。""羲""戲"以音同而古书或通用,以表音功能相同而又偏旁或可替换,然其字限于文献使用之字的变易,不可一概而论。"攦"字虽见于《广雅》《玉篇》及唐代《切韵》系韵书等,然中古文献罕觏,似无由变作"攲"字。佛经文献有"㦽"字,或作"㰹","㦽"或从手作"攊""攦","㰹"亦或从手作"搟""攦"(参看"搟"字条)。"㦽"变作

---

[8] 今本《尔雅》无"柝"字及郭注。慧琳所引当是据原本《玉篇》"柝"字说解,原本《玉篇》"柝"字说解应有"或为劇字,《尔雅》:木谓之劇。郭璞注……在《刀部》之语。《尔雅·释器》:"象谓之鹄,角谓之觿,犀谓之斫,木谓之劇,玉谓之雕。"《万象名义·木部》:"栃(柝),挞各反。判也。柝字,又劇、(字)。"(119下)

"擜",遂与训击之"擜"同形。"攲(檹)"同"擜(檹)",不同"擜"。今本《玉篇》《集韵》"攲"训击者,当是误以同"擜(檹,训杓)"为同"擜(训击)"。

40 攡

同"摛"。《集韵·支韵》:"摛,《说文》:舒也。扬子云作攡。"《太玄·攡》:"玄者,幽攡万类而不见形者也。"范望注:"攡,张也。"《乐府诗集·清商曲辞一·子夜歌四十二首》之十五:"攡门不安横,无复相关意。"(《大字典》1988B/2107B,《字海》372C 略同)

按:"攡"又为"欐"字俗书,"欐"同"籬"。《集韵》平声《支韵》邻知切:"籬、杝、欐,藩也。或作杝、欐。"木旁多与手旁相乱,故"欐"俗书作"攡"。《玄应音义》卷十六《毗尼母律》卷八音义:"籬上,又作欐、杝二形,同,力支反。《通俗文》:'柴垣曰籬。'《释名》云:'以柴作之,疏離離然'〔9〕。"(57 册 8a)"攡""杝"二字皆本从木。对应佛经作"籬上"。《玄应音义》卷十八《明了论》:"攡墙,又作籬、杝二形,同,力支反。《通俗文》:'柴垣曰攡。'《释名》云:'以柴作之,疏離離然。'"(57 册 39b)对应佛经大正藏本作"籬墙"。同"籬"之"欐"或省作"樆",《龙龛》卷四《木部》:"欐,音離,柴欐也。樆,同上;山樆也。""同上"之"樆"与"山樆"之"樆"为同形字。同"欐"之"樆"俗书又作"摛",《可洪音义》卷十六《四分律》卷二十三音义:"摛上,上力支反。正作攡。"(35 册 157a)"攡"非正字,正字当作"欐"。对应佛经大正藏本作"籬上"。《可洪音义》卷十五《十诵律》卷四十三音义:"攡障,上力支反。"(35 册 111a)对应佛经作"籬障"。《龙龛》卷二《手部》:"攡,音离。张也。"(208)又云:"摛,丑知反,舒也。又俗,音离,山摛(樆)。"(210)"攡""摛(音离)"二字本皆来源于佛经文献,"攡"为"欐(籬)"字俗书,"摛"为"樆(欐)"字俗书;而行均以古代字书所收同形字释之,致使《龙龛》所收之字与佛经文献脱离联系,《龙龛》多此例。《大字典》所引《乐府诗集》"攡"字当亦是"欐"字俗书,"欐门不安横"犹言柴门不安门栓,故下句云"无复相关意"。"相关"语带双关:一为关闭,一为关系。

参考文献

(1) 冷玉龙等《中华字海》(简称《字海》),北京:中华书局、中国友谊出版公司,1994 年。
(2) 释行均《龙龛手镜》(简称《龙龛》),北京:中华书局影印高丽本,1985 年。又续古逸丛书本。
(3) 杨宝忠《疑难字三考》,北京:中华书局,2018 年。
(4) 玄应《一切经音义》(简称《玄应音义》),北京:中华书局《中华大藏经》本(56、57 册),1993 年。又《高丽大藏经》本(32 册)。

---

〔9〕《释名·释宫室》:"籬,離也;以柴竹作之,疏離離也。"

(5) 可洪《新集藏经音义随函录》(简称《可洪音义》),北京:中华书局《中华大藏经》本(59、60 册),1993年。又《高丽大藏经》本(34、35 册)。
(6) 慧琳《一切经音义》(简称《慧琳音义》),北京:线装书局《高丽大藏经》本(42、43 册)。
(7) 徐中舒等《汉语大字典》,武汉:湖北辞书出版社,成都:四川辞书出版社,1986—1990 年。
(8) 汉语大字典编辑委员会《汉语大字典》(第二版),成都:四川出版集团等,2010 年。
(9) 邓福禄等《字典考正》,武汉:湖北人民出版社,2007 年。
(10) 张涌泉《汉语俗字丛考》(简称《丛考》),北京:中华书局,2000 年。
(11) 周祖谟《唐五代韵书集存》,北京:中华书局,1983 年。
(12) 韩道昭《改并五音类聚四声篇》(简称《篇海》),《四库存目丛书》影印明成化七年摹刻本。又正德本、万历本、金刻元修本、金崇庆本等。
(13) 梁春胜《楷书异体俗体部件例字表》,未刊。
(14) 朝鲜本《龙龛手镜》,日本影印朝鲜咸化八年增订本。
(15) 陈彭年《广韵》,北京:中国书店出版社影印张氏泽存堂本,1982 年。又大宋递修本、钜宋本等。
(16) 吴任臣《字汇补》,《续修四库全书》(233 册),上海:上海古籍出版社,2002 年。
(17) 邢准《新修絫音引证群籍玉篇》(简称《新修玉篇》),《续修四库全书》本(229 册),上海:上海古籍出版社,2002 年。
(18) 章黼《重订直音篇》(简称《直音篇》),《续修四库全书》本(231 册),上海:上海古籍出版社,2002 年。
(19) 丁福保《佛学大辞典》,上海:上海书店出版社,1991 年。
(20) 丁度《集韵》,北京:中国书店出版社影印扬州使院重刻本,1983 年。又明州本、金州军本、述古堂本、楝亭本、中华书局影印宋刻本等。
(21) 韩道昭著,宁忌浮校订《校订五音集韵》,北京:中华书局,1992 年。
(22) 陈彭年等重修《玉篇》,北京:中国书店出版社影印张氏泽存堂本,1983 年。
(23) [日]释空海《篆隶万象名义》(简称《万象名义》),北京:中华书局,1995 年。
(24) 杨宝忠《疑难字考释与研究》,北京:中华书局,2005 年。
(25) 胡吉宣《玉篇校释》,上海:上海古籍出版社,1989 年。
(26) 《大正新修大藏经》,日本大正一切经刊行会,1992—1993 年。
(27) 郑贤章《龙龛手镜研究》(简称《龙研》),长沙:湖南师范大学出版社,2004 年。
(28) 顾野王《原本〈玉篇〉残卷》,《续修四库全书》影印日本东方文化丛书本,上海:上海古籍出版社,2002 年。
(29) 张自烈、廖文英《正字通》,《续修四库全书》本,上海:上海古籍出版社,2002 年。
(30) 梅膺祚《字汇》,《续修四库全书》本,上海:上海古籍出版社,2002 年。
(31) [日]昌住《新撰字镜》,京都帝国大学文学部国语学国文学研究室编《古典索引丛刊》本。

(杨宝忠:河北大学文学院、河北大学传世字书与出土文字研究中心,071002,河北保定)

《说文解字》"一曰"例中的言形研究

王碧海　林彦成　胡佳佳[1]

提要：本文以《说文解字》"一曰"例中的言形部分为切入点，分析"一曰"与原解之间的关系，从系统性的角度出发，探讨"一曰"的作用与定位。"一曰"言形部分包括记录字际关系 12 例，由于义的两歧对形体进行别解 5 例，对构形构意的别说 22 例。综合观之，"一曰"言形部分与许慎《说文》构形及训释系统的特点相适应，可以对难以嵌入《说文》训释系统的部分内容进行微调。"一曰"作为辅助手段，用于协调许慎所追求的词义训释系统与汉字构形系统的平衡。

关键词：《说文解字》　一曰　字形分析　系统性

引　言

《说文解字》旨在考察汉字本形本义，故一字一义一音为其通例。但书中有时会对一个字的形音义保留两个或两个以上的说解，多用"一曰"标出，作为其注释的重要体例。本文通过对《说文解字》"一曰"例中言及形体解释部分的具体分析，从系统性的角度出发，探讨"一曰"言形部分注释的作用。

对《说文》"一曰"的研究自徐锴《说文解字系传》始，《口部》："局，促也。从口在尺下，复局之。一曰博，所以行棊。象形。"[2]徐锴注云："象博局形，广异闻也。"指出广异闻之用。王念孙《说文解字注》序中云："凡言一曰及所引经类多有之，盖以广异闻、备多识，而不限于一隅也。"段玉裁在"禋"字下注曰："凡义有两歧者，出一曰之例。《山海经》《韩非子》《故训传》皆然。但《说文》多有浅人疑其不备而窜入者。《周语》内史过曰：'精意以享，禋也。'絜祀二字已苞之，何必更端称引乎。"指出"一曰"例是在"义有两歧"时记

---

* 本文受国家社科基金冷门"绝学"研究专项团队项目"中国训诂学的理论总结与现代转型"（项目号：20VJXT015）支持。

〔1〕通讯作者：胡佳佳。

〔2〕因本文研究材料均出自《说文》，故凡本文所引《说文》训释，引题只说明"《某部》"，省略书名。因分析汉字构形的需要，本文"一曰"字头与《说文》原文均用繁体。

录其他说解的体例,并开始关注"一曰"真假问题,即《说文》中的"一曰"是否都为许慎所作。王筠在《说文释例》中提出"一曰"例的形式不局限于"一曰",包括"或曰""又曰",对"一曰"真假问题进行专门论述。

今人最早论及"一曰"问题的著作是姚孝遂的《许慎与说文解字》,张志德《〈说文〉用"一曰"的体例和作用》进一步指出"或曰""一云""或说"等都是"一曰"例的不同形式[3]。华学诚[4]与杨合鸣[5]从不同角度切入对《说文》言形部分进行了分类。其后,申红义[6]、王园[7]等学人指出若干"一曰"解释形体例保留了甲金文的古形古义。在若干"一曰"的解释更符合古形古义的情况下,许慎为何选择在原解的基础上增加"一曰",是本文探究的主要问题。而在形音义三个方面中,形体是可以更准确地加以把握与操作的对象,使研究更具客观性。故本文以"一曰"例中的言形部分为切入点,分析"一曰"与原解之间的关系,来探讨"一曰"的作用与定位。

一 "一曰"言形内容及分类

得益于前人研究,本文研究的"一曰"注释体例还包括"或曰""又曰""或说""一说""或云""一云"等内容。《段注》"祝"字下云:"凡一曰,有言义者、有言形者、有言声者。"明确指出"一曰"有言义、言形、言声三种类别。又"虇"字下注云:"《说文》言一曰者有二例:一是兼采别说,一是同物二名。"综合来看,言形、言声、言义三者在内容层面上互相对立,同物二名则记录字所承载事物的别称。故可将"一曰"例分类如表1。

表1 "一曰"分类表

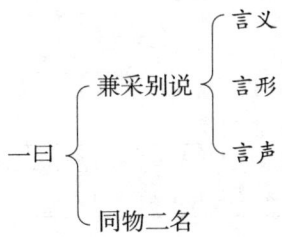

本文的研究材料即为言形部分,指"一曰"记录了对被释字字形的他解,对正篆字形

---

[3] 张志德《〈说文〉用"一曰"的体例和作用》,《江西师范大学学报》1985年第1期,第80—85页。
[4] 华学诚《〈说文〉"一曰"义例试说》,《内蒙古师范大学学报》1986年第4期,第91—100页。
[5] 杨合鸣《〈说文〉"一曰"语略考》,《辞书研究》1992年第3期,第109—114页。
[6] 申红义《〈说文解字〉"一曰"考析》,陕西师范大学硕士学位论文,2003年;申红义、梁华荣《〈说文解字〉"一曰"条例分析》,《语文学刊》2009年第7期。
[7] 王园《〈说文〉"一曰"探究》,首都师范大学硕士学位论文,2008年。

进行重新分析与解释。主要包括：(1)以"一曰某""一曰某字""一曰与某同"为标记表示两个不同字形之间的关系，如《口部》："啖【燚】，嚛啖也。从口炎声。一曰噉。"(2)由于义的两歧导致对字形的别解，如《页部》："頪【纇】，难晓也。从页、米。一曰鲜白皃。从粉省。"(3)对构形构意的别说，如《女部》："母【㘝】，牧也。从女，象裹子形。一曰象乳子也。"

本文搜集了"一曰"言形部分计 39 个字头下的 41 条说解（其中《犬部》："猌【獦】，犬吠不止也。从犬兼声。读若槛。一曰两犬争也。"[8]有不同的看法，故不纳入讨论）。其中记录字际关系 12 例，见表 2。目前见于文献典籍的字形共有 8 组：晵—晉；賵—货；昏—昬；啖—噉；徯—駇；雛—隼；奠—拳；蠅—螟。因字际关系与字用相关，就目前材料来看，无法确定两个字形为异体关系。且"一曰"来源存在争议，如晵字，"一曰晉即奇字晉"，据《说文》条例，若晵为晉之奇字，则在"晉"字说解中当指明，然现存《说文》版本中无，故"一曰"存疑，该部分暂不做详细讨论。

表 2 "一曰"表字际关系表

序号	《说文》原文
1	《弄部》："晵【晵】，盛皃。从弄从曰。读若薿薿。一曰若存。𠡠籀文晵，从二子。一曰晉即奇字晉。"
2	《贝部》："賵【賵】，资也。从贝为声。或曰此古货字。读若贵。"
3	《日部》："昏【昏】，日冥也。从日氐省。氐者，下也。一曰民声[9]。"
4	《辵部》："迭【迭】，更迭也。从辵失声。一曰达。"
5	《辵部》："達【達】，行不相遇也。从辵羍声。《诗》曰：'挑兮達兮。'𨑔達或从大。或曰迭。"
6	《口部》："啖【燚】，嚛啖也。从口炎声。一曰噉。"
7	《彳部》："徯【徯】，行皃。从彳翟声。一曰此与駇同。"
8	《鸟部》："雛【雛】，祝鸠也。从鸟隹声。𪄻雛或从隹、一。一曰鹑字。"
9	《大部》："奠【奠】，大皃。从大畾声。或曰拳勇字。一曰读若傿。"
10	《虫部》："蠅【蠅】，螽甘饴也。一曰螟子。[10] 从虫鼏声。"
11	《我部》："我【我】，施身自谓也。或说我，顷顿也。从戈从禾。禾，或说古垂字。一曰古杀字。凡我之属皆从我。"𢦖，古文我。
12	《豖部》："豦【豦】，鬭相丮不解也。从豖、虍。豖、虍之鬭不解也。读若蘮蒘草之蘮。司马相如说：'豦，封豕之属。'一曰虎两足举。"[11]

---

[8] 针对此处"一曰两犬争也"存在两种解释：一种认为两犬相争为猌的别一义，一种则如段玉裁所说"於兼犬取意"是对字形的说解。笔者看来，两犬相争是对犬吠不止的补充，是对"兼"构件的构意说解。由于此字存在争议，故不纳入讨论范围。

[9] "一曰民声"指"昏"字。

[10] 据《段注》"雛"字下："谓隼亦即鷃字也。此外《虫部》蠅下'一曰螟字'，谓蠅亦即螟字。《大部》奠下'或曰拳勇字'，谓奠亦即拳字也。此三条一例。"补入。

[11] 据出土文献《上海博物馆藏战国楚竹书》(六)《競公疟》、(五)《弟子问》中"據"之异体，虘字上从虍，下从两止，与《说文解字》"豦"字"一曰虎两足举"说法相合，暂且将此例定为表字际关系。

此外,"一曰"言形部分中包括由于义的两歧导致的对形的别解 5 例,参见表 3。"一曰"在记录了字头的另一义的基础上,对字形进行了重新解释。该部分"一曰"所记录的别一义也存在文献用例,但与本义没有直接联系,非本义的引申义,许慎在无法确定孰为本义的情况下以"一曰"兼存之。随着意义的改变,许慎对字形的构形构意也重新进行解释,故"一曰"在实质上包含了形义两个方面的内容,而意义要素的介入使得单从形体角度进行分析,所得结论缺乏一定的客观性。故本文不做详细讨论,聚焦于其余 22 例意义一致,"一曰"对构形构意进行别说的内容。

表 3 歧义致"一曰"形体别解表

序号	《说文》原文
1	《页部》:"頪【纇】,难晓也。从页、米。一曰鲜白皃。从粉省。"
2	《易部》:"易【易】,蜥易,蝘蜓,守宫也。象形。《祕书》说:'日月为易,象阴阳也。'一曰从勿。"[12]
3	《口部》:"局【局】,促也。从口在尺下,复局之。一曰博,所以行棊。象形。"
4	《殳部》:"祋【祋】,殳也。从殳示声。或说城郭市里,高悬羊皮,有不当入而欲入者,暂下以惊牛马曰祋。故从示、殳。《诗》曰:'何戈与祋。'"
5	《甲部》:"甲【甲】,东方之孟,阳气萌动,从木戴孚甲之象。一曰人头宜为甲,甲象人头。"[13]

二 "一曰"对构形构意的别说

(一)更符合古形古义

许慎以实际文献语言的词义为依据,把构形意图作为联结形与义的桥梁,并在形与义相互制约的关系中推求本义,分析构形理据。而"一曰"说解相比原解释更合乎古形古义,是"一曰"存在的重要依据,如母、卜、丼、裘、贞、曰、食、丘、壬九字。

《女部》:"母【母】,牧也。从女,象裹子形。一曰象乳子也。"参考甲骨文 ᶂ(甲 2316)和金文 ᶂ(母戊觯),可见"母"中的两点正是象母亲两乳之形,与甲金文相合,更符合"母"

---

[12] 此例中"日月为易"所指为"易"区别于"蜥易"的另一义,"象阴阳也。一曰从勿"与许慎的易学思想关系密切,是基于"日月为易"对"易"字形的重新解释。

[13] 据《章太炎说文解字授课笔记》:"大约甲乙等字多有本谊,而以五行说坿之,乃不可解。"训甲为草木初生,东方之气,是许慎在部首设立与理据分析时受到阴阳五行思想影响的体现。《章太炎说文解字授课笔记》:"人头为甲,卑字从甲,即象人头也。"《说文句读》:"甲象人头,许以十干象人体,犹纬书以八卦配人体也。"亦将甲与人体相配,表示人头。故本文暂将"甲"字归入由于义的两歧导致"一曰"对形的别解。

字古文形体与构形特点。

《卜部》:"卜【卜】,灼剥龟也,象灸龟之形。一曰象龟兆之从横也。"卜字在甲骨文中极为常见,如甲骨文字形卜(菁 5.1)、丫(乙 6722)。古代占卜时用点燃的荆木条钻灼龟壳,视其灼裂的兆纹,附会人事,以断吉凶。原解释与"一曰"均指占卜之事,前说指占卜的灼烧过程,后说为占卜的结果。一曰所言更符合卜之初文。

《从部》:"并【并】,相从也。从从开声。一曰从持二为并。"《段注》:"上言形声,此言会意。"在甲骨文中,并字字形为(甲 774)、(乙 3429),象并合之形。从从,指众人;"一""二"象并合众人之力,可见并字从"二"或者从"一"更符合古文字形体。

《裘部》:"裘【裘】,皮衣也。从衣求声。一曰象形,与衰同意。求古文省衣。""一曰"解释中指出裘字与衰同意。《衣部》:"衰【衰】,艸雨衣。秦谓之萆。从衣,象形。"王宁指出:"《说文解字》把用同一个构件体现同一个意图称作'同意'。"[14]此处"同意"指的是二字中"求""衰"两个构件同为象形,构意功能相同。纵观"裘"字形体发展脉络,甲骨文时期为独体象形,在"衣"(衣)字两边加几笔表示毛皮做的衣服如甲骨文(合集7921);金文时期在字形中央加声符"又"(又)变为形声字,见(次卣);声符"又"和表示毛皮的笔画黏合如简帛(曾 22),变成"求"。

《卜部》:"贞【贞】,卜问也。从卜,贝以为贽。一曰鼎省声。京房所说。"许慎在"鼎"字下表明"籀文以鼎为贞字"。"鼎"字甲骨文作(合集 1248 正)、(续 5.16.4);"贞"甲骨文作(甲 2422),金文(集成 2569)。商周卜辞常用"鼎"字假借为"贞"字。鼎,端母耕部;贞,知母耕部,上古音同。

《曰部》:"曰【曰】,词也。从口乙声。亦象口气出也。"此处"一曰"的对象是"从口乙声"的"乙"部分,徐锴曰:"今试言,曰则口开而气出也。"曰(前 7.17.4 甲)、曰(包 2.141 楚),古文"曰"为指事字,用以指事的短横位于"口"形上部中央。可见"亦象口气出也"更符合"曰"字的古形古义。

《食部》:"食【食】,一米也。从皀亼声。或说亼皀也。"此处"一曰"与原解释关注的焦点在于"亼"这一构件的功能。从古文字形体来看,(甲 1289)、(乙 1115)、(粹 700 甲)象一个张大的嘴巴在一个盛有物品的食器前面,表示吃东西,属于会形合成字。相对而言,食字从亼皀更符合古形古义。

《丘部》:"丘【丘】,土之高也,非人所为也。从北从一。一,地也,人居在丘南,故从北。中邦之居,在崐崘东南。一曰四方高,中央下为丘,象形。"原解释多见于经典文献及注释中,参考《段注》:"大司徒注曰:'土高曰丘。'《释丘》曰:'非人为之丘。'谓非人力

---

[14] 王宁《汉字构形学导论》,第 62 页,商务印书馆,2015 年。

所为也。"为"丘"字的经典常用训释,故《说文》择选此义。在形义统一的原则指导下,字形说解当与该义相协调,故解释为"从北从一。一,地也,人居在丘南,故从北",说明本义中"非人之所为"内涵与字形的联系。"四方高中央下",丘为象形字的描述更符合其在甲骨文当中的形体特征,ᨏ(合集4733)、ᨏ(乙4320),中低而四方高。

《壬部》:"壬【圣】,善也。从人、士。士,事也。一曰象物出地挺生也。"徐锴曰:"人士为善,会意。一曰所言则从土。"许慎训"壬"为"善也",当取其文化意义。《说文句读》:"申从士之意,以见其所以训为善也。……此说谓下从土,上半则象形,地即土也。"将壬字分析为从人、士,与善义相对应。章太炎:"一曰象物出地挺生是本义,上象其题,下象土。"[15]"一曰象物出地挺生也"为合体象形。其甲骨文字形为ᨏ(后2.38.1)、ᨏ(天69),下"土"上"人",象人挺立于土地之上。ᨏ上的"人"形构件很容易讹变为象植物发芽的形貌。"一曰"的解释虽不够确切,但总体上很接近古形古义。

上述九字"一曰"的解释都更符合古形古义,许慎为何不以"一曰"的解释作为原解,笔者认为是出于许慎对《说文》词义训释系统性与汉字构形系统性的考量。

首先,《说文》的描写对象是小篆系统,小篆形体与甲骨文、金文存在差异,象形性减弱,造字理据受到不同程度的破坏。许慎立足于小篆字形进行说解或理据重构,而把古文字形作为辅助材料。故将符合小篆形体的构形构意作为原解,如"贞"字,"从贝"与小篆字形上的联系更为直接,并再补充"一曰鼎省声"的古形古义说解。

其次,《说文》以部首为经、以六书为纬对小篆进行总体描写,许慎对汉字形体结构分析有其倾向性。六书可以说是对汉字形体结构的分析与理解方式,且应用于汉字教学中。"中国文字起于依类象形,成于形声相益。"[16]象形和会意是早期文字主要的构形方式。而后形声结构产生,代表了表意汉字发展的成熟阶段。形声是最具规律性与系统性的汉字形体结构,小篆以形声字为主体的构形格局也是汉字构形系统完善化的重要体现。故许慎更倾向于选择形声字结构,注重挖掘形声字所负载的声音信息,如井、裘、曰、食等。

此外,许慎作为经学家和文字学家在文字训释上有不同的考量,撰写《说文》的一个重要目的,是通过说解文字来辅助学者理解经典文献。因此,许书注重文字在经典文献中的常用义。"在字形影响本义说解的同时,五经词义也制约着《说文》的形体优选。"[17]如壬、卜、丘的原解是依据文献或文化意义进行的理据重构,符合许慎构建的

---

[15] 李圃主编《古文字诂林》(第7册),第520页,上海教育出版社,2002年。
[16] 陈兆年《形声缘起》,转引自李国英《小篆形声字研究》,第1页,北京师范大学出版社,1996年。
[17] 孟琢《说文解字经学渊源考论》,第74页,北京师范大学博士学位论文,2011年。

"五经话语体系",但未必符合许慎看到的古文字字形。从许慎的经学立场出发,许慎选择与其相适应的字形解释作为原解,将更符合古文字字形的内容放到"一曰"中体现。

(二)"一曰"言形对构件构意的补充

王宁指出:"《说文》在秦代规范小篆的基础上,以五经用字和词义为收集范围,在所见文字中优选字形,加以篆化,解释构意,确立部首,建构关系,体现了很明确的构形系统思想。"[18]许慎在原解释正确析形的基础上,基于其字形或构件在《说文》整个构形系统中的位置,在"一曰"中对其构件构意进行补充。

《尸部》:"屋,居也。从尸。尸,所主也。一曰尸象屋形。从至。至,所至止。室、屋皆从至。"原解与单独成字且作为部首的"尸"字在内涵上是一致的,《尸部》:"尸,陈也。象卧之形。""尸"的"陈"和"主"是引申关系,"主"的意义来源于祭祀中所"陈"的神像。"尸"训为"陈也"也多见于经典文献中,如《尔雅·释诂上》"尸,陈也",《诗经·小雅·祈父》"有母之尸饔"毛传注云"尸,陈也"。此处的"尸"字意义与人、神像相关,来源于经典文献用义,也是"尸"独立成字且作为部首时的本义。而"一曰"中的"尸"作为表形构件,没有音义,表示"房屋之形",参与构造与建筑相关的字,如"層(層)"[19]"克(亨)"[20],古文克"秂"也可看出象房梁之形。"屋"义为房屋,字形中的"尸"是一个与建筑有关的仅仅只能表形的不成字的构件,是对构件构意的补充。

《晶部》:"星【曐】,万物之精,上为列星。从晶生声。一曰象形。从口,古口复注中,故与日同。㬜古文星。星曐或省。"朱骏声《说文通训定声》指出:"星篆说解云:古○复注中故与日同,知晶字不从三日,乃象星三两相聚之形。或曰晶即古星字,亦通论也。""一曰象形"即曐、㬜中的ᅀᅀ、品部分象形,甲骨文"曐"为品,"晶"字作品(合集11504),本为一字分化,原都以象形的"曐"字为形。曐字甲骨文象群星形,亦有作业(合集11488)、❀(合集11501),是在象形字"品"基础上,由于识别的需要增加了"生"的声音信息,原来的象形部分转化为形符。"一曰"补充了"晶"字象形,与《说文》两字说解及形体演变相印证,提示了"晶""曐"的分化关系。"晶"作为部首对部内字"曐"有统摄作用,体现了汉字在构形和表义上的整体相关性和有序性。

《糸部》:"繼【繼】,续也。从糸、㡭。一曰反㡭为繼。"《说文》:"㡭古文绝。象不连体,绝二絲。"《段注》:"虞翻注《易》曰:'繼,统也。'"《说文》中无㡭字,有㡭字。段玉裁改

---

[18] 王宁《汉字构形学导论》,第207—214页。
[19] 《说文》:"層,重屋也。从尸曾声。"
[20] 《说文》:"克,肩也。象屋下刻木之形。"

为繼，而删一曰。桂馥《说文解字义证》认为："本书无𢎘字而云从𢎘者，从古文也。本一曰反𢇇为继者，当有古文作𢎘，训云古文反𢇇为𢎘。"可见，"反𢇇为繼"的形体是有古文来源的，古文𢎘𢇇为一字（绝）。反𢇇为𢎘/繼，两字一也。小篆繼是在古文𢎘的基础上增加糸构件，与𢇇字相区别。此处"一曰"揭示了"𢇇"与"𢎘"古文朝向相反的属性，点明了"𢇇"与"繼"字义的逆向关联。

《示部》："祝，祭主赞词者。从示从人口。一曰从兑省。《易》曰：'兑为口为巫。'"《段注》："引《易》者，《说卦》文：'兑为口舌，为巫。'故祝从兑省。""祝"的本义是祝祷，增加"一曰从兑省"的构意别说，借由《易》中"兑"字的意义内涵，将"祝"与"兑"相勾连。《周易·说卦传》："兑，正秋也，万物之所说也，故曰'说言乎兑'。"虞翻注《周易·大有》云："《大有》上卦为兑，兑为口，口助称祐。口助者，神之职也。"进一步揭示"祝"与巫、神之事的密切联系，补充说明"祝"字的意义内涵。"祝"字"祝祷"义存在两个方面：一为祝愿；二为诅咒，通咒，或作呪、詋。咒、祝实为一词，《尚书·无逸》："否则厥口诅祝。"即《章太炎说文解字授课笔记》中所言"诅呪当作祝"。

《耒部》："耕【耕】，犂也。从耒井声。一曰古者井田。"《段注》改为："从耒井。古者井田，故从井。"并于"故从井"下注："此说从井之意也。已上十字依《韵会》所据错本。""古者井田"是对"井"声的说明，是对"井"构件来源的补充。因土地划分为许多方块，且形似"井"字形，故曰井田，并产生井田制。"一曰"结合古代社会的土地经济制度对汉字的构意来源进行补充。

《酉部》："醫【醫】，治病工也。殹，恶姿也；醫之性然。得酒而使，从酉。王育说。一曰殹，病声。酒所以治病也。《周礼》有醫酒。古者巫彭初作醫。"《段注》于"瘞，剧声也"下曰："剧者，病甚也。瘞者，病甚呻吟之声。《酉部》醫下曰：'殹，病声也。'殹盖瘞之省。""一曰"说明"殹"构件是"瘞"字的简省，补充其表示的病痛呻吟义，帮助对"醫"字构形构意的理解。

许慎在原解正确析形的基础上，增加"一曰"对构件构意的不同说解，目的在于维护《说文》构形构意的一致性与系统性。一般汉字作为构件时的构意与其在正篆下的说解是相合的，但存在同形异质的构件如"尸"，在分别作为部首独立成字与作为构件参构他字时，其意义、取象来源、功能都是不同的。故许慎在遵从"凡尸之属皆从尸"的基础上，补充"尸"象屋形的构意。

其次，许慎称"今叙篆文，合以古籀"，《说文》中存在其中部分构件取自古籀或在其基础上省改而成小篆的情况，如"星"和"繼"。故许慎在"一曰"中对这些构件与古文的关系进行补充。此外，汉字"根据所记录的汉语词（或语素）的意义来构形，因此，汉字的形体总是携带着可分析的意义信息"。[21] 这种意义信息来自于造字之初先民对于自身、自然与社会生活经验性的认识,反映了汉字构意的取象来源。许慎通过"一曰"补充与构件相关的文化背景、经济制度、字形来源等意义信息,辅助字形字义的理解,如祝、耕、醫。

《说文》中正篆每一层的每个构件几乎都能在书中找到自身形音义的说解[22],基于不同构件在《说文》构形系统中的位置,许慎借助"一曰"对难以纳入训释系统的内容进行微调,加以补充。

(三)"一曰"对汉代声训传统的继承

在汉代,声训已成为学者普遍采用并加以自觉运用的一种训诂方式。许慎在力求还原汉字构形理据外,也继承了汉代人对汉字构形中声音要素的关注,反映了其对汉字音义关系的进一步认识。

以"一曰某声"畢、履、幸三字及"一曰某省声"烦、衕、頬、閔四字为代表,许慎在分析小篆形体时突出了声音要素,通过"一曰"强调构件的示音功能。在原解为会意字基础上,揭示了某构件的声音属性,进而指出该字存在形声字的可能。尤其是"一曰某省声"将字形重新分析为由于书写的简化,声符的形体有所减省,使得原初构形理据无法直接体现的省体形声字。

《華部》:"畢【畢】,田罔也。从華,象畢形。微也。或曰由(田)声。"[23] 畢,帮纽质部;田,定纽真部,质真对转,声音相近,指出构件"田"既有意义信息,也有声音信息。

《履部》:"履【履】,足所依也。从尸从彳从夂,舟象履形。一曰尸声。"履,来纽脂部;尸,审纽脂部,两字叠韵,声音相近。提示了"尸"在作为表义构件参构"履"字时,亦有声音信息。

《幸部》:"幸【幸】,所以惊人也。从大从羊。一曰大声也。"《段注》:"各本作从羊……今隶用石经体,且改《说文》此部皆作幸。非也,今皆正。"此处幸与㚔字形相混,当为㚔字。㚔,泥纽缉部;大,定纽月部,定泥旁纽,缉月通转,声音相近。

《页部》:"烦【煩】,热头痛也。从页从火。一曰焚省声。"烦,並纽元部;焚,並纽文部,文元旁转,且烦、焚都具有"烧"的意义内涵。

《车部》:"衕【衕】,车摇也。从车从行。一曰衍省声。"衕,见纽元部;衍,喻纽元部,

---

[21] 王宁《汉字构形学导论》,第 55 页。
[22] 胡佳佳《〈说文〉内在系统的数字化模型研究》,北京师范大学博士学位论文,2010 年。
[23] 据《段注》:"或曰田声。上云从華会意而象其形,则非形声也。或曰田声,田与畢古音同在十二部也。各本田误由。铉曰由音拂,此大误也。"改为"田声"。

两字叠韵,声音相近。

《鬥部》:"閼【闋】,试力士锤也。从鬥从戈。或从戬省声[24]。读若縣。"閼,匣纽元部;戬,照纽元部,两字叠韵,声音相近。

黄侃先生指出:"《说文》列字九千,而形声居其八九。……盖古今有声之字十倍于无声者也。故文字者,言语之转变,而形声者,文字之渊海。"[25]形声是最能体现系统性的汉字构形结构,汉代声训对于声音要素的突出是与当时汉字的发展演变相适应的。许慎对形声的偏重,是基于他对汉字形音义关系的探求,也是对汉代声训传统的继承。

结　语

本文聚焦于《说文》"一曰"言形部分对构形构意进行别说的 22 例,从系统性的角度出发,考察该部分"一曰"的作用和定位。它是与许慎《说文》构形及训释系统的特点相适应的,是对难以嵌入《说文》训释系统的内容进行的微调。具备经学家与文字学家双重身份的许慎对《说文》系统的建构有两种不同的角度。故许慎将"一曰"作为一种辅助手段,来协调他所追求的词义训释系统与汉字构形系统的平衡。

参考文献

(1)徐锴《说文解字系传》(影印祁寯藻刻本),北京:中华书局,1987 年。
(2)段玉裁《说文解字注》(影印经韵楼刻本),上海:上海古籍出版社,1988 年。
(3)朱骏声《说文通训定声》(影印临啸阁本),武汉:武汉古籍书店,1983 年。
(4)姚孝遂《许慎与〈说文解字〉》,北京:中华书局,1983 年。

(王碧海、林彦成:北京师范大学文学院,100875,北京;胡佳佳:北京师范大学
民俗典籍文字研究中心、中国文字整理与规范研究中心,100875,北京)

---

[24] 大徐本为"或从戬省",据《段注》:"当作'或曰从戬省声'六字。"改。
[25] 黄侃、黄焯《文字声韵训诂笔记》,第 35 页,上海古籍出版社,1983 年。

战国秦汉间"谷""欲""俗"分流中的文本用字变迁*

——以简本、传本《缁衣》为中心的考察

李丹凤

提要：《礼记·缁衣》"上人疑"章载"章好以示民俗",俗,郭店简、上博简分别作"忩""谷",读作"欲",合乎《缁衣》古义。考察先秦至汉初用字情况可知,战国时期"俗""欲"皆可以"谷"为之。秦汉之际用字分化,风俗之义用"俗",意愿、希望等义用"欲",二字用法分明。秦汉时人以"民俗"理解"上人疑"章的"谷"或谷声字,基于当时的用字习惯,遂用"风俗"之义的本字"俗",故传本作"俗"。此转变不能简单理解为文字讹误,或汉儒变更文本。这一做法或战国至汉初"化俗""正风俗"观念影响下的表现。

关键词： 缁衣　楚简　用字习惯　"正风俗"

《缁衣》"上人疑"章载"章好以示民俗",言统治者引导民众的风俗习惯。是句经义清晰明确,本无争议,然随着郭店简、上博简的面世,诸家对此句理解产生分歧。郭店简作"章好以视民忩",忩,整理者读为"欲"[1],上博简仅残存"谷"字。学者或认为读"欲"为是,传本"民俗"是形讹或变更文本的结果[2]。忩、俗、欲均从谷声,又有学者将简本用字读作"俗"[3]。一方面,古书中"俗""欲"写法有别,又可通假,讹误说难以落实,另一方面,在"民欲""民俗"放到语境中都能读通的前提下,传本为何以"俗"为本字? 其原因尚有补充探讨的空间,故为此文,以就教于方家。

---

* 本文承蒙北京师范大学晁福林师、博士后章宁及写作课上的诸位老师与同门惠赐宝贵意见,谨致谢忱!

[1] 荆门市博物馆《郭店楚墓竹简》,第129页,文物出版社,1998年。

[2] 刘信芳先生以为"今本作'俗',字形之误",见刘信芳《郭店简〈缁衣〉解诂》,武汉大学中国文化研究院编《郭店楚简国际学术研讨会论文集》,第167页,湖北人民出版社,2000年。原郭店简的整理者更为谨慎,以为"今本作'俗',似误",见荆门市博物馆《郭店楚墓竹简》,第132页。业师晁福林先生则认为"是后儒变更文本的结果",见晁福林《早期儒家政治理念中的"止民淫"与"见(现)民欲"——简本〈礼记·缁衣〉"上人疑"章补释》,《文史哲》2013年第1期,第60页。

[3] 冯胜君《郭店简与上博简对比研究》,第90、98页,线装书局,2007年。

一　由"民欲"到"民俗"

为便讨论,现将传世本、郭店简、上博简"上人疑"章相关内容移录如下:

故君民者,章好以示民俗,慎恶以御民之淫,则民不惑矣。(《礼记·缁衣》)

故君民者,章好以视民佫,谨恶以洓民淫,则民不惑。(郭店《缁衣》简6)

……谷,谨恶以虞民淫,则民不惑。(上博《缁衣》简4)

视,传本作"示",《小雅·鹿鸣》:"视民不恌",郑玄笺:"视,古示字也。""视"与"示"为古今字,意为指示、引导。传本"君民者"句言统治者引导民俗,约束民淫,则民众不困惑。简本与传本别处大意略同,分歧在于简本"民"后一字的读法。上博简仅"谷"字以下内容可见,而"谷"既可通"欲",又可通"俗":

(1)邦风其纳物也,溥观人谷焉。(上博《孔子诗论》简3)

(2)凡忧惓之事谷任,乐事谷后。(上博《性情论》简31)

例(1)"谷"通作"俗","人谷"犹言"民俗"。例(2)"谷"通作"欲"。上博简"谷"读作"俗"或"欲"均可,且在"上人疑"章都能读通。郭店原文作"𠔃",整理者隶作"佫"。此字又见于同篇简8"君好则民佫之",对应传本"君好之,民必欲之",此处"佫"读"欲",学界无异议。此外,郭店《语丛二》有"𠔃"字,整理者隶作"悆",计六见:

(3)悆生于性,虑生于悆。

(4)佫生于悆,怀生于佫。

(5)㥷生于悆,吁生于㥷。

(6)㳕生于悆,恶生于㳕。

(7)返生于悆,𢥞生于返。

以上"悆"皆读为"欲",可译作欲望。"佫"与"𠔃"的区别在于"口"形,古文字有无"口"形通常无别,"佫"可看作"𠔃"省形。"谷"在楚简中常用作"欲","佫""𠔃"加"心"符表义,强调跟心理活动有关,恰与"欲"表示的欲望、希望、想要等义相合。

"民欲"古书习见,《左传·宣公十二年》:"所违民欲犹多,民何安焉。"《吕氏春秋·达郁》:"主德不通,民欲不达,此国之郁也。"《礼记·乐记》:"人化物也者,灭天理而穷人欲者也。"好生恶死,趋利避害,乃人之常情,《国语·吴语》:"民之恶死而欲贵富以长没也。"统治者要节制"民欲",适时引导,《管子·侈靡》:"民欲佚,而教以劳,民欲生,而教以死。"这与简本所言"视民欲"含义相同。另外,重视"民欲"符合早期儒家的民本思想[4]。因此,简本《缁衣》"佫""谷"当读作"欲",表意愿、愿望。

---

[4] 参看业师晁福林《早期儒家政治理念中的"止民淫"与"见(现)民欲"——简本〈礼记·缁衣〉"上人疑"章补释》,第61—63页。

传本"民俗"与文字通假有关。其一，后人见到的《缁衣》古本作"谷"或从谷声字，如上博《缁衣》的"谷"，郭店《缁衣》的"𢆶"，因"谷"或从谷声字可通"俗"，遂以"俗"为本字转写下来。其二，先秦时期，"俗"可通"欲"，如西周晚期《毛公鼎》(《集成》02841)铭文便用"俗"表期望之义：

(8) 俗我弗作先王忧。

(9) 俗汝弗乃以乃辟陷于艰。

上述两处"俗"均可通"欲"[5]。战国时期，除郭店与上博《缁衣》外，必然还有其他《缁衣》抄本，不排除当时流传的抄本确有作"俗"者，"俗"通"欲"，后人误以"俗"为本字。

综上，战国《缁衣》文本不管是作"谷"，还是"俗"，都能读作"欲"，这符合战国多异体字、通假字的时代特征。那么造成传本与简本差异的原因就可以解释为："俗"当读作"欲"，后人却以"俗"为本字作解，或后人见到的《缁衣》抄本原作"谷"或从谷声字，基于文字通假，径以"俗"为本字。不论哪种情况，都不应简单地视为文字讹误，而是后人在"本字"问题上倾向性选择的结果。而这一倾向性选择背后，显然受到了特定的、先入为主观念的影响。

二　由"谷""欲""俗"的分流看传本"俗"字之义

"俗"可通"欲"，又能作本字解，如西周晚期《驹父盨盖》载"堇夷俗"(《集成》04464)，"夷俗"指淮夷地区的民情风俗。理论上，传本"俗"可通"欲"，而文字使用有时代特征，秦汉时期是否依然如此呢？这就存在一个问题，秦汉时人解释《缁衣》是以"俗"为本字，还是通作"欲"。仅从音理上无法判断，必须从历时角度考察战国至西汉"谷""俗""欲"的使用情况来判别。因此，下文选取战国至秦汉三字及其通假、异体字运用频率较高，且文意清晰的简牍帛书，据其语例分析词义，制成表格如下：

表1　谷、欲、俗使用情况分布表[6]

出处	词义 用字	用作"谷"，表江河支流、山谷、地名等	用作"欲"，表欲望、希望、将要等	用作"俗"，指风俗、习俗等	其他通假用例
《郭店楚墓竹简》	谷		20		"浴"通"谷"，《老子》甲篇4例，乙篇1例，《老子》甲篇"𥁰"通"欲"1例。
	欲		4		

---

[5] 见马承源主编《商周青铜器铭文选》第3卷，第318页，文物出版社，1988年；王辉《商周金文》，第266页，文物出版社，2006年。

[6] 郭店、上博《缁衣》均不列入统计范围。

(续表)

文献	字	次数		备注
《上海博物馆藏战国楚竹书》（1—9）	谷	24[7]	1	"浴"通"谷"，《容成氏》3例，《孔子诗论》《周易》《采风曲目》《举治王天下》《卜书》各1例。《曹沫之陈》"歓"讹作"欲"1例。《弟子问》"浴"通"俗"1例。《竞公疟》"斂"通"欲"1例。
	欲	49[8]		
《清华大学藏战国楚竹书》（1—9）	谷	3		裦，即裕，通"欲"，《说命下》1例，《周公之琴舞》2例。《子产》"谷"通"慾"1例。《治邦之道》"浴"通"谷"2例。
	欲	34		
《睡虎地秦墓竹简》	谷	2		《为吏之道》"浴"通"俗"1例，"俗"通"容"1例。
	欲	35		
	俗		5	
《岳麓书院藏秦简》（1—5）	谷	3		《为吏治官及黔首》"俗"通"裕"1例。
	欲	86[9]		
《张家山汉墓竹简》（247号墓）	谷	5		
	欲	48		
《银雀山汉墓竹简》（1）	谷	1		
	欲	13		
	俗		2	

由上表可知，欲望、愿望、想要等义可兼用"谷""欲""雈""裦""斂"表示，又以"谷""欲"最常见，郭店简"谷"占绝对优势，清华简与之相反，上博简"谷""欲"出现次数虽没有郭店简和清华简悬殊之大，但明显用"欲"较多。郭店简、上博简、清华简可确信为战国中晚期文献，在"谷""欲"的使用倾向上差别很大。另外，表江河支流、山谷多借用

---

[7] 上博一《孔子诗论》简7"文王唯谷也"，整理者以"谷"通"裕"，今学者多读作"文王虽欲已"，当以"谷"通"欲"为是，此处从后者说。

[8] 上博三《恒先》简4—5有2例"懲"字，加"心"符表义，为"欲"的异体字，统计时归入"欲"字。上博八《成王既邦》简8"皆欲其新而亲之，皆欲以其邦就之"，整理者疑此亦"欲"字，读为"俗"，意为都愿意使本国人民的风俗新美（见马承源主编《上海博物馆藏战国楚竹书》（8），第180页，上海古籍出版社，2011年）。若此处意为"使本国人民的风俗新美"，当作"皆欲新其俗"，从语法上看，此为动词，学者释作"豫"字，读为"舍"（见张峰《说上博八〈颜渊〉及〈成王既邦〉中的"豫"字》，简帛网，2011年8月4日），可从，言百姓都不仅想要把自己的亲人当亲人。"皆欲以其邦就之"，整理者将"欲"读作"俗"，而在注解中又读作"欲"，当以注解为是，不必破读，意为百姓都想归附这个国家。统计时将简8中的两处"欲"作本字解，此读作"豫"，不计入统计数据中。

[9] 《岳麓书院藏秦简》（4）简1385"当以书而毋□欲（？）□□者"，"毋"字后的文字不甚清晰，暂从整理者的隶定，此处前后内容残缺，意义不详，据岳麓简"欲"用为本字，这里姑且以本字处理。

"浴",表风俗、习俗借用"谷""浴"。说明此时"谷""欲"的使用界限并不固定,抄手依所抄文本原来的用字特点照录,亦可能基于个人书写习惯或用"谷",或用"欲",或两者兼采,都会造成文本中"谷""欲"在数量上的波动。由睡虎地秦简、岳麓秦简、张家山汉简及银雀山汉简的用字情况可知,秦至汉初,表支流、山谷用"谷",表风俗、习俗用"俗",表欲望、意愿用"欲",三者分化趋势显著,"谷""欲""俗"等字之间的通假现象锐减,尤其是"欲"字,使用频率较高,且不借用他字,这也是要求文字准确记录语言的结果。

"谷""欲""俗"在用法上的分化还可从不同时代的同类文献中得到佐证,《老子》分别发现有战国和西汉的抄本,且各个时期的本子不止一个,通过对这些本子用字习惯的比较,可清晰地看出三字的分化:

表 2　出土《老子》中谷、欲、俗使用情况对比表

郭店本	帛书甲本	帛书乙本	北大汉简本
少私寡欲(《老子》甲简 2)		少□而寡欲(234 上)	少私寡欲(简 170)
江海所以为百浴(谷)王,以其能为百浴(谷)下,是以能为百浴(谷)王(《老子》甲简 2—3)	□海之所以能为百浴(谷)王者,以其善下之,是以能为百浴(谷)王(61—62)	江海所以能为百浴(谷)□□,□其□下之也,是以能为百浴(谷)王(203)	江海之所以能为百谷王者,以其善下之也,故能为百谷王(简 81)
罪莫厚乎甚欲,咎莫憯乎谷(欲)得,祸莫大乎不知足(《老子》甲简 5—6)	罪莫大于可欲,祸莫大于不知足,咎莫憯于欲得(19)	罪莫大可欲,祸□□□(183 上)	故罪莫大于可欲,祸莫大于不智足,咎莫惨于欲得(简 25—26)
保此道者不谷(欲)尚盈(《老子》甲简 10)	葆此道不欲盈(121)	葆此道□□欲盈(231 上)	抱此道者不欲盈(简 161—162)
圣人谷(欲)不谷(欲),不贵难得之货(《老子》甲简 11—12) 是以□人欲不欲,不贵难得之货(《老子》丙简 12—13)	□□□□欲不欲,而不贵难得之货(59)	是以圣人欲不欲,而不贵难得之货(201 下—202 上)	是以圣人欲不欲,不贵难得之货(简 77、78)
而万物将自化。化而雒(欲)作(《老子》甲简 13)	万物将自化。化而欲□(168)	万物将自化。化而欲作(252 上)	万物将自化。化而欲作(简 220)
犹小浴(谷)之与江海(《老子》甲简 20)	□□浴(谷)之与江海也(161)	犹小浴(谷)之与江海也(248 下)	犹小谷之与江海(简 211)
我谷(欲)不谷(欲)而民自朴(《老子》甲简 32)		我欲不欲而民自朴(194 上)	我欲不欲而民自朴(简 56—57)
上德如浴(谷)(《老子》乙简 11)		上德如浴(谷)(179 上)	上德如谷(简 13)

郭店简是战国中晚期抄本,马王堆帛书的年代在西汉早期,北大汉简本的抄写年代"主要在汉武帝后期,下限不晚于宣帝"[10],《老子》的抄写"有可能到武帝前期,不太可

---

[10] 北京大学出土文献研究所编《北京大学藏西汉竹书·前言》(2),第 2 页,上海古籍出版社,2012 年。

能早到景帝"[11]。郭店《老子》中支流、山谷之义皆用"浴",这种用法到马王堆帛书中仍在延续,北大汉简已经全用"谷"。郭店《老子》欲望、希望之义除用"欲"外,还用"谷"或从谷声的"雒",在马王堆帛书和北大汉简中一律用"欲",这与表1秦简、汉简中"欲"的用法一致。可知,战国晚期以来,欲望、希望、将要等义逐渐从"谷"(或从谷声)字中分化出来,秦汉之交已普遍使用"欲"字。

战国文字通假普遍,"谷"同时承担着"俗""欲"的义项,而江河支流、山谷多用"浴"表示。到秦汉时期,"谷""俗""欲"的界限日渐分明,分别用于表山谷,习俗,意愿、希望等,尤其是意愿、希望等义用"欲"表示,不再借用"谷",三字分化基本完成。此时,"俗""欲"的适用语境已经明确,意愿、希望之义普遍用"欲",即便秦汉时人见到的《缁衣》抄本作"俗",基于书写习惯,在转录时当写作"欲",帛书与汉简《老子》便是如此。传本《缁衣》作"民俗",说明时人用习俗、风俗来理解"上人疑"章,并不将"俗"视为通假字。

综上,先秦时期,一词多字反映了同一本字在时代、地域、师承、抄写习惯等因素影响下的通假现象,而在秦规范文字政策的影响下,文字不同代表着经义有别。秦汉之际,"俗""欲"用法已相当分明,无论当时人见到的《缁衣》抄本作"俗""谷"或从谷声字,都径以"俗"为本字抄录下来。在文本固定化的背景下,作"俗"的版本得以稳定存在并持续传承,只能说明当时人以"俗"为本字来解读"上人疑"章。因此,郑玄注《礼记》未对《缁衣》的"俗"字加以解释,正是由于三字的分化已彻底完成,"俗"指风俗习惯的含义无需申论。

三 "化俗""正风俗"背景下的经义新解

秦汉之际,"谷""欲""俗"三字在用法上的分化基本完成,经师以风俗之义理解"上人疑"章。而在音理上,"俗""谷"或从谷声字亦能通"欲",且"民欲"在"上人疑"章并无龃龉之处,秦汉时期为何以"俗"为本字,而非"欲"字?

首先,"示民俗"强调引导民众的风俗习惯,回应了战国晚期至汉初要求改变恶风恶俗的呼声,是秦汉时人以"俗"为本字的重要原因。战国以来,对基层的控制力不断加强,在富国强兵愿望的驱使下,移风易俗思潮有深厚的理论基础。《管子·七法》"一体之治者,去奇说,禁雕俗也",《商君书·壹言》"夫圣人之立法、化俗,而使民朝夕从事于农也,不可不知也",《荀子·君道》"百姓易俗,小人变心,奸怪之属莫不反悫",禁俗、化

---

[11] 韩巍《西汉竹书〈老子〉的文本特征和学术价值》,北京大学出土文献研究所编《北京大学藏西汉竹书》(2),第209页。

俗、易俗之说勃兴，强调以行政手段干预社会风气。但从执行情况看，效果相当有限。《睡虎地秦墓竹简·语书》记载秦王政二十年（公元前 227 年）南郡太守腾下发的一篇文告：

> 古者民各有乡俗，其所利及好恶不同，或不便于民，害于邦。……今法律令已具矣，而吏民莫用，乡俗淫佚之民不止，是即废主之明法也，而长邪僻淫佚之民，甚害于邦。[12]

一方面，统治者强调以法律来齐整乡俗，认可了行政干预的合理性和必要性；另一方面，苛细繁杂的秦法并未有效变更南郡旧俗。汉代继承了秦统治天下的基础，面临着与秦人相同的社会问题，即行政干预手段难以有效地整肃风俗。汉初"俗侈靡，以出伦逾等相骄，以富过其事相竞"，"世贵空爵而贱良，俗靡而尊奸"，贾谊叹道："俗之邪至于此矣。"（《新书·时变》）若统治者不反思、整治，很可能重走秦国"天下大乱"而亡的老路。因此，汉初极为重视风俗问题，"汉人论政，首重风俗"[13]，借抨击秦风之弊而批判社会风气，致力于"正风俗"（《新语·道基》）、"一风俗"（《新语·明诫》），以改变流风遗俗带来的危害。战国晚期至汉初，有识之士深谙余风恶俗的弊端，极力呼吁"化俗""正风俗"，《缁衣》传抄者或整理者以"民俗"作解，顺应了时代潮流。

其次，战国晚期至秦汉，由分散走向统一，当务之急是维护社会稳定，"章好以示民俗"符合统治者在这方面的政治诉求。不同地域、群体构成不同的共同体，共同体内部有各自的风俗，风俗一旦形成，具有无形的约束力。当个体违背共同体成员普遍遵守的规则时，就会遭到排斥，《荀子·议兵》："政令以定，风俗以一，有离俗不顺其上，则百姓莫不敦恶，莫不毒孽，若祓不祥。"背离习俗而不顺从自己的君主，首先会因犯众怒而受到排挤。风俗习惯靠内在的自律精神约束人的行为，与政府需求吻合时，能有效地提高社会运作效率，降低政府的管理成本，是以汉初贾山有"风行俗成，万世之基定"（《汉书·贾邹枚路传》）的说法。汉初纠治秦法之弊，转而向礼仪教化寻找出路，"君能为善，则吏必能为善矣；吏能为善，则民必能为善矣"（《新书·大政》），上级的垂范作用对下级是一种外在的激励，诱导百姓主动向上级的行为靠拢，"顺上而成俗"（《管子·君臣》）。"章好以示民俗"，强调治理百姓的人彰其所好以引导民情风俗，这符合儒家的教化理念，同时从先秦典籍中为汉初的"正风俗"问题提供了理论依据。

"民欲"关注百姓的需求和意愿，是先秦儒家民本思想的特色之一，但放到秦汉之交的历史环境中，明显不符合统治者的政治需求。一方面，秦朝统一六国，汉初诸侯王拥

---

[12] 睡虎地秦墓竹简整理小组编《睡虎地秦墓竹简》，第 13 页，文物出版社，1990 年。
[13] 龚鹏程《汉代思潮》，第 39 页，商务印书馆，2005 年。

兵自重,面临的首要问题是维护政权稳定。另一方面,君主权力强化后更加热衷于"牧民之道"(《史记·秦始皇本纪》),重心在治理百姓上。在这一特定的历史时空中,王权需要借助民情风俗的自律性来巩固自身,强调"民俗"更符合时代的潮流。思想带有时代的烙印,有识之士因关注民俗问题,在传授或抄录《缁衣》文本的过程,径以风俗、习惯来诠释经典之义,遂有传本之"民俗"。总之,古本《缁衣》"上人疑"章作"民欲",传本作"民俗",二者的差异主要由文字分化与后人对经义的不同解读造成的。

四 余 论

《缁衣》古本"上人疑"章作"民欲",秦汉之际的经师以"俗"为本字作解。一方面,战国时期多通假字、异体字及一字多词现象;另一面,基于时代背景和认知能力的差异,会对同一个字产生不同的理解,战国人将"谷"、谷声字或"俗"读作"欲",秦汉时人径以"俗"为本字即是其证。可见,不同抄本之间的异文,尤其是在字形部件上有联系的文字之间的差异,不一定都是由于形近而产生的讹误,或源于文字发展、社会变迁过程中对经典的不同解读。

受用字习惯、知识背景、认知水平、时代因素等的影响,生活于不同时空,甚至同一时空的人,会对某一文本做出不同的解读,从而形成新的诠释文本。"民欲"与"民俗"背后是对经典的不同诠释,"民俗"虽非《缁衣》古义,却流传至今,这得益于秦汉经师的诠释,是特定时空中的产物,也是经典的魅力所在。正如姜广辉先生所言:"经典之为经典,在于它能适应社会,规范指导社会。随着社会的发展,必然会对经典的思想内容有所变通和调整,因此而有对经典重新诠释的需要。"[14]自郑玄注《礼记》以来,未见学者对"俗"提出疑义,说明传本的"民俗"不仅适用秦汉时期的社会需求,在其后的历朝历代,都具有指导意义。需要注意的是,由"欲"到"俗"的变通和调整并非刻意而为,因为秦汉时本就以风俗、习俗义解读《缁衣》,这一变动是一种无意识的、不自觉的行为,同时也赋予了经典新的生命力。

参考文献

(1)阮元校勘《十三经注疏》,台北:艺文印书馆,2001年。
(2)徐元诰《国语集解》,北京:中华书局,2002年。
(3)王先谦《荀子集解》,北京:中华书局,1988年。

---

[14] 姜广辉《传统的诠释与诠释学的传统——儒家经学思潮的演变轨迹与诠释学导向》,姜广辉主编《中国哲学》第22辑,第1页,辽宁教育出版社,2000年。

(4) 黎翔凤《管子校注》,北京:中华书局,2004年。
(5) 蒋礼鸿《商君书锥指》,北京:中华书局,1986年。
(6) 贾谊撰,阎振益、钟夏校注《新书校注》,北京:中华书局,2000年。
(7) 陆贾撰,王利器注《新语校注》,北京:中华书局,1986年。

(李丹凤:北京师范大学历史学院,100875,北京)

《福州藏》五种经本随函音义所注直音反映的北宋音韵演变现象[*]

丁　锋

提　要：《福州藏》是北宋时代先后刊刻于福州两所佛寺的《崇宁藏》与《毗卢藏》的统称。《福州藏》首开随函音义的形式，为宋元明清时代汉文大藏经卷末音义的源头。本文以《福州藏》五种佛典之音义为样本，探讨释音部分直音注音的音韵特征。其结论显示《福州藏》的大部分直音虽与《广韵》《集韵》一致，但浊音清化、轻唇合流、重韵归并、洪细音韵母简化、浊上变去等声韵调音韵演变的层面如实反映了中古音时代后期语音发展的趋向。

关键词：《福州藏》　随函音义　直音　音韵演变　宋代音

一　研究缘起

《福州藏》为北宋时代刊刻于福州易俗里白马山东禅等觉寺的《崇宁藏》(1080—1112)与刊刻于福州闽县东芝山开元寺的《毗卢藏》(1112—1151)的合称，即所谓"由于《崇宁藏》与《毗卢藏》同刊板于福州，世人又统称这两部大藏经为《福州藏》《闽本》"[1]。佛经版本学家李际宁先生《佛经版本·〈崇宁藏〉与〈毗卢藏〉》对两藏刊本形制和相关收藏状况有如下解说：

> 《毗卢藏》版式与《崇宁藏》相同，一版6个半页或5个半页，半页6行，行17字。纸质亦厚实坚韧，色黄，纸背往往有长方形朱印"开元经局黄纸"，5×15厘米。
>
> 《崇宁》《毗卢》两藏皆每函十册，每函内又有单行音义。后补版者，又有将音义合刊于卷册之后者。
>
> 福州两藏在我国仅有少数单位收藏零本。在日本，有宫内厅图书寮、京都醍醐寺、教王护国寺、高野山劝学院、知恩院、横滨金泽文库等多个单位有收藏。这些单

---

[*] 本文在竣稿阶段蒙编辑部提出修改意见，谨此致谢。

[1] 李富华、何梅《汉文佛教大藏经研究》，第161页，宗教文化出版社，2003年。

位的收藏品，几乎全部是两种藏的混合装。[2]

　　本文所作研究，即上述引文所言"混合装"《福州藏》中的"单行音义"（独立成型的音义）。"单行音义"即随函音义，卷轴本大藏经中与佛经经文卷帙相独立的"单卷音义"。因与经卷（一般为十卷，少部分不足十卷）相随而又同属一函，方有此称呼。随函音义列出本函所有经卷中的疑难词语做出语音语义的解释，与后世一律将"音义"置于各卷卷末的"卷末音义"相区别。《福州藏》以千字文序排列经函，"单卷音义"习称"某字音"，如"天地玄黄"中的玄字函，随函音义称作"玄字音"。《福州藏》所属的《崇宁藏》与《毗卢藏》是历史上空前绝后唯独匹配随函音义的汉文大藏经[3]。

　　本文研究使用的材料为以上引文所述日本宫内厅图书寮藏《宋版一切经》中五部经藏随函音义中的直音注音，经名与所属函之名称如下：

　　　　(1)《大方广佛华严经》八十卷，"拱平章爱育黎首臣"八卷随函音义；

　　　　(2)《大唐西域记》十二卷，"转疑"两卷随函音义；

　　　　(3)《弘明集》十四卷，"集坟"两卷随函音义；

　　　　(4)《广弘明集》三十卷，"典亦聚"三卷随函音义；

　　　　(5)《大方广佛华严经合论》一百二十卷，"集盟何遵约法韩弊烦刑起剪"十二卷随函音义。[4]

　　五种经本计256卷，音义27卷。[5] 通过对音义实施相关系统研究是选题的总的出发点，作为音韵研究的一部分，本文对其所收直音做综合考察。

二　注音状况与直音分布

　　五种《福州藏》经本随函音义收有大约9万字的音义文本，平均每卷3300余字。按此推算，《福州藏》所收530卷随函音义总计高达175万字，实属汉文藏经版本语言类文献中最庞大的辞书。

---

〔2〕　李际宁《佛经版本》，第77页，江苏古籍出版社，2002年。

〔3〕　先于《福州藏》刊刻的北宋《开宝藏》唯有经本，不释音义。以《开宝藏》为范本的《金藏》（《赵城藏》）和《高丽藏》亦然。

〔4〕　五种经本中除《大唐西域记》每六卷、《弘明集》每七卷配以一卷随函音义外，其他三种均每十卷经文配一卷随函音义。五种经本的选择基于与《思溪藏》《碛砂藏》《径山藏》等后世大藏经卷末音义的后续研究有关，特此说明。

〔5〕　据笔者调查，五种经本随函音义中既有《崇宁藏》经页，也有《毗卢藏》经页，亦参杂后世手抄的经页以及残缺后补的经页，具有"混合装"性质。两藏的经本与音义内容基本一致是目前研究界的通行看法，详尽的文献考察尚待开展。

所谓"音义",既有释音部分,也有释义部分。五种经本在释音释义上各有侧重。《大方广佛华严经》以释音为主,释义甚少。《大唐西域记》释音释义兼顾,行文简洁。《弘明集》释音为主,条目丰富且几乎不释义。《广弘明集》在《弘明集》类型基础上更重视全面匹配释义,是五种佛经中音义内容最厚重的。《大方广佛华严经合论》卷数虽多,但音义文本字数才1.5万,每卷平均只有1200多字,五种材料中内容最为单薄。且其音义文字不多,但同一释音多次重复率高缺乏多样性,研究价值亦相应低一些。五种经本的音义制作虽在音义性质上看似无所不同,但释义与否或释义多寡,各经之间悬殊较大,可见刻经局对音义制作的释义部分无统一要求,任凭音义创制者斟酌实施。但随函音义中无论何种经本释音部分必不可少,虽然条目可以或多或少,但不可或缺。总体所见,《福州藏》作为最早开创经本音义模式的汉文大藏经,其释音是首要而必具的,是以卷为本的音义形式之根本所在。不言而喻,这与阅经诵经首先需要解决识字问题有密切关联。这种传统深刻影响了其后宋元时代的《思溪藏》《碛砂藏》《普宁藏》乃至明清两代多种大藏经的出版理念,音义以释音为主的出版形式,超越千年,一脉相承。

《福州藏》的释音有反切也有直音,一般是一字一音,偶有同注两音的,如:"慊然 上其预反,一音渠。""涯极 上音宜,又吾佳反。"(《广弘明集》卷一)。或:"扣 苦候反。击也。一音口。""拯俗 上蒸字上声。~,拔也。""蓊鬱 上乌孔反,一音翁。~~,树木繁盛皃。"(《大唐西域记》卷九)。"拯 无韵反。取蒸字上声呼。""饌 士恋反。贪~也。又上声呼。"(《大方广佛华严经合论》卷三十)。专以四声注明字音的如:"饮马 上去声。""夸王 下去声。""重复 上平声呼。""陷 咸字去声。"(《弘明集》卷四)。三音节词注音,如:"拓拔焘 三字音托跋盗,后魏主也。拓拔,复姓也。焘,名也。"(《广弘明集》卷十三)。以"呼"解释为"读"的用例,如:"豁旦已上浼那、于遁、豁旦皆于阗国所管也。随诸法师方言呼也。""儱嵸 下音摠,二音通呼。"(《大唐西域记》卷十二)。在《大方广佛华严经合论》的音义中发现与《慧苑音义》相关的解说:"譞 音还。《苑疏》作此儇也。"(卷九十五)和与郭逡《新定一切经类音》及行瑫《内典随函音疏》有关的叙述:"窹寤 上郭逡云:古孝反,下音悟。《瑫疏》亦云窹。"(卷一百零五)。

五种经本的音义编写出于何人之手,皆无考。既可能是五个人,也可能由更多人经手。但在不同种类音义的注音中,发现它们有高度的统一性、雷同性,同一注音多经本多次重复,可以窥见不仅《毗卢藏》音义对《崇宁藏》音义有继承关系,同藏的各音义制作者之间也有资料共享的可能性。这种跨经本的音注相似性是可以把多种经本的音注放在一起来作综合考察研究的基本前提。[6]

五种经本音义中，反切居多，直音较少。本文首先选择直音作为研究对象的原因，除了时间关系，也因为直音非宋代主流韵书《广韵》《集韵》之主体注音形式，直音研究涉及不引用或移植反切，有可能发现更多自然语音的蛛丝马迹。

据统计，五种经本音义中共有3760多条直音音注，其中《大方广佛华严经》416条，《大唐西域记》442条，《弘明集》839条，《广弘明集》2208条，《大方广佛华严经合论》133条。按卷数平均计算《广弘明集》最多，73条；其次《弘明集》，50条；《大唐西域记》37条；《大方广佛华严经》只有5.2条；《大方广佛华严经合论》最少，只有1.1条。直音数量的多寡不仅跟反切注音与直音注音的比率有关，与经本注音总量也有关联。

本文摘录所有直音音注，并做中古音音韵地位的技术辨认，在此基础上制作了正文后附录的《音义五种直音音注同音谱》，收录《广韵》《集韵》音韵地位同音字组约3500条。以下章节在排除错讹音注[7]后，分类举例分析，探讨《福州藏》音义声韵调演变的迹象。

三　声母演变迹象

（一）浊声母清化现象

重唇音声母中，并帮混同有：坂板（并潸开、帮潸开）、骠标（并笑、帮宵），并滂混同有：披（开也）被（寝衣）（滂纸开、并纸开）、泊魄（魂魄）2[8]（并铎开一、滂陌开二）。轻唇音声母中，奉非混同有：腐父（美称）3（奉虞、非虞）、阜甫4（奉有、非虞）、妇斧（奉有、非虞）、圮比（奉旨合、帮旨开），奉敷混同有：氛焚（敷文、奉文）。轻唇音浊音清化有10例之多，与轻唇音声母完成了自重唇音声母的分化独立成唇齿擦音声母有密切关联，下文还要提及。

---

[6] 李富华、何梅《汉文佛教大藏经研究》第五章"北宋版《崇宁藏》和《毗卢藏》"在考辨两藏音义基础上认为《毗卢藏》的音释与《崇宁藏》有密切关系"，"福州藏两藏的字音册保存了一部现已失传的宋代音释著作，成为了北宋时汉字在音韵、形体等方面发展、变化的宝贵的文化遗产"（第219页）。

[7] 如《弘明集》卷八随函音义："嫩合，上音数。"经文作："至于甲子，诏冥醮录，男女嫩合，尊卑无别。"按，《碛砂藏》与《思溪藏》中华书局影印本"嫩合"均作"媟合"。《思溪藏》卷末音义作"媟合，私列反"。可知福州藏经本与随函音义均将"媟"字误作嫩，且进而以"数"音之。此处当依其他大藏经本。又"簖音断"，"簖"为"籪"字俗体，《广韵》《集韵》并失收，姑从阙疑。

[8] 同音注音字组后在括号内显示音韵地位，以顿号隔开。字组数一次以上者以数字注明。字组中若有多义字需要注明其字义，亦以括号提示。

端组声母中,定端混同有:貂条(端萧、定萧),定透混同的有:洮桃(透豪、定豪)、啼体(定齐开、透荠开)、涕提(透霁、定齐)、他阤(透歌、定歌),定母与送气音不拘平仄均有交混现象。

精组声母中,仅见擦音声母邪心混同例:循迅(邪谆、心稕)。精清两母与从母未见混同例。

知组声母中,澄知混同有:蹰株(澄虞、知虞)、长(大也)丈(知养开、澄养开)两例。无澄彻混同用例。

照组二三两等声母中无二等庄组声母清浊互混用例,仅见精庄互混 1 例:似使(邪止开、山止开),透露齿音两类声母读音的相近性。

照组三等章组声母中,禅章混同例有:澍注 5(禅遇、章遇)。随函音义或作:澍音注,亦作霔。"霔注"同音,而"澍霔"异体通用,亦反映了章禅二母清浊相混现象。禅母与塞擦音混同也反映在浊声母船母的混用上,如:噬逝 17(禅祭开、船祭开)、筮逝 2(禅祭开、船祭开)、阇蛇(禅麻开三、船麻开三)、殖食(禅职开、船职开),用例颇丰。然而禅母作为中古擦音声母,与章组书母亦有混同倾向,用例有:叔淑(书屋三、禅屋三)、儵熟(书屋三、禅屋三)。禅母与船母的混同取向,如《颜氏家训·音辞篇》所言南人"以石为射,以是为舐",为南北朝以来南方汉语中广泛存在的混读局面。

知章两组浊声母混同有 1 例:柱注(澄虞、章遇)。章精两组亦有 1 例:抒序(船语、邪语),可以视为知章两组声母合流的先兆。

见系声母中,见群混同例有:暨既 2(群至开、见未开),晓匣混同有:徽惠(晓微合、匣霁合)、蚬显(匣铣开、晓铣开)。

宋代是汉语声母系统深度调整,在口语中浊音声母逐渐迈向清化的重要阶段。《福州藏》随函音义中类似用例不算特别丰富,但毋庸置疑留下了有参考意义的用例分布,值得重视。

(二)轻唇音声母合流现象

轻唇音非敷两母混同例为数甚多,计 19 例:麸夫 6(敷虞、非虞)、妃非 2(敷微合、非微合)、纷分 2(敷文、非文)、敝拂 2(非物、敷物)、蕃幡(非元合、敷元合)、藩翻(非元合、敷元合)、霏非(滂微合、帮微合)、斐匪(敷尾合、非尾合)、髴弗(敷物、非物)、拊甫(敷麌、非麌)、覆富(敷屋合三、帮宥开三)。结合上一节非敷两母字与奉母字多混的情形来看,《福州藏》随函音义反映的轻唇三母合流趋向非常明显。

上揭浊声母清化及清声母合流现象,表之如下:

表 1　浊声母清化趋向（附浊声母合流、清声母合流现象）

	喉牙		齿		舌面			舌头		唇	
浊						船					2
	匣	群		船	邪	禅	澄		定	并	3
清	晓	见	庄精	心	书	章	知	透	端	滂 帮	4
										敷 非	5

注：3、4 两行相对的声母，表示浊声母流变为清声母的趋向。

2、3 两行相对的声母，表示浊塞擦音船母与浊擦音禅、邪的交替；第 5 行表示清声母的合流（非敷）或互混（精庄）。

本文的研究材料中，除了浊音清化与轻唇合流两种主体演变现象之外，罕见其他声母互混的用例。仅见的用例有：苑远（影阮合、云阮合）、援（接援救助）阮（云线合、疑阮合）、襦𮢶（章葉、知葉）、赫亦（晓陌开、余昔开）、帜试 2（昌志开、书志开）、岨阻 2（清鱼、庄语）、垣丸（云元合、匣桓合）。实例传达出影云、云疑、云匣、知章等声母读音混同的消息。少数用例，如晓母与余母混同、昌母与书母混同说不定与福州方言有关。闽方言云母或读如晓母，但现代福州方言"亦"的声母不读[h][9]；书母今口语或读塞擦音，福州方言"试"字虽有[ts'ei]的白读音[10]，其关联尚难遽断。

四　韵母演变迹象

（一）重韵混同现象

《广韵》中分布多组同摄同等同开合重韵，这些重韵的归并是中古音走向近代音、韵母系统不断简化的要因。《福州藏》直音注中重韵混同例如下：

蟹摄一等开口代泰混同：槩盖（见代、见泰）、耐奈 2（泥代、泥泰），合口队泰混同：阓会（匣队、匣泰）。二等开口皆佳混同：犲柴 12（崇皆、崇佳），怪夬混同：㹩界（见夬、见怪）。计 17 例。

止摄三等开口重韵中，支脂混同：糜眉（明支、明脂）、胝（胼胝）知（知脂、知支）、靡美（明纸、明旨）、抵指（章纸、章旨）、抵旨（章纸、章旨）、刺次（清寘、清至）。之脂混同：芷踬（章止、知至）、䶳嗣（邪旨、邪志）。之支混同：驰持（澄支、澄之）。之微混同：箕機（见之、见微）、蕲期 2（群微、群之），支微混同：毅义（疑未、疑寘），脂微混同：讥饥（见微、见脂）、

---

[9]　北京大学中国语言文学系语言学教研室编《汉语方音字汇》，第 100 页，语文出版社，2003 年。

[10]　同上书，第 70 页。

骥既(见至、见未)。三等合口脂微混同:诡鬼(见纸、见尾)。以上计 15 例,止摄三等支脂之微四韵系以开口韵为主体,混同倾向非常明显。

鼻音尾韵中,山摄三等仙元混同:垣圆(云元合、云仙合)、㙔[11]园(日仙合、云元合)、键件 8(群阮开、群狝开)、碣竭(群薛开、群月开)、桀竭(群薛开、群月开)。臻摄合口三等谆文混同:筠匀 3(云文、余谆)。梗摄开口二等庚耕混同:迮责(庄陌、庄麦)、笮责 6(庄陌、庄麦)、窄责(庄陌、庄麦),开口三等庚清混同:郢影(余静、影梗),合口二等庚耕混同:宏横(匣耕、匣庚)。通摄合口一等东冬混同:栋东[12](端宋、端东)、告(告上)谷(见沃、见屋)、酷哭(溪沃、溪屋),合口三等东钟混同:戎容(日东、余钟)。咸摄开口一等覃谈混同:谭谈(定覃、定谈),二等咸衔混同:袷狭(匣洽、匣狎)。这些重韵韵组在中古之后均混同合流,《福州藏》直音混同用例的广泛分布如实反映了这种演变趋势。

上举重韵混同现象可表之如下(不计开合之别):

表 2 重韵混同现象(平赅上去入)

摄咸	摄梗	摄山	摄臻	摄蟹	摄止	摄通	
谈覃				队——代泰		冬—东	一
衔咸	耕庚			夬—皆—佳			二
	清庚	仙元	文谆		微之脂支	钟东	三

注:同格内韵目,无"—"线者表示各韵混同;"—"线表示两端所连两韵类有混同。表 3、表 4、表 5 同此。

(二)洪(一二等)细(三四等)音韵母各自互混现象

中古音韵母系统的洪细分类体现为一二等韵、三四等韵的密切关系,它们两两合流,也是中古音逐渐走向近代音的重要步骤。《福州藏》的直音资料中,一二等韵互混的用例有:嵌堪(溪衔开二、溪覃开一)、蛤夹(见合开一、见洽开二)、匼合(匼狎开二、匼合开一)、蚌傍(并讲开二、并宕开一)、蜗果(见麻合二、见果合一)。三四等韵互混的用例有:臂闭(帮寘开三、帮霁开四)、陛备(并荠开四、并至开三)、廝斯 2(心支开三、心齐开四)、遞地(定霁开四、定至开三)、轨圭(见旨合三、见齐合四)、沴例 2(来霁开四、来祭开三)、戾厉(来霁开四、来祭开三)、浇骄(见萧开四、见宵开三)、擐[13]冤(影先合四、影元合三)、迳敬(见径开四、见映开三)、蔑灭(明屑开四、明薛开三)、析昔(心锡开四、心昔开三)。

上面相混情况表之如下:

---

[11] 《广韵》仙韵:㙔,江河边也,又庙垣。或从需。而缘切。

[12] 《广弘明集》卷二:榱栋,上所追反,䉶用也。下音东,极柱也。

[13] 《广韵》先韵:嬛,於缘切。身轻便兒。

表3　洪音(一二等)、细音(三四等)分别相混例

咸	梗	宕	江	假	果	效	山	蟹	止	摄	
衔—覃—咸			讲	麻	果					平上	一二相混
狎—合—洽		宕								去入	
						宵萧	先元	齐————支		平上	三四相混
								齐————旨			
	径—映						薛—屑	荠霁——至		去入	
	昔—锡							祭—霁————寘			

(注:上声荠、去声霁同时与至韵通,故荠韵列于去入栏)

(三)同摄洪、细相混现象

同摄内洪音(一二等)与细音(三四等)也有相混。例有:昆(正作鲲)军(见魂合一、见文合三)、芒亡5(明唐开一、明阳合三)、盟明4(明耕开二、明庚开三)、庐驴(来模合一、来鱼合三)。表之如下:

表4　同摄洪细相混例

梗	宕	臻	遇	摄
耕	唐	魂	模	一二等
庚三	阳	文	鱼	三四等

(四)其他异摄相混现象

上述用例既有同摄的也有异摄的,跨摄的异等混并体现了韵母演变冲破中古十六摄框架,进一步走向新的系统建构的语音演变历程。其他异摄相混用例有:袂寐(明祭开三、明至开三)、簿部2(並姥合一、並厚开一)、傅富(帮遇合三、帮宥开三)、允(姓)缘(余准合三、余仙合三)、弋亦2(余职开三、余昔开三)、凫伏4(並虞合三、並屋合三)、跖致(章昔开三、知至开三)、杙异(余职开三、余志开三)、溢亦2(余质开三、余昔开三)、奕一(余昔开三、影质开三)。最后两例牵涉到喉塞韵尾-k与-t的混并问题[14]。表之如下:

表5　异摄相混例

流	遇	通	曾	梗	山	臻	止	蟹	摄	
厚	姥				仙	准			平上	一二等
宥	遇								去入	
		虞							平上	三四等
				昔——————————至——祭						
			职——————————————志						去入	
		屋	职——昔——————质							

---

〔14〕 现代福州方言里中古三种入声韵尾已经合流于喉塞音,-t合流于-k是否为其早期演变之一种形式,值得留意。

上表还反映曾、梗、臻三摄入声职、昔、质转为止摄去声的趋势。

（五）开合口问题

《福州藏》的直音注音材料反映的开合系统非常稳定，唯一相异的用例为：蠡（谷蠡[15]）罗（来戈合一、来歌开一）。

五 声调演变迹象

（一）浊上归浊去现象

中古以降，浊声母系统发生变化，在声调上形成浊声母四声跟清声母四声的调整或合并，比较重要的一个定律是浊上并入浊去。《福州藏》随函音义直音注中有一些上去互混的浊声母字对应：嗜视 5（禅至开去、禅旨开上）、竖树 5（禅麌合上、禅遇合去）、遽拒（群御合去、群语合上）、箸伫（澄御合去、澄语合上）、厦夏 2（匣马开二上、匣祃开二去）、售受（禅宥上、禅宥去）、肇召 2（澄小上、澄笑去）、柩舅 3（群宥去、群有上）、惮但（定翰去、定旱上）、畚饭（并阮合上、并愿合去）、践贱 11（从狝开上、从线开去）、膳善（禅线开去、禅狝开上）、单（姓）善（禅线开去、禅狝开上）、穽净 6（从静开上、从劲开去），共十四类型直音例，加上多次注音共四十二次对应，数量可观。若非浊声母上去同音，很难形成如此状况。尤其其中不乏多次使用的注音形式，少则两次，多则五次六次，甚至十多次，浊上归去已然不是偶然现象。

（二）其他声调混并现象

材料中浊声母混同的声调表现是平声与去声的交混，用例有：鼻（阿鼻）毗（并至开去、并脂开平）、瓠護 2（匣模平、匣暮去）、蒱步（并模平、并暮去）、焘盗 6（定豪平、定号去）。这是否意味当时当地的浊声母字去声调值与平声相近，耐人寻味。而除了以上浊上浊去交混与浊去浊平交混之外，其他浊母声调的混同只有以下 1 例：跳条 3（定篠上、定萧平），从中可以看到阳调系统内部的远近关联，也可资与阴调系统的

---

[15] 蠡通蠡。《广弘明集》卷十六：蠡服，上音罗。谷蠡，匈奴官名。谷音鹿。《广韵》钜宋本支韵离小韵：蠡，《匈奴传》有谷蠡王，谷音鹿。《广韵》戈韵落戈切：蠡，瓠瓢也。又礼鹿二音。谷音鹿见上例。《广韵》屋韵鹿小韵：谷，《汉书·匈奴传》有谷蠡王，蠡音离。《广弘明集》蠡字取戈韵读，与《广韵》支韵屋韵两处所言取支韵读有异。

比较。阴调的混同例共四类,用例如下:俜併(帮静开上、帮劲开去)、圃布(帮姥上、帮暮去)、柢帝2(端荠开上、端霁开去)、涕体3(透霁开去、透霁开上),均为上去混同类型。所剩鼻音边音声母字的声调混同亦计有四类,亦为上去混同型:眄面(明霰开上、明线开去)、挠(挠乱)闹(泥巧上、泥效去[16])、潦(淹也)老2(来号去、来皓上)、㦂垅(来董一上[17]、来东一平)。《福州藏》直音音注上去两调混同不拘阴阳有广泛分布的特点[18]。

六　结语

本文对《福州藏》五种经本之直音注音做了整理考察,总的状况是与《广韵》《集韵》音韵地位一致的用例高达九成多,反映音类归并演变趋势的用例不到百分之十。但这在数量上微不足道的用例恰恰不容置疑地凸显了符合汉语音韵史演变的合理脉络和自然走向,这一成果值得学术界重视。本文的研究仅仅使用了《福州藏》中总音注材料的约二十分之一,而反切的后续研究亦将带来新的有裨益的学术创获,愿对宋代音韵研究有新的贡献。

《福州藏》作为中华文化的重要历史遗产,迄今为止,对其音义的研究基本是"一张白纸"的现状,本文的工作希冀于"零的突破"。《福州藏》作为南方藏的开山作,其音义为后来的《思溪藏》《碛砂藏》《普宁藏》《径山藏》以及明清诸南北官藏相继改编传承,《福州藏》的音义研究对其后诸大藏经音义研究不仅必不可缺,而且意义重大。

《福州藏》的直音音注反映的语音面貌和演变迹象在总体上与目前研究界利用同时代文献资料所揭示的音韵状况同步,具有共通语层面音韵嬗变之认识价值。同属《福州藏》的姊妹藏《崇宁藏》《毗卢藏》在闽北地区重镇福州制作完成,名留史册,但随函音义中极少流露当地方言的痕迹。500余卷音义的营造过程,营造过程中释音处理的工作流程和参与人员,参与人员的出生地属性和语言属性如何,《福州藏》是否如《汉文佛教大藏经研究》作者李富华、何梅两位专家所言是"一部现已失传的宋代音释著作",这些背后真相的揭秘,必然为学术带来福音。

---

[16]《集韵》效韵桡(女也切)小韵:闹,扰也。《集韵》反切有误。《类篇》鬥部:闹,女教切。可从。

[17]《广韵》董韵力董切:㦂,㦂悚不调。

[18] 现代福州方言上声(阴上)调值31,阴去调值213,但"上升调降调常常趋平,读为32。阴去调字常常失去曲折,有降无升,读为低降调21"(《汉语方音字汇》,语文出版社,2003年,第38—39页)。阴上调与阴去调读音接近。

附录：音义五种直音音注同音谱[19]

通摄(231)：

东一：矇蒙 3、濛蒙 2、朦蒙(明东一)桐同 2、瞳同 2、峒(崆峒)同 2、瞳童、瞳同、峒同(定东一)崆空 2、箜空(溪东一)虹红 5、鸿红(匣东一)㚇[20]总(精董一)霿梦 2(明送一)楝冻(端送一)恫洞 4、挏洞(定送一)沐木、霂木(明屋一)䮞读 10、椟读 5、黷读 3、渎读、犊读、牍读(定屋一)漉鹿 6、碌鹿、簏鹿、谷(谷蠡王)鹿(来屋一)穀谷(见屋一)东三：鄷丰(滂东三)騘怱(清东三)夈终 3(章东三)熊雄 5(云东三)辐福 7、複福 5、蝠福、蝠幅(帮屋三)覆副 4(滂屋三)馥伏 10、澓伏 4、宓(通虑)伏(並屋三)牧目 14、穆目 4(明屋三)戮六 6(来屋三)夙宿、鹔宿(心屋三)築竹 4、筑竹(知屋三)轴逐(澄屋三)倏叔 7、儵叔 5、菽叔 3(书屋三)淑熟 6、淑孰 4(禅屋三)宍肉(日屋三)掬菊 3、掬菊(见屋三)鬻育 2(余屋三)

冬：督笃 11(端沃)钟：烽峯 2(滂钟)锋峯(滂钟)醲浓(泥钟)衷中 8(知钟)庸容 11、傭容 3、墉容 2(余钟)痈雍(影钟)踊勇(余肿)讼诵、讼颂(邪用)箓录(来烛)瞩烛 4(章烛)缛辱 5、蓐辱 3、褥辱(日烛)

江摄(61)：

窗牎(初江)绛降(见绛)驳剥(帮觉)琢卓 5、斲卓 4、涿卓 3、啄卓 2、斫卓(知觉)濯浊 13、擢浊 7(澄觉)数朔 2、稍朔、㮕朔(山觉)较(略也)角 4(见觉)捔角 6(见觉)榷角 4(见觉)确確(溪觉)嶽岳 2、乐岳、鷔岳(疑觉)

止摄(318)：

支开：陂碑 6、裨(裨使)卑 6(帮支开)羆碑 2(帮支开)鈹披(开也分也散也)(滂支开)鞞皮、埤皮(並支开)鋶弥(明支开)篱离 3、骊离 3、丽(高丽)离 2、罹离、醨离、𦇧离(来支开)蜘知(知支开)氏(月氏)枝 2、氏(月氏)支 2、厄支(章支开)絁施(书支开)岐祇(群支开)涯(水畔)宜 2(疑支开)曦羲(晓支开)訾紫 6、呰紫(精纸开)枳只 3、砥(砥石)纸(章纸开)舓逝(船纸开)齮蚁(疑纸开)椅倚、猗倚(影纸开)谊义 3(疑寘开)支合：隋随 6(邪支合)陲垂、倕垂(禅支合)刲规(见支合)之：孜兹 3、嵫兹(精之)磁慈 2(从之)祠词 4(邪之)笞痴(彻之开)芝之 2(章之)箕基(见之)俱欺(溪之)骐其 4、麒其 3、旗其 2、琪其

---

[19] 本谱以十六摄(通江止遇蟹臻山效果假宕梗曾流深咸)为序排列。摄下以四等为序，同等以开合为序。每韵以四声为序，无直音用例韵类从省。每韵声类字排列以帮端精知庄章见晓各组为序。直音注用例次数一次之上者后以数字标明。直音组用例后标明其在《广韵》(少数为《集韵》)中的音韵地位，多组同音之情形则列于最后，其前用例以顿号隔开。

[20] 《广韵》董韵㚇(作孔切)下：龍㚇，山皃。又东韵㚇(子红切)下：龍㚇，又作孔切。

2(群之)嘻熙(晓之)噫医2(影之)俚里3(来止)梓子2(精止)祀似5、汜似4、姒似、耙似、祀似(邪止)祉耻5(彻止)浼俟(崇止)趾止7(章止)恃市6(禅止)芑起、杞起(溪止)憘喜(晓止)饲寺3、飤寺、嗣寺3(邪志)治值(澄志)誌志(章志)、帜炽(昌志)弒试4(书志)莳侍(禅志)异異(余志)脂开：貔妣(並脂开)麋眉2、楣眉、麋眉、湄眉(明脂开)藜梨(来脂开)粢资、粢咨(精脂开)墀迟3(澄脂开)蓍尸4(书脂开)肌饥6、饥肌(见脂开)彝夷8(余脂开)秕比、匕比(帮旨开)㠜履(来旨开)砥(砥砺也)旨4、底旨(章旨开)嚳秘10、閟秘(帮至开)莅利7(来至开)泗四4、驷四(心至开)踬致13、质(交质)致(知至开)挚至3、挚至(章至开)谥示11(船至开)饵二(日至开)骥冀(见至开)弃弃3(溪至开)脂合：绥虽4(心脂合)宄轨2、晷轨2、篡轨(见旨合)燧遂7、隧遂2、穟遂2(邪至合)微开：玑機2(见微开)畿祈(群微开)晞希3、欷希、悕希(晓微开)微合：扉非、诽非(帮微合)徽晖7、翚晖3(晓微合)葳威5、薇微(影微合)闱围3(云微合)亹(美也)尾6(明尾合)纬谓9、渭谓6、蝟谓、腪谓(云未合)

遇摄(478)：

模：匍蒲4、酺蒲(並模)暮摸(手摸)(明模)荼徒2、塗徒(定模)怒奴4、孥奴2(泥模)枦卢(来模)辜姑4、辜孤2、蛄姑(见模)刳枯10(溪模)梧吾(疑模)狐胡12、醐胡3、糊胡2、瓠胡、壶胡(匣模)污乌(影模)谱补、圃补2(帮姥)溥普4(滂姥)堵睹7、睹覩(端姥)虏鲁4、卤鲁2、橹鲁2(来姥)组祖3(精姥)瞽古13、股古4、盅古4、贾古3、罟古2、诂古、贴古、瞽鼓(见姥)怙户11、沪户5、扈户3、岵户(匣姥)哺步4、鋪步、捕步(並暮)蠹妒9(端暮)菟(菟丝)兔(透暮)镀度(定暮)鹭路、潞路、赂路(来暮)诉素3、泝素(心暮)锢故2(见暮)怖悞2、寤悞、窹悞、寤悟、窹悟(疑暮)濩护、互护(匣暮)鱼：储除9、蹰除4、篨除(澄鱼)疏疎3(山鱼)舒书(书鱼)琚居3、裾居2、拘俱2、鸥居、车(车辂)居、赊居(见鱼)篷渠3、璩渠、蕖渠、蘧渠(群鱼)嘘虚4、歔虚(晓鱼)舆余4、妤余2、轝舆2、旟余、欤余(余鱼)础楚(初语)旅吕2、梠吕(来语)绪序3、叙序、潊序、绪序、屿序(邪语)紵伫2、紵苧、伫苧(澄语)俎阻4(庄语)渚煮2(章语)黍鼠2(书语)苢举(见语)鉅巨4、岠巨3、炬巨3、秬巨、簴巨、駏巨、讵巨、拒巨(群语)禦语3、圄语4、圉语(疑语)恕庶(书御)踞据4、倨据3、锯据2(见御)御禦、语(说也告也)御(疑御)忬预、豫预、豫与(参与)(余御)虞：肤夫11、跗夫2、趺夫(帮虞)凫扶4、枎符2、蚨扶、夫(语助)扶、凫符(並虞)诬无15、巫无3、芜无、毋无、蠦无(明虞)鬚须6(心虞)邾诛2、邾株、蛛诛(知虞)侏朱(章虞)洙殊4、铢殊3、殳殊(禅虞)驹俱(见虞)岖区(溪虞)劬衢3、氍衢2、鸜衢、瞿衢、癯衢(群虞)娱愚10、隅愚6、隅愚2、嵎愚(疑虞)迂纡(影虞)釪于、竽于(云虞)瑜俞4、腴俞4、觎俞3、踰俞3、榆俞2、窬俞、揄俞、渝俞、臾俞、闍逾(余虞)蕍甫4、斧甫、斧府(帮麌)辅父(並麌)侮武4、忤武4、庑武2、膴武2、侮武(明麌)麈主(章麌)寓羽、瑀羽(云麌)傅付14、傅赋(帮遇)赙

附、祔附、鮒附(並遇)骛务10(明遇)霍注8、铸注6(章遇)屦句5(见遇)驭御13、寓遇3(疑遇)谕裕(余遇)

蟹摄(194)：

咍：駘台3(定咍)莱来(来咍)纔才(从咍)埃哀3、唉哀(影咍)怠待2、紿待(定海)醢海2(晓海)佅亥(匣海)岱代7、殆待5、逮代3、靆代、玳代(定代)暧爱3、薆爱2、僾爱、瑷爱(影代)灰：杯盃(帮灰)裴陪、培陪(並灰)枚梅3(明灰)罍雷(来灰)缞催(清灰)洄回2(匣灰)痗妹(明队)泰开：沛(郡名)贝4(帮泰开)汰太4(透泰开)汰大(定泰开)濑赖(来泰开)匄盖3(见泰开)泰合：脍桧(见泰合)皆开：喈皆3、偕皆2(见皆开)介界2、介玠(见怪开)皆合：淮怀(匣皆合)佳开：鮭(鱼名)鞋(匣佳开)佳合：挂卦3、诖卦(见卦合)絓画3(匣卦合)夬开：唄败(並夬开)祭开：疠例2、砺例、励例、厉例(来祭开)晢(星光)制(章祭开)裔曳(余祭开)祭合：说税2、蜕税、蜕(蜕皮)税(书祭合)齐开：麑迷2(明齐开)磾低4、鞮低2、隄低、氐低、堤低(端齐开)稊啼4、醍提2、绨啼、缇啼、醍啼、稊蹄、稊题、隄题、蹄(罘)题(定齐开)齌齐(从齐开)撕西2、嘶西(心齐开)犀西6、栖(同栖)西(心齐开)稽(会稽)鸡15、笄鸡2(见齐开)磎兮3、谿溪(溪齐开)秜(山名，亦姓)兮4、嵇奚(匣齐开)抵底6、诋底2、邸底4(端荠开)醴礼5、蠡(通蠡，彭蠡)礼4(来荠开)棨启(溪荠开)壁闭(帮霁开)蒂帝5、疐帝、嚏帝(端霁开)渧替2(透霁开)递弟4、悌弟3、递第3、禘第2、递第2、缔第、棣第(定霁开)戾丽2、俪丽、隶丽、悷戾(来霁开)系计4、蒯(蓟)[21]计(见霁开)羿诣6、睨诣2(疑霁开)系系(匣霁开)齐合：珪圭7(见齐合)畦携(匣齐合)蕙惠4、蟪惠2、憓惠(匣霁合)

臻摄(296)：

痕：跟根2(见痕)垦恳6、垦恳(溪很)魂：贲奔2(帮魂)扪门4(明魂)燉[22]屯2、犿屯2、肫[23]屯、臀屯、豚屯(定魂)罇尊、樽尊(精魂)蹲存7(从魂)崑昆6、崐昆4、鹍昆2、蜫昆、琨昆、蜫昆(见魂)髡坤11(溪魂)阍昏2惛昏2(晓魂)懑闷、殁没3(明没)滑骨(见没)惚忽5笏忽(晓没)真(臻·栉)：滨宾2(帮真)嫔频4、嚬频2、蘋频(並真)旻闽6、珉闽5、岷闽(明真)驎邻3、麟邻2、潾邻、嶙邻(来真)薪新(心真)甄真3(章真)绅申11、娠身3、娠申3、伸申、呻申(书真)宸辰(禅真)嚚银7、垠银3、圁银(疑真)裀因4、堙因4、洇因4、闉因3、氤因、茵因、烟(烟煜)因(影真)悯敏2、闽敏(明轸)揩进11(精震)讯信7(心震)赈震、赈振(章震)仞刃5、轫刃(日震)跸必4(帮质)匹疋4(滂质)谧蜜10、谧密、溢密

[21] 此条音义原文作："蒯，上音计。"《福州藏》经文与《碛砂藏》经文"蒯"均作"蓟"，为"蓟"之异体。可知《福州藏》音义之"蒯"实为"蓟"之形讹。"蒯(苦快切)"当为"蓟"之误。

[22] 《广弘明集》卷七：燉煌二字音屯皇。《广韵》魂韵：燉(徒浑切)火炽，又燉煌郡。

[23] 《集韵》魂韵屯小韵：肫，胴肫，饵也。

(明质)漆七(清质)蒺疾(从质)瑟虱5、瑟蝨(山栉)桎质(朴也)3(章质)佚逸2(余质)谆：
崘论(《论语》)2、崙论(《论语》)、沦伦(来谆)循旬9、驯旬7(邪谆)窀迍(知谆)瞬舜(书
稕)醇淳3、鹑淳2、醇纯(禅谆)栒[24]筍(心准)殷：筋斤3(见殷)㘈隐(影隐)文：氛芬(滂
文)汾棼5、氲棼(並文)蚊文6、蚉文、阌文(明文)耘云5、芸云3、芸云、澐云、纭云、澋云
(云文)闻(名达)问4、紊(乱也)问2(明问)奋粪(帮问)狁尹3、狁允(余准)晕运(云问)
綍弗2、黻弗2、绂弗(帮物)蔚鬱5(影物)

山摄(581)：
寒：殚丹11、郸丹2、殚单(端寒)弹壇(定寒)忏干、玕干(见寒)幹[25]寒4、邯寒3(匣寒)
诞但10(定旱)伞散[26](心旱)悍汗、扞汗(匣翰)褐曷2、鹖曷(匣曷)桓：番(番禺)潘(滂
桓)磐盘3、蟠盘2、礜盘2、番[27]盘、磻盘、瘢盘(並桓)抟团2(定桓)銮鸾(来桓)冠(首
饰)官(见桓)寰还4(匣桓)臑[28]暖、煗暖(泥缓)琯管(见缓)绊半(帮换)泮判2、胖判2、
胖判2、胖判(滂换)叛畔4(並换)亂乱(来换)冠(冠束)贯12、灌贯6、盥贯3、观贯2(见
换)焕唤12、涣唤5、奂唤2(晓换)宦患、逭换(匣换)拨钵、般(般若)钵2(帮末)[29]秣末
6、沫末、妹末(明末)山开：艰间(见山开)痫闲(匣山开)删开：颁班2(帮删开)芟杉3(山
衔开)涧谏(见谏开)鷃晏(影谏开)删合：關关(见删合)环还4、轘环、阛还(匣删合)豢患
4、轘(车裂人)患(匣谏合)仙开：翻篇6(滂仙开)緜绵(明仙开)联连2、涟连2(来仙开)
鲜仙(心仙开)鋋禅(禅仙开)犍(犍为郡)乾、揵乾(群仙开)蜒延(余仙开)冕免12、俛免
4、渑缅、湎缅(明狝开)墡善3(禅狝开)缮遣(溪狝开)衍演6(余狝开)饯贱2(从线开)裂
列3(来薛开)偰薛4、泄薛4、紲薛3、褻薛2、漖薛、藝薛、泄薛(心薛开)蜇哲2、悊哲(知
薛开)折浙(章薛开)仙合：璿旋(邪仙合)颛专3、砖专(章仙合)权拳(群仙合)捐缘13、捐
(弃也)缘2、铅缘、沿缘、鸢缘、载(亦作鸢)缘(余仙合)舛喘2(昌狝合)蠕[30]软9(日狝
合)睠睠3(见线合)援(接援救助)院4、媛院、瑗院(云线合)掠略4、拶劣(来薛合)阅悦
10、说(傅说)悦4、蜕(蝉去皮)悦(余薛合)元开：宪献29(晓愿开)暍谒(影月开)元合：翻

---

[24] 《广韵》准韵筍小韵：楒，同簨，又作栒。

[25] 《广韵》寒韵寒小韵(胡安切)：韩，亦作韓，井垣也。

[26] 《大方广佛华严经合论》卷三十四原文作：伞音散，盖也，亦作繖。《广韵》旱韵散小韵(苏旱切，散诞)：繖，今作繖盖字。

[27] 《广韵》桓韵並母槃小韵(薄官切)脱此音。《广韵》元韵烦小韵(附袁切)：番，又翻、盘、潘三音。盘，薄官切。

[28] 《广韵》虞韵：臑，嫩臾皃。非音注所在。疑"臑"通作"㬉(上同煗)"。"煗"为"煖暖"异体。

[29] 《广韵》桓韵删韵"般"字下均作：又音钵。末韵未收。

[30] 《广韵》不收蠕字，《集韵》四收。狝韵臾小韵(汝兖切)：蠕蠕，《说文》动也。一曰狄号。或作蠕。

番(滂元合)樊烦4、繁烦3、燔烦2、蟠烦2、蕃(兽足)烦、礬烦(並元合)黿4(疑元合)誼宣2、讙喧(晓元合)怨(即"怨",怨枉)冤6、鵷冤(影元合)辕园7、垣园7、援园4、援爰3、猿园(云元合)阪反4(帮阮合)挽晚3(明阮合)蔓(瓜蔓)万4(明愿合)愿願3(疑愿合)蕟[31]发(帮月合)筏伐4、栰伐(並月合)蹶(失脚)厥2(见月合)粤越5、钺越3(云月合)先开:蝙边3(帮先开)蹎颠3、巅颠(端先开)阗田4、畋田3、填田2(定先开)缠怜(来先开)汧牵(溪先开)弦贤、絃贤(匣先开)胭烟4、燕烟(影先开)眄麪4(明霰开)甸殿3、奠殿、钿殿(定霰开)咽燕、醼燕(影霰开)饕铁4、驖铁(透屑开)窃切(清屑开)洁结(见屑开)先合:軒犬(溪铣合)眩县12、炫县7、衒县5、袨县3(匣霰合)谲决14、诀决2(见屑合)

效摄(205):

豪:褒寇(帮豪)髦毛3(明豪)刀刀2、忉刀2(端豪)饕叨3、韬叨2、滔叨2(透豪)陶桃8、萄桃、梼(梼杌)桃(定豪)髎劳2、牢牢(来豪)糟遭2(精豪)皋高10、膏高4、羔高、咎高(见豪)号(大呼也)毫5、濠毫3、嗥毫(匣豪)褓保2、緥保、堡保、葆保、鵃[32]保(帮皓)捣岛、岛祷(端皓)澡早7、藻早5、璪早(精皓)槁考3(溪皓)耄帽(明号)悼盗7、蹈盗7、稻道3、蹈道3(定号)诰告4(见号)隩奥(影号)肴:泡(水上浮沤)抛2、胞(胞胎)抛(滂肴)胶交7、蛟交、鲛交(见肴)昂卯4(明巧)貌儿2(明效)觉(睡觉)教4、校教(见效)敩效3(匣效)宵:蟭蕉、鹪蕉、鹪焦、椒焦(精宵)宵消、痟消(心宵)侨桥(群宵)要(今作腰)邀3(影宵)繇摇3、姚遥2、飘摇2、谣摇、飘遥(余宵)肇赵8(澄小)娆遶3、绕遶(日小)肖(似也)笑9、鞘[33]笑(心笑)诏照2(章笑)燿曜、燿耀(余笑)萧:貂彫2、刁彫(端萧)韶条2、鲦(鱼名,或作鲦)条(定萧)料(料理)寮3、聊寮2、僚寮、鹩寮、辽寮、缭寮(来萧)蓼了2、缭(缭遶)了(来篠)暾皎5(见篠)钓吊、吊钓(端啸)徼叫2(见啸)

果摄(34):

歌:拖他2(透歌)鼉陁3、驼陁、驮陁、駞陁3[34]、沱(滂沱大雨[35])陁(定歌)柯歌2、柯哥2(见歌)峨俄(疑歌)苛(政烦也)何3(匣歌)屙阿3、痾阿(影歌)戈合:鄱婆2、蟠婆(並戈合)龢和(匣戈合)琐锁2(心果合)輠果2、裹果(见果合)夥祸2(匣果合)

---

[31]《广韵》未收"蕟"字。《集韵》月韵发小韵:蕟,艸名。

[32]原文作:鵃,鹰之类,其毛似虎文。《广韵》未收鵃字。《集韵》皓韵宝小韵:鵃,《说文》鸟也。肉出尺胾。或作鵰鵖雖。诸字为鵃之异体。

[33]《广韵》不收其音。《集韵》笑韵笑小韵(闲妙切):鞘,刀室。

[34]《广韵》不收陁字,《集韵》戈韵驼小韵(唐何切):陀,《博雅》陂陀,袤也,或作屺陁。"陁"实为"陀"之异体。《广韵》歌韵驼小韵(徒河切):陀,陂陀,不平之皃。"陀"为《广韵》歌韵字,"陁"为《集韵》戈韵字。今从《广韵》作歌韵。

[35]"沲"通"沱",情形同上注"陁"与"陀",且均属相同小韵。

假摄(72)：

麻开二：蟆麻(明麻开二)葭加3、麖加、驾加、狐加、枷加(见麻开二)瑕遐7、瑕霞4、霞遐(匣麻开二)暇夏(春夏)4、暇下(匣马开二)灞霸(帮祃开二)蜡(年终祭名)乍2(崇祃开二)稼嫁9、稼价(见祃开二)麻开三：置嗟(精麻开三)裒斜(邪麻开三)榭谢2(邪祃开三)佘蛇(船麻开三)瑘耶(余麻开三)赭者7(章马开三)冶野7(余马开三)射(僕射)夜(余祃开三)麻合二：蜗瓜7(见麻合二)夸誇3、姱誇(溪麻合二)哗花2(晓麻合二)

宕摄(249)：

唐开：珰当5、珰当平[36](端唐开)趟汤(透唐开)棠堂4、塘堂、螗堂、螳堂、棠唐(定唐开)狼郎5、琅郎3、稂郎2、蜋郎、碫郎、浪(沧浪)郎(来唐开)沧苍(清唐开)岗刚、纲刚、罡刚(见唐开)糠康3(溪唐开)榜搒(帮荡开)谠党(端荡开)盪荡2、簜荡(定荡开)阆(阆中)浪3(来宕开)搏博6、髆博(帮铎开)毫薄2、礴薄2、泊薄2(並铎开)膜莫3、瞙莫2、膜摸(摸捺)(明铎开)橐托4、拓托3、駞托2、柝托、拓托、跅托(透铎开)雒落5、骆落、硌落、乐落(来铎开)凿昨7、柞昨、酢(酬酢)昨、怍昨(从铎开)涸鹤7、貉鹤(匣铎开)垩恶(影铎开)唐合：育荒4(晓唐合)隍皇4、煌皇3、煌黄2、遑黄、潢黄、璜黄、凰皇、徨皇、偟皇、遑皇、蝗皇、篁黄(匣唐合)阳开：粮良3、梁良2(来阳开)嫱墙(从阳开)欀襄(心阳开)翔祥12、庠祥2(邪阳开)牀床(崇阳开)璋章2(章阳开)阊昌3、猖昌3、倡昌(昌阳开)殇伤8(书阳开)偿常(禅阳开)姜薑7、疆薑6、僵薑5、壃薑2、殭薑、繮薑(见阳开)魉两(来养开)享响(晓养开)亮谅(来漾开)惝畅(彻漾开)趞略2(来药开)爝雀2(精药开)碏鹊(清药开)缴(矰缴)酌2(章药开)弱若8、蒻若2、箬若(日药开)履脚2(见药开)籥药7、钥药5、龠药3、礿药2、跃药2、瀹药(余药开)阳合：坊方、枋方(帮阳合)铓亡、望(弦塱)亡(明阳合)恇匡(溪阳合)朙罔4、辋罔3、魍罔2、惘罔、网罔(明养合)贶况(晓漾合)王(霸王)旺3(云漾合)

梗摄(290)：

庚开二：甍盲(明庚开二)更庚2、秔(亦作粳)庚2(见庚开二)牲生2、猩生(山庚开二)迫(逼也近也)伯14(帮陌开二)舶白(並陌开二)狛陌、拍陌(明陌开二)庚开三：荆京5(见庚开三)瑛英(影庚开三)炳丙12、昺丙3、秉丙2、邴丙(帮梗开三)警景6(见梗开三)庚合三：泳咏2、瞢咏(云映合三)耕开：氓萌4、甍萌3(明耕开)倖幸(匣耿开)霢麦(明麦开)帻责2(庄麦开)鬲隔(见麦开)轭厄3、扼厄、阨厄(影麦开)耕合：划获、画(计策也)获(匣麦合)清开：洺名(明清开)旌精5、菁精3、晶精、睛精(精清开)圊清(清清开)祯贞(知清开)盛成4(禅清开)楹盈7、嬴盈5、瀛盈2(余清开)屏(蔽也)饼3、屏饼2、屏併、屏并

---

〔36〕"珰当平"意为"珰"字读"当"之平声，与"当"之去声相区别。

(帮静开)靖静、穽静(从静开)鹊迹(精昔开)腊(乾肉)昔23、舃昔4(心昔开)汐夕、岁夕(邪昔开)跖隻9、摭隻5、墌隻2、蹠隻、只隻、炙隻(章昔开)斥尺14(昌昔开)螫释(书昔开)射石、祏石(禅昔开)弈亦15、液亦7、腋亦5、埸亦5、绎亦4、怿亦2、斁亦2、掖亦2、易(变易)亦、驿亦(余昔开)青开:屏瓶、缾瓶(并青开)螟冥2、铭冥(明青开)霆庭3、霆廷、霆亭(定青开)囹灵2、囹令(复姓,令狐)、鸰灵、伶灵、龄灵、蛉灵、棂零、铃灵(来青开)腥星(心青开)泾(州名)经7(见青开)陉形2、邢形(匣青开)酩茗(明迥开)鼎顶7、酊顶(端迥开)锭定(端径开)幂觅(明锡开)嫡的4、適的2、嫡適(从也)(端锡开)擿[37]摘(透锡开)狄敌、觌敌(定锡开)砾曆2、雳曆2、枥曆、砺力、枥歷、砾歷(来锡开)激击2(见锡开)青合:惸琼2(群清合)

曾摄(62):

登开:鹏朋5(并登开)簦登、镫登(端登开)滕腾(定登开)蹬邓(定嶝开)纆墨(明德开)扐勒(来德开)蒸开:惩澄10(澄蒸开)称秤3(昌证开)稷即7(精职开)仄侧4、昃侧2(庄职开)穑色7(山职开)轼式、轼识(书职开)翊翼6、弋翼4、臆忆4、臆亿、抑忆、杙翼、翌翼(余职开)

流摄(215):

侯:鍮偷(透侯)蝼楼3、娄楼2、偻楼(来侯)篌侯2、糇侯(匣侯)培(峬嵝[38])部(并厚)拇母2、牡母(明厚)薮叟16、瞍叟(心厚)叩口5(溪厚)耦偶(疑厚)誈鬬(端候)窦豆4、逗豆3(定候)镂、刻镂(陋6、镂漏、陋漏(来候)尤:蜉浮3、桴浮2(并尤)侔牟4、眸牟、闲牟(明尤)旒流3、鹠留、骝留(来尤)鹙秋4(清尤)脩修、羞修(心尤)瘳抽6(彻尤)踌筹(澄尤)蒐搜2、溲(便溺)搜、狻搜(山尤)賙周(章尤)雠酬10(禅尤)揉柔(日尤)仇求7、裘求2、馗(中馗菌)求2、赇求、球求(群尤)鸺休(晓尤)邮尤2(云尤)攸由5、猷由5、猶由5、悠由4、蝣由3、逌由(余尤)阜妇7、埠妇4、阜负(并有)杻丑3(彻有)咎舅(群有)牖有(云有)牖酉8、诱酉8、莠酉5(余有)鹫就3(从宥)岫袖3(邪宥)潄瘦7(山宥)狩兽4(书宥)噢授(禅宥)厩救4、疚救2(见宥)宥右8、囿右7(云宥)

深摄(67):

琳林3、霖林(来侵)森参5、森蔘2、糁(药名,通蔘)参、参(星名)参(山侵)箴针6、斟针3(章侵)衿今5、襟今4、襟金(见侵)擒禽2(群侵)沈审3(书寝)粒立(来缉)辑集(从缉)袭习9、隰习3(邪缉)汲急8、级急(见缉)挹邑6、悒邑2(影缉)

---

[37]《集韵》锡韵逷小韵(他历切):擿,挑也。

[38] 音义原文作:培塿,小阜也。《广韵》厚韵:培,培塿,小阜。或作峬。《集韵》厚韵部小韵:培,《博雅》峬嵝,冢也。或作峬垺附。

咸摄(99)：

覃：戡堪(溪覃)涵含(匣覃)坮坎(溪感)谈：淡(水儿正作痰)谈(定谈)啖淡2(定敢)澹淡(定阚)榻塔2(透盍)咸：鹹咸4(匣咸)衔：鑑鉴(见鑑)钾甲3(见狎)压押3(审押(影狎)盐：畲廉(来盐)阎盐3、檐盐3、榈盐2、簷塩、贴盐(余盐)冉染3、苒染(日琰)脸检2(见琰)玁险2(狳险(晓琰)艳焰、焱焰(余艳)猎腾(来葉)概接4、婕接2、睫接2、觑接2(精葉)鍱葉3(余葉)严：邺业2(疑业开)添：玷点7(端忝)缣兼4、蒹兼2(见添)垫店4(端栋)谍牒3、蹀牒2、堞牒3、叠牒、惵牒(定帖)协叶3、勰叶、侠叶(匣帖)凡：范犯8(並范)

(丁锋：大东文化大学,日本东京)

"支微入鱼"补正*

李华斌

提要： "支微入鱼"指中古的止摄三等韵读如遇摄三等韵。它不仅出现在止摄合口三等韵中，也存在止摄开口三等韵中。止摄开口三等韵也有读如遇摄一等韵的情况。因而"支微入鱼"不是以合口为条件。"支微入鱼"的现象集中在舌齿音和喉音字上，唇音字很少有这种现象。止摄开口字读如遇摄字的现象主要分布在今闽语、赣语、客家话中，且这种现象至少在宋代就已存在。上古的鱼部字与之部字读同是"支微入鱼"产生的原因之一。由于上古的鱼部字与之部字读同，后世的各地方言就存在"支微入鱼"和"鱼入支微"两种类型。补正"支微入鱼"，需与"鱼入支微"加以区别，谨慎对待。

关键词： 支微入鱼　开口　模韵　补正

汉语方言学界通常把中古止摄合口三等韵读如遇摄合口三等韵的语音现象称为"支微入鱼"，闽语、湘语、吴语、徽语、江淮官话、西南官话、赣语以及山西、陕西、甘肃等地的不少方言中都存在这种现象[1]，这是"支微入鱼"的第一种类型。在汉语方言中，止摄开口三等韵有读如遇摄合口三等韵的现象，也有读如遇摄合口一等韵的现象。后两种现象主要分布在南方汉语方言如闽语、赣语、客家话中，它们是"支微入鱼"的另一种类型。两种类型的"支微入鱼"主要集中在舌齿音和喉音字上，唇音字很少有这种现象。止摄开口三等韵与遇摄合口韵读同的现象最早可追溯到《诗经》时代，两汉、唐五代的文献材料也可见到它，它在宋代的文献材料中更普遍。今把历史文献材料与现代方言结合起来，补正传统"支微入鱼"的方言现象。

---

* 本文为国家社科基金项目"敦煌写卷佛经音注研究"（项目号：18BYY129）的相关成果。
[1] 吴语的这一现象早就引起人们的注意。清《嘉定县志》："归、龟呼为居，晷、鬼呼为举。"张光宇《吴闽方言关系试论》(《中国语文》1993年第3期)、顾黔《通泰方言韵母研究》(《中国语文》1997年第3期)提及吴语、闽语、徽语、老湘语和江淮官话有"支微入鱼"的现象。侯精一、杨平《山西方言的文白异读》(《中国语文》1993年第1期)、王军虎《晋陕甘方言的"支微入鱼现象"和唐五代西北方音》(《中国语文》2004年第3期)报告了山西、陕西、甘肃方言有此现象。

一　止摄开口三等读如遇摄合口三等

《韵补》[2]:"资,如今读叶鱼韵……古资、雌、疵、思、词一类,多与今鱼虞等韵叶用。"(13 下左)"词,如今读叶韵鱼韵。"(14 上右)"士,上止切,事也。古士有二读,一与语韵相叶者,声如今读……士仕史使皆仿此。"(57 上左)"事,本仕吏切,古有一音,如今世俗所读与御遇相叶。"(86 上左)吴棫把所有止摄开口字与遇摄叶用都说成是止摄字另有一音,与"今读""今世俗所读"相同。吴棫是福建武夷人,他的"今读"怎样? 南宋时期闽语的整体状况已不可考,但今闽语有止摄开口的精组字读 y 的现象,"资"福州 tsy[3],"私"福州文读 sy[4]。据此可推测,吴棫是按照自己的方音来拟测止摄开口字的协音。宋代福建诗人、词人的用韵就有止摄开口与鱼虞韵相押的现象。李纲(1083—1140,邵武人)《水龙吟·古来夷独难驯》叶"子止利至渭未武虞骑支义寘至誓祭",邓肃(1091—1132,南剑沙县人)《进花石诗状》之十叶"禹虞此纸子止"。[5]

支微部与鱼模部叶用是赣语的特点,江西诗人、词人的用韵都反映这一特点。[6] 李树兹《石樵诗话》:"用方言入诗,唐人已有之,用俗语入诗,始于宋人,而要莫善于杨诚斋。"[7] 杨万里因乡音太重,被寿皇(赵构)讥笑,"杨,江西人,声言不清"[8]。杨万里(1127—1206,吉州吉水人)《发孔镇晨炊漆桥道中纪行》第十首叶"枝支梳鱼珠虞"。[9] 杨万里的支鱼通叶是用方言、俗语入诗,这可与今赣语印证。今赣语有止摄开口字读 ɿ 或 y 的现象,如萍乡的耳＝雨 ɿ,二 ɿ,余 ɿ;上栗的耳＝雨 y,二 y,余 y。[10] 吉安紧邻萍乡,从今方言推测,杨万里的支鱼通叶是止摄开口三等韵读如遇摄三等韵,而非相反。

总之,从文献记载和韵谱来考察,止摄开口三等读如遇摄合口三等至少在宋代闽语、赣语中就存在。

---

[2] 吴棫《宋本韵补》,中华书局,1987 年。由于多出引用《韵补》,不再一一作注,就在引文后标注页码,如 13 下左,指 13 页下栏左边。

[3] 由于声调与本文的研究关系不大,所以各地方言一般都不标调型、调值。

[4] 王福堂《汉语方音字汇》,第 56—59 页,语文出版社,2003 年。

[5] 刘晓南《宋代闽音考》,第 182 页,岳麓书社,1999 年。

[6] 鲁国尧《宋元江西词人用韵研究》,见《宋辽金用韵研究》,第 434 页,香港文化教育出版社有限公司,2002 年。

[7] 古典文学研究资料汇编《杨万里范成大卷》,第 65 页,中华书局,1965 年。

[8] 丁传靖《宋人轶事汇编》,第 925 页,中华书局,1981 年。

[9] 杜爱英《杨万里诗韵考》,见《宋辽金用韵研究》,第 535 页。

[10] 孙宜志《江西赣方言语音研究》,第 180 页,语文出版社,2007 年。

二　止摄开口三等读如遇摄合口一等

模韵是一等，支脂之微都是三等，它们有洪细的区别，但在闽语中，止摄开口三等韵有读遇摄合口一等韵的现象。如止摄开口的精组字读 u，"瓷"厦门、建瓯 tsu；"私"厦门、建瓯的文读 su。这样它就可以与模韵相叶。其实宋代就有这种现象，如高登（1104—1148，漳州漳浦人）《东坡像赞》叶"履_旨子_止古_姥死_止"，林亦之（1136—1185，福州福清人）《艾轩先生祠堂告成》第四韵段叶"子_止字_志子_止士_止组_姥鲁_姥"。[11]

赣语也有止摄开口三等精庄组字读 u 的现象。宜春的"猪_鱼夫_虞资_脂私_脂事_志死_旨"韵母为 u。[12] 高安（周家老屋）的"租_模资_脂姿_脂兹_之滋_之"读 tsu 阴平，"祖_姥组_姥阻_语紫_纸姊_旨子_止梓_止滓_止"读 tsu 上声。[13] "字"奉新读 tʰu，万载、高安、上高、分宜 tsʰu；"死"奉新、万载、高安、上高、分宜 su；"事"奉新、万载、高安、上高、分宜 su。[14] 这样它就可以与模韵相叶。其实宋代就有这种现象。杨万里《金陵官舍后圃散策》第二首叶"枝_支无_虞酥_模"。[15] 姜夔（1154—1221，饶州鄱阳人）《长亭怨慢·渐吹尽》叶"絮_御户_姥许_语树_遇此_纸暮_暮数_遇付_遇主_虞缕_虞"。[16] 杨樵云（生卒不详，南昌人）《水龙吟·多情不在》叶"午_姥路_暮栩_虞舞_虞醉_至此_纸据_御寄_寘"。[17]

客家话也有止摄开口三等的精庄组字读 u 的现象，与模韵相同。[18] 如"紫""资"东莞（清溪）、香港（西贡）、阳春（三甲）、信宜（思贺、钱排）、廉江（石角）tsu；"字"东莞（清溪）、香港（西贡）、廉江（石角）su，阳春（三甲）ɨu，信宜（思贺、钱排）tsu，奉新（澡溪）tsʰu；"自"东莞（清溪）、香港（西贡）、阳春（三甲）、信宜（思贺）、廉江（石角）、奉新（澡溪）tsʰu；"私"东莞（清溪）、香港（西贡）、信宜（思贺、钱排）、廉江（石角）、奉新（澡溪）su，阳春（三甲）ɨu；"事"东莞（清溪）、香港（西贡）、信宜（思贺、钱排）、廉江（石角）、奉新（澡溪）su，阳春（三甲）ɨu；"师"东莞（清溪）、香港（西贡）、阳西（塘口）、信宜（思贺、钱排）、廉江（石角）su，阳春（三甲）ɨu；"使"东莞（清溪）、香港（西贡）、信宜（思贺、钱排）、廉江（石角）su，阳西

---

[11] 刘晓南《宋代闽音考》，第 182 页。
[12] 陈昌仪《赣方言概要》，第 64 页，江西教育出版社，1991 年。
[13] 颜森《高安（周家老屋）方言的语音系统》，《方言》1981 年第 2 期，第 107 页。
[14] 孙宜志《江西赣方言语音研究》，第 183 页。
[15] 杜爱英《杨万里诗韵考》，见《宋辽金用韵研究》，第 535 页。
[16] 鲁国尧《论宋词韵及其与金元词韵的比较》，见《宋辽金用韵研究》，第 58—59 页。
[17] 鲁国尧《宋元江西词人用韵研究》，见《宋辽金用韵研究》，第 434 页。
[18] "补、捕、布、部、簿、铺、步、普、暮"等字在梅县方言中的韵母为 u，见王福堂修订《汉语方音字汇》，第 101—104 页。

（塘口）、阳春（三甲）ɬu。[19]

总之，从上可看出，"支微（开口）入模"主要分布在闽、赣、客等方言中，结合韵谱看，至少宋代已出现了这种现象。

三　止摄开口读如遇摄的原因

从现有的文献材料看，止摄开口韵读如遇摄的现象发生在宋代，其实宋代也不是这种现象的源头。春秋时期，《诗经》就有之鱼合韵的情况，如《鄘风·蝃蝀》叶"母$_{之部}$雨$_{鱼部}$"，《小雅·巷伯》叶"谋$_{之部}$者$_{鱼部}$虎$_{鱼部}$"。[20] 两汉时期，《淮南子·俶真》叶"野$_{鱼部}$圉$_{鱼部}$宇$_{鱼部}$雨$_{鱼部}$父$_{鱼部}$女$_{鱼部}$志$_{之部}$"，司马相如（蜀人）《子虚赋》叶"虚$_{鱼部}$骇$_{鱼部}$骐$_{之部}$"，王褒（蜀人）《洞箫赋》叶"子$_{之部}$父$_{鱼部}$"，枚乘（淮阴人）《七发序》叶"处$_{鱼部}$母$_{之部}$父$_{鱼部}$所$_{鱼部}$厚$_{侯部}$暑$_{鱼部}$"，《南阳谚》叶"父$_{鱼部}$母$_{之部}$"。[21] 罗常培、周祖谟"推想汉代四川和江淮汝颍之间之鱼两部的元音可能比较接近"[22]。

晋南北朝至隋唐时期，"北人以庶为戍，以如为儒"，鱼虞混同，一些非上古鱼部的虞韵字如"主俱取树"在方言中就与之韵字混同；"（北人）以紫为姊"，支、脂混同，吕静《韵集》、夏侯咏《四声韵略》的脂、微大乱[23]，《广韵》的第五支下注"与脂之同用"，因而支脂之微在方言中就与鱼虞逐渐混用起来。隋唐及以后，止摄三等韵与齐祭韵混同，因而齐、祭韵字和止摄字在方言中就开始与鱼虞韵字读同。

从王力《上古三十部常用字归部表》看，"孤古股库乎胡狐虎互户吾乌吴五午都杜图徒兔奴卢鲁房组素布蒲模"等模韵字上古属鱼部，上古的之鱼合韵是"鄘""四川和江淮"等地的方音现象，由于支脂之微齐祭混并，鱼虞不分，因而止摄开口三等韵在方言中就可读如模韵。敦煌写卷的佛经音义中就有这种现象，如：

组$_{至}$[24]：组《广韵》则古切，精模合一上；至《广韵》脂利切，章脂开三去。[25]

上古时期，"鄘""四川和江淮"等地之鱼合韵，这表明存在"之部的元音不变，鱼部的元音变得与它相同"和"鱼部的元音不变，之部的元音变得与它相同"的两种可能性，因

---

[19] 谢留文《客家方言语音研究》，第46—47页，中国社会科学出版社，2003年。
[20] 王力《诗经韵读》，第28页，中国人民大学出版社，2004年。
[21] 罗常培、周祖谟《汉魏晋南北朝韵部演变研究》，第181页，中华书局，2007年。
[22] 同上。
[23] 《裴务齐正字本刊谬补缺切韵》的韵目"脂"下注"吕、夏与微大乱"，见周祖谟《唐五代韵书集存》，第537页，中华书局1983年。
[24] 张涌泉《敦煌经部文献合集（第十一册）》，第5657页第4行，中华书局，2008年。
[25] 敦煌佛经音义有精照不分、上去不分的西北方音现象。

而在后世的各地方言中有"支微入鱼"和"鱼入支微"两种类型。前者如上文所举。后者有"旅语"武汉白读 ni、苏州 li、长沙 li、梅县 li,"舒鱼"温州 sɿ、阳江 ʃi [26];"去御"扬州 kʰɿ,济南、西安、绩溪、万荣 tɕʰi,南京、贵阳、崇明、kʰi、梅县 hi [27];"女语"贵阳 li,崇明 ȵi,银川、西宁 mi [28];"梳鱼"赣语永修、修水、新干、莲花读 sɿ [29]。因此,补正"支微入鱼"需与"鱼入支微"加以区别,谨慎对待。

四 结语

"支微入鱼"有两种类型,"支微"的开口可入"鱼虞",合口也可入"鱼虞",因而合口不是"支微入鱼"的条件。究其原因,上古就有之鱼合韵的现象,因而唐宋不是"支微入鱼"的源头,它在唐宋方言中也是多点分布的。由于上古时期有"之鱼"合韵的方言现象,它在后世方言中就存在"支微入鱼"和"鱼入支微"的两种状况,这两种状况在中古、近古、现代方言中都有分布。尽管部分来源相同,但不能把"支微入鱼"与"鱼入支微"混为一谈。

(李华斌:贵州师范大学,550025,贵州贵阳;
黔南民族师范学院,558000,贵州都匀)

---

[26] 王福堂《汉语方音字汇》,第 121—136 页。
[27] 李荣《现代汉语方言大词典》,第 869—872 页,江苏教育出版社,2002 年。
[28] 刘晓南《宋代闽音考》,第 424—427 页。
[29] 孙宜志《江西赣方言语音研究》,第 182 页。

"内朝""外朝"考辨

卢烈红

提要: 以《汉语大词典》为代表的几部大型辞书包括《中国历史大辞典》对"内朝""外朝"的解释都不同程度地存在问题。周代天子、诸侯皆有三朝:外朝一,内朝二。"内朝二"指的是路门内之"燕朝"和路门外之"治朝",而典型的"外朝"不是《汉语大词典》"外朝"条所说的"治朝",它是"燕朝""治朝"之外的另一处,是一个露天的场所,周代天子、诸侯于此判决疑难案件和就迁都、立君、应对国危等"非常之事"召集臣民广泛征求意见。而路门外作为内朝之一的"治朝"相对于路门内的"燕朝"亦可称为"外朝"。

关键词: 内朝 外朝 辞书释义 正误

"内朝""外朝"的具体所指,《汉语大词典》的解释纠缠不清:

【内朝】①古代天子、诸侯处理政事和休息的场所。对外朝而言。"内朝"有二:一在路门外,为天子、诸侯处理政事之处,亦谓之"治朝";一在路门内之路寝,为天子、诸侯处理政事后休息之所,亦谓之"燕朝"。《礼记·玉藻》:"朝服以日视朝于内朝。"郑玄注:"此内朝,路寝门外之正朝也。"又,《周礼·秋官·朝士》郑玄注:"周天子、诸侯皆有三朝:外朝一,内朝二。内朝之在路门内者,或谓之燕朝。"宋叶绍翁《四朝闻见录·赐宴涤爵》:"孝宗锡宴内朝,丞相王淮涕流于酒。"卿、大夫治其邑事之处也称"内朝"。《国语·鲁语下》:"自卿以下,合官职于外朝,合家事于内朝。"韦昭注:"家,大夫。内朝,家朝也。"[1]

【外朝】①周制天子、诸侯处理朝政之所。对内朝而言。《周礼·秋官·朝士》:"朝士掌建邦外朝之法。"《礼记·文王世子》:"其在外朝,则以官,司士为之。"郑玄注:"外朝,路寝门之外庭。"孙希旦集解:"愚谓外朝,治朝也。"《国语·鲁语下》:"天子及诸侯合民事于外朝,合神事于内朝;自卿以下,合官职于外朝,合家事于内朝。"韦昭注:"言与百官考合民事于外朝也。"参见"内朝①"。[2]

---

[1] 汉语大词典编辑委员会编《汉语大词典》,第429页,汉语大词典出版社,1997年。汉语大词典编纂处编《汉语大词典订补》(上海辞书出版社,2010年)未涉及"内朝"条。

[2] 汉语大词典编辑委员会编《汉语大词典》,第1934页。《汉语大词典订补》未涉及"外朝"条。

合两条而观之,就会发现两个问题:(1)按"内朝"条所释,路门外"天子、诸侯处理政事之处"是"内朝"之一,亦谓之"治朝";可是,按照"外朝"条所释,路门外"天子、诸侯处理朝政之所"、可称为"治朝"的却是外朝。同样的位置("路门外")、同样的功能("天子、诸侯处理政事之处")、同样的又称("治朝"),甲条目指为"内朝",乙条目指为"外朝",不能不令读者疑惑。(2)两条合起来,似乎只有"治朝""燕朝"两朝,与郑玄注"周天子、诸侯皆有三朝"不符。

实际上,古代天子、诸侯确如《周礼·秋官·朝士》郑玄注所言:"皆有三朝:外朝一,内朝二。"另外,天子的三朝与诸侯的三朝略有区别。

下面我们先讨论天子的三朝。

天子的三朝实际上是这样的:"内朝二"是路门内之"燕朝"和路门外之"治朝",而典型的"外朝"不是《汉语大词典》"外朝"条所说的"治朝",它是"燕朝""治朝"之外的另一处,是一个露天的场所。这一场所与"三槐九棘""三公九卿"有关。请看下列材料:

《周礼·秋官·朝士》:"朝士掌建邦外朝之法。左九棘,孤、卿、大夫位焉,群士在其后;右九棘,公、侯、伯、子、男位焉,群吏在其后;面三槐,三公位焉,州长、众庶在其后。"

《周礼·地官·乡老》:"大询于众庶,则各帅其乡之众寡而致于朝。"郑玄注:"大询者,询国危,询国迁,询立君。郑司农云:大询于众庶,《洪范》所谓谋及庶民。"贾公彦疏:"国有大事,必顺于民心,故与众庶询谋,则六乡大夫各帅其乡之众寡而致于朝,谓外朝三槐九棘之所,共询谋之。"

北宋苏轼《苏东坡全集》前集卷二十《三槐堂铭一首并叙》:"故兵部侍郎晋国王公显于汉周之际,历事太祖、太宗,文武忠孝,天下望以为相,而公卒以直道不容于时。盖尝手植三槐于庭曰:'吾子孙必有为三公者。'已而,其子魏国文正公相真宗皇帝于景德、祥符之间。"

南宋朱熹《朱子语类》卷第三十八《论语二十·乡党篇》:"古今之制不同,今之朝仪,用秦制也。古者朝会,君臣皆立,故《史记》谓'秦王一旦捐宾客,而不立朝'。君立于门屏之间。屏者,乃门间萧墙也。今殿门亦设之。三公九卿以下,设位于廷中,故谓之'三槐、九棘'者,廷中有树处,公卿位当其下也。"

由以上材料可知,周王朝由朝士掌管的"外朝"是种植有槐和棘的地方。棘树就是酸枣树。外朝的庭院中种有三棵槐树,左右各种九棵棘树。朝廷最大的三位官员三公其位在槐树之下,"孤、卿、大夫""公、侯、伯、子、男"之位在棘树之下。为什么种植槐树和酸枣树呢?《周礼·秋官·朝士》郑玄注曰:"树棘以为立者,取其赤心而外刺,象以赤心三刺也。槐之言怀也,怀来人于此,欲与之谋。"这是说,种棘树是因为棘树树心红色,枝上有刺，象征对天子忠诚而又有威慑力治理百姓；种槐树则是着眼于槐树的"槐"与"怀"谐声双关，这里的"怀"大致意思用今天的话来说，就是有亲和力，能团结人，能感召人来一起商议"国之大事"，亦即"大询于众庶"。后以"三槐九棘"为三公九卿之代称，如《后汉书·袁绍传》："乞下臣章，咨之群贤，使三槐九棘，议臣罪戾。"

三朝的位置及分工情况请看以下材料：

  《周礼·地官·稾人》："稾人掌共外内朝冗食者之食。"郑玄注："外朝，司寇断狱弊讼之朝也。……内朝，路门外之朝也。"贾公彦疏："天子三朝。路寝庭朝是图宗人嘉事之朝，太仆掌之；又有路门外朝，是常朝之处，司士掌之；又有外朝，在皋门内库门外，三槐九棘之朝，是断狱弊讼之朝，朝士掌之。"

  《周礼·秋官·小司寇》："小司寇之职，掌外朝之政，以致万民而询焉。一曰询国危，二曰询国迁，三曰询立君。"贾公彦疏："外朝之职，朝士专掌，但小司寇既为副贰长官，亦与朝士同掌之耳，故云'掌外朝之政'。"

  《周礼·天官·宰夫》："宰夫之职，掌治朝之法，以正王及三公六卿大夫群吏之位。"郑玄注："治朝在路门之外，其位司士掌焉。"贾公彦疏："知此治朝在路门外者，燕朝在路寝庭，外朝在库门外，其事希简，非常治政之所。此云治朝，是常治事之朝，故知是路门外夏官司士所掌者。"

  唐杜佑《通典》卷七十五《礼》三十五《宾》二："天子路寝门有五焉：其最外曰皋门，二曰库门，三曰雉门，四曰应门，五曰路门。路门之内则路寝也。皋门之内曰外朝，朝有三槐，左右九棘，近库门有三府九寺。……应门内曰中朝。……外朝之法，朝有疑狱，王集而听之……燕朝者，路寝之朝。"

  宋叶梦得《石林燕语》卷二："唐以宣政殿为前殿，谓之'正衙'，即古之内朝也；以紫宸殿为便殿，谓之'上阁'，即古之燕朝也，而外别有含元殿。古者，天子三朝：外朝、内朝、燕朝。外朝在王宫库门外，有非常之事，以询万民于宫中。内朝在路门外，燕朝在路门内。"

元代马端临《文献通考》卷一百六袭用杜佑《通典》的说法。根据以上材料，结合相关论述，可对天子三朝做如下总结：在路门之内的是燕朝，由太仆掌管，为天子处理政事后休息之所，"图宗人嘉事"即处理宗族事务亦于此处；在路门外的是治朝，亦称"中朝""正朝"，由司士掌管，是"常治事之朝"；在皋门内库门外、种植有三槐九棘的是典型的外朝，由朝士、小司寇共同掌管，其用途一为"断狱（疑狱）弊（裁决）讼"，一为"有非常之事，以询万民于宫中"。

需要指出的是，《通典》称天子有四朝："四曰询事之朝，小司寇掌其政。"《文献通考》袭用其说。这与《周礼·秋官·朝士》郑玄注"周天子、诸侯皆有三朝"之说不合，实际上

是将朝士、小司寇所掌误分为两朝,清代一些大家明确地指出了此说之误:

  清阎若璩《尚书古文疏证》卷八:"又按《周礼》言外朝者三,皆指皋门内库门外,断狱弊讼于斯,询国危国迁立君于斯,非谓别有一朝为三询之朝也者。"

  清秦蕙田《五礼通考》卷一百三十一《嘉礼》四《附辨〈通典〉天子四朝》:"蕙田案:天子三朝,一曰外朝,一曰治朝,一曰燕朝。其外朝,周官小司寇及朝士共掌之。贾疏谓:'外朝之职,朝士专掌,但小司寇既为副贰长官,亦与朝士同掌之。'今案,致万民而询,其事大,故掌于小司寇;九棘三槐听狱之位,其事小,故掌于朝士,其实一朝也。杜君卿《通典》误分朝士、小司寇所掌为两朝,于三朝之外又添一询事之朝,遂有四朝之说。《文献通考》亦仍其误。其实止有三朝,无所谓四朝也。"

"三朝"的"内""外"区分,下面的三则材料能为我们祛疑去惑:

  《礼记·文王世子》:"其在外朝,则以官,司士为之。"孔颖达疏:"故知此外朝,路门外之朝也。此对路寝庭朝为外朝,若对库门外朝朝士所掌三槐九棘之朝,则此路门外朝亦为内朝也。"

  《周礼·夏官·太仆》:"建路鼓于大寝之门外,而掌其政。"贾公彦疏:"彼以路门外为外朝者,对路寝庭朝为外朝。其实彼外朝亦内朝耳!以其天子诸侯皆内朝二外朝一,既以三槐九棘朝为外朝一,明此内二者皆内朝也。"

  宋代魏了翁原创、元代方回续《古今考》卷二十七:"紫阳方氏曰:治朝亦外朝也,王日视朝之朝,非彼九棘三槐之外朝也。"

这就是说,路门之内的燕朝是典型的内朝,三槐九棘之朝是典型的外朝,而路门之外的治朝对燕朝来说可称外朝,对三槐九棘之朝来说则可称内朝。

下面我们再来谈谈诸侯三朝。

诸侯三朝与天子三朝略有区别,具体体现在三个方面。

一是位置。

这个问题与天子宫廷和诸侯宫廷各有几道门有关。这方面有两种不同的说法:一是天子三门三朝、诸侯三门三朝说,一是天子五门三朝、诸侯三门三朝说。

以宋代刘敞和清代戴震为代表的一派学者认为,天子和诸侯的宫廷都是三道门,天子三门三朝,诸侯三门三朝,只是门的名称不同。请看下列材料:

  宋刘敞《公是集》卷四十一《天子五门议》:"《礼说》天子五门,曰皋门,曰库门,曰雉门,曰应门,曰路门。此有五门之名无五门之实。以《诗》《书》《礼》《春秋》考之,天子有皋门无库门,有应门无雉门,有毕门无路门;诸侯有库门无皋门,有雉门无应门,有路门无毕门。天子三门,诸侯三门,门同也而名不同,三同也而制不同。……虽然,毕门或谓之虎门,或谓之路门。"

清戴震《考工记图》卷下:"天子诸侯皆三朝,则天子诸侯皆三门与?《礼说》曰:'天子五门:皋、库、雉、应、路;诸侯三门:皋、应、路。'失其传也。天子之宫有皋门,有应门,有路门。路门一曰虎门,一曰毕门。不闻天子库门、雉门也。诸侯之宫有库门,有雉门,有路门,不闻诸侯皋门、应门也。皋门,天子之外门;库门,诸侯之外门。应门,天子之中门;雉门,诸侯之中门。异其名,殊其制,辨等威也。天子三朝,诸侯三朝;天子三门,诸侯三门。其数同,君国之事体合也。"

刘敞和戴震都认为天子之宫和诸侯之宫都是三道门,天子三道门的名称是皋门、应门、毕门(又称虎门、路门),诸侯三道门是库门、雉门、路门。对刘敞和戴震天子三门说,清代黄以周《礼书通故·宫室二》明确加以否定:"刘戴说不足信。"因为他发现,文献用例显示天子不止三门:"《明堂位》天子有皋门,《郊特牲》王有库门,《周书·作雒解》有库台,其称应门、路门者尤多,惟雉门无见文。"

汉唐以降,大多数学者认为天子五门三朝,诸侯三门三朝。上引唐杜佑《通典》卷七十五指出天子有皋门、库门、雉门、应门、路门五道门,下面再看看几位学者的说法:

《诗经·大雅·绵》:"乃立皋门,皋门有伉。乃立应门,应门将将。"郑玄笺:"诸侯之宫,外门曰皋门,朝门曰应门,内有路门。天子之宫加以库雉。"

《礼记·明堂位》:"大庙,天子明堂;库门,天子皋门;雉门,天子应门。"郑玄注:"言庙及门如天子之制也。天子五门,皋、库、雉、应、路。鲁有库、雉、路,则诸侯三门与?"孔颖达疏:"是鲁有库、雉,则又有路门可知。鲁既有三门,则余诸侯亦有三门,故云诸侯三门与?但其余诸侯有皋门、应门及路门也。"

《尚书·顾命》:"二人雀弁,执惠,立于毕门之内。"孔安国传:"士卫殡,与在庙同,故雀韦弁。惠,三隅矛。路寝门一名毕门。"孔颖达疏:"天子五门,皋、库、雉、应、路也。"

《周礼·天官·阍人》:"阍人掌守王宫之中门之禁。"贾公彦疏:"凡平诸侯三门,有皋、应、路。……若鲁三门则有库、雉、路。……既言库门向外兼皋门,雉门向内兼应门,则天子五门,库门在雉门外明矣。"

《仪礼·聘礼》:"使者载旜,帅以受命于朝。"胡培翚《仪礼正义》卷十六:"天子五门,皋、库、雉、应、路;诸侯三门,库、雉、路。"

郑玄认为天子五门,自外向内依次为皋、库、雉、应、路;诸侯三门,鲁国因为是周公的封国,"门如天子之制"(孔颖达谓具体指"高大如似天子"),三门自外向内依次为库、雉、路,一般诸侯则为皋、应、路。孔颖达和贾公彦亦认为天子有皋、库、雉、应、路五门,而关于诸侯,他们进一步明确区分特例与一般:鲁国是特例,三门为库、雉、路;被他们称为"其余诸侯"(孔颖达在《礼记·檀弓下》"自寝门至于库门"疏中又称为"凡诸侯")或

"凡平诸侯"的其他诸侯,其三门则为皋、应、路。清代胡培翚关于诸侯三门提出了不同于郑玄、孔颖达、贾公彦的意见,他吸收、归纳江永的说法,否定诸侯三门区分特例和一般,认为所有诸侯三门都是库、雉、路。

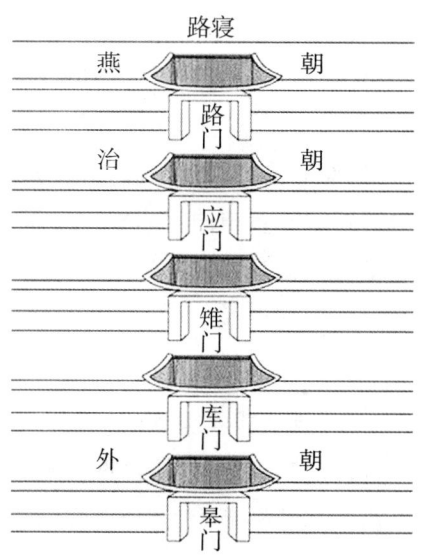

天子路寝五门内外朝示意图

天子三朝和诸侯三朝名称均为燕朝、治朝、外朝,而按照大多数学者的意见,天子五门,诸侯三门,这样,三朝的位置天子和诸侯就自然不一样。

路门是天子、诸侯皆有且同名的,天子和诸侯的燕朝和治朝位置是相同的:燕朝在路门内,治朝在路门外。只有外朝的位置,天子和诸侯不同,且学术界意见也不一致。请看下列材料:

> 宋代魏了翁原创、元代方回续《古今考》卷二十七:"紫阳方氏曰:天子五门三朝,诸侯三门三朝,路门、雉门、库门,如此则外朝在库门之外尚何疑?"

> 清江永《乡党图考》卷四:"外朝在库门之外、皋门之内,此为定说。……外朝在库门外,无宫室,平时臣民皆得往来。……诸侯之外朝在库门外者亦然。"

> 清秦蕙田《五礼通考》卷一百三十一《嘉礼》四:"蕙田案,天子五门,曰皋库雉应路;诸侯三门,曰库雉路。皆三朝,一曰外朝,一曰治朝,一曰燕朝。外朝,天子在库门外,诸侯在库门内,《周礼》小司寇、朝士所掌,有三槐、九棘、嘉石、肺石,国有大事,致万民而询,则御之,非常朝之处。治朝,在路门外,《周礼》宰夫掌治朝之法,司士正朝仪之位,太宰赞听治,有路鼓,有屏有宁,乃每日常朝听治处。燕朝在路门内路寝之庭,《周礼》太仆掌摈相,《文王世子》庶子正公族,公族朝于内朝,郑康成谓王图宗人嘉事,则燕朝亦非常朝处。"

上述三人中，秦蕙田的论述最为系统清晰。总括起来，关于外朝的位置，有两个要点：一是天子外朝如江永《乡党图考》卷四所说，"在库门之外、皋门之内，此为定说"；二是诸侯的外朝，有的学者认为在库门之外，其外再无门，有的学者认为在库门内、雉门外。

二是掌管者。

诸侯三朝与天子三朝掌管者的差别，宋代陈祥道有论说。

> 宋陈祥道《礼书》卷三十八《天子三朝》条附论"诸侯三朝"曰："诸侯内朝，司士掌之，其官与天子同。燕朝，庶子掌之，其官与天子异。"

这是说，诸侯和天子的治朝其掌管者相同，都是司士；而燕朝的掌管者则不同，诸侯的燕朝由庶子掌管，天子的燕朝由太仆掌管。

三是特征。

诸侯三朝与天子三特征的差别，江永有一个推断。

> 清江永《乡党图考》卷四："诸侯之外朝未必有三槐九棘嘉石肺石。"

这是说，天子的外朝是"三槐九棘"之朝，而诸侯的外朝"未必有三槐九棘"。

除《汉语大词典》外，其他几部大型辞书关于"内朝""外朝"两词的处理也程度不同地存在问题。

《辞源》第三版的"内朝""外朝"条目如下：

> 【内朝】（一）包括正朝（治朝）与燕朝，是周时天子、诸侯视朝、议事和休息的处所。对外朝而言。《礼·玉藻》："朝服以日视朝于内朝。"按《周礼·秋官·朝士》注："周天子诸侯皆有三朝，外朝一，内朝二。内朝之在路门内者，或谓之燕朝。"又卿、大夫处理邑事的地方也称内朝。《国语·鲁》下："自卿以下，……合家事于内朝。"注："家，大夫。内朝，家朝也。"[3]

> 【外朝】相传周制天子诸侯皆有三朝。外朝一，内朝二：燕朝、治朝。外朝在皋门之内，库门之外，有朝士掌之，为议政事之朝。见《周礼·秋官·朝士》"掌建邦外朝之法"及《礼·玉藻》"朝服以日视朝于内朝"《注》《疏》。[4]

《辞源》第三版关于"内朝""外朝"的解释优于《汉语大词典》，它确实列出了"三朝"，没有犯《汉语大词典》实际上只列出"治朝""燕朝"两朝的错误。但是，《辞源》同样存在问题：(1)没有说明"治朝"相对"燕朝"可称外朝，因此解释不了《礼记·文王世子》"其在外朝"之"外朝"指"路寝门之外庭"亦即治朝的现象。(2)"外朝"条称外朝为"议政事之朝"，在"内朝"条说到内朝的功能亦列"议事"一项，没有显示三槐九棘之外朝议"非常之

---

[3] 何九盈、王宁、董琨主编《辞源》（第三版），第387页，商务印书馆，2015年。
[4] 同上书，第900页。

事"与治朝"常治事"这种功能的差别。

《辞海》(上海辞书出版社,1980年版)及其增补本(上海辞书出版社,1983年版)未收"外朝",增补本收有"内朝":

> 内朝 ①周时三朝之一。对外朝而言。《周礼·秋官·朝士》"朝士掌建邦外朝之法"郑玄注:"周天子诸侯皆有三朝,外朝一,内朝二。内朝之在路门内者或谓之燕朝。"[5]

《辞海》的疏误是非常明显的:(1)有"内朝"条目且称"对外朝而言",但无"外朝"条目,条目设立失于照应。(2)内朝包括燕朝、治朝,本有二,释语却称"三朝之一",且条目本身引郑玄注称"内朝二",自相矛盾。

《中国历史大辞典》的"内朝""外朝"条目如下:

> 内朝 ①西周时天子、诸侯有三朝,外朝一,内朝二。设于路门以外的内朝亦称治朝、正朝,是正式处理政务的场所,设于路门以内的亦称燕朝,是休息及与宗人商议私事的处所。一说设于路门以外的为中朝,路门以内的为内朝。[6]

> 外朝 相传周制天子诸侯皆有三朝:外朝一;内朝二:燕朝、治朝,为国君听政之所。秦及汉初,京师诸官本无内外之分,丞相为百官之长,协助皇帝处理全国政务。汉武帝为强化皇权,以侍中、常侍、给事中等近臣组成内朝,参与国家大事决策;以丞相为首下至六百石的朝官组成外朝,变为执行一般政务的机关。东汉初年,置司徒、司空、太尉三公,实际权力归于尚书台。安帝以后,遇有灾变,则策免三公。三国魏仍有内、外朝之分。[7]

《中国历史大辞典》的优点是对秦汉以后内、外朝的演变有较详细的说明,但它的问题是:(1)跟《辞源》一样,它没有说明"治朝"相对"燕朝"可称外朝。(2)对周制的外朝没有具体说明,使读者无法了解外朝到底是什么回事;跟《辞源》一样,没有显示典型的外朝与治朝功能的差别。

总之,上述四部大型辞书"内朝""外朝"的条目处理和词义解释都应予以调整完善。此处试为《汉语大词典》"内朝""外朝"条第一个义项拟出如下修订稿:

> 【内朝】①周代天子、诸侯处理日常政事和休息的场所。对外朝而言。内朝有二,位于宫廷由内向外的第一道门路门内外:路门外者亦谓之"治朝""中朝""正朝",为天子、诸侯处理日常政事之处;路门内者亦谓之"燕朝",为天子、诸侯处理政

---

[5] 辞海编辑委员会编《辞海》增补本,第49页,上海辞书出版社,1983年。
[6] 郑天挺、吴泽、杨志玖主编《中国历史大辞典》,第482页,上海辞书出版社,2000年。
[7] 同上书,第827页。

事后休息及处理宗族事务之所。《礼记·玉藻》："朝服以日视朝于内朝。"郑玄注："此内朝,路寝门外之正朝也。"《周礼·秋官·朝士》郑玄注："周天子、诸侯皆有三朝:外朝一,内朝二。内朝之在路门内者,或谓之燕朝。"宋叶绍翁《四朝闻见录·赐宴涤爵》："孝宗锡宴内朝,丞相王淮涕流于酒。"卿、大夫治其邑事之处也称"内朝"。《国语·鲁语下》："自卿以下,合官职于外朝,合家事于内朝。"韦昭注："家,大夫。内朝,家朝也。"

【外朝】①周代天子、诸侯判决疑难案件和就迁都、立君、应对国危等"非常之事"召集臣民广泛征求意见的场所。对内朝而言。天子外朝在天子宫廷五门的最外一道门皋门内,其处种植有三槐九棘;诸侯外朝一般认为在诸侯宫廷三道门的最外一道门库门内,亦有认为在库门之外,其外再无门。《周礼·秋官·朝士》:"朝士掌建邦外朝之法。"又,天子、诸侯宫廷路门外作为内朝之一的"治朝"相对于路门内的"燕朝"亦可称为"外朝"。《礼记·文王世子》:"其在外朝,则以官,司士为之。"郑玄注:"外朝,路寝门之外庭。"孙希旦集解:"愚谓外朝,治朝也。"参见"内朝①"。

(卢烈红:武汉大学文学院,430072,湖北武汉)

汉简所见秦赵高《爰历》开篇语疏证

路 炜 张显成

提要： 秦赵高所撰《爰历》是秦"书同文"运动的法定识字教材，是汉语汉字史、秦汉史的重要研究对象，惜早已佚亡。《爰历》开篇内容今喜见于汉简《苍颉篇》，自出土以来，其开篇语内容一直未被正确认知。今通过对汉简有关材料的钩稽研究，认为《爰历》开篇四句应释读为："爰历次虵，继续前图。辅勤颗咀，跋涉旅途。"第一、二句"爰历次虵，继续前图"句义为"经过重复不断地（讽诵、摹习），（现在）按照前书（《苍颉》七章）的法度继续（学习）"。该二句具有劝学性质，当为《爰历》的开篇劝学语。第三、四句"辅勤颗咀，跋涉旅途"是《爰历》正文开始部分，二者都属于《苍颉篇》体例中罗列式下"事类相从"一类。"辅勤颗咀"之"辅""勤"二字均表"辅助、佐助"义，二字同义并列。"颗"指"颗粒（小块）"，"咀"指"咀嚼食用"，"颗咀"是"咀嚼食用"事类下具有因果关系的一组词。"辅勤"可指颊骨对咀嚼进食的辅助作用，故与"颗咀"具有语义联系，"辅勤颗咀"为"咀嚼食用"事类下的字词罗列。"跋涉旅途"之"跋涉""旅途"为两个同义词组，全句属"行路旅途"事类下的字词罗列。"旅途"在上古不成词，亦不符合"跋涉"一词动宾搭配的语义条件，故"跋涉旅途"不应视为具有述宾关系的陈述句式。

关键词： 《爰历》 秦汉识字教材 《苍颉篇》 秦三苍 开篇劝学

一 引言

秦代"书同文"是中国历史上的重大事件，秦王朝曾为之编撰了三部识字教材，分别为李斯所撰《苍颉》七章，赵高所撰《爰历》六章，以及胡母敬[1]所撰《博学》七章，合称"秦三苍"。[2]

汉兴，闾里书师并"秦三苍"为一书，命名《苍颉篇》，流行全国。[3] 作为秦汉文字教

---

* 本文得到国家社科基金项目"秦汉简帛系列字形谱"（项目号：11XZS001）、中央高校基本科研业务费专项资金资助项目"古文字与出土文献研究"（项目号：SWU2009108）的资助。

[1] 一作"胡毋敬"。

[2] 《说文解字》许慎序："（七国）言语异声，文字异形，秦始皇帝初兼天下，丞相李斯乃奏同之，罢其不与秦文合者。斯作《苍颉篇》，中车府令赵高作《爰历篇》，太史令胡母敬作《博学篇》。"

[3] 《汉书·艺文志·六艺略·小学序》："《苍颉》七章者，秦丞相李斯所作也。……汉兴，闾里书师合《苍颉》《爰历》《博学》三篇，断六十字以为一章，凡五十五章，并为《苍颉篇》。"

育的官方文献,"秦三苍"及汉代所并《苍颉篇》影响深远,对汉语汉字史、秦汉史以及古代教育史研究均具有重要意义。

百年来,《苍颉篇》残文陆续见于出土汉简[4],赵高《爰历》六章的开篇内容也随之现世,但对此开篇内容,学术界目前尚未有完整、合理的解读,这显然是憾事。故本文拟通过对汉简有关材料的疏理钩稽,解决赵高《爰历》开篇内容的解读问题。

二 汉简《苍颉篇》所见《爰历》开篇文字

百年来,《苍颉篇》残文陆续见于阜阳汉简、水泉子汉简等多批汉简材料[5],累计达数千字,数量可观。在这些汉简中,确信与赵高《爰历》相关者共二枚,以下分别予以介绍(二简照片与摹本如下)[6]:

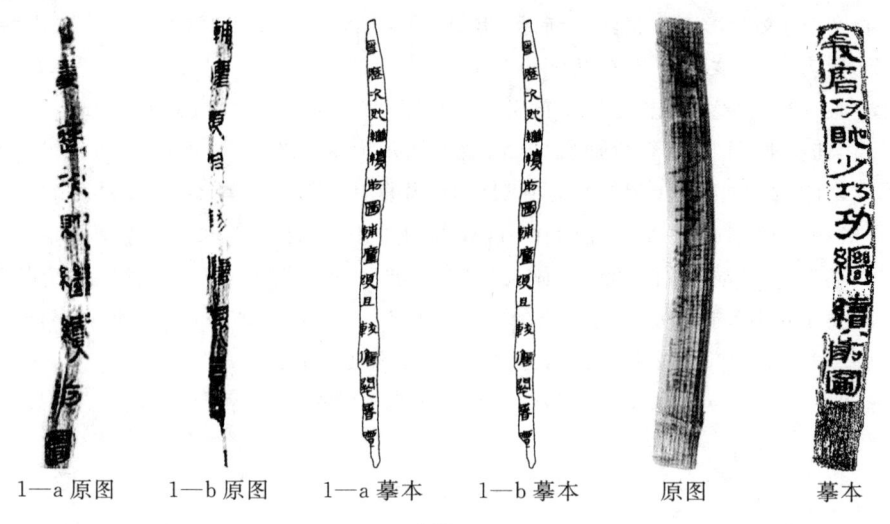

1—a原图 1—b原图 1—a摹本 1—b摹本 原图 摹本

图1 《阜阳汉简》C010[7]　　图2 《水泉子汉简》暂30

---

[4] 本文的材料收录日期截止为2019年11月,但不包括刘桓《新见汉牍〈苍颉篇〉〈史篇〉校释》(中华书局2019年10月版。该书的定性、地位目前学术界未有定论,故暂不收录)。

[5] 这些汉简材料包括:北京大学藏西汉竹书、阜阳汉简、水泉子汉简、居延汉简、居延新简、敦煌汉简(含流沙坠简、马圈湾汉简、玉门花海汉简)、英国国家图书馆藏斯坦因所获未刊汉文简牍、尼雅汉简以及额济纳汉简。

[6] 本文所引常见古籍,不赘示著录信息。引文中繁体字无对应简体字者,保留繁体。本文释文符号的意义:□,表示未释出的残字;⊘,表示简牍残断处;(),表示括号中字为前字的本字或正字;❶,表示据他本补出的内容。以下《阜阳汉简》C010图版见韩自强《阜阳·亳州出土文物文字篇》,第276页,阜阳市博物馆,2004年。(此照片较初师宾《中国简牍集成》所示照片更清晰,故采用)摹本见文物局古文献研究室、安徽省阜阳地区博物馆阜阳汉简整理组《阜阳汉简〈苍颉篇〉》,《文物》1983年第2期,第32页;《水泉子汉简》暂30图版见张存良《水泉子汉简七言本〈苍颉篇〉蠡测》,《出土文献研究》第9辑,中华书局,2010年,第10页。(以下出版单位及时间不重复标注)

[7] 因原简与摹本图片过长,为便于排印,此截为两段,"1—a"表示上段,"1—b"表示下段。

以上汉简的释文分别为:

爰历次贴,继续前图,辅厐颗咀,鞁儋阑屠,嚾☐(《阜阳汉简》C010)

此为阜阳汉简《苍颉篇》残文,开端有一墨点分章符号,抄写时间不晚于汉文帝前元十五年。[8] 整理者指出这段简文是赵高《爰历》六章的篇首,学术界皆认同此说。[9]

☐爰历次贴少巧功,继续前图(《水泉子汉简》暂 30)[10]

此为水泉子汉简七言本《苍颉篇》残文,抄写年代不早于汉武帝时期。该七言本是汉人增字本,七字一句,每句前四字为《苍颉篇》原句,后三字是汉人增字,所增字是对原句意义的解释或补充,这已为学界所熟知。这段简文也属于赵高《爰历》的开篇内容。

对照上引两批简的文字,去掉水泉子本所增"少巧工"三字,可知赵高《爰历》开篇文字当为:

爰历次贴,继续前图,辅厐颗咀,鞁儋阑屠,嚾……

因竹简残断,这段文字的下文暂无从得知,有待于今后考古发现。以下对这四句简文进行释读、疏证[11],并说明其性质。

三 "爰历次贴,继续前图"疏证

学术界对《爰历》开篇四句曾有解释,现以之为基础,对相关释读成果进行再讨论。

因《苍颉篇》体例是理解该书文句的重要前提,故先予以简要说明。《苍颉篇》四字一句,体例有两大类:第一类是"罗列式",即按"以类相从"原则罗列字词,字词间无语义逻辑,具体可分三种形式。其一为"同义相从"[12],指将同义词相邻罗列,如"勇猛刚毅"之"勇猛""刚毅"。其二为"反义相从",指将反义词相邻罗列,如"骩㚹左右"之"左右"。其三为"事类相从",指将无同义、反义关系,但属于同一事类的字词相邻罗列,如"诛罚赀耐"中四字同属"罪罚"事类,"读敕捺玺"中"读敕""捺玺"同属"诏告文书"事类,故各自编联为一句。[13] "罗列式"在《苍颉篇》中比重较大,其或单一形式成句,或任意两种

---

[8] 参安徽省文物工作队、阜阳地区博物馆等《阜阳双古堆西汉汝阴侯墓发掘简报》,《文物》1978 年第 8 期,第 17—18 页。

[9] 参文物局古文献研究室、安徽省阜阳地区博物馆阜阳汉简整理组《阜阳汉简〈苍颉篇〉》,第 28 页;林素清《苍颉篇研究》,《汉学研究》1987 年第 5 卷第 1 期,第 63 页。

[10] 该句"历"字,书手误抄为"磨",整理者释"历"无误。此简尾部完整,而次枚简未见出土,故"继续前图"后的内容暂无从知晓。参张存良《水泉子汉简七言本〈苍颉篇〉蠡测》,第 69 页。

[11] 因"嚾"字字形残损严重,且缺失下文而不成句,暂不释。

[12] "同义相从"之"同义",包括同义词与近义词。

[13] 参北京大学出土文献研究所编《北京大学藏西汉竹书(壹)》,简 4、10、39、49,上海古籍出版社,2015 年。

形式成句,并不固定。第二类是"陈述式",即字、词间存在句法关系的陈述句,如"汉兼天下,海内并厕"[14]之类。"陈述式"在《苍颉篇》中比重较小。

以上是《苍颉篇》基本体例,以下释读简文。

(一)爰历次贳

第一、二字"爰历"。此二字,阜阳汉简整理者未解释,张存良、梁静解作"经历、经过",认为"爰"是句首助词,发语无实义,而"历"即"经历"之"历"。[15] 学术界一般认同此说。"爰历"不见于先秦典籍,后世用例如《魏书·帝纪》:"爰历三代,以及秦汉。"《隋书·后妃传》:"爰历晋宋,实繁有徒。"皆指"经历、经过"。

第三、四字"次贳"。此二字的释读,主要有三种意见。

阜阳汉简整理者未解释"次"及"次贳"。"贳",整理者从《说文解字》,认为是"重次第物也"。[16]

张存良认为,"次"指"顺序、等第"。"贳"读为"迆",指"延展、延伸"。"次贳"指"依次延展,按序排列"。[17]

梁静认为,"次"指"次序、顺序","贳"指"重复","次贳"指"多次"。[18]

梁说大致可从,但略有未备,宜加申说。"次贳"之"次"谓"次序、顺序",这并无异议,关键在"贳"。《说文·贝部》:"贳,重次第物也。"段注:"重次第者,既次第之,又因而重之也。"王筠句读:"谓物之重叠者,其次弟谓之贳也。"《汉书·武帝纪》:"受爵赏而欲移卖者,无所流贳。"颜师古注:"今俗犹谓凡物一重为一贳也。"可见,"贳"是一种重复性(重叠性)次序,是次序中的特殊形式。

"同义相从"是《苍颉篇》基本体例之一,而"贳"指"重复性(重叠性)次序",正是"次序"的一种,与上字"次"近义,合乎该体例。故"贳"可径读本字,张存良破读为"迆",略显迂远,于体例亦未安。

所以,"次"谓次序,"贳"谓重复性(重叠性)次序,"次贳"即"多次重复"之意。全句"爰历次贳"皆读本字,指"经过不断地重复"。

---

[14] 参北京大学出土文献研究所编《北京大学藏西汉竹书(壹)》,简8。
[15] 参张存良《水泉子汉简〈苍颉篇〉整理与研究》,兰州大学博士学位论文,2015年,第171页;梁静《出土〈苍颉篇〉研究》,第36页,科学出版社,2015年。
[16] 文物局古文献研究室、安徽省阜阳地区博物馆阜阳汉简整理组《阜阳汉简〈苍颉篇〉》,第28页。
[17] 张存良《水泉子汉简〈苍颉篇〉整理与研究》,第171页。
[18] 梁静《出土〈苍颉篇〉研究》,第36页。

(二)爰历次贴少巧功

水泉子本"爰历次贴"后增"少巧功"三字。上文说过,此类增字与原句语义相关,有助于理解文义。"爰历次贴"释读如上,现解释"少巧功"。

张存良读"功"为"工",认为"巧工"指"技艺高超之工匠","少巧工"指"阙乏高妙之技巧,谦辞"。[19] 水泉子本所增字是对《苍颉篇》原文的解释或补充,故张先生之说的困难在于:由于径用大型辞书中"巧工"之解释,该说未能从水泉子本增字体例出发,使得"少巧工"三字与原文"爰历次贴"关系不明。全句据此将被解作"经过依次延展,阙乏技艺高超的工匠与技巧",语义曲折难解。

我们认为,"少"应指减少(词义于古汉语常见,辞例不赘)。"巧"指巧避、巧智。"功"指工夫、事功。《逸周书·周祝》:"大威将至不可为巧。"朱右曾集训校释:"巧,巧避也。"[20]《吕氏春秋·上农》:"多诈则巧法令。"高诱注:"巧,读如巧智之巧。"汉孔鲋《小尔雅·广诂》:"功,事也。"[21] 故"少巧工"可解作"减少取巧不实之工",意即不要偷工减料。

上文已证,"爰历次贴"义为"经过不断地重复"。"不断地重复"就是一次次重来,即踏实不取巧之义,上解"减少取巧不实之工"正与该句语义顺续相承,对原文起补充说明作用。此解文从字顺,贯通句义,符合水泉子本增字体例。

故"少巧功"当指"减少取巧不实之工",水泉子本此处汉人增字与原文的契合,也反证了我们对"爰历次贴"一句解释的合理性。

(三)继续前图

第一、二字"继续"。此二字,阜阳汉简整理者未解释,张存良认为"继""续"二字同义连用,表"连续,继承,嗣续"。[22] 此说可从。"继续"不见于先秦典籍,在此句做谓语动词。

第三、四字"前图"。此二字,阜阳汉简整理者未解释,张存良认为指"前贤之法度、仪轨"。[23] 张说指"图"为法度,可从。但"前"并非指"前贤",而应当指"前书","前图"应训为"前书的法度、规矩"。

"前图"一词,见《楚辞·九章·怀沙》:"章画志墨兮,前图未改。"王逸注:"图,法也。

---

[19] 张存良《水泉子汉简〈苍颉篇〉整理与研究》,第171页。
[20] 朱右曾《逸周书集训校释》,商务印书馆,1937年。
[21] 孔鲋《小尔雅》,吴琯《古今逸史》本。
[22] 张存良《水泉子汉简〈苍颉篇〉整理与研究》,第171页。
[23] 同上。

以言人遵先圣之法度。"张先生据《楚辞》例,采用王逸注中训"前"为"先圣"的说法,类推《爰历》中"继续前图"之"前"也指先圣、前贤,此训虽合《楚辞》,但于《爰历》未安。

众所周知,"秦三苍"在体例、内容上顺续贯连,三书序位依次为李斯《苍颉》、赵高《爰历》、胡母敬《博学》。其中,李斯在《苍颉》七章的首章中规定了全书学习总纲,有关简文为:

> 苍颉作书,以教后嗣。幼子承诏,谨慎敬戒。勉力讽诵,昼夜勿置。苟务成史,计会辩治。超等轶群,出尤别异。初虽劳苦,卒必有憙。(《居延新简》EPT50.1A,EPT50.1B)[24]

上述简文中,"苍颉作书"说明教材文字原始,强调秦文字之正统。"幼子"说明教学对象。"谨慎敬戒"说明学习态度。"勉力讽诵"说明学习方法,即大量背记、诵读。"昼夜勿置"是强调勤勉习惯。"苟务成史"说明教学目的,即学成后担任"史"的职务。"计会辩治"说明业务要求,即通晓会计与治政。这些内容论及文字原始、教学对象、学习态度、学习方法、教学目的等内容,具有"法度、规矩"的性质,正是"学习总纲"。

那么,《苍颉》七章作为"秦三苍"之首,撰者李斯亦是"秦三苍"主持者,此学习总纲以及《苍颉》七章的体例、内容对后两部书无疑起到规范与引领作用。所以,《爰历》"继续前图"所承续的"法度、规矩",更可能源自前书《苍颉》,而非空泛的所谓"前贤、先圣"。此解符合"秦三苍"顺续关系,亦贯通前后文义,较"前贤说"更符合《苍颉篇》文本实际。

所以,"前"应当训为"前书","图"指法度、规矩。"继续前图"意指"承续前书的法度、规矩"。

上述证明,《爰历》开篇第一、二句"爰历次弛,继续前图",其句义可解作"经过不断地重复,承续前书的法度、规矩",水泉子汉简《苍颉篇》"爰历次弛少巧功"的句义亦与之相合。而该二句显是具有句法逻辑的陈述句,又具有一定的劝学性质,故可视为《爰历》的开篇劝学语。

四 "辅厘颗咀,鞁儋阔屠"疏证

以上是《爰历》首简第一、二句的情况,现解释第三、四句"辅厘颗咀、鞁儋阔屠"。

(一)"辅厘颗咀"

"辅厘颗咀"一句,过去多认为费解,今从《苍颉篇》体例出发,考之通假与句末残字,

---

[24] 参甘肃省文物考古研究所等编《居延新简》,简 EPT50.1A、EPT50.1B。

认为可读"辅勤颗咀",是"咀嚼进食"事类下的字词罗列,论述如下。

1. 辅廑

第一字"辅",整理者未解释,学者所论亦多罗列该词义项,并无确解。[25] 此"辅"字,当读如字,为辅助、佐助之义。辅,本指夹辅车轮的承重木件,后引申出辅助之义。《说文解字注·车部》:"辅,引申之义为凡相助之称。"《国语·周语下》"柯陵之会"章:"王又章辅祸乱。"韦昭注:"辅,助也。"此句"辅"之义还可参《急就篇》,《急就篇》文字皆《苍颉篇》正字[26],不少字义演化自《苍颉篇》,该书有"原辅辐"一句[27],该"辅"字正是指车轮部件,强调其辅助、佐助作用。

第二字"廑",整理者未解释,梁静解作"道中死人坟冢",可商。[28]《爰历》是识字蒙书,当照顾童蒙心性。何以上句尚言"继承前书法度",下句却骤然转及死人坟冢?且此句上下文亦未言死丧之事。若据梁说,则全句语义较为突兀费解,在文义连贯、教材编撰意图及语境上都欠缺协调。

张存良认为"辅廑"语义不明,径引《说文》将"廑"解作"小屋"。[29] 张先生之说源采经典,但立意距《苍颉篇》文本略远,稍显空泛。[30]

我们认为,"廑"即古"勤"字。《汗简》中"廑"作"廑",郭忠恕曰:"廑:勤。并见史书。"《别雅》卷一:"廑,勤也。"《汉书·文帝纪》:"今廑身从事。"颜师古引晋灼曰:"廑,古勤字。"《文选·扬雄〈长杨赋〉》:"其廑至矣。"李善注引《古今字诂》:"廑,今勤字也。"《长杨赋》此句,宋祝穆《古今事文类聚前集》卷三七《长杨赋》作:"其勤至矣。"[31] 可见"勤"字,古亦作"廑"。

"勤"有辅助、佐助之义,《国语·晋语二》"献公"章:"秦人勤我矣。"韦昭注:"勤,助我也。"《左传·僖公三年》:"楚人伐郑,郑伯欲成,孔叔不可。曰:'齐方勤我,弃德不祥。'"杜注:"勤,恤郑难。""恤郑难"即关怀、佐助郑国,为之奔劳。

古人也常将辅、勤置于同一意群中,用于表达辅助、辅佐之义。如宋魏齐贤《五百家播芳大全文粹》卷二《皇帝登极贺皇后笺》:"刚德初潜,实勤辅佐,灵辰内禅。"金赵秉文

---

[25] 参张存良《水泉子汉简〈苍颉篇〉整理与研究》,第 171 页;梁静《出土〈苍颉篇〉研究》,第 36 页。

[26]《汉书·艺文志·六艺略·小学序》:"元帝时黄门令史游作《急就篇》,成帝时将作大匠李长作《元尚篇》,皆《苍颉》中正字也。"

[27] 史游《急就篇》,第 7 页,岳麓书社,1989 年。

[28] 梁静《出土〈苍颉篇〉研究》,第 36 页。

[29] 张存良《水泉子汉简〈苍颉篇〉整理与研究》,第 171 页。

[30] 同上。

[31] 吴玉搢《别雅》,文渊阁《四库全书》本;黄锡全《汗简注释》,第 318 页,台湾古籍出版有限公司,2005 年;祝穆《古今事文类聚前集》,文渊阁《四库全书》本。

《滏水集》卷一八《祭文·明惠皇后谥册》："（皇太后）来嫔于京,天作之合,忧勤辅佐,用共济于艰难。"明《皇明恩命世录》卷三《命建斋有应奖敕》："执恪秉虔,辅勤昭事。"[32]

所以,辅、勤皆表"辅助、佐助",又常在同一意群中表达辅助类主题,关系密切,故《爱历》之"辅廑"当读"辅勤",为辅助义的同义并列,这符合《苍颉篇》体例与文献语用习惯。

2. 颗咀

第一字"颗",整理者未解释,张存良读如字,认为指"颗粒状物",可从。[33] 此外,"颗"还指小块状物。《颜氏家训·书证》："北土通呼物一由,改为一颗。"郝懿行注："是呼块为颗,北人通语也。"[34] 故"颗"应指颗粒（小块）状物。

第二字"咀",左部部件残,整理者释为残字"咀",左部不识。通考今见上古"且"系字,该"咀"字左残部件当为"口",整字当释"咀"。字形如下：

咀、咀字形表[35]

字形	咀	咀				
整字栏	![]	![]	![]	![]	![]	![]
残字栏	![]	![]	![]	![]	![]	![]
出处	阜阳汉简	流沙坠简	马王堆帛书·五十二病方	马王堆帛书·五十二病方	马王堆帛书·五十二病方	唐·道因法师碑（摹本）

可见,残字"咀"左上方有竖笔墨迹,下方无墨迹。故该字左部件的写法,当是上端靠近"且"的一侧为竖笔,下端距"且"较远,或下端无笔画。故通检字形可知,凡左部件上端非竖笔者,如姐、粗、沮、坦、祖、诅、徂、粗、俎、组等字皆不符,可排除。而虽有竖笔,但上下俱有笔画者亦不符,如胆、粗等,亦排除。又细察简面（见上图1）,"且"左侧已近简缘,空间不多,难以容下繁杂笔画。故驵、鮈、齟、酤等左部件为繁笔画者亦排除。

因此,上古习见并符合上述字形条件者有咀、阻二字。而从《苍颉篇》编撰体例、汉

---

[32] 张宇初编《皇明恩命世录》,明《续道藏》本;魏齐贤、叶棻辑《五百家播芳大全文粹》,文渊阁《四库全书》本;赵秉文《滏水集》,文渊阁《四库全书》本。

[33] 张存良《水泉子汉简〈苍颉篇〉整理与研究》,第 171 页。

[34] 王利器《颜氏家训集解》（增补本）,第 566、568 页,中华书局,1993 年。

[35] 本表字形采自臧克和编《汉魏六朝隋唐五代字形表》,南方日报出版社,2011 年;马王堆汉墓帛书整理小组《马王堆汉墓帛书（肆）》,文物出版社,1985 年;《中国碑刻全集》编委会编《中国碑刻全集》第 5 卷《唐》,人民美术出版社,2009 年。

人记载等方面看,此句"呞"释读为"咀"的可能性较大,理由如下:

第一,"颗""咀"是咀嚼进食过程中具有因果关系的一组词,同属"咀嚼食用"这一事类,"颗咀"并列,符合《苍颉篇》"事类相从"的体例。

"咀",读如字,指在口中咀嚼食用。《说文·口部》:"咀,含而味之。"《管子·水地》:"三月如咀咀者何?"尹知章注:"咀咀,口和嚼之。""颗"如前述,指颗粒(小块)状物。

凡食用食物必以口齿咀嚼粉碎,食谷咀嚼为"颗粒"状、食肉咀嚼为"小块"状,即咀嚼为颗粒(小块)状物,才能便于吞食。如《春秋繁露·仁义法》:"虽有天下之至味,弗嚼,弗知其旨也。"便是强调要咀嚼食物才能知味吞食。

再如表咀嚼义的常用词"哎咀","哎咀"即"哺咀",为同义连用表"咀嚼"义,《灵枢经·寿夭刚柔》:"凡四种,皆哎咀,渍酒中。"明马莳注:"哎咀,以口碎药如豆粒也。"[36] 可见"哎咀"是用口将药嚼碎成"豆粒"一样的颗粒物,目的是便于服用。可知在药物方面,古人也认为须将之"咀嚼"成颗粒(小块)后方可服用。[37]

所以,在咀嚼进食过程中,"颗"表示的颗粒(小块)状物是"咀嚼"的必然结果,二者因果关系密切,无需再赘。故知"辅勤颗咀"之"颗咀"关系密切,属于"咀嚼食用"事类下具有因果关系的一组词。

第二,汉人已说明《苍颉篇》有"咀"字,其字义正为"咀嚼"。《文选》卷一五《思玄赋》:"咀石菌之流英。"李善注引《苍颉篇》:"咀,噍也。"李善所引注语当出自《苍颉篇》汉注本,而流传到唐代的《苍颉篇》汉注本仅杜林一家。[38] 杜林从张敞受《苍颉篇》,是西汉传承《苍颉篇》的大家[39],故其注当可信。汉注本《苍颉篇》中"咀"的字形及其字义,正与上释之"咀"不谋而合。

第三,古人对"咀嚼食用"现象颇为关注,《爰历》收入"咀"字合情合理。古人对口齿咀嚼的现象颇为关注,常述之专文。如《论衡·道虚篇》:"故形上有口齿,形下有孔窍。口齿以噍(嚼)食。"《抱朴子·博喻》:"故锯齿不能咀嚼,箕舌不能别味。"辞例尚多,不赘。

《苍颉篇》及其续篇对"咀嚼食用"现象也很注意。如北大汉简《苍颉篇》简8"胡无噍类",以胡族无嚼食之人形容胡族无活口。《苍颉篇》散见文字中亦包括表"哺"义的

---

[36] 马莳《黄帝内经灵枢注证发微》,第49页,人民卫生出版社,1994年。
[37] 碎药的工作量变大后,借助器具,改为捣碎。
[38] 据《旧唐书·经籍志》,唐时,《苍颉篇》汉注本仅存杜林《苍颉训诂》一家。
[39] 《汉书·艺文志·六艺略·小学序》:"《苍颉》多古字,俗师失其读,宣帝时征齐人能正读者,张敞从受之。传至外孙之子杜林,为作训故,并列焉。"

"含"字。而由扬雄、贾鲂所续的《训纂篇》《滂喜篇》中,亦收录咀、吮、噬等与"咀嚼食用"相关的字。[40] 这些都说明,包括《苍颉篇》及其续篇在内的古代典籍对"咀嚼食用"现象颇为关注,故赵高《爰历》作为普及型文字教材,收入"咀"字合情合理。

所以,从"咀"的残字字形、《苍颉篇》"事类相从"体例、《苍颉篇》汉注本记载以及古人对"咀嚼食用"现象的关注来看,"颗咀"之"咀"应当释为"咀"。并且,此释读也合乎《苍颉篇》押韵要求。《爰历》首简四句押鱼部、歌部韵,"咀"上古音从纽鱼部,可以押韵。

因此,"颗咀"可释读为"颗咀","颗"指颗粒(小块),"咀"指咀嚼食用,"颗"是"咀"的结果,二者是"咀嚼食用"事类下因果关系密切的一组词。

3."辅廑颗咀"的语义联系

"辅勤"之"辅",基本义为辅助,引申为辅助牙齿咀嚼的颊骨及所附肌肉,古称"辅""辅车""颊车"等。《说文·车部》:"辅,人颊车也。"《左传·僖公五年》:"辅车相依。"孔颖达疏:"颊之与辅,口旁肌之名也。盖辅车一处分为二名耳,辅为外表,车是内骨。"

古人认为"辅"可协助牙齿嚼碎食物,对咀嚼行为具有关键辅助作用,文献述之甚详,如:

《周易·颐卦》:"颐,贞吉。观颐,自求口食。"郑玄注:"颐,口车辅之名也。震动于下,艮止于上。车口动而上,因辅嚼物以养人。"[41]

晋皇甫谧《甲乙经》卷十二《手足阳明脉动发口齿病第六》:"颊肿口急,颊车痛不可以嚼,颊车主之上齿龋,痛恶寒者,上关主之。"[42]

宋王安石《临川集》卷一八《读眉山集次韵雪诗五首》之五:"戏摇微缟女鬟鸦,试咀流酥已颊车。"[43]

所以,"辅勤"之"辅"可引申为辅助咀嚼的"颊车","勤"也表"辅助",故而在"咀嚼食用"事类下,"辅勤"与"颗咀"的语义联系密切,据《苍颉篇》"事类相从"体例,它们可编联在一句中。

但须说明的是,此句四字虽有语义联系,却未见明显的句法关系,故我们仍主张将之视为罗列式句型,而非陈述式。其实,《苍颉篇》中这类只有语义联系,而没有句法关系的句子并不少见,如北大汉简《苍颉篇》简39"读敕捺玺","读敕"指宣读敕书,"捺玺"

---

[40] 含、咀、吮、噬等字的详情参王国维《重辑〈苍颉篇〉》,谢维扬、房鑫亮主编《王国维全集》第6卷,第503页,浙江教育出版社,2010年。

[41] 郑玄《周易郑注》,清《湖海楼丛书》本。

[42] 皇甫谧《甲乙经》,明《古今医统正脉全书》本。

[43] 王安石《临川集》,《四部丛刊》本。

指在敕书上用印[44],二者具有敕书成文后盖玺印,然后予以宣读的语义联系,但显然不存在语法关系。"辅廑颗咀"的情况与之相同。

上述证明,《爰历》首简"辅廑颗咀"可释读为"辅勤颗咀",其中,"辅勤"均表"辅助、佐助",为"同义相从",与辅助咀嚼有关。"颗咀"分别指"颗粒(小块)"与"咀嚼食用","颗"是"咀"的结果,二者为"事类相从"。"辅勤颗咀"是"同义相从＋事类相从"的罗列句式,总体上是统摄于"咀嚼食用"事类的"事类相从"形式。这种句式("同义相从"或换为"反义相从")在《苍颉篇》中常见。如北大汉简《苍颉篇》简 2"系孙褎(葆)俗",简 21"坐罊(迁)諐求"等皆如是。[45]

(二)"軷儋阔屠"

再来看第四句"軷儋阔屠"。整理者将该句释作"跋涉旅途"[46],可从。

第一、二字"軷儋",整理者读为"跋涉",并引《说文》段注说明。张存良对此存疑,他说:"字书的编撰应以简捷明了为要,不当如此周章曲折,辗转通假。"[47]

张说可商。上古书籍口耳相传,同音通假是必然现象。秦末战乱而书籍流散,《苍颉篇》抄本丛出,各有源流。故其虽为字书,仍不免有通假现象。汉简中诸本《苍颉篇》均有通假字,即为明证,故不必对通假予以否定。

因此"軷儋"可从整理者读"跋涉",《说文解字注》谓"山行曰軷,水行曰涉"。可知"跋""涉"同义并列,分别指行于山,行于水。

第三、四字"阔屠",整理者读为"旅途",并引睡虎地秦简《魏奔命律》"阔"通"旅"为证,学术界一般从其说。"旅""途"均指供人车行走的地面道路(下文将详述),二者同义并列。《尔雅·释宫》:"路,旅,途也。"《礼记·郊特牲》:"台门而旅树。"郑玄注:"旅,道也。"《广韵·模韵》:"途,道也。"

所以,"軷儋阔屠"可从整理者释为"跋涉旅途",这不难理解。但关键问题在于,该句句式究竟属罗列式还是陈述式?

---

[44] 参胡平生《读北大汉简〈苍颉篇〉札记》,《出土文献研究》第十五辑,中西书局,2016 年,第 290 页。

[45] 北大汉简《苍颉篇》简 2"系孙褎俗",系、孙皆为"继续"之义,属"同义相从"。"褎"通"葆",即"保"字,"俗"谓"礼俗习惯",安守礼俗习惯是古代惯有思想,"褎俗"属"事类相从"。简 21"坐罊(迁)諐求","坐"读如字,"坐"有方向向下之义。罊即"迁","迁"有方向向上之义,"坐罊(迁)"属"反义相从"。"諐求"则属"事类相从",《玉篇》:"諐,流言也,有所求也。"参北京大学出土文献研究所编《北京大学藏西汉竹书(壹)》,简 2、简 21。

[46] 文物局古文献研究室、安徽省阜阳地区博物馆阜阳汉简整理组《阜阳汉简〈苍颉篇〉》,第 29 页。

[47] 张存良《水泉子汉简〈苍颉篇〉整理与研究》,第 172 页。

若为罗列式,则该句为"跋涉""旅途"两组同义词的并列,均属"行路旅途"事类,是"事类相从"体例,句中字词无句法关系。若为陈述式,则"旅途"是"跋涉"的处所宾语,"跋涉旅途"是具有述宾关系的陈述句,解作"跋涉于旅途中"。

我们认为,"跋涉旅途"一句不应为陈述式。因为根据古文献语用实际,"旅途"在上古时期难以作"跋涉"的宾语,理由如下。

首先,"旅途"在上古不成词,而若视之为词组,则"跋涉旅途"亦不成句,文义难通。

"旅途"在上古不成词,双音词"旅途"迟至中古才出现,故"跋涉旅途"之"旅途"不能作为一个词担任处所宾语。通检今见出土与传世文献,上古语料中未见"旅途"一词,上古时期表地面道路之"旅""途"均单用,未见连用的情况。如《尚书·禹贡》:"蔡、蒙旅平。"《孙子·军争》:"故迂其途而诱之以利。"

"旅途"作为双音词最早见于唐代[48],并不实指为供人车行走的地面道路,而表示抽象性质的"旅行途中",如唐范摅《云溪友议》卷中《白马赋》:"诚知两轴非珠玉,深愧三缣恤旅途。"[49]

因此,若"旅""途"在上古已大量连用,从而凝固为"旅途"一词,则作为常用词,文献中应能见到该词的成词用例,或成词之前"旅""途"同义连用的用例。但上古文献中并未发现这种迹象,可知"旅途"在上古时期并不成词,其应成词于中古,故将"跋涉旅途"之"旅途"视为一个词而做"跋涉"的宾语,并不妥当。

此外,若将"旅途"视为词组而非一个词,即"旅""途"并列做"跋涉"的处所双宾语,则"跋涉旅途"就只能解释为"跋涉于道路与道路中",亦不成句,故"旅途"作为词组时亦不能做"跋涉"的宾语。

所以,"旅途"在上古不成词,作为词组则"跋涉旅途"将不成句,故"跋涉旅途"为述宾结构的可能性不大。

其次,以"旅途"为"跋涉"的宾语不符合上古时期"跋涉"的谓语动词特点。通检今见商至南北朝语料,"跋涉"一词共53见,其做谓语动词的特点如下:

一是"跋涉"是不及物动词,常态情况下不带宾语。"跋涉"在中古以前为不及物动词,多独立使用,如《诗经·鄘风·载驰》:"大夫跋涉,我心则忧。"孔融《孔北海集》:"家之将亡,缇萦跋涉。"[50]此类情况计31例,占比58%。而"跋涉"做不及物动词活用后

---

[48] 杜甫《赠韦赞善别》"岁晚寸心违"一句,《九家集注杜诗》等宋人论著皆见苏轼注引晋张瀚《秋日北园诗》"旅途惊岁晚"以注杜诗。但此苏注及其引诗均为宋人伪作复古,学者早已指明(参莫砺锋《唐宋诗歌论集》,第66页,凤凰出版社,2007年),故该伪诗不得作为"旅途"一词早出于晋的证据。

[49] 范摅《云溪友议》,《四部丛刊》本。

[50] 孔融《孔北海集》,文渊阁《四库全书》本。

带宾语者(均为处所宾语)[51],计22例,占比41%。可见"跋涉"在中古以前为不及物动词,常态情况下不带宾语,"跋涉旅途"做述宾结构的概率相对较低。

二是即便在少数情况下,"跋涉"做不及物动词活用而带处所宾语,则该处所宾语的语义及语境必须能凸显"不易通行的道路或野外恶劣的行路环境",从而与"跋涉"翻山渡水,艰险行进的语义相配,这是"跋涉"动宾搭配的语义条件。辞例如下:

《左传·襄公二十八年》:"君弃而封守,<u>跋涉山川</u>,<u>蒙犯霜露</u>,以逞君心。"

《淮南子·修务》:"身淬霜露,欯蹻趹,<u>跋涉山川</u>,<u>冒蒙荆棘</u>。"

《史记·楚世家》:"昔我先王熊绎,辟在荆山,<u>筚路蓝缕</u>,以处草莽,<u>跋涉山林</u>。"

《扬雄·长杨赋》:"<u>拔(跋)卤莽</u>,刊山石。"唐刘良注:"(兵骑)<u>跋涉咸草</u>之中,<u>削其山石以通道路也</u>。"

《后汉书·孝章帝纪》:"<u>跋涉悬度</u>,<u>陵践阻绝</u>。"李贤注引《西域传》:"悬度者,石山也。"

可见,上例中"跋涉"的宾语"山林""山川""悬度(石山)"及其前后语境"蒙犯霜露""冒蒙荆棘"等,语义上都强调危难险阻的行路环境,其所通行的是近乎未经人工修筑的荒道。究其原因,所谓"山行曰跋,水行曰涉",在交通条件不发达的古代,翻山渡水即意味着要在野外恶劣环境中行进,常面临受寒挨冻,岩阻绝岭等困难与危险,故上古以"跋涉"一词描述在野外恶劣环境下行路的艰险,因此,凡作为"跋涉"处所宾语者,自然也要求能凸显出这一语义,这是上古时"跋涉"动宾搭配的语义条件(至于后世"跋涉"的内涵拓宽,普通行路环境偶尔也可与之搭配,则是后话)。

但考察上古时期"旅""途"二词的所指,均表示较易通行的人工所修筑道路,不符合"跋涉"动宾搭配的宾语语义条件。

途,或作"塗""涂",指由人工建筑且易于通行的道路,是主要交通道路的一种。

《周礼·地官·遂人》:"洫上有涂。"郑玄注:"径、畛、涂、道、路,皆所以通车徒于国都也。径容牛马,畛容大车,涂容乘车一轨,道容二轨,路容三轨,都之野涂与环涂同,可也。"

张衡《东京赋》:"经涂九轨。"薛综注:"南北为经。涂,道也。轨,车辙也。"

朱骏声《说文通训定声·豫部·徐》论"塗"引郑玄:"国中三道曰塗。"

司马迁《史记·司马相如列传》:"长途中宿。"裴骃集解引郭璞:"途,楼阁间陛道。"

---

[51] 古汉语中,处所宾语的谓语动词多为不及物动词活用,这一点杨伯峻先生已有详论,详参杨伯峻、何乐士《古汉语语法及其发展》,第531页,语文出版社,2001年。

这些"途"或容一轨之车通行,或容九轨之车通行,或通于国都,或位于国中,或连接楼阁,可知古人所称"途"者,是一种人工所修筑且易于通行的道路,属主要交通道路之一。

"旅",与"途"近义,亦指由人工建筑且易于通行的道路,虽然文献用例少见,但仍可以之明义。

《尔雅·释宫》:"路、旅,途也。"

《礼记·郊特牲》:"台门而旅树。"郑玄注:"旅,道也。屏谓之树,树所以蔽行道。"(车道旁植树以遮蔽风沙,是古代筑路规制,古文献多见,可知"旅"是人工修筑的大道。)

《汉书·地理志》引《尚书》:"蔡、蒙旅平。"王引之述闻:"蔡、蒙旅平者,言二山之道已平治也。"〔52〕("旅平"即道路平治,可见"旅"经人工修筑而平坦易行。)

《尚书·禹贡》:"四隩既宅,九山刊旅。"宋钱时注:"二事正言僻远之地皆已可居,险阻之路皆已可行,僻远险阻可居可行,则平土之可居,坦途之可行,不待言而喻矣。"〔53〕

可见,"旅"和"途"一样,均指人工修筑的平坦易行的道路,交通环境较好,这难以符合"跋涉"动宾搭配的宾语条件,故一般不以之做"跋涉"的宾语。上古文献中几乎未见"跋涉"以"旅途"或"旅""途"做宾语的辞例,或为此故。

所以,"旅途"在上古不成词,不应视为一个词而做"跋涉"的宾语,而若视为词组,则"跋涉旅途"不成句。且"旅途"作为"跋涉"的宾语,亦不符合上古时期"跋涉"的谓语动词特点,故将"跋涉旅途"视为具有述宾关系的陈述句,证据并不充分,该句更可能是"跋涉""旅途"两组同义词的并列,属"行路旅途"事类下的罗列句式。

事实上,这类表面上如同陈述式,实际却为罗列式的句子在《苍颉篇》中并不少见,如北大汉简《苍颉篇》简16"尘埃飘风",看似陈述句,可释为"尘埃飘荡在风中",但实际上,"飘"非动词,"飘风"是双音名词,为古常语,即羊角风、龙卷风〔54〕,"尘埃飘风"均是"风起扬尘"事类的有关字词,属罗列式下的"事类相从"。此类辞例尚有简30"贪欲资货",简27"送客兴居"等,不赘。

综上所述,"辅廑颗咀"可读"辅勤颗咀","骳儋阓屠"从整理者读为"跋涉旅途",释义见上不赘。该二句均属"事类相从"的罗列句式,相关字词无句法关系,与开篇劝学语"爰历次弛,继续前图"亦无语义联系,应当是开篇劝学语之后的正文开始部分。

---

〔52〕 王引之《经义述闻》,第176页,上海古籍出版社,2018年。
〔53〕 钱时《融堂书解》卷三《夏书·禹贡》,《丛书集成初编》本。
〔54〕 参北京大学出土文献研究所编《北京大学藏西汉竹书(壹)》,第86页,上海古籍出版社,2015年。

五　结　语

　　赵高《爰历》是秦代重要字书，亡佚已久。今通过对汉简材料的钩稽梳理，知其首简四句可释读为"爰历次贮，继续前图。辅勤颗咀，跋涉旅途"。

　　其中，第一、二句"爰历次贮，继续前图"属于《爰历》一书的开篇劝学语，为陈述句式，可具体理解为"经过重复不断地（讽诵与摹习），（现在）按照前书（《苍颉》七章）的法度继续（学习）"。水泉子汉简《苍颉篇》"爰历次贮少巧工"当释读为"经过不断重复，减少取巧不实之工"。

　　第三、四句"辅勤颗咀，跋涉旅途"则属《爰历》正文开始部分，与第一、二句无语义联系。"辅勤颗咀"之"辅勤"为"辅助"义，与辅助咀嚼有关，"颗"指"颗粒（小块）"，"咀"指咀嚼进食，"颗"是"咀"的结果，全句属"同义相从＋事类相从"的罗列句式，但总体统摄于"咀嚼食用"事类下。"跋涉旅途"之"跋"指行于山，"涉"指行于水，"跋涉"同义并列，"旅""途"均指道路，"旅途"同义并列，全句为"行路旅途"事类下的字词罗列，并非陈述句式。

　　另有两点启示：一是《苍颉篇》作为字书，语境较弱，释读不易，因此该书"同义相从""事类相从"等体例对字词释读具有重要作用，需要重视。二是《苍颉篇》体例的结构复杂，常层层重叠，如"跋涉旅途"中就包含了一级体例"事类相从"，二级体例"同义相从"。"辅勤颗咀"就包含了一级体例"事类相从"，二级体例"同义相从＋事类相从"。这就要求研究者在运用相关体例释读《苍颉篇》时，需具体分析，不可一概而论。

　　长期以来，学术界对《爰历》开篇语的释读疏解未尽如人意。今对相关简文重新予以释读、疏通，试图以之呈现《爰历》开篇内容的合理面貌，相关成果对《苍颉篇》研究、汉语汉字史以及秦汉史研究均具有参考价值。草创拙文，恳请方家批评指正。

参考文献

(1) 萧统编，李善等注《文选》，《四部丛刊》本。
(2) 段玉裁《说文解字注》，经韵楼藏本。
(3) 朱骏声《说文通训定声》，临啸阁藏本。

（路炜、张显成：西南大学汉语言文献研究所，400715，重庆）

隋唐墓志典故辨误举隅

张永惠

提要： 用典是墓志文献的一大特点，大量典故的运用使得墓志铭文更加典雅、凝练，但也在一定程度上影响对墓志文献的理解。破解典故对石刻文献的校读具有重要作用。本文即以隋唐时期墓志为例，择取其中因未能正确破解典故而造成的误注、误录、缺录、失校、误断之例加以说明，希望对墓志文献的正确解读以及补充大型辞书未收词语、义项有所裨益。

关键词： 隋唐墓志　典故　辨误

墓志文献多用骈体铭文，多用典故自是常态。尤其是隋唐时期，国家统一，社会安定，物质文化得到极大发展。与之相匹配，该时期的墓志文献通常辞藻华丽，喜欢引用大量典故以使文辞更加庄重、典雅。由于受墓志铭文文体等因素的影响，墓志文献使用的典故往往经过铭文撰写者的加工、剪裁，以适应墓志铭文的行文格式，这也使其中的一些典故变得更加隐晦，不容易辨识，对正确理解墓志文献内容造成障碍。本文即以《西南大学新藏墓志集释》及《洛阳流散唐代墓志汇编续集》所收隋唐时期墓志为例，择取其中因未能正确破解典故而造成的误注、误录、缺录、失校、误断之例加以说明，希望对墓志文献的正确解读以及大型辞书未收词语、义项的增补有所裨益。

一　不明典故而误注

例一，隋《辛侃墓志》："黄熊见兆，赤禽浮日。代序无期，人生有毕。"

"黄熊见兆，赤禽浮日"，《集释》引元阳子《大道歌》"青龙逐虎虎随龙，赤禽交会声喈喈。调气运火逐离宫，丹砂身自冲"，以为不祥之兆。（《集释》上/142）[1]

按：元阳子《大道歌》出自唐代，为炼丹方术的仙真口诀，其中的"赤禽"为内丹术术

---

* 本文在写作过程中，张涌泉、梁春胜老师审阅并提出宝贵指导意见，谨致谢忱。
[1]《西南大学新藏墓志集释》简称《集释》，"上/142"表示该书上册第142页，下仿此。

语,指元神,显非该句铭文典故所出。其实,"黄熊"语出《左传·昭公七年》:"郑子产聘于晋。晋侯疾,韩宣子逆客,私焉,曰:'寡君寝疾,于今三月矣,并走群望,有加而无瘳。今梦黄熊入于寝门,其何厉鬼也?'对曰:'以君之明,子为大政,其何厉之有?昔尧殛鲧于羽山,其神化为黄熊,以入于羽渊,实为夏郊,三代祀之。晋为盟主,其或者未之祀也乎?'韩子祀夏郊,晋侯有间,赐子产莒之二方鼎。""黄熊"本为兽名,"黄熊见兆"比喻人将死之兆。

"赤禽浮日"亦化用典故,语出《左传·哀公六年》:"是岁也,有云如众赤鸟,夹日以飞,三日。楚子使问诸周大史。周大史曰:'其当王身乎!若禜之,可移于令尹、司马。'王曰:'除腹心之疾,而置诸股肱,何益?不穀不有大过,天其夭诸?有罪受罚,又焉移之?'遂弗禜。""赤禽"即此"赤鸟"。"黄熊见兆""赤禽浮日"均为不祥之兆,喻指人将死亡。《汉语大词典》收"黄熊""赤鸟""赤鸟夹日"等词,而"赤禽"失收,可据墓志文献增补。

例二,唐《赵政墓志》:"惟祖惟考,蹈礼依仁。时纡润璧,亟谢蒲轮。海隅成节,箕岭方邻。性融山水,趣叶光尘。"

"海隅",《集释》称指海角、海边。并引《书·君奭》:"我咸成文王功于不怠,丕冒海隅出日,罔不率俾。"孔传:"今我周家皆成文王功于不懈殆,则德教大覆冒海隅日所出之地,无不循化而使之。"又"箕岭"一词,《集释》谓指箕子所居之地。(《集释》上/273)

按:"海隅"一词,《集释》所释之义及例证引自《汉语大词典》。若仔细斟酌,该词并非简单地表示"海角""海边"之义。其实,该词志文化用典故,语出《庄子·让王》:"舜以天下让其友石户之农。石户之农曰:'捲捲乎,后之为人,葆力之士也。'以舜之德为未至也,于是夫负妻戴,携子以入于海,终身不返也。"此处"海隅"当代指隐士隐居之地,与《尚书》的"海隅"含义有所不同,"海隅成节"赞美墓主为品格高尚的隐居之士。

又按:箕子是商王朝贵室,武王灭商,箕子被释放,不愿为官,乃率五千人避往朝鲜。此箕子与文中"箕岭"一词并无关联,且于义不合。其实,"箕岭"亦化用典故,语出《吕氏春秋·求人》:"昔者尧朝许由于沛泽之中,曰:'十日出而焦火不息,不亦劳乎?夫子为天子,而天下已治矣,请属天下于夫子。'许由辞曰:'为天下之不治与?而既已治矣。自为与?啁噍巢于林,不过一枝;偃鼠饮于河,不过满腹。归已,君乎!恶用天下?'遂之箕山之下,颍水之阳,耕而食,终身无经天下之色。"墓志"箕岭"即指"箕山",与"海隅"相对,均为高士隐居之所,"箕岭方邻"喻指墓主隐居不仕。"箕岭"一词大型辞书亦失收。

例三,唐《韦知艺墓志》:"曾祖峻,周骠骑大将军,开府仪同三司,岐、华、绛三州刺史,袭爵平齐公。东文西武,自北图南。开府当朝,威动从风之兽;襄襜外部,祥延蔽日之禽。"

"蔽日之禽",《集释》称疑当指鲲鹏,并引《庄子·逍遥游》:"鹏之背不知其几千里也,怒而飞,其翼若垂天之云。"(《集释》上/341)

按:石刻文献中"鲲鹏"常喻指志向远大之人,与该句铭文所表达文意显然不符。"蔽日之禽"当化用典故,典出《南史·萧脩传》:"帝以脩识量宏达,自卫尉出镇钟离,徙为梁、秦二州刺史。在汉中七年,移风改俗,人号慈父。长史范洪胄有田一顷,将秋遇蝗,脩躬至田所,深自咎责。功曹史琅邪王廉劝脩捕之,脩曰:'此由刺史无德所致,捕之何补。'言卒,忽有飞鸟千群蔽日而至,瞬息之间,食虫遂尽而去,莫知何鸟。""蔽日之禽"当用为赞美地方官吏德行高洁,为官廉明之典。"蔽日之禽"一词大型辞典亦失收。

又,"褰襜"一词典出《后汉书·贾琮传》:"乃以琮为冀州刺史。旧典,传车骖驾,垂赤帷裳,迎于州界。及琮之部,升车言曰:'刺史当远视广听,纠察美恶,何有反垂帷裳以自掩塞乎?'乃命御者褰之。"后以"褰襜"代指官吏接近百姓,实施廉政之典。"褰襜外部"即外出做官,实行廉政,与"蔽日之禽"相呼应。《汉语大词典》收"褰帷","褰襜"一词失收。

"从风之兽"典出《周易·乾·文言》:"同声相应,同气相求。水流湿,火就燥。云从龙,风从虎。圣人作,而万物睹。"本指猛虎,此处当代指贤臣。

例四,唐《申屠元礼墓志》:"名父之子,高节之人。忽从朝露,奄隔千春。松悲龙腹,盖惨鱼鳞。"

"龙腹",《集释》称指埋葬地点,具体所指不明。并引明王樵《尚书日记》:"惟中络止于嵩高,其前平夷,凡几千里,而泰山特起东方,张左右翼为障。以天下大势言之,长安龙首穴也,洛阳龙心穴也,兹其大龙之腹乎!"(《集释》上/357)

按:《集释》所释不确,句中"龙腹"实为典故词语,语出郭璞《葬书·外篇》:"宛而中蓄,谓之龙腹,其脐深曲,必后世福,伤其胸胁,朝穴暮哭。"刘则章注:"宛宛之中,若有所蓄者,龙之腹也,况又深曲如脐,岂有不吉?若葬非其道,伤其胸者,必遇石而带黑晕,伤胁则干燥如聚粟,或上紧下虚,锄之如刲肉。朝穴暮哭者,言其应之速也,可不慎哉!"《葬书》用龙的肢体各部分来比喻龙脉地形,葬在龙身体的不同部位,象征着将会给子孙带来不同吉凶。古人认为坟墓葬在似龙腹的地势之处大吉,故"龙腹"常代指埋葬死者的风水宝地,亦可代指坟墓。墓志文献中常见用例,如唐《王怀义夫人庞氏墓志》:"其地乃四神具备,龙腹之岗。"(《集释》上/652)唐《王君墓志》:"其年四月四日,乃卜其宅兆,就龙腹安茔,合葬于铜鼓县北崇唐乡交□村东南一里之茔域也。"(《唐代墓志汇编续集》729)《汉语大词典》收"龙腹"一词,谓用为跻身贤人之间的典故。义项不全,可据墓志增补。

另,"鱼鳞"一词典出《吕氏春秋·节丧》:"国弥大,家弥富,葬弥厚,含珠鳞施。"高诱

注:"鳞施,施玉于死者之体如鱼鳞也。"故"鱼鳞"当指丧葬时给死者身上所穿戴的玉衣。此义项《汉语大词典》亦失收,可据墓志文献增补。

例五,唐《韦望墓志》:"舞雩游咏,退食委蛇。遭贲父之御惊,痛韩安之坠蹇。不遇万金之药,旋成二竖之谋。"

"坠蹇",《集释》称指"坠蹇驴"之省文。(《集释》下/445)

按:《集释》所说不可从,"韩安之坠蹇"当化用典故,典出《史记·韩安国列传》:"安国为御史大夫四岁余,丞相田蚡死,安国行丞相事,奉引堕车,蹇。天子议置相,欲用安国,使使视之,蹇甚,乃更以平棘侯薛泽为丞相。安国病免数月,蹇愈,上复以安国为中尉。岁余,徙为卫尉。""韩安"即"韩安国",因行文对仗而简省。"坠蹇"当指因坠落而跛足,并非"坠蹇驴"之省文。

另,"贲父之御惊"典出《礼记·檀弓上》:"鲁庄公及宋人战于乘丘,县贲父御,卜国为右。马惊败绩,公队(坠),佐车授绥。公曰:'末之卜也。'县贲父曰:'他日不败绩,而今败绩,是无勇也。'遂死之。""韩安之坠蹇,贲父之御惊"暗指墓主忠烈,为官过程中不幸遭遇意外或疾病。

例六,唐《窦孝忠墓志》:"及乎奉计星台,朝宗云阙,频经觐见,累沐恩私。次公休绩,方延赐金之礼;元规长逝,忽轸埋玉之悲。"

"次公",《集释》称指张次公,西汉河东人。张次公武帝元朔二年以校尉从卫青击匈奴,以功封岸头侯。其后为将军,将北军,后坐法失侯。(《集释》上/318)

按:《集释》所说不可从,此处"次公"当指黄霸,与《集释》所说"次公"同名异实,事见《汉书·黄霸传》:"黄霸,字次公,淮阳阳夏人也。……天子以霸治行终长者,下诏称扬曰:'颍川太守霸,宣布诏令,百姓向化,孝子、弟弟、贞妇、顺孙日以众多,田者让畔,道不拾遗,养视鳏寡,赡助贫穷。狱或八年亡重罪囚,吏民向于教化,兴于行谊,可谓贤人君子矣。《书》不云乎:"股肱良哉!"其赐爵关内侯,黄金百斤,秩中二千石。'""赐金之礼"即其所指。此二句赞美墓主政绩显著,深受信任。

例七,唐《萧遇妻范阳卢氏墓志》:"爰增陟屺之怀,更轸诲髽之痛。榛笄菅屦,实称其容。曹妻蔡礼,不是过也。"

"诲髽",《集释》称指丈夫去世。古代妇女丧髻,以麻线束发。(《集释》下/502)

按:《集释》所说不可从。"诲髽"一词为典故词语,语出《礼记·檀弓上》:"南宫绦之妻之姑之丧,夫子诲之髽,曰:'尔毋从从尔,尔勿扈扈尔,盖榛以为笄,长尺,而总八寸。'""诲髽"本指教导做丧髻的样式,文中"诲髽之痛"当暗指墓主母亲去世的悲痛。

另,"陟屺"一词典出《诗·魏风·陟岵》:"陟彼屺兮,瞻望母兮。"郑玄笺:"此又思母之戒,而登屺山而望之也。""陟屺之怀"用为思念母亲之典,与"诲髽之痛"呼应。

二 不明典故而误录

例一，唐《长孙楚璧墓志》："夫人清河县君张氏，家风习礼，天性知仁。陈晃之妻，始和鸣于君子；杨赐之母，早遗训于贤才。"(《洛续》1/266)[2]

按："陈晃之妻"，不知所指。查核原拓，"晃"字拓片字形作"皃"，当为"完"的俗字，石刻文献中，"完"字俗书又作"兒"，如北魏《李璧墓志》"完"字作"兒"，《干禄字书》："兒完：上俗下正。""皃"字当是在此基础上进一步讹变而来。陈完，字敬仲，田姓始祖，陈国（今河南周口市淮阳县）人。"陈完之妻"以下二句化用典故而来。语出《左传·庄公二十二年》："初，懿氏卜妻敬仲。其妻占之，曰：'吉，是谓"凤皇于飞，和鸣锵锵。有妫之后，将育于姜。五世其昌，并于正卿。八世之后，莫之与京。"'"晋杜预注："雄曰凤，雌曰皇，雄雌俱飞，相和而鸣，锵锵然，犹敬仲夫妻相随适齐，有声誉。"文中"敬仲"即指陈完，后人多用此典形容夫妻和睦融洽。如唐《范臣墓志》："行且移天，敬仲有和鸣之兆；殁则同穴，文公用合葬之仪。"(《洛续》1/226)

例二，唐《尹思仪墓志》："嗟乎！鬼瞰乌巢，与才莫寿。春秋五十有二，以天宝六载九月十九日寝疾弥留，终于河清县西山别业也。"(《洛续》2/350)

按："鬼瞰乌巢"，文意不明，复核原拓，"乌"字拓片字形作"鳥"，谛视之，当为"鸟"字，"鸟巢"为典故词语，典出《三国志·魏志·张𰽛传》："正始元年，戴鵀之鸟，巢𰽛门阴。𰽛告门人曰：'夫戴鵀阳鸟，而巢门阴，此凶祥也。'乃援琴歌咏，作诗二篇，旬日而卒，时年一百五岁。"后以"鸟巢"代指死亡之兆。《汉语大词典》收"鸟巢"一词，释为"鸟窝"，为定中结构，墓志文献中，"鸟巢"亦可用为主谓结构，指鸟筑造巢穴，表死亡之兆。《汉语大词典》可据墓志文献增补此义项。

"鬼瞰"亦为典故词语，典出《文选·扬雄〈解嘲〉》："高明之家，鬼瞰其室。"李善注引李奇曰："鬼神害盈而福谦。""鬼瞰"，指鬼神窥望显达富贵人家，亦用为不祥之兆。"鬼瞰"一词《汉语大词典》已收。

例三，唐《李虚己墓志》："张仲孝友，柏尼直清。居家俭德，宰邑能名。"(《洛续》1/302)

按："柏尼"，不明所指，复核原拓，"尼"字拓片字形作"𡰪"，从俗书的角度讲，"尼"字确可写作"𡰪"，《敦煌俗字谱》(78)"尼"字头下收录该字形。同时，"𡰪"又是"仁"和"夷"的隶古定字。《玉篇·尸部》："𡰪，余脂切。古文夷字，《说文》曰古文仁字。"根据墓志文

---

[2]《洛阳流散唐代墓志汇编续集》简称《洛续》，"1/266"代表第 1 册第 266 页，下仿此。

意,我们认为该字当即"夷"字,"柏夷"即"伯夷","柏"假借为"伯",《说文·木部》:"柏,鞠也。"段玉裁注:"柏,古多假借为伯仲之伯。"《左传·定公四年》:"冬,十有一月庚午,蔡侯以吴子及楚人战于柏举,楚师败绩。"洪亮吉诂:"《公羊》作'伯莒',《谷梁》作'伯举',《淮南王书》作'柏莒',古字并通。""柏夷直清"典出《孟子·万章下》:"孟子曰:'伯夷目不视恶色,耳不听恶声。非其君,不事;非其民,不使。治则进,乱则退。横政之所出,横民之所止,不忍居也。思与乡人处,如以朝衣朝冠坐于涂炭也。当纣之时,居北海之滨,以待天下之清也。故闻伯夷之风者,顽夫廉,懦夫有立志。……孟子曰'伯夷,圣之清者也。'""柏夷直清"夸赞墓主为人正直廉洁。

例四,唐《王公及夫人合祔墓志》:"夫人因寝有疾,不遘泰医,享年五十八,会昌四年十二月廿二日终于室内东管之私第。"(《集释》下/623)

按:"泰医",意不可解。"泰"原拓字形作"秦",当为"秦"字。"秦医"典出《左传·成公十年》:"晋侯梦大厉,被发及地,搏膺而踊,曰:'杀余孙,不义。余得请于帝矣!'坏大门及寝门而入。公惧,入于室,又坏户。公觉,召桑田巫。巫言如梦。公曰:'何如?'曰:'不食新矣。'公疾病,求医于秦。秦伯使医缓为之,未至,公梦疾为二竖子,曰:'彼良医也,惧伤我,焉逃之?'其一曰:'居肓之上,膏之下,若我何?'医至,曰:'疾不可为也,在肓之上,膏之下,攻之不可,达之不及,药不至焉,不可为也。'公曰:'良医也!'厚为之礼而归之。"墓志中"秦医"即指医缓,为春秋时秦国良医,后亦泛指良医。"秦医",《汉语大词典》称指扁鹊,墓志文献中"秦医"亦可指医缓,此义项当补。

三 不明典故而缺录

例一,唐《道奚墓志》:"父相,隨岐州参军,器局钧深,神襟映澈。佩觿伊始,对月飞名。□羽壮龄,虚舟独放。"(《洛续》1/71)

按:"羽"前一字原文缺释,该字拓片字形作"括",右边构件已经残损,但是根据志文用典情况推测,该字当为"括"字。"括羽"典出《孔子家语·子路初见》:"子路曰:'南山有竹,不柔自直。斩而用之,达于犀革。以此言之,何学之有?'孔子曰:'括而羽之,镞而砺之,其入之不亦深乎!'子路再拜曰:'敬而受教。'""括羽"指在箭尾加上羽毛,亦比喻修学益智,增进才力。因人磨砺学习多在成年,故"括羽"又可修饰壮龄。《汉语大词典》将"括羽"解释为"箭末羽毛",义项不全,可据墓志文献增补。"括羽"一词语其他墓志中亦常见用例,如《大周故曹府君墓志铭并序》:"暨乎括羽,克成麟角。"(《唐代墓志汇编续集》356)唐《王祥墓志》:"积抟风之望,怀括羽之志。绛灌叶武功之气,潘陆赞文德之华。"(《全唐文补遗》7/295)

例二，唐《王招墓志》："庆诞六男，诲逾三徙。比韦谢之□玉，方荀贾之虎龙。"（《洛续》1/100）

按："玉"前一字《洛续》缺释，该字拓片字形作"㺿"，右边构件残损严重，根据文意和用典情况推测，该字当为"珠"的残损字。"韦谢之珠玉"即"韦珠""谢玉"的合用，"韦珠"典出汉孔融《又与韦甫休书》："前日元将来，渊才亮茂，雅度弘毅，伟世之器也；昨日仲将又来，懿性贞实，文敏笃诚，保家之主也。不意双珠，近出老蚌，甚珍贵之。""谢玉"典出晋裴启《语林》（《艺文类聚》卷八一引）："谢太傅问诸子姪曰：'子弟何预人事，而政欲使其佳？'诸人莫有言者，车骑答曰：'譬如芝兰玉树，欲使生于阶庭耳。'"后多以"韦珠""谢玉"比喻有才华或光耀门庭的子孙后代。石刻文献中，亦可见用例，如唐《李重夫人郑童寿墓志》："故得韦珠迭耀，谢玉重辉。"（《洛续》1/77）唐《魏君夫人王淑墓志》："韦珠吐耀，终承断机之恩；潘壁开欢，屡奉长筵之庆。"（《洛续》1/26）"谢玉"《汉语大词典》收录，"韦珠"失收，可据墓志文献增补。

例三，唐《崔顶墓志》："呜呼哀哉！东方之鬼门非远，西域之魂□难遇。小童不却，大夜言归。"（《洛续》1/176）

按："魂"后一字原文缺释，该字拓片字形作"𣊡"，上部构件残损严重，下部构件仅存"日"字，通过破解典故，我们认为该字当为"香"字。"西域之魂香"典出《十洲记》（《太平御览》卷九百五十二引）："聚窟洲中，申未地上，有大树，与枫木相似，而华叶香闻数百里，名为返魂树。于玉釜中煮取汁，如黑粘，名之为返生香。香气闻数百里，死尸在地，闻气乃活。"《海内十洲记·聚窟洲》："聚窟洲在西海中申未之地，地方三千里，北接昆仑二十六万里，去东岸二十四万里，上多真仙灵官，宫第比门，不可胜数。""西域之魂香"即典出于此，后多以"西域之魂香"指传说中能让人死而复生的一种香。唐代墓志中，"西域之魂香"又可简省作"魂香"，如唐《河东郡夫人宇文氏墓志》："何图芳春早暮，积善无征。隙驷不留，魂香靡效。"（《全唐文补遗》7/60）唐《张君妻程大燕墓志》："魂香莫返，春蹊永毕，恸掩孙词，悲缠潘室。"（《全唐文补遗》3/433）

另，"东方之鬼门"亦为用典，典出汉王充《论衡·订鬼》："《山海经》又曰：'沧海之中有度朔之山，上有大桃木，其屈蟠三千里，其枝间东北曰鬼门，万鬼所出入也。'"传说为鬼魂出入之门，通往阴间，此二句暗指墓主去世。

例四，唐《司马邵墓志》："虽藏器而在身，赏析薪而俟子，故君子知臧□之有后于鲁矣。"（《洛续》1/154）

按："臧"后一字原文缺释，该字拓片字形作"𡥉"，左边构件"子"字依稀可识，窃谓该字当为"孙"字，"臧孙"即指臧孙达，"臧孙之有后于鲁"化用典故，语出《左传·桓公二年》："周内史闻之，曰：'臧孙达其有后于鲁乎！君违，不忘谏之以德。'"此处夸赞墓主贤德,子孙能够绵延繁盛。

例五,唐《荥阳县君郑氏墓志》:"未极中寿,俄归下泉。平生古地,宿昔荒埏。剑往同匣,琴亡□弦。"(《洛续》2/342)

按:"亡"后一字《洛续》缺释,该字原拓字形作"绝",字形残损,根据用典,我们认为该字当为"绝"字,"琴亡绝弦"典出《世说新语·伤逝》:"王子猷、子敬俱病笃,而子敬先亡。子猷问左右:'何以都不闻消息?此已丧矣!'语时了不悲。便索舆来奔丧,都不哭。子敬素好琴,便径入坐灵床上,取子敬琴弹,弦既不调,掷地云:'子敬!子敬!人琴俱亡。'因恸绝良久,月余亦卒。""琴亡绝弦"当用为夫妻一方去世或夫妻双亡之典,唐代墓志文献中,"琴亡绝弦"又可作"人琴总亡""人琴两故"等,如唐《张伦墓志》:"借问行者,何以沾裳。哲夫义妇,人琴总亡。"(《全唐文补遗》6/325)唐《李果及妻任氏墓志》:"忽谢浮生,长归大暮。龙剑双掩,人琴两故。"(《全唐文补遗》4/343)《汉语大词典》收"人琴俱亡""人琴两亡""人琴俱逝""亡琴"等词,释义为"睹物思人,痛悼亡友""悼念亡弟"的典实。其实在唐代墓志文献中,该典故亦可用作夫妻亡故之典。

四 不明典故而失校

例一,唐《王行通墓志》:"属随皇失驭,天下崩离,人不聊生,家无安业。遥瞻绮季,商山之趣已高;永怀交伯,沧洲之风弥远。"(《洛续》1/14)

按:"永怀交伯",意不可解。复核原拓,"交"字拓片字形作"亥",从字形上看确实是"交"字,但是,从文意上讲,我们认为当是"支"的讹俗字。"支伯"亦称"支甫",为古代贤士。《庄子·让王》:"舜让天下于子州支伯,子州支伯曰:'予适有幽忧之病,方且治之,未暇治天下也。'故天下,大器也,而不以易生,此有道者之所以异乎俗者也。"此处"支伯"与"绮季"相对,均代指隐士,常用为贤士隐居之典。《文选·阮嗣宗〈为郑冲劝晋王笺〉》:"然后临沧洲而谢支伯,登箕山而揖许由,岂不盛乎。""沧洲"即指沧海洲渚,为支伯所隐居之地。此二句表达了作者对归隐田园的向往。

例二,唐《萧璿墓志》:"京畿辇毂,豪俊夸侈,四方取则,万国承流。或投巩通情,或设拒追诈。古称难理,其畴离之。"(《集释》上/359)

按:"投巩",意不可解,"巩"原拓字形作"瓨",从俗书角度讲,"瓨"即可能是"巩"的俗字,又可能是为"瓨"的俗字。石刻中文献中,构件"瓦"又俗写作"凡",如隋《吴严墓志》"瓦"字作"凡",唐《梁守谦功德铭》作"凡"。但是根据文意和用典情况推测,"瓨"当为"瓨"字,《说文·瓦部》:"瓨,似罂,长颈。""瓨"指长颈类瓮坛容器,可用作古代官府接受告密文书的器具。语本《汉书·赵广汉传》:"广汉故漏泄其语,令相怨咎。又教吏为缿筩,及得投书,削其主名,而托以为豪桀大姓子弟所言。"颜师古注:"缿,若今之盛钱臧瓶,为小孔,可入而不可出。或缿或筩,皆为此制,而用受书,令投于其中也。""投缿通情"即通过投缿传递信息。

例三,唐《穆府君夫人戴氏墓志》:"夫人戴氏,陵灵失翼,弔澋(影)霜(孀)居,数十年矣。"(《集释》下/547)

按:"灵"原拓片字形作"霊",石刻文献中,"灵"虽又俗写作"霊",但"陵灵"却语义不通。此处"霊"当为"虚"的俗字,石刻文献中常见,如北齐《宇文诚墓志》"虚"字作"霊",唐《窦娘子墓志》作"霊"。"陵虚失翼"语出《文选·潘岳〈寡妇赋〉》:"仰皇穹兮叹息,私自怜兮何极,省微身兮孤弱,顾稚子兮未识,如涉川兮无梁,若陵虚兮失翼。""陵虚失翼"比喻夫妻一方去世。墓志中常见用例,又如北魏《元悦妃冯季华墓志》:"克兹相敬,成斯好仇。涉水焉济,陵虚忽摧。"(《汉魏南北朝墓志汇编》155)

例四,唐《司马邵墓志》:"官亦屡徙,而不进□。则潘安仁之拙艰,邴曼客之辄免,其斯谓欤。"(《洛续》1/154)

按:"邴曼客",不知所指。复核原拓,"客"字拓片字形作"客",从字形上看确像"客"字,但其实当是"容"的俗字。石刻文献中,构件"谷"与"各"字形相近,故俗书常相讹混。如北魏《元谧墓志》"容"字即作"客"。"邴曼容之辄免"典出《汉书·两龚传》:"琅邪邴汉亦以清行征用,至京兆尹,后为太中大夫。……汉兄子曼容,亦养志自修,为官不肯过六百石,辄自免去,其名过出于汉。"此处以邴曼容做比喻,夸赞墓主为官清正,品格高尚。

五　不明典故而误断

例一,唐《李文举墓志》:"吾与弟道,均荆树荫扶,叶以连枝。义比鸰原,渐庆云而分翼。所以情敦同气,契重金兰。"(《集释》上/246)

按:此例正确点断方式当为:"吾与弟,道均荆树,荫扶叶以连枝;义比鸰原,渐庆云而分翼。所以情敦同气,契重金兰。"原文因不明用典而误断。

"道均荆树"典出周景式《孝子传》(《艺文类聚》卷八九引):"古有兄弟,忽欲分异,出门见三荆同株,接叶连阴,叹曰:'木犹欣聚,况我而殊哉!'还为雍和。"后以"荆树"用为兄弟和睦之典,或代指兄弟。其他墓志亦有用例,如唐《张仁燮墓志》:"兄吏部员外郎仁,痛荆树之晨凋,悲棣华之春落,纪斯令范,饰彼幽扃。"(《唐代墓志汇编续集》153)

例二,唐《吕好娘墓志》:"夫人弈承遥训,嘉中之楚未及,笄载四德;遽充亦既有行,九族亲睦。"(《集释》上/250)

按：此例正确点断方式当为："夫人弈承遥训,嘉中之楚；未及笄载,四德遽充。亦既有行,九族亲睦。"原文因不明用典而误断。

"嘉中之楚",典出《诗·周南·汉广》："翘翘错薪,言刈其楚。"郑玄笺："楚,杂薪之中尤翘翘者,我欲刈取之。以喻众女皆贞洁,我又欲取其尤高洁者。""嘉中之楚"比喻杰出的人才。

例三,唐《杨欣时墓志》："属咨岳求贤,猷轩膀道。应誉擅龚,黄举及第,敕授秘书郎。"(《洛续》1/184)

按：此例正确点断方式当为："属咨岳求贤,猷轩膀道。应誉擅龚黄,举及第,敕授秘书郎。"原文因不明用典而误断。

"龚黄"化用典故,指汉循吏龚遂与黄霸,二人因善于吏治,故常代指良吏。《汉书·循吏传序》："是故汉世良吏,于是为盛,称中兴焉。若赵广汉、韩延寿、尹翁归、严延年、张敞之属,皆称其位,然任刑罚,或抵罪诛。王成、黄霸、朱邑、龚遂、郑弘、召信臣等,所居民富,所去见思,生有荣号,死见奉祀,此廪廪庶几德让君子之遗风矣。"

以上,我们从用典的角度对隋唐墓志文献著录中存在的误注、误录、缺录、失校、误断之例进行了举例辨析,从中我们也可窥知破解典故对石刻文献研究的重要作用。近年来,墓志文献不断出土,材料丰富,典故词语是墓志文献中非常特殊的一类词语,其数量可观,变体众多,且很多典故词语在字典辞书中不见收录,或收录后义项不全,有待于进一步研究、考证和挖掘。考释典故,明其源流,是石刻文献整理的一项重要工作,对词汇史、汉语史的研究具有重要作用。

参考文献

(1)顾野王《玉篇(残卷)》,《续修四库全书》228册影印本,上海：上海古籍出版社,1996年。
(2)胡戟《珍稀墓志百品》,西安：陕西师范大学出版社,2016年。
(3)胡戟、荣新江《大唐西市博物馆藏墓志》,北京：北京大学出版社,2012年。
(4)罗竹风《汉语大词典》,上海：汉语大词典出版社,1986—1993年。
(5)毛阳光《洛阳流散唐代墓志汇编续集》,北京：国家图书馆出版社,2018年。
(6)毛远明《西南大学新藏墓志集释》,苏州：凤凰出版社,2018年。
(7)毛远明《汉魏六朝碑刻校注》,北京：线装书局,2008年。
(8)潘重规《敦煌俗字谱》,台北：石门图书公司,1978年。
(9)吴刚《全唐文补遗》,西安：三秦出版社,2006年。
(10)赵超《汉魏南北朝墓志汇编》,天津：天津古籍出版社,2008年。
(11)周绍良、赵超《唐代墓志汇编续集》,上海：上海古籍出版社,2001年。

(张永惠：浙江师范大学人文学院,321001,浙江金华)

纳西语表"世代"义词族[*]

曾小鹏 武晓丽

提要： 本文结合东巴文字形和文献，运用"语义场—词族—词"的三级比较法，对纳西语表"同胞、世代、胎盘、生育、粪便"等同源词的早期音义进行系统梳理，对其发展演变做了详细说明。认为古文字字形结构所蕴含的理据，为同源词的系联、词义演化提供了重要线索。

关键词： 东巴文 核心词 同胞 胎盘

词族又叫同源词，王力先生的同源字研究实际还是同源词研究。"同源字，常常是以某一概念为中心，而以语音的细微差别（或同音），表示相近或相关的几个概念。"（王力 1982：3）纳西语属于藏缅语族彝语支，兼有羌语支的特征（孙宏开 2001：90）。当前，纳西语的研究还较薄弱，同源词几乎还是一块空白。我们运用"语义场—词族—词"的三级比较法，就是先根据一个语义场，把纳西语里相关的字词全部找出来；然后根据音义关系，把有关联的字词放在一块，对每个字词进行分析。

纳西语研究比较有利的一面，是其有一套记录宗教经典的古老象形文字——东巴文，为探究字词的造义提供了直接材料，同时，用这种文字记录的经书被世代传诵，也一定程度上保留了古语的读音。东巴文尽管已经有大量形声、假借字，但是，其声符表义性还很强。如 ᛉ [1][俄 0460]khu^{33}，表"母族"义，字从人 ᛉ [俄 0426]，从栅栏 ᛉ [俄

---

[*] 本文为贵州省哲社规划课题重点项目（项目号：20GZZD45）的前期成果。曾于第二届汉语核心词学术研讨会（四川绵阳 2017 年）上宣读，蒙黄树先等与会专家不吝赐教，谨致谢忱。

[1] 由于地理阻隔，纳西语各地方言以及文字差别较大。"谱"表示选自方国瑜所著，代表了丽江字形的《纳西象形文字谱》，方括号内的数字表示该字在书中的编号；"俄"是四川木里俄亚，编号是《俄亚托地村纳西语言文字研究》后附字表的序号；其他地名缩写有：云南迪庆州三坝乡的东坝（简称"东"）、白地吴树湾（简称"吴"）、四川盐源县泸沽湖的达祖（简称"泸"）、四川木里县的依吉（简称"依"）、丽江市巨甸（简称"巨"）；东巴文研究有三种重要字典：除了"文字谱"之外，还有李霖灿《么些象形文字字典》（简称"典"）、洛克《纳西语英语汉语词汇》（简称"洛"）。"谱"大致反映了丽江地区的代表字形，"典"的字形收录范围更广，而"洛"对字词的说解最为详备。洛克用了自创的一套记音符号，法国国家科学院的米可依据现在丽江地区的语音，将洛克记音归纳了对应的国际音标，凡是引用洛克的材料，本文先记米可转换的音，洛克记音用括号附于其后。除了上述三本字典外，所有字形、记音均来自作者的田野调查。

0921]kho²¹，义指围栏而居的部族。这种自源文字除了记录东巴经之外，历来也被用于书写家信、地契、账簿等实用性文献。因此，东巴文的文献材料比较丰富。本文考察过程中，尽量选择有字形作为依托的词，为的是更加准确地判断词的本义。

一　同胞

丽江的东巴经书有一个字[谱0283]tɕhy³³，义为"同胞，胞族，从蛋繁衍，同出一源也，又作"，该字在泸沽湖达祖村作[泸]tʂhu³³，象"蛋液"流淌之形。这个字应该是丽江的东巴后造的，其他地区都只是有词无字，读作舌尖后的 tʂhu³³。纳西东巴经记录了"卵生万物"的古代传说，经书中有句熟语叫作"tɕhy³³ tʂhɿ²¹ kv³³ mæ⁵⁵"，四个音节汉译依次为"同胞、世代、蛋、(水)尾"，喻指"由同一个蛋繁衍出一代一代的同胞"。该熟语可以汉译作"后裔"，经书中字作[谱0284]、[泸]，字形像蛋壳下冒出一根尾巴。东巴文以河流上游作"水头"，下游作"水尾"；俄亚字拉长了字形中表"流水"的部分而成[俄0270]，东坝字则省掉"蛋壳"的部分而成。

上述四地表"后裔"的诸字形与表"流水"义的几个字存在同源关系。

[俄0056]tʂhɿ²¹，岩上滴水之状，字形特点是垂直书写，又作；另一个"温泉"字作[俄0108]tʂhɿ³³、[谱0115]，又作、〔2〕，李霖灿认为字象"硝水洞"流泉之形（李霖灿1972：20）。由"流泉滴水"喻时光流逝，此字遂打通时空两域而增添了表"时间"的义项，俄亚音作 tʂhɿ²¹，丽江、泸沽湖、白地等地均音作 dzɿ²¹。洛克词典的字有两个意义：泉水 tʂhu³³；"雄性的精液"（J. F. 洛克2004：229），音 ho²¹。

自然崇拜是原始宗教里比较普遍的现象。东巴"圣地"白水台泉台左下侧有一石穹窿，洁白如玉，形如一怀孕女子，是当地群众供奉生殖神的地方；或有一股泉水从岩洞石缝中流出，也往往会吸引远近不能生育的女子到那里去求子膜拜。古汉字也反映了先民类似的情况。《甲骨文合集》第11460片中有一个字，象双手扒开门洞之形。徐中舒编《甲骨文字典》于该字下再收两个异体、。郭沫若释此字为"冥"，读为"挽（娩）"（李圃2004：1573）。杨树达亦赞同"盖挽（娩）之古文"（李圃2004：十卷1085）。字正象一双手在帮助孕妇产子之形，、二形表意程度已降低。今天"冥"字仍保留了"幽

---

〔2〕　这几个表"泉水、温泉"的字由表"小股流水"的添加"数个圆圈"而成，或数个"点状字符"，后者是前者的简写形式。关于"点状字符"，我们曾有专文讨论认为：该字符写在液体字周围，可以增添"浓、浑浊"的意义。如"药汁"[典999]、"浓茶"[典466]，以及下面说到的"精液"[洛63]。所表的"泉水"义，应该是当地喀斯特地区富含碳酸钙的泉水，尤以东巴文化的"圣地"白地的"白水台"最为有名。俄亚的"泉水"字作纵向的，正象"岩上滴水"之形。而流淌的江河"水 ndzi²¹"字作。"泉、河"的古字形区别明显，后逐渐开始混用，如"水"字在俄亚亦有横书作或的。

深、黑暗"之义,而"生育"义则分担给了后造的"挽(娩)"字。

纳西语"洞""幽深""精液"三词同音,均音 ho²¹。结合东巴文的✍字以及汉藏等诸多民族中广泛存在的"求子洞"的习俗,当与古人生育崇拜有关:用"幽暗的山洞"来隐喻母亲"幽长的产道"。

梳理一下上述几个字词的形义关系,东巴文以"卵生万物"为造字理据,造了✍、✍这组字来表"后裔 tʂʅ²¹",丽江又仿造出✍和✍来表"同胞 tɕhy³³/tʂhu³³";✍字的本义是含高碳酸钙的"泉水 tʂʅ²¹/tʂhu³³",几百年的日积月累,会在溶洞中形成"乳白色"的钟乳石等自然奇观,纳西语"精液、洞、幽深"三词同音一源,"后裔"字遂融合"泉水"字而成✍、✍二形。纳西语的"胚"作 dzʅ²¹,✍[谱 0280]kv³³ dzʅ²¹,"将孵之蛋也,从蛋(kv³³)有胚"。"胚"是孕育新生命的开始,从前述语音对应来看,dzʅ²¹ 是 tʂʅ²¹ 的古音形式。

以上诸词读音有差异,其实都是同源词。从纳西各地方言间的比较,可以发现声母(n)dʐ(dʑ)与 tʂh(tʂ)、tɕh(tɕ)有对应关系。如:

刺枝:[泸]tɕhi³³ ndʐʅ¹³³——✍[谱 0182]tɕhi³³ tʂhə²¹

泥巴:[东]ndʐæ²¹ dʐʅ¹³³——[吴]ndʐæ²¹ tʂhiw³³

儿媳:[东]tʂhu³³ me³³——[泸]dʑe³³ me³³——[俄]dʑe³³ me³³

腥臭:[泸]tʂhʅt³³ bu³³ nv³³——[俄]ndʐʅt³³ nv²¹

野兽:✍[谱 0337]dʐʅ³³(豹)la³³(虎)bə³³ tʂhə⁵⁵——[俄 0321]zʅ²⁴(豹)la³³(虎)bə³³ tɕhə⁵⁵

伸(手):✍[谱 0605]tʂhu³³——索取 dʐu³³

土:[东]dʐʅ³³——[吴]tʂhiw³³——[泸]tʂʅ³³——[俄]tɕiw³³

上举"伸✍tʂhu³³"一字还可以表另一个引申义"索取 dʐu³³",可见 tʂh 与 dʐ 确有密切关系;"土"一词的读音,在各地方言里分别有 dʐ、tʂh、tʂ、tɕ 四种声母。东坝的纳西族称作"汝卡",作为纳西族诸多支系中的一支,李霖灿认为汝卡地域"可能为象形文字之原始地域"(李霖灿 1972:125),这里的语言和文字保留了原始纳西语的诸多成分。东坝保留的浊塞擦声母可能最古,我们推测,其他几个声母是语音演变的结果。

关于纳西语语音的演化,和即仁、和志武从东巴经的古语中发现了声母 dz 是个较古的音,在丽江、永宁等地有变为 z-s、x-ɕ 的情况,此外,各地方言有 z-s、x-ɕ 对应的关系(和即仁、和志武 2009:123),但仅仅举了几个简单的例子,并未从各地方言材料中做系统归纳。纳西语音的演化有一些与汉语相类似的路径,比如上举诸例大致表现为 dʐ/dʑ>tʂh/tʂ>tɕh/tɕ 的趋势,但其清化、腭化的条件还不甚清晰。从目前我们所调查的纳西方言间的比较来看,舌根、舌尖和舌面声母存在对应关系(曾小鹏 2014:22—24),但这个过程发展不均衡,表现也比较复杂,某些词在不同方言的读音代表了语音演变的不同阶段;同一方言内部,不同的词其语音演化的进程也不一致。

俄亚的 ⸺[俄 0056]tʂhɿ²¹ 字由"岩上滴水"喻指"时光 tʂhɿ²¹",又常用作"世代 tʂhɿ¹³³"。经书中"世代"义也另有专字作 ⸺[俄 0438]tʂhɿt³³、⸺[吴]tʂhər⁵⁵、⸺[洛]tʂhər²¹。三字读音差异除了方言的差异之外,也与记音人的听感偏误有关。ɿ 是紧元音,音质接近卷舌的央元音 ər。(曾小鹏 2014:25)

那么"世代 tʂhɿ¹³³"一词的本字应该是 ⸺,还是 ⸺ 呢?

⸺ 字由"岩上滴水"引申作"时间",加之该字用作"精液"字,以及作为"后裔"字的构件;字形上,由连续的两排"点状字符"直观地表达出"由一个祖先(蛋卵)繁衍出的世代",所以,⸺ tʂhɿ²¹ 字引申作"世代 tʂhɿt³³"字也是比较自然的。李霖灿的《么些标音文字字典》45 页中,"世代 tʂhʌr⁵⁵""精液 tʂhʌr²¹dʑi²¹(传宗接代的液体)""腐烂 tʂhʌr³³"[3] 三个词音近同源。

关于 ⸺ 的字源,洛克(2004:53)认为"此符号表示一根断了的棍子"。洛克的观点可能是受到另一个形近字的影响,俄亚的"弯 gi²¹"字写作 ⸺[俄 1009]、⸺,"折断 khi³³"字作 ⸺[俄 R04],字象树倒弯折形;又作 ⸺[俄 1010],旁边的"点"状字符表示折断形成的碎末。所以该字可转意[4]作"腐烂、朽木 tʂhər²¹"。但是,"弯、断"乃至"腐烂"都难以与"世代"产生词义联系,如果不是假借,"⸺ 世代 tʂhɿ¹³³"字应该另有其始[5]。下面的材料说明,"⸺"字作为经书中"世代"的专字,并非同音假借那么简单。

洛克词典中 ⸺ 字的前一字是 ⸺,该字读音与"世代 tʂhɿ¹³³"同音,是作为哥巴文而收录的。哥巴文是记录纳西经书的另一套标音文字系统,创始时间晚于东巴文,但也已经流传很久,一般认为哥巴文是由东巴文简化,以及借用部分其他民族文字而来。但是,从 ⸺ 的字形来看,象某种液体交融之形:东巴文表血液、奶等液体多用 ⸺(血)、⸺[谱 0930](奶)、⸺[吴](奶);而东巴经表示"交会"义的字,如"天地相汇",字作 ⸺[俄 0066]、⸺[谱 0073]、⸺[泸]、⸺[东],这几例纳西语可汉译作"天(mv³³)和地(dy²¹)交合(tʂɿ⁵⁵)、做变化(pu³³ba³³be³³)"。天地之间交会的图符正与 ⸺ 字相合。

由此,结合 ⸺ 字的形与音,我们认为其表达的正是"血脉交融、繁衍、接续"的意思。该字在洛克的字典中有多个异体作 ⸺、⸺、⸺,它们读音一致,且在同一页,只不过洛克没有看出它们之间的异体关系,而 ⸺ 字可能为这组字的简写形式[6]。李霖灿(1972:123)亦认为 ⸺ 字非"折断",应作"世代也,画一级一级之形,以之象征世代之联续"。李氏否定

---

[3] "腐烂 tʂhʌr³³"应该与"秽 tʂhʌ⁵⁵"同源。这个材料可以佐证我们下面的观点:与"流水"字形有关的表"同胞"义的词,和从"胎盘"引申的表"世代"义的词,是基于"生育"概念的同源词。

[4] 在东巴文中有一种用一个字形记录几个意义有某种联系而语音没有关系的词的现象,如"⸺ mi⁵⁵ 火"转意作"红 xy²¹"。转意与词义引申、假借有相似但实则不同,本义和转义多是词义系统之外的某种事理关系(喻遂生 2003:72)。

[5] 后面在关于"胎盘"的分析中,"⸺"字可能仍然与"生育"义的词有同音假借的关系。

[6] "⸺"字可能还有另一种来源,本文后面再做考释。

了〇字与"折断"在字义上的联系是对的,但并未找到正确的字源。本文第二部分将继续从〇、〇字追索下去。

综上,〇[谱]tɕhy³³(同胞)、〇[泸]tʂhu³³语音相通,都表示"一个蛋繁衍的后代",语义上引申出"世代tʂɿ¹³³"以及"时间tʂɿ²¹(dzɿ²¹)"。这些概念中都有"连续、接续不断"的核心义素,以下这些词具有同源关系:

〇[俄1064]字作"悬、吊tɕhi³³"义,又作〇[东]tʂɿ³³,有"持续(悬挂)"的意思;

打酥油茶的动作"tʂɿ⁵⁵",因为需要反复上下抽拉茶筒〇[谱0911],让奶油、茶叶和盐巴充分溶解;

不断气地吹叫作sa⁵⁵tʂu³³(李霖灿1972:44),sa⁵⁵是吹气,tʂu³³是"不间断"的意思;

〇[典1207]tshæ,木钻,因为钻木时要带动钻头连续旋转;

〇[俄0814]tse³³ma²¹,火镰,一种原始的打火工具。用它打火的动作叫tse³³,也是反复多次地撞击打火石;

〇[典668]wa³³tʂʌr⁵⁵,骨节、关节,画骨节相连之形,wa³³是骨头,tʂʌr⁵⁵有相连之义,喻家族同胞骨肉相连。

〇[俄0611]go²¹tɕhi⁵⁵,哼唱。在婚庆、过年时,来宾围坐在火塘边,一遍遍地哼唱着祝福的歌,长达一两个小时。go²¹是"唱"的意思,tɕhi⁵⁵有"重复不断"之义。丽江字、音稍有差异,〇[谱0650]gu²¹tɕhi⁵⁵又gu²¹dzər³³。

二 胎盘

前文已述,〇tʂɿ¹³³可能是"世代tʂɿ¹³³"字的繁体,象"血脉交融"之形,表达"孕育生命"以"延续后代"的意思。这个意义与另一个读音相近的,表"秽"义的字有关。东巴经中有大量"除秽"仪式的经书,"秽"字在各地经书中有两类字形:

甲组:〇[典663]tʂʌ⁵⁵ 〔7〕〇[谱0781]tʂhə⁵⁵ 〇[鲁甸]tʂhə⁵⁵ 〇[洛]tʂhə⁵⁵

乙组:〇[典113]tʂhʌ⁵⁵ 〇[谱0781]tʂhə⁵⁵ 〇[俄0730]tɕhə³³ 〇[洛]tʂhə⁵⁵

方国瑜释〇字"象(秽)气缭绕",并收录了多个异体字〇、〇、〇。这可以告诉我们,上述甲组实际是乙组的繁体。由于字形差异较大,李霖灿和洛克都没有看出它们的联系,分作两字收录,而鲁甸只有繁体,俄亚则用的是简体。

方国瑜尽管看出了两组字的繁简演化关系,却没能辨出字的本义。洛克和鲁甸的东巴认为甲组字是"粪便(屎)"的图形。李霖灿释〇象"胎胞"形,但未确指是胎盘还

---

〔7〕 此字李霖灿先生记音可能有误,应为卷舌音,因为该字作声符的1836、1837号字均作卷舌tʂh。

是胞衣。

我们认为甲组是"胎盘"之形，作为"秽"字，从造字表词角度而言，当属"指事"一类，即画成其物，表达较为隐晦的意义。

❀字实际上是❀字的异体写法，后者从字形上更像胎盘。胎盘呈圆盘状，中间厚边缘薄，尤其是羊的胎盘外还长有数个奶泡（见下图），与此字更像。由于妇女产子之后，胎盘往往当作不吉之物而埋掉或者丢弃，因此，"胎盘"又引申出了"不洁净"的意思。

长有数个奶泡的羊胎盘

洛克"胎盘"字作❀[洛 58]，音 ch'ou^{55} hu^{55}（tʂə^{55} hu^{55}），英译作 placenta（胎盘）和 After-birth（胞衣）。这是一个字组，从❀ tʂə^{55}、❀（胃）hu^{55}。纳西语的"胃"按照动物的反刍类与非反刍类分成两种，hu^{55} 是反刍类动物的胃，非反刍类的读作 dv^{21}。胃形如皮袋，纳西语的 hu^{55} 词义扩大，可指"胎盘、胞衣"这一外形相似的器官，又进一步虚化为"保护、阻止"。之所以用 hu^{55} 而不是 dv^{21} 来指称"胎盘"，也许缘于反刍类动物的胃具有暂时存放食物的特征，而这正与孕育胎儿相类。tʂə^{55} 和 hu^{55} 复合成一个词，字面上的意思应该是"不干净的胃（袋子）"。

除秽是东巴经常做的仪式，"❀秽"字在传抄中不断符号化：❀/❀—❀—❀—❀。导致了形体的讹变，"胎盘"作为本义，随着字形表意程度的下降而鲜有人知晓了。鲁甸东巴和学东给❀字做出的解释也是"大便的臭气"。我给他提供了有关的东巴文字形和图片，请他再跟其他丽江东巴了解一下❀字的意思，几天后他答复该字确实是由"胎盘"字变过来的。

甲组与乙组应该看成古今字的关系。❀字由于书写简便，成为各地表"秽气"义的专字。在达祖、白地、俄亚等地的东巴已经不识❀（❀）字，但丽江、鲁甸则❀、❀（❀）二字俱全，洛克甚至将它们作为同音字对待。这种历时的古今字在文献中共现为异体字的特殊现象，与纳西东巴经的流传有关。过去因地域阻隔，文字的符号化进程在各地东巴之间并不平衡。而丽江逐渐成为经济文化中心，各地纳西移民陆续迁徙于此，不断集中了不同时期、地域的经书，因此这里既可以看到文字符号化之后的今字，也融入了古字。

因为不明古今字的缘故，李霖灿释✎字"象秽气之形"，洛克则"据说象腐烂的腱或肠子"，多属臆断揣测，自然也是拿不出确实证据的。

古文字在传承中，随着字形表意程度降低等原因，后人会依据当时的词义重新解释字的结构，甚至改变字的写法以体现新的构意，王宁称之为"理据重构"[8]。

✎"胎盘"字被理解成"粪便（屎）"，就属于理据重构。除了该字字形非常像"一坨屎"，字音和字义上，它们也有可以联系起来的地方。

先说字音。"屎"在纳西各地方言呈现出两组相对应的读音：

1. 声母是 kh——tɕh。如"陨星"，纳西语的意思是"星星（屙）屎"：

✎[俄 0027]kɯ²¹（星）khi¹³³——✎[谱 0030]kɯ²¹ tɕhər³³

[泸]kɯ²¹ khe³³ rər³³（屙）、[东]kɯ²¹ khæ²¹——[吴]kɯ²¹ tɕhər³³

2. 声母是 tsh——tɕh。如星宿名"猴屎"：

✎[谱 0005f27]zy²¹（猴）tshi²¹——✎[俄 0005]zy²¹ tɕhi³³

前文已述纳西语音舌尖与舌面声母有演化关系，舌根音与舌面声母也有对应关系。这两组中前一个舌尖和舌根声母可能是较早的古音，后一个腭化声母就应该是晚起的。其中，俄亚方言中既有 khi¹³³ 又有 tɕhi³³，丽江方言也是 tshi²¹、tɕhər³³ 并存，两地在一些古词中均保留了古音。我们发现，晚起的"屎"音 tɕhər³³、tɕhi³³，以及较早的 tshi²¹，都与"秽"在方言中的两种读音 tɕhə³³ 和 tʂhə⁵⁵ 是比较接近的。在俄亚、东坝方言中，尽管"屎"字声母还保留着古音 kh，但"屎"的引申义"臭 tʂhɿ¹³³"的读音同当地的"秽"是同音的。"屎"和"秽"字读音上的相近甚至一致，的确容易让用字者将✎这组字与"屎"联系起来。

再说字义。从原始澳泰语和汉藏语系有关身体词的研究来看，表"腹、肠胃"的词与"粪便（屎）"义有密切关系（黄树先 2011：53）。今天汉语仍把腹泻叫作"拉肚子"。而藏缅语族中，"腹"跟"怀孕"关系很近，比如明朝以来，通奸怀孕叫"私肚子"，现代汉语怀孕也说"大肚子"（黄树先 2011：51）。而"怀孕"与"子孙"的关系更加紧密。一些语言中，"腹、抱、怀孕、胞衣、洞穴"等诸多义项有明显的同源关系（黄树先 2007）。

比如纳西语"胃✎[谱 0736]dv²¹"和东巴教的"阳神✎du²¹"读音相近。在宗教

---

[8] 汉字演进中也有很多这种情况。"射"字金文作✎，小篆作✎，弓形变成"身"，箭形变成了义化构件"矢"，会以身体射箭的意思。又作✎，把表示手的"又"变成了"寸"，在小篆里，凡是具有法度意义的行为，字从"又"的都变"寸"，射箭与礼仪规范有关，所以"又"变"寸"。王宁《汉字构形学讲座》称之为"理据重构"。

仪式中,常用一个呈三角状的白色岩石代表"阳神"。在纳西东巴经中,记录阳神 ☖ du^{21} 的还有多个异体字作 △、☖ (J. F. 洛克 2004:410—411)。洛克认为该字字源是"男性的生殖器"[9]。此外,"☖ 犁(具)dv^{33}""种(地)du^{21}""点(种)☖[泸]du^{21}、☖[东]du^{21}",与"阳神 ☖ du^{21}"音近义通,这组字从语源上看同表"男性生殖器"的概念有关;而"睾丸 ☖ ʐər^{33}"又与"种子 ʐi^{55}""☖[谱 0848]犁地 ʐi^{55}"音近同源。在人类普遍存在过的"生殖崇拜"下,将翻土耕种的"犁具",以及播种的过程,与人类的生殖繁衍联系起来(武晓丽、曾小鹏 2017)。东巴经俗语"来历"写作"☖[谱 0845]pɯ^{33} lɯ^{33} ʂu^{33} mu^{21}",其中,"lɯ^{33}"义为"种子","ʂu^{33} mu^{21}(铁范)"字作 ☖[谱 0844],即铸犁铧之铁范。"犁铧 ☖[谱 0846]tʂʅ^{33}"是犁具的最前端,也是最重要的部件,丽江宝山方言更读作卷舌的"tʂʅ^{33}"(和丽峰 2012:394),显然与前述"世代 tʂʅ^{33}"义的词同族,都含有与"生育"有关的意义。在纳西祭祖仪式的现场中心位置,要竖一个锃亮的犁铧以代表祖先,以往学者认为用它象征祖先居住的"居那若罗"雪山。然而,上述词源材料说明,更有说服力的解释是:用"犁铧"所象征的"生育"意义来代表祖先。

综上,"秽 ☖ tʂə^{55}/tɕhə^{33}"字的繁体"☖"应该是描绘"胎盘"之形,"污秽"义即由此出。但因为纳西语"屎 khi^{133}/tɕhər^{33}"的读音与"秽"接近,"屎"的属性"臭"与"秽"意义可通,因此,把"☖"字的原型认作"屎"就很自然,☖ 字便是鲁甸东巴基于此的理据重构。"☖[谱 0642]洗 tʂhər^{33}"以及"腐烂 tʂhər^{33}"显然也与"臭"同源。

胎盘与胞衣是连成一体的,汉语"胞衣"也有"子宫"的意思。纳西语的"胚胎"一词没有专字,从字面意思是"男孩女孩围住的房子"(J. F. 洛克 2004:656),"胎盘 ☖(连同胞衣)"就是孕育新生命的地方。我们可以发现,作为"☖"的异体字,☖ 字形上与同组其他字有些不同,李霖灿云"画胚胎之形"。此字下另收一单字作 ☖,"此字无意指,全用其音"(李霖灿 1972:54),联系 ☖、☖ 二字字形与音义,疑似胎盘上的"脐带"之

---

[9] 纳西语的"男性生殖器"有两个词:☖[谱 0680]tʂua^{21} ɣɯ^{33} nɯ^{21} za^{21} ʐʅ^{33},直译为"好男下福路(好男人有将精液射到路上的能力)",这是经书中的用语;☖[洛 457]ȵi^{21}(nyi^{21}),又作 ☖。[洛 456]"人奶"也音 ȵi^{33}(nyi^{21}),而"吮吸(奶水)"与上字同音;"(雄性生殖器)精液 ȵi^{21}"字作 ☖[洛 457],鱼 ȵi^{21}(nyi^{21})做声符;而有趣的是,纳西语"太阳 ☖[洛 457]"也音作 ȵi^{55}(nyi^{55})。我们认为这几个词有同源关系:"精液"与"人奶"视觉形态接近,"男性生殖器"与"精液"、"吮吸"与"人奶"分别构成"器官—其排泄物"和"行为—对象"的语义关系,而"太阳"意味着"生命之源"。纳西语"精液"还有另一个词作 ☖[洛 229]ho^{21}(ho^{21}),该词与"洞、深、肋骨"同音,纳西谚语认为自己的血肉来自母亲,而身体的骨头是父亲传下来的,所以洛克把 ho^{21} 译作"繁衍后代的精液、精液的精灵"。这样来看,"精液 ȵi^{21}"着眼于其视觉形式,而 ho^{21} 强调其繁衍后代的功能。纳西语中"精液"和"人乳"同词的现象还不止于此,洛克字典 63—64 页 tʂhua^{21}(ch'wua^{21})为词根,除了记录"精液、乳牛、挤奶"外,还有"男人、雄鹿"的意义。

形,字形简化而成。"脐带"是母子血脉交融的纽带,意义进一步凝练而成"世代"义。字所表的"世代"义已较抽象,后来习字者不明其造字本义,字形简化为。在东巴文形声化的过程下,因为祭祖仪式中常插一根松枝来代表祖先,所以,于字上添加形符（松 tho33）而成异体字,这是从松, tṣhʅ¹³³声的加形亦声字。

前一部分引出""的字源问题时,介绍了洛克"此符号表示一根断了的棍子"的看法,但是他没有说明"断"与"世代"意义上的演化关系。很大的可能是,洛克(2004:430)认为二者语音相近,他记录"折断"的音是 t'khye³³,转换成国际音标为 tɕhye³³,与丽江的"同胞 tɕhy³³"还是很接近的。

三　余论

可以将上述两节以"同胞""胎盘"为中心的几个词之间的演化关系,进一步细化为"胚、流泉、胎盘、太阳"等四组同源词的讨论,经梳理其字形和音义关系,分别按甲、乙、丙、丁排列并绘制成如下语义图。每组语义演化的节点分别使用不同的图形。黑心箭头表示词义引申,空心箭头表示词义演化的方式是"转意",其中,由"犁"到"犁铧"那段,因为字形已经变化,不属于转意的情况,但为简化符号,借用了空心箭头表示词义间的联系。

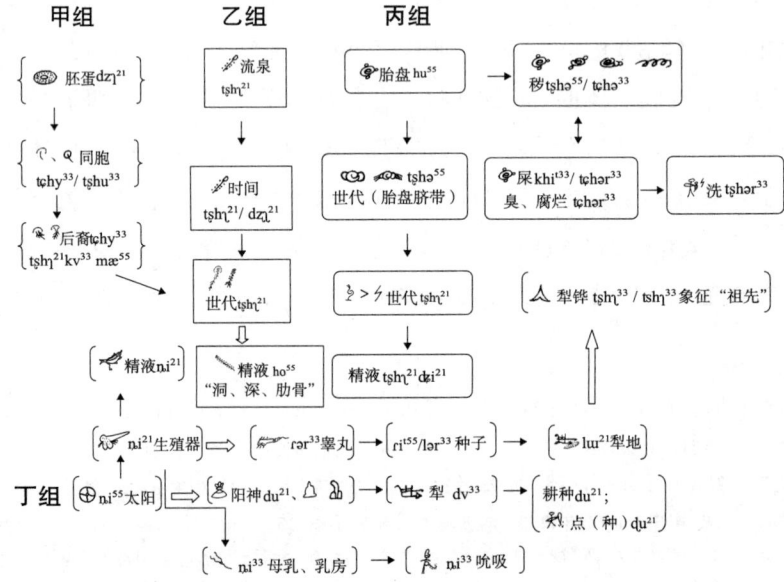

从上图可见,"世代 tṣhʅ²¹"的词义有两个来源:一个是由甲组"卵生万物"义、乙组"源远流长"合并;另一个是由丙组胎盘、脐带的"孕育"新生命,连接母子的功能引申而来。丁组的"太阳"在纳西语是代表"阳神",核心义是"生育",又演化出三小组同源词:

1. 男性生殖器＞精液＞母乳、乳房＞吮吸(小孩吃奶);

2. 男性生殖器＞睾丸＞种子＞犁地＞犁铧 tʂʅ³³；

3. 阳神(生育之神)＞犁具＞耕种、点种。

第 3 组的"犁"和第 2 组的"犁地"是"工具—功用"的关系。纳西先民以身喻物,犁具上的"犁铧"与"男性生殖器"不仅具象可以类比,前者负责破土以便下种,确实与后者的传宗接代有功能上的相似性。因此,"犁铧 tʂʅ³³"与前述三组演化来的两个"世代"音近义通,可以看作纳西语"tʂʅ³³"一词的三个义项：〣表宗族的"延续",表"持续"义的其他同族词应该源自于此；彡强调代际间的"孕育"关系,所以,从松半、彡 tʂʅ¹³³ 声的字在祭祖经典中表示对"祖先"的崇拜；而 人犁铧的实物被放置在道场的中心,因为经书中不写该字,久而久之,"犁铧"所象征的"祖先繁育后代的功劳",被重新理解为以犁铧自身"形体"代表祖先回归之地了。

从图中可以看出,纳西语表"精液"的三个词各有来源,词义各有侧重：由丁组的"男性生殖器"引申,并以"乳白色液体"的特征,再引申"母乳、乳房、吮吸"义；乙组以"溶洞"中的"流泉"引申出"世代",与广泛存在的"求子洞"习俗有关,由"(溶)洞 ho⁵⁵"引申出"精液 ho⁵⁵",表达出对"生殖"功能的崇拜；丙组的"精液 tʂʅ²¹ dʑi²¹",是由彡 tʂʅ²¹ 和"dʑi²¹(水、液体)"做词根的复合词,意在其"延续祖先血脉"的功能。

文字是记录语言的工具。相对于漫长的人类语言发展,文字的历史显得有些微不足道。然而,表意文字作为最早的文字类型,通过梳理字形的结构理据,可以为我们提供比较直接、可信的早期词义的线索,于核心词的研究而言,值得充分重视。黄树先(1992、2009)在藏缅语族核心词研究中,经常利用汉古文字的材料来系联同源词族。从文字的发展来看,纳西东巴文比甲骨文要更原始,各地东巴经里还保留了不少异体字、古语和古词,这是探索纳西语同源词的有利材料。

本文是这方面一次初浅的探索,敬祈方家指正。

参考文献

(1) 王力主编《同源字典》,北京：商务印书馆,1982 年。
(2) 孙宏开《纳西语在藏缅语族语言中的历史地位》,《语言研究》2001 年第 1 期。
(3) 方国瑜《纳西象形文字谱》,昆明：云南人民出版社,1995 年。
(4) 和即仁、和志武《纳西族的社会历史及其方言调查》,《纳西族社会历史调查》(三),昆明：云南民族出版社,2009 年。
(5) 黄树先《说甲骨文"帚"》,《语言研究》1992 年第 1 期。
(6) 黄树先《比较词义的几个问题》,《汉藏语学报》(创刊号),2007 年。
(7) 黄树先《汉语核心词"鼻"音义研究》,《语言研究》2009 第 2 期。
(8) 黄树先《汉语核心词"腹"音义研究》,《中文学术前沿》(第二辑),杭州：浙江大学出版社,2011 年。
(9) 沈家煊《转指和转喻》,《当代语言学》1999 年第 1 期。

(10) 李霖灿《么些象形文字、标音文字字典》,台北:文史哲出版社,1972年。
(11) J.F.洛克《纳西语英语汉语词汇》,昆明:云南教育出版社,2004年。
(12) 黄布凡主编《藏缅语族语言词汇》,北京:中央民族学院出版社,1992年。
(13) 徐中舒主编《甲骨文字典》,成都:四川辞书出版社,1989年。
(14) 李圃主编《古文字诂林》,上海:上海教育出版社,2004年。
(15) 喻遂生《纳西东巴文研究丛稿》,成都:巴蜀书社,2003年。
(16) 武晓丽、曾小鹏《纳西语"身物互喻"构词拾零》,《湖南科技大学学报(哲社版)》2017年第5期。
(17) 曾小鹏《俄亚托地村纳西语言文字研究》,北京:民族出版社,2014年。
(18) 曾小鹏《一个特别的东巴象形文造字符🝆》,《华西语文学刊》(第五辑),成都:四川文艺出版社,2011年。
(19) 和丽峰《宝山吾木村乾隆五十九年东巴文地契译释》,《学行堂语言文字论丛》(第二辑),成都:四川大学出版社,2012年。

(曾小鹏、武晓丽:贵州财经大学,550025,贵州贵阳)

水书"反书"新探*

韦荣平

提要： 水书以"水书习俗"为现实存在形态，在前人研究基础上，提出水书"反书"源于"水书习俗"与主流习俗之"反"；"反书"别义是后起的；"水书习俗"中诸多"正"与"反"的观念，在他者叙事下，"反书"的认知得到加强和固化。

关键词： 水书　反书　水书习俗

水族水书，水族通称"$le^{24}sui^{33}$"（泐睢），指水字和以其书写的宗教典籍[1]，书籍是其主要载体，也是2005年9月贵州申报国家级非物质文化遗产最初的项目名称，文化部以"水书"公示，后又经专家论证，认为"水书不仅指水文字还包括诸多与其相关的民俗事项"，2006年，国务院最终认定为"水书习俗"。据此，水书"反书"不仅考虑水族文字的特征，更应关注与水书如影随形的"水书习俗"。结合"水书习俗"所形成诸多"正与反"的二元相对认知域，在他者叙事视阈下，水书"反书"认知思维在社会上得到较普遍的传播。本研究在梳理水书"反书"研究成果和实地调研基础上，指出水族文字的"反"写仅是"水书习俗"的"可视"部分，水书"反书"源于与主流习俗相反的"水书习俗"。

一　水书"反书"概述

水书"反书"，不是指"串联宣告反叛的文书"[2]，以往主要指的是文字的倒写、反写、斜写现象，而且是相对汉字来说的。具体如下：

水书"反书"的研究，发轫于岑家梧的《水书与水家来源》："汉人以其字形间或反写，

---

* 本文为国家社科基金项目"水族古籍的整理与文献学研究"（项目号：19CTQ015）、"贵州民族大学基金科研资助项目"（项目号：GZMUSK[2019]YB11）成果。实地走访、调查受贵州民族研究院副院长韩荣培先生之邀，参加其"水族现状调查"课题组（2018）到水族地区调研。水书先生蒙耀明、杨胜昭、韦国权、韦荣伟及水书研究专家潘朝霖、蒙耀远先生在写作过程中给予很多帮助和指导，在此一并致谢。

[1]　"水书""水字"沿用曾晓渝的界定。见曾晓渝《水族文字新探》，《民族语文》2004年第4期。
[2]　张博《"反书""变事"及"变告"》，《古籍整理研究学刊》1996年第3期，第44页。

又名之为反书。此种文字,除鬼师外,普通水家人多未认识。然其应用极广,水家一举一动,均受水书限制,其于水家生活,影响颇巨。"文中根据水书传说故事初步解释水字字形的特点:"道人又恐圣人知其笔迹,复将其水书反写倒写,且施行秘密记号,故今水书多反写倒写",进而推断"水书系一种被压迫民族所用的文字"〔3〕这一结论。张为纲《水家来源试探》说:"水家文字,俗称'反书',其自称曰'水书'……今日'水书',已失却其文字之功用,转而为咒术之工具。然细考其字形,竟有与武丁时期之甲骨文极为近似者……今水家之所以'鬼名'繁多,所以尊崇巫师,所以有为咒术用之'反书',皆可为殷代文化遗留之铁证。"〔4〕以水家文字证明"今之水家,盖即殷之遗民",其中以"人"字为例子借助北美文化寓意曰:"文字倒写示死亡或通于鬼神之意"。20世纪40年代这两篇文章观点里"反书""鬼师"是从汉字视角来观察水书及其主要载体,参照点为汉字及其文化。"反书"的论据为"字形的反写倒写"和"水书创制传说故事",点出了民族关系对水书习俗的影响。

　　新中国成立后,经地方政府和本土研究人员搜集、整理译注,产生了一些影响颇巨的力作:水书经典(入选国家珍贵古籍名录)被译注和研究,如《水书·金用卷》《水书·正七卷·壬辰卷》《丧葬卷》《寅申卷》《婚嫁卷》《秘籍卷》《金用卷》《正五卷》《金银卷》《泐金·纪日卷》等。在水书研究和水字资料不断丰富的前提下,水书"反书"的研究也得到深化。这期间,水书"反书"的概念基本上是指与汉字对比字形上的反写或异写,主要如:"水字"中有一些像是反写的汉字,所以当地的汉人又称它为"反书",可分吉凶两类水书〔5〕;水族文字"有一部分是汉字的反写……因此,水族人民群众又称《水书》为《反书》",水书可分为阴阳文体〔6〕;水书是"将若干汉字反写,侧写或斜写"〔7〕;水书"反书",这是将水族文字与汉字相比较而言的,反写、倒写,这类文字比例不大,主要是天干地支和少数常用字,但使用频率高。"反书"产生的原因,传说都认为是"冲突"后所导致的。水族文字"反书"的成因肯定是复杂的,具体地说:是文字本身的异体性、民族压迫的逆反性和文字载体的神秘性这三个主要因素所致〔8〕。韦宗林教授在水书"反书"的研究中看到了除文字形体之外的因素,如民族性、水书的神秘性等,这些都可归为"水书

────────

〔3〕 岑家梧《水书与水家来源》,原载《西南民族文化论丛》,1943年;后收入三都水族自治县文史研究组编《水族源流考》,1985年。
〔4〕 张为纲《水家来源试探》,原载《社会研究》1945年第36期;后收入三都水族自治县文史研究组编《水族源流考》,1985年。
〔5〕 王国宇《水书与一份水书样品的释读》,《民族语文》1987年第6期,第20页。
〔6〕 陈昌槐《水族文字与〈水书〉》,《中央民族学院学报》1991年第3期,第64页。
〔7〕 冷天放《"水书"探源》,《贵州民族研究》1993年第1期,第121页。
〔8〕 韦宗林《水族古文字"反书"的成因》,《贵州民族学院学报》1999年第4期,第23页。

习俗",这为进一步探讨水书"反书"提供了路径;由于水字中的汉字借字往往是汉字的反写、倒写、侧写等,所以当地人习惯把水书又叫作"反书"[9];此后的多数文章都围于"水书反书是汉字的反写倒写"这种思想,如高慧宜认为:水字中借源字和自造字中与"正书"写法在方向上不同的文字……反书可以分为别义反书和非别义反书,提出"水书长期以来没有发展成为一种完备的文字体系,缺乏文字的规范机制,形成了以借源字的反书为主,自源字的反书为辅的别具特色的水书'反书'"[10];刘杨翎、刘本才认为:"表示同一个意义的文字,在读音不变、意义不变的前提下,异体字形可能会出现字向互为倒置的情况,这种现象称为'反书'。""古汉字、彝文、壮文等民族文字系统中也存在反书现象,唯独'水书'因其存在反书现象而被转称为'反书'",并点出"水字与水书是一个有机整体,离开水书空谈水字的性质难以解释清楚水字作为一种文字系统的特点",还指出研究水字特征必须结合水书进行,意识到了水书水字的整体性。[11] 还有其他论述水书水字与汉字、汉文化有密切联系的文章,如坦龙(1986),雷广正、韦快(1990),王品魁(1991),刘日荣(1994)。

综上,目前水书"反书"的研究成果,有两个问题没有处理好:(一)水书"反书"应在何种视阈下分析?(二)水书"反书"是自称还是他称?

首先,以往水书"反书"研究从水字形体出发,参照汉字,得出"反书"的认识,尔后看到要较为系统释读水字"反书"原因,还要看与水书关涉的其他民俗事项,需要考虑水书具体生态因素越来越多。其实早在2006年国务院批准认定为"水书习俗"时,专家论证过程充分说明了仅仅依靠水字或水书不能很好释读水族的这一传统文化符号,必须要充分考虑其构件。即水书或水字单独拿出来除了文字学意义之外,它是死的,是无用的文本或陌生的符号。水书或水字离开了使用它的水书先生,对于民众来说它仅是一种符号。也就是说此前的水书"反书"研究大多从文字学视角进行分析,后期看到了此理路的局限,但未进一步深究。"水书习俗"的内涵和外延包括了水书的运用者和服务对象,围绕"怎样服务好民众"所关涉的诸多物项和事项,以及因此累积而形成的意识行为或文化习惯,这是新文化理念的启示。所以,要想明了水书"反书"究竟为何?须把水书"反书"置于"水书习俗"文化视阈下进行分析。另外,从科学研究的角度来说,水书的研究渐趋规范化。在水书视阈下,水书习俗和水书一样,所指基本明确,不必再加书名号或引号,下文将依此阐释。

---

[9] 曾晓渝《水族文字新探》,《民族语文》2004年第4期,第15页。

[10] 高慧宜《水族"反书"特征探究》,《华西语文学刊》2011年第2期,第96—102页。

[11] 刘杨翎、刘本才《水字"反书"成因及文字学意义》,《重庆社会科学》2018年第5期,第118页。

其次，水书"反书"研究中涉及的巫师、鬼师、汉人、当地人、当地汉人，存在自称和他称相混的状况。因为从水族巫师、鬼师到水书先生的称呼中，他者视角到自我视角的转变有迹可循。从带有贬义的称呼到敬称的转变，可知水族人不会把日常生活中所敬重的水书执事者[12]称为巫师或鬼师；当地人、当地汉人更是需要明确，是操当地汉语方言的水族人还是当地方言人或其他？据调查，很可能在水语区[13]与非水语区接壤地区最先流行水书"反书"的说法，因为这些区域的一部分水书先生深谙汉语区"正五行"和水语区"斗首五行"的"相反"推演。在水书先生有限的汉字、汉文化知识和民众不识水书水字背景下，"水字是汉字的反写"似乎是比较有说服力的理据。但实际并非如此，水书"反书"是源于与主流习俗"相反"的推演，详如下文。

二 水书执事分析

水书执事，即水书先生用水书服务水族民众的过程，水书先生一般称为"用事"。与水书习俗共现较多且关系密切的水书名词是水书文化，从水字研究开始的水书文化研究，基本上是水书习俗研究的成长史，即从文字为切入"点"逐渐涉及水书"面"的研究。前期水字"反书"的研究为我们打开了思路，现在梳理一下水书"反书"的始源。

水书文化或水书习俗的研究一般都把水字、水书文本、水书先生及相关民俗事项纳入视阈内综合阐释，从这一角度来说，我们或许可以对水书习俗做一粗略定义：水族社区内与水书水字相关的水书先生及其关涉的诸多民俗事项或意识行为。据此，我们开始考虑水书先生和水书结合后怎样执事？就是"活起来"的水书怎样干预水族人民的日常生活？

众所周知，水书执事基础是基于汉文化的阴阳五行，相关论述如：水书是阴阳五行观念与水族原始宗教信仰相结合的产物。巫师在整理记录传统巫术经验时，按自己的理解将汉文化中的阴阳五行、天文历法等思想内容吸收糅合[14]；五行是水族历法和水书的基础，这套概念却不是水族自创的，而是历史上来自于汉文化，所指至今与汉族的理解相同[15]；坦龙(1986)，戴建国、蒙耀远、文毅(2012)等也从不同角度论述了类似的

---

[12] 水书执事者：水书习俗现实场域中，水书先生以水书卜算为民服务，"水书执事者"在描述水书与水书先生二合一的关系中更为贴切。

[13] 水语区：本文指的是操水语的实际分布区域，包括会操水语的其他民族群体。相对地，汉语区指操当地汉语方言的各族人群，包括水族人。

[14] 刘日荣《水书评述》，《中央民族大学学报》1995年第6期，第90页。

[15] 张振江《水书与水族社会——以〈陆道根源〉为中心的研究》，第11页，中山大学出版社，2009年。

观点。但并没有细究水书执事过程,从而展现水书习俗阴阳五行与汉族"正五行"的具体关系。

得益于数月的"水族现状调查"课题的田野实地调研,以实际的水族聚居地为调查对象,除了操水语的水族人外,还包括如下人群:讲水语,文化习俗和水族密切,登记为侗族,如贵州黎平县;讲水语,文化习俗和水族密切,登记为布依族或苗族,部分还会操布依语或苗语,如都匀市和三都县等地;登记为水族,但已丧失水语,以当地汉语方言为日常交际语的人群,主要分布在水族聚集的邻近地区,本文暂且称为"非水语区",都匀市奉合乡就是一个典型的非水语区。都匀市原三个水族乡——奉合、阳和、基场,现合并为一个水族乡——归兰水族乡,其中阳和与基场两地水语保存完好。奉合讲水语的人基本上是嫁入的水族妇女,其他水族人日常用语为汉语,总人口33212人(2019年),水族约70%[16]。"水书'反书'不是汉字的反写",这是奉合乡著名水族用事先生[17]蒙耀明老人的观点。据深入了解,蒙耀明,男,65岁,使用语言为当地汉语,是该片区著名的用事先生(多数用事场合主持、影响较好且有学生,能做代表)。蒙先生早年随祖辈(祖辈从水语区的阳和乡迁入现住地)研习水书用事,后来又学习汉语区五行用事,与两区用事先生都有较深的来往,如阳和乡著名水书传承人蒙均昌、水书学者蒙耀远等。蒙先生深谙汉语区"正五行"和水语区"斗首五行"的执事过程,他说:包括以前先人,现在的用事先生(非水语区)都说"甲边[18]水家用的水书是'反书'","指的是择课过程中五行推演之'反',并不是文字的反写、倒写。如果水书是汉字的反写、倒写,那么水书可以用这种方法记录水家人讲的话了,那就不是仅有几百个字的问题了",蒙先生一直这样强调着。据蒙先生讲述,他经历过大户人家邀请多个先生来执事而导致用时不定的争论,切身体会各家观点的出入:汉语区所用五行与水语区所用五行存在相反的推演。在具体用事择课[19]中,用事先生最终也是依靠天干地支与五行相配进行择课,汉语区奉行的干支五行相配为:亥壬子癸北方水,寅甲卯乙巽木东,巳丙午丁南方火,申庚酉辛乾西金,辰戌丑未坤艮土,此是五行老祖宗;水语区五行即"斗首五行":壬子巽巳辛戌土,艮寅丁未木成林,癸丑丙午乾亥火,甲卯坤申属水神,乙辰庚酉四山金。两者天干的五行存在"相反"的属性:"正五行"为甲属木、乙属木;丙属火、丁属火;戊属土、己属土;庚属金、辛属金;壬属水、癸属水。"斗首五行"为甲属土、己属土;乙属金、庚属金;丙属水、

---

[16] 数据来源:2019年贵州省都匀市归兰水族乡扶贫统计数据。
[17] 用事先生:主要指的是以汉族"正五行"用事于人们的婚丧大事,本文中与水书先生相对而言。
[18] 甲边:当地汉语方言,指的是与己相邻的周边水族、水家地区。
[19] 用事择课:指用事先生根据用事对象生辰八字而进行择日择时的过程。

辛属水;戊属火、癸属火;丁属木、壬属木。两者干支与五行相配存在"相反"的属性,即金克木,木克土,土克水,水克火,火克金,存在各自五行属性"相反"的情况,自然在用事推演结果中也存在"相反"的结果。如"正五行"中甲属木,而"斗首五行"甲属土,构成木克土的"相反"结果。但也同时强调"二者追求的结果是一样的",二者殊途同归,"相反"之后吉凶兆象的问卜结果,都是为民"祈福禳灾",而且两者"相反"的推演也不是绝对的,这是这一片区熟知两种五行理论的用事先生的共识。

需说明的是,二者所依的天干地支、八卦方位及对应的名称、五行相克制化理论都相同。蒙先生以八卦、两种五行的配对讲解两者在用事推演中存在的相反情况,以我生辰八字问卜(访谈日2019年农历7月17日)为例,通过"立四柱"[20]、天干地支和五行的相配推演,指出存在"相反"的推演具体过程,如"正五行"推土的五行属性,"斗首五行"却推水的属性,于是存在"水家人的水书是'反书'"。这里也有两个问题:何为"正五行"和"斗首五行"? 五行属性"相反"为何表述为水书习俗与主流习俗之"反"?

首先,相对于非汉文化的五行,历来汉语区所用五行有称"正五行"的民间基础。与之"相反"的水书五行称"反书",符合一般的认知,即有正才有反,何况水书中存在"相反"的推演呢? 据蒙先生说:"斗首五行"是唐代江西杨救贫所创,后来在水族地区普遍流行,现在水族地区用的五行理论就是"斗首五行"理论。我们把"斗首五行"天干五行相配属性求证于水语区的潘朝霖(73岁,水书研究专家)、韦国权(85岁,基场水书传承人)、韦荣伟(76岁,基场水书传承人)、杨胜昭(65岁,三都水书传承人)、蒙耀远(45岁,黔南民族师范学院水书学者),所涉及的水书先生都是当地著名的水书执事者,其所用的五行口诀与"斗首五行"一致,符合现实水书的天干五行属相。

其次,五行是水书执事的基础,五行属相所对应的吉凶兆象,是民众占卜的目的。水书对于普通民众来说,是知其然而不知其所以然;水书的神秘属性,把这具体推演吉凶的理论基础层层覆盖,维护水书权威。所以当"水书是汉字的'反书'"认识出现时,对水书神秘性不构成实质性的削弱,水书执事的主客体能接受,反而助长"以讹传讹"或"以点代面"。

"正"与"反"的社会认知贯穿于水书社会[21]中,关涉事项诸多,下文详述。基于五行理论而服务水族社会的水书,是水书习俗诸多"正"与"反"的一个起点,不能以点代面,故不以五行之"反"表述水书"反书",拟表述为水书"反书"是水书习俗与传统或主流

---

[20] 立四柱:用事术语,根据用事对象的生辰列年月日时的对应属相;作为科学研究,这里不讨论天干地支与五行相配所示的吉凶兆象。

[21] 水书社会:水书之于水族社区,是人们日常生产生活的指南。水书及其相关习俗的关系,关涉水族社会的方方面面,存在于人们社会生活的背景知识中,是一种不言自明的社会存在。

习俗的相反,这是始源。然而,水书"反书"在社会广为传播并流传至今,是社会多种认知的结果,有自身内在的原因,也有他者视角因素,具体如下。

三 水书"反书"社会认知

水书及其相关习俗的关系,关涉水族社会的方方面面。水书习俗新文化理念的适时概括,为水书及水书文化的研究提供了一种科学的分析模式。水书"反书"的理路探究,应在水书习俗的视阈下进行,因为水书离开水书先生无法服务水族社会。水书"反书"是水书习俗与主流习俗的相反,"正"与"反"的社会认知贯穿于水书社会中。

(一)水书先生与"反书"

在水族社区,为民众驱邪赶鬼、祈福禳灾的鬼师或巫师可分两种:一种以水书服务婚丧嫁娶这类"大事",一种专为驱邪赶鬼的"巫师",一般不会用或不掌握水书。鬼师或巫师其实都是他者的称呼,这两群体在水族人们眼中共有个敬称"$ai^3 ha:ŋ^6$"(ai^3是人称量词"个、位"义;$ha:ŋ^6$有"知晓天文地理、知识渊博"义,是"某领域行家"的通称),可知鬼师或巫师在水族社区中是受人敬重的。现在的水书先生这个称谓,主要是指水语区中会用水书执事的这个群体,即能在婚丧嫁娶这类"大事"中用水书执事,他们在水族社区中是受尊敬的群体,是自我认识提高后自觉提取的敬称。而"鬼师、巫师"是他者视角的称谓,是水书"反书"离不开的载体,"鬼师、巫师"在水族及其毗邻的汉语区(包括操当地汉语方言的各少数民族)里是有贬义色彩的。所以,前述有"当地人习惯把水书又叫作'反书'"的说辞不全面。"当地人"最起码可分水书先生和普通民众及其毗邻的群体,水书先生汉字理论知识较低,"水书先生的文化水平高低不一给水族文字的传承带来出入"[22]。当发问者以字体的反写、倒写或水书是"伺鬼专书"说明水书就是"反书"的时候,不管是"当地的"水书先生还是普通民众(普通民众是不懂水书水字的),除了应承似乎没有其他更好的回答。对于毗邻的非水语地区,包括丧失母语的水族人群,在以主流传统为尊崇基础心理预期下,水语区的水书执事者就叫"鬼师或巫师",他们手中推演与己相反之书自然也称为"反书"。于是,水书是"反书"便在他者叙事下得以流传开来,而且水书"反书"应在上述毗邻的非水语区最先流传。但"鬼师、巫师"或"反书"这在地域略带贬义色彩的称呼,仅停留在科学研究的层面,似乎对水族社会中人们尊崇水书及水书先生的事实影响不大,这是水书"反书"的社会基础。

---

[22] 韦宗林《水族文字讹变现象及原因》,《贵州社会科学》2008年第3期,第51页。

(二)水书与"反书"

水书及其习俗影响着水族人们认识世界、改造世界的认知与思维,这可从水书里诸多正与反的二元对立思想中窥见一斑。如水书在水族社会里可分"白书"和"黑书",一个明里使用,一个暗里使用,构成了公开与秘密的"正反"思想。在水书语境里,黑和白是相反的,且两种性质不同的水书是相对的,具体在巫事上就是收鬼和放鬼,涉及攻与防互为"正反"的用事思想。相应地,水书里的条目,即鬼名,也分公母或雌雄。"水书是写给鬼看的",人与鬼也在水族社会中构成了一种"相反"的认知,"伺鬼专书"与"服务民众"形塑了一种"相反相对"的认知逻辑。

水书也是华夏文明的一员,与主流文化的源流或接触关系错综复杂,但受到汉文化的深刻影响是毋庸置疑的。水书中诸多正与反的思想源于主流文化的阴阳观,如水书中八卦、天干地支都可分为阴阳;水书也分阴阳书,"《泐阴阳》有阴阳条文交替轮番诵读的特点,书中阴阳内容左右分页书写,诵读时读左页'阳'文一句,再读右页'阴'文一句"[23]。阴阳二元对立的思想被水书先生运用到水书习俗之中,结合五行理论,用之占卜生与死、人与鬼、吉与凶、祸与福,这是水书执事中和执事结果所要关涉到的心理预期,以之对水族人们的生产生活进行积极的干预。

另外,在水书语境里,"正与反"的对应关系普遍存在。如水族歌谣中有一种分类,"旭早"和"旭虹"即"双歌"和"单歌",就是成双成对与形单影只的对应,歌词内容以一褒一贬、一扬一抑的形式进行叙事;水语中也常存在汉水的对应,即什么语言、什么文化与水语和水书文化相对应呢?在日常对话中以"ka⁴"(汉语汉人汉文化)与"sui³"(水语水族人水族文化)对应,如"ka⁴ naŋ²","naŋ²"有"深奥、难懂"义,不管他人说什么语言,只要听不懂,都可用这词汇描述。从这日常词汇中可见水族人对于两种语言文化的心理累积,即与水语水书文化对应的是汉语汉文化,这种情形在水语里普遍存在。这里的正反其实更多的是相互对应,并非矛盾对立或不相容,仅仅是对应而又相互依存罢了,但在水族社会往往被看成是"正"与"反"的关系。

源于主流文化中的阴阳观,结合水族实际而以之推行于水书思想体系,贯穿水族的生产生活,当树立一个"正"的参照点时,必然会找到"反"的对应点,这更符合水书所倡导的人与鬼相对应的认知模式,"人鬼之间是相对的、相反的。若人是正的,则鬼是反的"[24]。水书执事推演之"斗首五行"与"正五行"的"反",再结合"冲突"的社会因素、精

---

[23] 唐建荣《水书蕴含的水族哲学思想解读》,《贵州民族学院学报》2010年第5期,第11页。
[24] 韦宗林《水族古文字"反书"的成因》,《贵州民族学院学报》1999年第4期,第25页。

英文化(主流文化)与原始文化(愚昧文化)相对而存在的社会现实,"水书是'反书'"的流行就不足为奇了,这或许就是水书"反书"的社会认知基础和语言思维认知因素。

(三)水字与"反书"

水字是水书习俗的物质外壳,抛去使用它的人和衬托之物后,水书习俗的"可视"部分就是水字,"非可视"部分带有较浓的神秘性。文字的形体自然成了较好的入手点,于是"在水族文字中,确实有些文字在书写的结构形式上,是汉字的反写、倒写"[25]便成了水书"反书"的有力证据。这是从文字的角度得出的结论,无可厚非,但有些问题可以深究,如水字较多的异体字和水书中正的"人"形是"人"字,倒的"人"形是"鬼"字,正反别义这应该是后起的。从文字学的发生说起,文字在初创阶段,象形字居多和图画字的存在说明了文字初创期的书写特点:笔画增减或字体互为倒置的异体书写。即早期的反写、倒写不起区别意义的作用,或别义是后起的。根据杨秀恩的研究,通过对477件有"反书"铭文的春秋铜器的统计分析,得到"春秋金文中的反书无区别意义的功能,是甲骨文系统'正反无别'构形特点的延续"[26]的结论。如果按照学界"水书与甲骨文有姻缘关系"或"水书可溯至夏代"这些观点,那么,水字的倒写、反写是无区别意义作用的。现今水字存在的倒写、反写有区别意义的作用应是水书先生后期的"创新"。就如音位理论一样,"用最少的符号表示尽可能多的语义"的语言经济原则,文字反写别义、倒写别义便是一条经济的创造"新字"的捷径,也符合水书先生水书传承排他性、神秘性的特点。于是,水字反写、倒写别义便在水书社会逐渐传开。

水字的确存在"汉字的反写、倒写,但数量极少"和"水字是汉字的反写,但字少,使用频率高"的情况。字少频率高,在水书行文体例不变的情况下,数量就变得比较大,给人造成了水书就是汉字的"反"写的假象。于是,水书就是汉字的"反书"就变成"铁"的事实。

这是根据水书"可视"的水字着手,以"顺藤摸瓜"式的研究方式得到的认识。结合水族水书内部自身状况和他者叙事的视角,"水书是汉字的'反'写"便在社会中得到不断地传播,从而形成水族水书"反书"的认知基础。这是水书"反书"的文字因素。以上水书习俗的三个"反书"社会认知基础,结合水族历史迁徙及民族文化等社会因素,最终促成了"水书'反书'"的社会认知,变成了水书的一个"专称",而不会过多深究这"反"是文字之反还是习俗之反了。综合以上各项因素,水书"反书"流于社会。

---

[25] 韦宗林《水族古文字"反书"的成因》,《贵州民族学院学报》1999年第4期,第23页。
[26] 杨秀恩《春秋金文反书研究》,《殷都学刊》2013年第2期,第74页。

四　结语

　　萨特曾在《存在与虚无》中提出,自我意识的兴起有赖于他人的出现,自我意识总是在与他人的参照中形构"我是谁"的意识内涵。水书"反书"被理解为汉字的反写、倒写,就是以这种他者叙事的角度为参照基点;水书"反书"源于水书习俗与主流习俗之"反",较好地疏通了水书系统的研究,包括水书性质、传承、习得、习俗和水字创造、异体、别义、书写等前期研究,它们是一脉相承的,也比较切合水书习俗新文化理念的概括,有益于水书学科的研究。

参考文献

(1)戴建国、蒙耀远、文毅《水书与水族阴阳五行关系分析》,《黔南民族师范学院学报》2012年第3期。
(2)雷广正、韦快《水书古文字探析》,《贵州民族研究》1990年第3期。
(3)刘日荣《〈水书〉中的干支初探》,《中央民族学院学报》1994年第6期。
(4)坦龙《贵州少数民族的宗教信仰》,《贵州文史丛刊》1986年第1期。
(5)王品魁《〈水书〉探源》,《贵州文史丛刊》1991年第3期。

(韦荣平:江西师范大学文学院,330022,江西南昌;
　　　贵州民族大学文学院,550025,贵州贵阳)

第四届国际汉字汉语文化研讨会学术综述

李 聪 刘元杰 胡佳佳[1]

2020年12月5日至6日,第四届国际汉字汉语文化研讨会以腾讯会议和腾讯直播的形式召开。研讨会学术召集人为北京师范大学资深教授王宁先生,来自中国(包括香港、澳门、台湾)、美国、英国、日本、韩国的36位学者在大会上发表了论文。会议还秉持了历届传统,特设青年论坛,来自北京师范大学的6位博士后和硕博士研究生在论坛上报告了他们的学习和研究成果。来自国内外各高校的300余位师生通过视频会议和直播收看了本次会议。

特将本届研讨会主要学术内容略作综述如下。

一 立足传统面向现代的理论思考与研究

汉语语言学的发展要立足汉语研究传统,挖掘汉语自身特点。北京语言大学语言科学院冯胜利教授在《单音节神话与字本位中的重要观点以及几个最近发生的误解》报告中,从汉字的性质及其相关的汉语本质出发,运用黄季刚先生"音单调复"的概念,认为汉语单音节神话和字本位说所反映的,是汉语"音节—语素对应律"和"双音节音步规则"之间作用的结果。并在此基础上,对相关术语使用和理论价值做了系统总结。

基于训诂学的词汇语义学研究,是汉语词汇语义学从传统走向现代的重要路径。汉语属于词根语,汉语词汇意义内涵的挖掘,是词汇语义学研究的核心内容。浙江大学古籍研究所王云路教授在《谈谈汉语词汇核心义的类型》报告中,讨论了核心义的性质、类型和特点,认为核心义源于造字之义,是造字义特征的抽象化。根据造字义的抽象特征,可以从名物的特征义、动作的特征义和状态的特征义三个方面来提取核心义。核心义作为词的抽象特征,存在于一个词内的多个角度;完全不同的词可以抽象出类似的特征义,而同义词或近义词可以抽象出不同的特征义。

从魏晋起,双音复合词就成为汉语造词的主要手段。北京师范大学文学院王宁教

---

[1] 通讯作者:胡佳佳。

授在《论汉语的双音合成词》报告中,归纳了汉语双音复合词产生和发展的三方面动因:音律的推动、内部结构的推动和语义表达细密化的推动。并从具体的词汇事实出发,说明了这三种双音复合词意义内涵的阐释方法和不同类型双音词的特点。北京语言大学汉语国际教育研究院张博教授在《基于同音联想的复合型同音同义词语及其主要特征》报告中指出,汉语复合型同音同义词语有三种类型:同一语素分别与同义语素组合构词、同音语素替换、音同或音近词语普遍替代。后两种复合型同音同义词的产生基于同音联想,词语的意义以构成成分的意义为基础,词语的形音义及其组合关系共同构成的心理完形,是基于同音联想产生的同义词语可以被识解的内在基础。北京师范大学文学院卜师霞教授在《物类视角汉语名词并列式复合词的语义类型》报告中,从物类的经验性出发,考察了人称类、植物类、人体类、器物类并列式复合名词的语义类型,指出并列式复合名词的类属意义、关系意义、特征意义、功能意义和背景意义在不同的物类中有规律性的对应,展现了物类划分和语言使用的民族性。

　　语言学的发展要面向时代的需求。北京大学中文系陆俭明教授在《智能化时代的现代汉语研究》的报告中强调,当今社会已经进入信息时代、数字化时代、人工智能时代和全球合力构建人类命运共同体的时代,我们也必须适应时代发展的需要,努力从事适切时代发展大趋势、适切科技发展大趋势的汉语研究。这需要做好两件事:一件事,如何为人工智能提供"有效的汉语语言学知识"。人工智能有两类,一类跟语言本身无关,如电脑下棋、无人驾驶等;一类跟语言有关,如机器防疫、聊天机器人。目前的人工智能都是基于人工神经网络的计算机不断深度学习的人工智能。跟语言有关的人工智能进展还不是很理想,原因是我们语言研究没有为它提供"有效的语言学知识"。在这方面汉语研究需明确研究方向,积极努力产出成果。另一件事,如何进一步搞好汉语二语教学,为构建人类命运共同体出力做贡献。"语言具有情感性",开展语言二语教学,包括汉语二语教学,实际同时进行情感沟通和促进彼此理解的教育。但若要真正出力做贡献,亟须重视并积极加强汉语二语教学的基础研究。就汉字文化方面来说,最迫切的是要认真研究如何有效进行汉字教学,如何做好伴随语言教学的文化教育。

二　面向国际、面向时代、面向应用的汉字汉语教学理论与实践

　　汉字教学是对外汉语教学中的重点和难点,而汉字教学又是汉语教育中不可或缺的部分,多位与会学者以实践为基础,提出了在汉字汉语教学中存在的问题和解决方案:

　　第一,充分探讨汉字汉语教学与评价标准的科学性和现实性,为汉字汉语教学的进一

步发展擘画蓝图。英国理启蒙大学(Richmond, the American International University in London)张新生教授在《中文国际教育中的汉字教学观探讨》报告中,对"以汉语本体为出发点"和"以学习对象为出发点"两种汉字教学观进行比较,通过实例考察两种教学观下的实践效果差异,指出中文国际教育要更多考虑学习对象的特点,汉字教学在中文国际教学中占绝对重要地位,没有汉字教学的中文教学是没有根的。北京师范大学汉语文化学院朱志平教授在《国际少儿汉语能力标准中汉字能力标准制定原则》报告中指出,作为汉字的"输出国家",中国汉语教学界应该重新定位汉字在汉语教学中的角色,结合汉字构形学理论成果和成人二语习得的实践经验,根据非汉语环境下少儿汉语教学的教学范围与汉语能力培养可能涉及的范围,参考各国外语教学课程大纲,为非汉语环境下的中小学生设计汉语能力相关的汉字能力标准。香港大学教育学院副院长谢锡金教授在《香港小学非华语学生从写字到写作的发展》报告中,针对香港小学非华语学生设计了三套中国语文校内评估工具来测量非华语学生写字及写作能力,结果证明香港非华语小学生具备中文写作能力,教师们应考虑到学生个体,鼓励非华语学生写作内容更丰富的文章,而不是单从字数评估学生的写作能力。

第二,强调汉字汉语中蕴含的优秀中华传统文化在提高学习效果、增强民族凝聚力和提高国际竞争力中的作用。北京师范大学汉语文化学院王建喜副教授在《国际视野下汉字文化层级性与对外汉语汉字教学》报告中,指出由于汉字及其文化信息具有严密的系统性,在对外汉语教学活动中需要区分层级性。将汉字文化系统概括为两层系统:底层是汉字所记录的中国的文化,上层为汉字文化。上层又分为三级,第一级是《说文解字》及其所记录的汉字文化,第二级是语文教学中的汉字文化,第三级是社会生活中的汉字文化。北京师范大学语言科学研究中心郭燕妮副教授在《文化认同视角下的香港中小学普通话教学调查研究》报告中,通过家庭环境、人际互动、学校教育、社会发展、社会价值、社会文化六个维度对香港中小学生进行调查,发现普通话学习对文化认同具有积极作用,提出香港地区普通话教学可以从尊重语文政策、结合优秀传统文化、树立正确文化观和充分挖掘普通话的社会价值出发的新思路。

第三,充分结合数字时代的特点,具备跨学科的视野。美国俄克拉荷马大学现代语言文学系刘念教授在其报告 *Chinese Written Language in the Digital Era* 中,肯定了汉字对于维系中国文化和产生身份认同的重要作用,也肯定了汉语拼音对中外中文学习者的积极作用,这些作用使得中国在便利高效的数字时代中保持强大的竞争力,但刘教授也指出拼音在一定程度上阻碍了外国汉语学习者全面学习汉字和汉字所蕴含的丰富文化。韩国檀国大学中国语科安熙珍教授在《利用 Youtube 来朗读中国古典文献的实践与展望》报告里,针对韩国政府放弃汉字教学,使保存在古代文献中的文化遗产无法有效传承的现状,主动利用现代网络视频平台,开发"安迪书堂"让普通用户能够亲近中国古典文献,学习汉字的书写方法和汉语词汇。美国威斯康星州贝洛伊特学院历史和人类学教授 Robert Andre LaFleur 在其报告 *How Does It Mean? An Ethnographic Inquiry into the Manner in Which Western Students Learn the Chinese Writing System* 中,认为西方汉语学习者在学习汉字时应该打破汉字和英语单词一对一翻译的方法,提出运用文化人类学,在已有教学基础上加入"民族志式"的维度,帮助学习者更深刻地理解汉语书面语的重要性,打破西方人对汉语汉字的误解。台湾辅仁大学中文系刘雅芬副教授在《从概念整合理论谈"复合型"会意字的构意教学》的报告中,以"汉字分级检索系统"中的进阶等级词汇为基础,结合认知语言学"概念整合理论"对会意字的构意进行分类考察,揭示了会意字意义的生成过程;澳门大学人文学院邵朝阳副教授在《论汉字的表音功能》报告中,从能指和所指的关系出发,搭建起汉字中表形的能指符号、表音的能指符号及所指三者之间的关系,对汉字教学大有启发。北京师范大学博士生李聪在《字理教学的阶段性任务及其在中学阶段的运用》报告中对字理教学的内容和方式在中小学各阶段的差异进行了辨析,并从词义特点的揭示、古今词义的沟通和学习任务群的设计等方面对字理教学在中学阶段的运用提出了建议。

三 信息化、全球化背景下的汉字汉语数字化研究

韩国檀国大学汉文教育研究所助理教授许喆博士在《韩国古籍数字化与汉字整理的现状》报告中,介绍了韩国历代汉文古典文献汉字形体的收集、整理、分类等工作,展示了图像相似度测定(Mask-RCNN)和人工智能学习(Deep Learning)技术在搭建"韩国汉字字形数据库"中的运用过程,为探讨韩国汉字字形特点、东亚汉字字形整理与研究等问题提供了独特视角。

利用技术手段更好地挖掘汉语规律、推动本体研究,是信息技术在语言研究领域的重要目的。北京师范大学文学院王立军教授的《训释系联"焦点词"的词汇语义特征》报告显示,利用"汉字全息资源应用系统"[2],可以得到《说文解字》《尔雅》《释名》《方言》四部辞书的训释系联焦点词,这批焦点词大多具有日用性、广义性、多义性、通指性、能产性、易知性的特征,对考察上古汉语核心词、汉语词汇系统的内部关系和历史演变规律具有重要参考价值。

---

[2] 此系统由北京师范大学汉字研究与现代应用实验室开发,网址为 http://qxk.bnu.edu.cn。

在信息化、全球化背景下,中国的学术研究应当让中国传统和中国特色更具国际影响力。台湾中文数字化技术推广基金会魏林梅执行长在《浅谈〈说文〉小篆国际编码》报告中,介绍了两岸学者合作推进《说文》小篆字形进入国际编码的工作,包括字形来源的选择和字形校准的原则。大连大学英语学院刘江副教授在《汉字构形学术语整理与海外翻译知识库建设》报告中指出,汉字构形学术语研究的开展,应以面向国内外学界的开放型双语知识库建设为目标,从术语整理和既有翻译整理两个方面展开;在此基础上,选择性翻译与创造性翻译并重,从而建立这门学科的目标语术语体系,促进中国汉字理论的对外交流。

四 汉字汉语文化及其跨文化传播研究

不同性质和不同来源的文献,对词汇史的构建具有不同的意义。香港教育大学中国语言与中文教育研究中心主任朱庆之教授在《古代文献语言中人称代词的语体表现》报告中,运用佛经翻译文献,对比先秦文献中人称代词的使用表现,提出只有人称代词多种混用才是书面语的特征,单一的某个人称代词独用都是口语的特征这一新看法。日本顺天堂大学助教藤本健一博士和日本大东文化大学研究生院中国言语文化学专业丁锋教授在《日本最古汉籍〈古事记〉(712)的汉语词汇史相关研究》报告中,运用日本汉文文献进行词汇史研究,通过对比《古事记》汉字词和《汉语大词典》收词,揭示出古代日本在不断引进汉语新词的进程中也展开了自身书面语词汇发展的进程,同时注意到8世纪初日本在使用汉语双音节词时可能超出汉语词汇范畴,开始走向独立发展的趋势。

香港教育大学中国语言学系施仲谋教授在《孔子教育思想的现代价值》报告中,对比了时兴的国际文凭课程(IB)教学理念和以孔子为代表的中国传统教育思想,认为《论语》中呈现的启发、讨论和因材施教的教育观念与IB提倡的自主学习、探究式学习和全人教育并无二致,可见传统中蕴含的智慧值得我们深入发掘。浙江大学古籍研究所王诚副教授在《〈庄子〉"知也无涯"辨正——兼谈道家对"知"的态度》报告中指出,以往对"知也无涯"中"知"的理解不确切,"知"应是指与"生"俱来的、和"意""虑"类似的心理功能,而不是指后天习得的知识,对还原和理解道家思想有重要的启示。北京师范大学文学院王庆副教授在《西汉时代的人名特点与神仙思想》报告中,发现汉代人多以单字为名,在为数不多的二字人名中,尤其以延年、延寿、彭祖等名为多,认为这是自战国末期至西汉神仙观念盛行的一个突出表现。北京师范大学硕士生刘华阳在《西方学者对"六书"的认识与研究》报告中,对17至19世纪欧美来华传教士和汉学家关于"六书"的认识、成因和论证方法进行了梳理。

五 文字、音韵、训诂研究

台湾海洋大学共同教育中心胡云凤副教授在《〈花园庄东地甲骨〉特殊字例与商周族徽金文对应关系研究举隅》的报告中,通过考察两批材料的对应关系及内在联系,找出了一批《花东》甲骨与族徽金文构形对应的字例,进而指出《花东》卜辞构形图像意味浓厚、更为原始和保守的特点。北京师范大学未来教育学院赵芳媛博士在《试论甲骨文已识字的甄别》的报告中,从传统小学形音义综合研究理念出发,以汉字构形学理论和传统训诂学词义考据方法为指导,对目前的甲骨文考释成果进行了梳理和考察,主张甲骨文已识字的甄别和判断应当明确形体标准和意义标准,并对构形传承链条完整与否、意义及用法明确与否的甲骨文形体进行了分类讨论。

北京师范大学文学院董婧宸博士在《李焘〈说文解字五音韵谱〉的成书与改编》报告中,考察了《五音韵谱》对大徐本在收字、篆形、说解、反切、部首顺序、分卷目录、部内顺序等方面的继承、改编和改动,明确了《五音韵谱》编纂成书的体例,对认识《说文》的版本源流、利用《五音韵谱》校勘《说文》有重要意义。北京师范大学文学院孟跃龙博士在《试论等第在上古谐声中的作用——以〈说文〉谐声为基础》报告中,对《说文解字》形声字的谐声与等第进行了全面统计分析,揭示了声符层级越靠后的字,其产生越晚、与中古音系对应性越强的规律,进而得出上古等第在谐声中起重要作用的结论,以往研究之所以未察觉,是由于没有认识到上古到中古等第发生的变化。

北京师范大学博士后冯先思的《"很"字历时演变研究》,从太田辰夫"同时数据"理论出发,运用写本学、版本学既有成果,对"很"的字形和词义演变进行了系统梳理。夏子惠《汉语否定词"不"的词义来源》通过"没""无""罔"等相关词汇的词源考察,提出"不"的否定词义来源于"亡"的"逃亡"之义。北京师范大学博士生尹梦的《文体正名的训诂方法:〈文心雕龙〉声训的规律与特点》从文体溯源功能和文体辨类功能两方面对《文心雕龙》中的声训进行了系统研究。张艳鸿的《安大简〈诗经·卷耳〉异文研究》则从用字异文和词句异文两个方面对安大简《卷耳》的异文进行了梳理和定性。

结 语

国际汉字汉语文化研讨会由北京师范大学民俗典籍文字研究中心、俄克拉荷马大学文理学院、塔夫茨大学文理学院联合主办,致力于搭建国内与海外学术交流的桥梁,通过深入研究和积极交流,推进汉字汉语的本体研究、文化研究、教学研究和现代应用研究。第一届会议于 2014 年 8 月在俄克拉荷马大学召开，第二届会议于 2015 年 7 月在北京师范大学召开，第三届会议于 2017 年 11 月在塔夫茨大学召开。本届会议由北京师范大学中国文字整理与规范研究中心和北京师范大学未来教育学院承办。通过各方多年来的积极努力，该研讨会已逐渐成为国际汉字汉语教学与研究的品牌性交流平台。第五届研讨会拟于 2022 年在美国塔夫茨大学举办。

(李聪、刘元杰：北京师范大学民俗典籍文字研究中心博士研究生，100875，北京；

胡佳佳：北京师范大学民俗典籍文字研究中心，100875，北京)

简评《朱子语录文献语言研究》

白兆麟

通览潘牧天博士的皇皇巨著《朱子语录文献语言研究》(上海人民出版社,2019年),给我的总体印象是翔实有据、富有新意、考证扎实、颇多己见,充分显示了其驾驭所学文献学与语言学知识的功力。

首先,著者的视野极为开阔。这不仅在其《说明》中所开列的"本书所据《朱子语类》主要版本"即有所显示,而且著者所写的《后记》尤其突出:"为了一睹《池录》的原貌,我们多次托人去台湾申请查看原件,但每次都未能成功。2014年年末我终于下决心去一探究竟。……上天眷顾,经过三天的等待,图书馆的工作人员告知我申请已经批准!一叶叶翻开宋本,心中竟生出庄重的仪式感,仔细地核对之前的疑问处,小心扒开每一叶的中缝查看刊工的姓名犹如窥探了千年前的秘密一般窃喜。"[1]这不,那缘于开阔的学术视野以及随之而来的不折不挠的坚毅精神跃然纸上。

其次,搜寻的资料非常充足。一是客观上已经具备的,著者于该书《绪论》第二节"朱子语录文献近年研究概况"中已明确指出:"近三十年来,随着《朱子语类》逐渐进入学者的视野,对朱子语录文献的关注也越来越多,研究的范围也逐渐从黎靖德《朱子语类》扩大到其他版本,主要表现在文献学与语言学方面。"[2]接着,著者从"朱子语录的文献学探讨""《晦庵先生朱文公语录》研究""朝鲜古写徽州本《朱子语类》研究""《朱子语类》词汇研究"四个方面做了十分详尽的介绍和叙述。

二是主观上所要追求的,书后的《参考文献》所列可一目了然:在"朱熹语录、语类版本"一栏列出10种,其中除大陆的以外,列有日本的2种,台湾地区的3种。在"专著类"一栏列出95种,其中未明确标明与"朱子语类"或一般词汇研究直接有关联的就有《白寿彝文集》《旧京书影》《郡斋读书志校证》《晁氏宝文堂书目》《徐氏红雨楼书目》《直斋书录解题》《佛光大辞典》《元曲释词》《胡适文集》《中国服饰艺术史》《〈大般涅槃经〉异文研究》《中国古代服饰研究》《中国语历史文法》《学林》《文录堂访书记》《中国善本书提

---

[1] 潘牧天《朱子语录文献语言研究》,第457—458页,上海人民出版社,2019年。
[2] 同上书,第3页。

要》《〈众经音义〉研究》《日藏汉籍善本书录》《温州方言志》《中国古代服饰史》《中国古代服饰大观》等 20 余种。在"期刊类"一栏列出 91 种;在"学位论文类"一栏列出 20 种。真可谓洋洋大观。

《后记》里还有一段记载:"在文献整理与词语考释的基础上,我完成了硕士论文《宋本〈晦庵先生朱文公语录〉研究》,对宋刻本、明抄本《池录》做了文献描写,并对其与后世《语类》诸本的文本关系做了梳理,考证了部分词语,从中我发现朱子语录异文反映的词汇变化具有极高的研究价值。面对数千条整理出的异文,……却心有不甘,继续以朱子语录文献诸本异文为研究对象,试图对朱子语录异文做系统的考察,于 2016 年完成博士论文《朱熹语录文献语言研究》。"[3]众所周知,如果没有背负的学术使命,没有开阔的学术视野,没有足够的学术毅力,是绝不可能达到上述所列之成就的。

再次,是其精耕细作的品性。这就有必要扫视一番这部巨著的后三章。

第三章题为《朱子语录异文词的构成及成因》,其下分"对等音节异文词的构成""不对等音节异文词的构成""并列式异文词的构成"及"形成的原因"四节。于第一节又细分为"单音词、双音词、三音节结构、四音节词语"四个部分。在单音节部分,著者列举了两组,比较了四个版本的差异,一共列举 17 个例句,并一一做了说明。在双音词部分,列举了三组,比较了三个版本的差异,共举 18 个例句,并分别做了详尽的分析。在三音节结构部分列举了两组,比较了四个版本的差异,列举 9 个例句,也一一做了解释。在四音节词语部分,著者分别从"换序、同类属语素替换、同义语素替换、其他原因的语素替换"四个角度举例说明,经四个版本的比较,列举 4 个例句,并做了分析。

于第三节又下分为"异文例释(饥饿、诏令、合当、意思、等待)""构词及引申机制略探(就上举五组词的词义、某义出现时代、构词语素来源时代列表说明)""其研究对词汇学研究的价值(词语类聚研究、常用词演变研究、同素逆序现象)"。亦可见详尽之至。

于第四节探讨"形成原因"时,著者指出有五个方面:"构词语素近义替换、古今字形变化、音近与音变、文献传改、其他",以上种种,其认真精细自不待言。

再看第四章《朱子语录异文词词汇系统研究》。这一章包括"异文词词义类聚""异文词核心语素类聚与'同步构词'"和"异文词同词异义系统"三节。

在第一节,著者以"概念场"为背景指出:"异文为汉语词义系统研究提供了线索,文献中一对异文的形成往往有其原因,尤其同义替换的异文,必然在词义上有紧密的联系,一般同属于一个概念域,是同一个概念场上的成员。我们试通过语录异文所提供的

---

[3] 潘牧天《朱子语录文献语言研究》,第 458 页,上海人民出版社,2019 年。

词义关系,以异文词反映的相关概念为中心,系联语录中表达某些概念的词语。"[4]

以下著者列出"看视概念异文词语类聚""现在概念异文词语类聚""过去概念异文词语类聚""言语概念词语类聚""知晓概念词语类聚""微小概念词语类聚""谨密概念异文词语类聚""怠慢概念词语类聚""事物概念词语类聚"等九个类聚。这里且举"言语概念"为例来展示著者精耕细作之概貌。

著者指出:"朱子语录异文中涉及言语概念的词主要有'言、语、话、论'以及它们组合而成的复合词或短语。"[5]如"言语—语言;言论—言语;话—语;言话—言语"四组,并分别列举例句予以解说。不仅如此,他还列出两个表格,一个是统计出各词及短语的使用数量,另一个是选取各个时代代表文献来调查三者(言、语、话)的使用情况。见到这样细致的论述,不能不令人钦服。

在第二节,著者依据构词法、造词法、词汇化等理论指出:"词库是一个语言中具有特异性的词汇单位的总体,词法是关于一个语言中可以接受的或者可能出现的复杂的词的内部结构的知识,或者说是生成语言中可能的词的规则。"并指出,前者称作"词汇词",后者称为"词法词"。"词法模式指词法词的一种构词格式,这种格式是有能产性的,而且其构成成分的语义类别和所构成的复合词的意义之间的关系比较固定。"[6]

据此理论,著者分列"'贴''帖'及相关复音异文词类聚""'逊''让'及相关复音词异文类聚""核心语素异文替换'同步构词'初探"来加以解说。

最后来看第五章《朱子语录文献用字研究》。其下包含"承古与承俗""繁化与简化""正体与异体"和"学术价值"四节。一开始著者就指出:"《池录》与后世诸本的异文……也为宋代用字和汉字发展史研究提供了大量鲜活的第一手材料。""较其与今传本《朱子语类》的异同:就时代而言,既有承古,又有承俗;就字体规范而言,既有正体与俗写的异同,又有旧字形与新字形的异同;就字形结构而言,既有换位、换旁,又有增省偏旁部件的繁化与简化等;就词义而言,既有古今字,又有通假借用及讹误,还有新词的记音等。汉字的演变具有累积性的特点,共时平面上使用的汉字就其来源而言蕴含着历时的积淀,叠置着新旧历史层次的成分。"[7]该章探讨了其"用字异同所反映的汉字演变现象"。"承古与承俗"是属于不变的;而"繁化与简化"与"正体与异体"则属于各种变化的,对此著者亦多举例字加以解说。

最后一节论其学术价值,带有本章小结之性质。著者最后言道:"与词汇的古今演

---

[4] 潘牧天《朱子语录文献语言研究》,第458页。
[5] 同上书,第269页。
[6] 同上书,第313页。
[7] 同上书,第371页。

变相似,汉字在由古至今的发展中亦有变,有不变,有变化大的,有变化小的,而为什么变,怎样变,则既有其自身的发展规律,又有不同时代、不同地域、不同文化、不同阶层的人们用字取舍的价值取向。汉字的古今演变体现了手写用字↔刻印用字和社会各阶层间趋雅用字↔趋俗用字的叠加共存与整合融和。"[8]结合上述例析,的确给人以"委曲求全"的感受。

(白兆麟:安徽大学文学院,230039,安徽合肥)

---

[8] 潘牧天《朱子语录文献语言研究》,第417页。

英 文 提 要

Chinese Dialects in Historical Perspective

Chang Kuangyu

　　Abstract:There are basically three types of devoicing rules across Chinese dialects—unconditional aspirated, unconditional unaspirated and conditional—represented by Chang'an, Taiyuan and Luoyang. Under Qin-Han Empires, the Chang'an dialect was promoted as the national standard in an effort to unify the then disparate Chinese dialects; Since Mid-Tang period, Luoyang dialect became the new norm, gradually nibbling away territories once dominated by Chang'an and Taiyuan types. Evidences of early devoicing rule are sketchy in written documents but abundant in light of migration history. Chinese linguistic history can be captured under centrifugal force and centripetal counterbalance; over the past two millennia, Chang'an and Luoyang took turns in playing the role of national standard language. The source of the modern Mandarin dialects can be traced back to Mid-Tang Luoyang.

　　Keywords:Capital language;Koine;Chang'an;Taiyuan;Luoyang

Lu Xun's Research and Folkloristics

Dong Xiaoping

　　Abstract:What the sort of knowledge and method of Lu Xun's research thought by the scholars in the academic circle is a point of interdisciplinary studies which reflects the characteristic of the history of literature study in 20th century, anyway the research on Lu Xun's in modern history and folkloristics is somehow different between not only focus on the literature itself but also on the relative culture, and even on the truscultural studies. It has built a historical heritage that transcends the previous concept of literature itself to cultural study and conformed to rethink the characteristics of Chinese culture. To reveal the value of this historical heritage lies in the expansion of Lu Xun's research vision and method, and also has enlightening significance for expanding the research space of humanities. Zhang Enhe and Zhong Jingwen's academic exchanges in their lifetime and related works in this aspect actually built a example for this case study. They set up dialogues on it, they had both sharing the focus on Lu Xun's research, and relevant field such as modern literature, folkloristics, Japanese literature, classical literature and poetry, so as to they opened up the new database of the phenomena of them as well. Their research based on the results of Chinese culture and society study and push to enlarge the horizon of looking around the modern world, which is embodied in Zhang Enhe's compile of Lu Xun volumes of *the Complete Works of Zhong Jingwen*. To this extent, Lu Xun's research is helpful to make a new overall thinking on the study of the spirit of the May 4th Movement and on the traditional Chinese society and culture.

Keywords: Zhang Enhe; Research on Lu Xun; *the Complete Works of Zhong Jinwen*; methodology of humanities

Moderate Innovation of Writing Paradigm of Folklore Recordings from the Perspective of Context Theory

Huang Tao

Abstract: Folklore research has gradually shifted from item study and text study separated from context to life study and whole study in the new era. Now it is necessary to examine our fieldwork norms and moderately innovate the traditional writing paradigm of folklore recordings with the context theory. Based on fieldworks from the perspective of context theory, the more perfect writing of folklore recordings should pay attention to the following aspects of context: time elements corresponding to era division and folklore changes, space elements corresponding to spatial scope and regional characteristics, event elements corresponding to folklore process and life details, psychological elements corresponding to folk psychology and public spirit, function elements corresponding to people's life demand and folklore function, background elements corresponding to interpretations by people and by scholars.

Keywords: context theory; folklore recordings; fieldwork; norms and innovations

Textual Research on the Origin and Development of Yin Shifu's *Yunfu Qunyu*
Zhang Minquan

Abstract: *Yunfu Qunyu*, compiled by the Yin brothers, is the most important poetic rhyme works in the Yuan Dynasty. It is not only a rhyme book, but also a category book, which has been handed down in the successive dynasties. The style of "connecting rhyme with events and picking things with rhyme" makes the study of poetry rhyme organically combined with history and culture. Because of this, it is an important material of imperial examination and Confucian classics study, which is highly praised by scholars. Since its publication in the middle period of Yanyou, the book has gone through the Yuan, Ming and Qing Dynasties, and has been constantly reprinted or adapted. Later, a variety of "Yunfu" works were formed. There are also printed editions in Japan and Korea. In Korea, there is a *Dadong Yunfu*, which is written in imitation of *Yunfu*. Therefore, it has a far-reaching influence in the history of Chinese cultural communication. Among the numerous revisions, the most famous ones are Ling Yidong's *Wuche Ruiyun* in the Ming Dynasty and *Peiwen Yunfu* in the Qing Dynasty. This paper mainly studies the origin and historical version of *Yunfu*, hoping to benefit the study of Chinese cultural history. At the same time, this paper analyzes the existing edition age of *Yunfu* in the National Library of China, which is conducivel to the bibliology of *Yunfu*.

Keywords: *Yunfu Qunyu*; poetic rhyme works; version filiation; times analysis; amendment and continuation

The Value of Luo Changpei's Unpublished Manuscripts
Gao Yong'an

Abstract: Luo Changpei's books and papers, and some unpublished manuscript, published by Shandong Education Publishing House and the Commercial Press. But there are still a lot of manuscripts in the treasure is not being discovered. After a preliminary inspection, the manuscripts can be roughly divided into notes, handouts, manuscript lass. Here is a brief introduction of these materials.

Keywords: Luo Changpei; linguistics; unpublished materials

Research on the Rheological of Bibliography of Shiling Classical Books
Liu Quanbo;Dai Jintong

Abstract: Shiling classical books became the independent part in *Longtuge Shumu* (《龙图阁书目》). And its independence is mainly related to its own development and growth. After the Northern Song Dynasty, the official and private catalogs often set Shiling categories, such as *Chongwen Zongmu*(《崇文总目》) and *Zhizhai Shulu Jieti* (《直斋书录解题》), etc. However, there are many book catalogs that do not have Shiling categories, especially official catalogs, such as *Yiwenzhi of New Book of Tang* (《新唐书·艺文志》). The reason is mainly due to the close relationship between Shiling classical books and Nong Jia classical books, which makes some book catalogs attribute Shiling classical books to some Nong Jia classical books. However, with the development and expansion of Shiling classical books, the gap between Shiling classical books and Nong Jia classical books is increasing. By the Ming and Qing Dynasties, the independent status of Shiling classical books was gradually no longer questioned. It completely got rid of the restrictions of Nong Jia classical books and eventually became an independent part in the history department.

Keywords: Shiling;Suishi;Yueling;category;rheological

Textual Research on the Terminologies Indicating Variants in *the Annotation of Classics*:Concurrently Talking about the Hierarchical Problem in *the Annotation of Classics*' Basic Research
Chen Han

Abstract: The terminologies indicating variants is an important category of the annotated terminology in *the Annotation of Classics*(《经典释文》), and there is little previous research. Under the guidance of the dual evidence method, this paper takes *the Pronunciation and Meaning of Zhou Yi in the Annotation of Classics*(《经典释文·周易音义》) as the scope of study to compare with the corresponding characters on the Bamboo Slips in Shanghai Museum(上博简), the Bamboo Slips of Han Dynasty Unearthed in Fuyang(阜阳汉简) and the Silk Books of the Han Dynasty Unearthed in Mawangdui(马王堆帛书) to get all the variants on paper and underground. Comprehensively considering meaning,sound,form and the original meaning of the document,this paper has analyzed all the materials containing the terminologies indicating variants item by item.

Through the statistical analysis of the types of different variants marked in the terminologies indicating variants, the nature and status of the terminologies are examined backwards. It further points out the hierarchical problem that are easily overlooked in the basic research of *the Annotation of Classics*.

Keywords: *the Annotation of Classics*; variants; the terminologies indicating variants; the hierarchical problem

Tonotypes of Jiāo-Liáo Mandarin: An Evolutionary Perspective
Wei Yang; Zhu Xiaonong

Abstract: Based on a collection of first-hand acoustic data from 56 localities of Jiāo-Liáo Mandarin, this article explores the tonotypes of the dialect; and by applying the evolutionary comparative method, this article also reconstructs the evolutionary trajectories of Jiāo-Liáo tones and the formation process of Jiāo-Liáo Mandarin. Methodologically differing from the traditional sub-grouping of Jiāo-Liáo into three sub-dialects, Dēng-Lián, Qīng-Lái and Gài-Huán, this article, according to the types and evolutionary trajectories of the tones, divides Jiāo-Liáo into four groups of Dēngzhōu, Láizhōu, Péng-Lóng and Liáodōng. Dēngzhōu and Láizhōu are the two basic groups, and further evolve into Péng-Lóng and Liáodōng groups. The formation of Jiāo-Liáo Mandarin is a process of alternation or mixing of dialect split, contact, and natural evolution.

Keywords: tone; tonotype; tonal typology; tonotype evolution; Jiāo-Liáo Mandarin; three-tone systems; falling-tone contrast

A Survey of Some Knotty Chinese Characters in Contemporary Large Dictionary in Radical "Shou(扌)"
Yang Baozhong

Abstract: In *the Great Chinese Dictionary*, the Chinese characters which with the 手、扌 as the side all belong to the radical "Shou(手)"; In *Zhonghua Zihai*, the Chinese characters which with the 手 as the side belong to the radical "Shou(手)" and which with the 扌 as the side belong to the radical "Shou(扌)". Using the textual research methods of "mutual seeking of five aspects of form, meaning, sound, order and application", we have made a textual research on the knotty Chinese characters in radical "Shou(扌)" of *the Great Chinese Dictionary* and *Zhonghua Zihai*. Our textual research includes those who make mistakes in the identification of variant characters, those who do not discriminate homographs, those who do not communicate with common and erroneous characters, and those whose textual research can be discussed.

Keywords: *the Great Chinese Dictionary*; *Zhonghua Zihai*; Radical "Shou(扌)"; knotty Chinese characters; investigation

A Study on the Additional Explanation of Character Form in *Shuowen Jiezi*
Wang Bihai; Lin Yancheng; Hu Jiajia

Abstract: This article takes the additional explanation of character form in *Shuowen* as a breakthrough point. From a systemic perspective, it analyzes the relationship between Yiyue(the additional explanation) and the original explanation in order to discuss the function and status of Yiyue. The additional explanation of character form in *Shuowen* has three classes: 12 cases recording the relationship between characters; 5 cases due to a different meaning; and 22 cases having a different analysis of the character formation. Overall, the additional analysis of the character formation is to fit both the form and meaning system in *Shuowen*. It could make a subtle adjustment to what were difficult to integrate in the systems. As an auxiliary method, Yiyue was used get the balance between formation system of characters and the meaning explanation system of words in *Shuowen*.

Keywords: *Shuowen*; Yiyue (the additional explanation); analysis of character form; systematicness

The Change of the Words Used in the Text of "Gu"(谷), "Yu"(欲) and "Su"(俗) in the Warring States, Qin and Han Dynasties: A Study on the Text of *Ziyi*(《缁衣》)
Li Danfeng

Abstract: The word "Su"(俗), which comes from *Ziyi*(《缁衣》), corresponds to "悆" in Guodian Bamboo Slips and "Gu"(谷) in Shanghai Museum Bamboo Slips. "悆" and "Gu"(谷) can be used as "Yu"(欲), which fits the ancient meaning of *Ziyi*. After researching the use of characters from the pre-Qin to the beginning of Han, we know that in the Warring States period, there are many usages of "Gu". During the Qin and Han dynasties, "Su" and "Yu" have their own contexts. During the Qin and Han dynasties, people saw the ancient versions of *Ziyi* written as "Gu", interpreting them as the customs. The customs of this period were usually expressed in the word "Su". The formation of "folk custom" (民俗) was not the error of words, or the people of Han dynasty intentionally changed the characters. It was the result of the influence of concepts from the Warring States period to the early Han Dynasty.

Keywords: *Ziyi*; Chu bamboo slips; the habit of using words; change customs and habits

The Phonetic Evolution of the Northern Song Dynasty Reflected by the Notes of the Five Sutras in *Fuzhouzang*(《福州藏》)
Ding Feng

Abstract: *Fuzhouzang*(《福州藏》) is the general name of *Chongningzang*(《崇宁藏》) and *Piluzang*(《毗卢藏》), which were successively printed in two Buddhist temples in Fuzhou in the Northern Song Dynasty. *Fuzhouzang*(《福州藏》), first adopted the form of Suihan Yinyi(随函音义), is the source of the interpretation of pronunciation and meaning at the end of the Chinese Triad in the Song, Yuan, Ming and Qing Dynasties. Taking five Buddhist scriptures of *Fuzhouzang*(《福州藏》) as samples, this paper discusses the phonological characteristics of the annotation part. The conclusion shows that most of the Zhiyin(直音) in *Fuzhouzang*(《福州藏》) are consistent with *Guangyun*(《广韵》) and *Jiyun*(《集韵》). However, it shows the evolution of initials, finals and tones of Adevoicing, Qingchun Confluence(轻唇合流), Chongyun Merge(重韵归并), Simplify the Finals of Hongyin and Xiyin(洪细音韵母简化), Zhuoshang Bianqu(浊上变去), which truthfully reflects the trend of pronunciation development in the late Middle Ages.

Keywords: *Fuzhouzang*(《福州藏》); Suihan Yinyi(随函音义); Zhiyin(直音); phonological evolution; phonology of the Song Dynasty

Additional Evidences on Zhiweiruyu
Li Huabin

Abstract: Zhiweiruyu means that the vowel of Zhizhizhiwei is the same as that of Yuyu. It not only exists in the third class characters of Zhishe's Hekou, but also exists in the third class characters of Zhishe's Kaikou. Also, the vowel of Zhishe's kaikou in the third class characters is the same as that of Yushe's in the first class characters. So Zhiweiruyu isn't conditioned on Hekou. The phenomenon of Zhiweiruyu is concentrated on the apico-dental and guttural initials, while the labial initials is rare. This phenomenon exists in Min, Gan and Hakka dialects. And this phenomenon existed at least in the Song Dynasty. The vowel of Yubu's characters was the same as that of Zhibu's characters, which was one of the reasons for the emergence of Zhiweiruyu. Since Yubu characters and Zhibu characters were the same vowel, there were two types of dialects in the later generations. One is Zhiweiruyu, and the other is Yuruzhiwei. It is necessary to distinguish between Zhiweiruyu and Yuruzhiwei. Caution should be taken when additional evidence is provided to support this phenomenon.

Keywords: Zhiweiruyu; Kaikou; Mu; additional evidence

Textual Research on Neichao(内朝) and Waichao(外朝)
Lu Liehong

Abstract: There are some mistakes in the interpretation of Neichao(内朝) and Waichao(外朝) in several large dictionaries represented by *the Great Chinese Dictionary*(《汉语大词典》), including *the Great Dictionary of Chinese History*(《中国历史大辞典》). In the Zhou Dynasty, the emperor and the princes all had three imperial courts: one outer imperial court and two inner imperial courts. Two inner imperial courts referred to the Yanchao(燕朝) in Lumen(路门) and the Zhichao(治朝) outside Lumen(路门). The typical Waichao(外朝) was not the Zhichao(治朝) mentioned in the Waichao(外朝) article in *the Great Chinese Dictionary*. It was another place besides the Yanchao(燕朝) and the Zhichao(治朝). It's an open space. In the Zhou Dynasty, the emperor and the princes made judgments on difficult cases and called on subjects to solicit opinions on "extraordinary matters" such as moving the capital, establishing the monarch and coping with the national crisis in this open space. As one of the inner imperial courts, the Zhichao(治朝) outside Lumen(路门) could also be called Waichao(外朝) compared with the Yanchao(燕朝) in Lumen(路门).

Keywords: Neichao(内朝); Waichao(外朝); interpretation in dictionaries; correcting mistakes

A Textual Research on the Opening Text of Qin Zhaogao's *Yuanli*(《爰历》) in Han Bamboo Slips:Also on the Problem of Encouraging Learning in Literacy Textbooks of the Qin and Han Dynasties

Lu Wei;Zhang Xiancheng

Abstract:*Yuanli*(《爰历》),written by Zhao Gao in the Qin Dynasty,is the legal literacy textbooks of the Writing the Same Script Movement(书同文运动). It is an important research object in the history of Chinese characters and Qin and Han dynasties. Unfortunately,it's already lost. The opening text of *Yuanli* is now found in Han bamboo slips *Cangjie Pian*(《苍颉篇》). But Since its excavation,the opening text has not been correctly recognized. Based on the study of the relevant materials of Han bamboo slips,we found that the opening text of *Yuanli* should be:"Yuanli ciyi(爰历次虵),jixu qiantu(继续前图). Fuqin keju(辅勤颗咀),bashe lütu(跋涉旅途)."The first and second sentences mean:"Reading,reciting and imitating over and over again,now continue to learn according to the previous book(*Cangjie* 7 chapters)."These two sentences have the nature of persuasive learning, and should be regarded as the opening text of *Yuanli*. The third and fourth sentences"fuqin keju,bashe lütu"are the beginning of the main body of *Yuanli*. Both of them belong to the category of Shilei Xiangcong(事类相从)in the style of *Cangjie Pian*. The two words Fu and Qin all have the meaning of assist, and they are synonymous. Ke means granules(small pieces),and Ju means chewing. Ke and Ju is a group of words with causal relationship under the category of chewing and eating. Fuqin can refer to the auxiliary effect of cheek bones on chewing and eating,so it has a semantic connection with Keju. "Fuqin keju"is a list of words under the category of"chewing and eating". Bashe and Lütu are synonymous,and both belong to the list of words under the category of "walking journey". The word Lütu has not been formed in ancient times and does not meet the semantic conditions of verb-object collocation of the word Bashe. Therefore, Bashe Lütu should not be regarded as a declarative sentence with predicate-object relationship.

Keywords:*Yuanli*;literacy textbooks of the Qin and Han Dynasties;*Cangjie Pian*;Qin San Cang(秦三苍);encourage learning

Some Examples of Error Distinguishing on Allusion Word in the Sui and Tang Dynasties' Epitaph
Zhang Yonghui

  Abstract: The use of allusions is a feature of epitaph literature, using of many allusions makes the epitaph more elegant and concise, but it also affects the understanding of epitaph literature to a certain extent. Decoding allusions plays an important role in proofreading stone inscriptions. This paper takes the epitaph of Sui and Tang Dynasties as an example, selects the examples of wrong annotation, wrong recording, missing recording, missing correction and wrong punctuation caused by the failure to correctly decipher the allusions, hoping to be helpful for the correct interpretation of epitaph literature and the supplement of words and meanings not included in large dictionaries.

  Keywords: Epitaph of the Sui and Tang Dynasties; allusions; error identification

The Word Families about "Generation" in Naxi Language
Zeng Xiaopeng; Wu Xiaoli

  Abstract: Within the framework of three-step comparative(semantic field-cognate words-words), this paper carries out thorough research on the semantic field containing the Naxi core words "compatriot, generation, placenta, faeces, born". Describe the evolvement of their development in detail. It is believed that the reason of the ancient character glyph structure provides important clues for the paronym's concatenation and evolution of meaning.

  Keywords: Dongba script; kernel words; compatriot; placenta

A Study on the Anti-script in Shui Script
Wei Rongping

  Abstract: Shui script is the real form of "Shui script custom". On the basis of previous studies, this paper points out that the "Anti-script" in Shui script originates from the contradiction between "Shui script custom" and the mainstream custom. The name of "Anti-script" is a latecomer. There are many "positive" and "negative" concepts in the "Shui script custom". Under the narration of others, the cognition of "Anti-script" has been strengthened and solidified.

  Keywords: Shui script; Anti-script; Shui script custom

《民俗典籍文字研究》征稿启事

　　《民俗典籍文字研究》是教育部国家人文社会科学重点研究基地北京师范大学民俗典籍文字研究中心主办的学术刊物，采取以书代刊的方式，由商务印书馆出版。本刊设立栏目有：中国语言学的自主创新、特别转载、学术思想研究、学术讨论、民俗学、民间文学研究、文献学、语法学、词汇学、文字学、训诂学、音韵学等。从2003年创刊至2011年每年一期，2012年开始增至每年两期，分别于每年6月、12月出版。《民俗典籍文字研究》欢迎海内外专家、学者赐稿。

　　本刊的口号是："植根民族的土壤，建设自信的学科"。本刊的选稿标准是：原创、科学、严密、有深度、扎实、规范。来稿篇幅一般以10000字以内为宜，选题特殊、内容涉及面广的稿件可不以此为限。

　　来稿注意事项如下：

　　1. 稿件请传WORD与PDF电子文本至编辑部邮箱：bnumindianwen@126.com。

　　2. 本刊实行匿名审稿，稿件正文及注释中避免出现影响匿名审稿的行文或注文。作者姓名、简介（单位、职称、学位、主要研究方向）、准确的通信地址、电话及E-mail地址请另页打印。

　　3. 正文、注释及参考文献格式见下附"稿件格式要求"。

　　4. 除特别转载外，本刊只登此前未发表的作品，请勿一稿两投。编辑部在收到来稿的一至三个月内，对不准备采用的稿件，给作者发通知书，稿件一律不退，请自留底稿。三个月之内，对准备采用的稿件，给作者发通知书。一俟正式发表，即寄样书二册。

　　附：《民俗典籍文字研究》稿件格式要求

　　根据商务印书馆要求，特对本刊论文注释等体例统一规定如下：

　　一、一级标题序数为"一、二……"，二级标题为"（一）（二）……"，三级标题为"1、2……"，四级标题为"（1）（2）……"。

　　二、注释用当页脚注，全文序号相承。用六角号"〔1〕〔2〕〔3〕……"。

　　三、注释格式请按以下要求：

(一)中文专著,依次注明作者姓名、书名、页码、出版社、出版时间。如:

王力《同源字典》,第 310 页,商务印书馆,1982 年。

(二)中文论文,依次注明作者姓名、篇名、所载刊物年份及期数或所收文集名称及出版社、出版时间、页码。如:

吕叔湘《疑问·否定·肯定》,《中国语文》1985 年第 4 期,第 241 页。

罗常培《知彻澄娘音值考》,《史语所集刊》3 本 1 分(1931 年),第 136 页。

(三)中文古籍,属常用性质者,在正文中注明书名及篇名,不必出注。

四、参考文献,依次注明作者(主编)、书名、地名、出版社、出版时间。如:

李方桂《上古音研究》,北京:商务印书馆,1982 年。

王念孙《广雅疏证》,上海:上海古籍出版社,1983 年。

五、古文字请用扫描方式处理,请勿自造,以便编辑工作。

六、正文前请写 200~300 字中文提要,以及关键词 3~5 个。

七、全文后请附论文的英文题目、提要、关键词。

八、稿件一律用简体字。个别讨论中可能引起歧义者,可用繁体再加小括号注出简体。

北京师范大学民俗典籍文字研究中心

《民俗典籍文字研究》编辑部